LA VESLE
N 31
REIMS
A 4
PARGNY LES REIMS
BÉZANNES
CORMONTREUIL
JOUY LES REIMS
LES MESNEUX
TAISSY
VILLEDOMMANGE
TROIS PUITS
SACY
SILLERY
ECEUIL
VILLERS
AUX
NOEUDS
MONTBRÉ
PUISIEULX
BEAUMONT
SUR VESLE
N 380
CHAMERY
RILLY LA MONTAGNE
VILLERS
ALLERAND
LUDES
VERZENAY
CHIGNY
LES ROSES
MAILLY
CHAMPAGNE
VERZY
N 44
VILLERS
MARMERY
LOUVOIS
TRÉPAIL
BILLY
LE GRAND
LA MARNE
CHAMPILLON
TAUXIÈRES
VAUDEMANGES
HAUTVILLERS
BOUZY
CUMIÈRES
DIZY
MUTIGNY
AVENAY
AY
MAREUIL SUR AY
EPERNAY
CHOUILLY
PIERRY
OIRY
CUIS
CRAMANT
AVIZE
GRAUVES
OGER
N 51
LE MESNIL SUR OGER
VILLENEUVE-RENNEVILLE
VERTUS
VOIPREUX
N 33
BERGÈRES LES VERTUS
ETRECHY
COLIGNY

Als Erinnerung an unsere
Oè-Reise in die Champagne
Okt. 2001

Gert v. Paczensky

CHAMPAGNER

Fotos von Jürgen D. Schmidt

Aquarelle und Zeichnungen von Jean-Pierre Haeberlin

HÄDECKE

Vorstellung

Erholung vom Champagnerstudium bei ... das verraten sie nicht.
Gert v. Paczensky und Jürgen D. Schmidt in ihrem Champagner-Domizil in Ambonnay, einem der besten Champagner-Orte. Von hier aus durchstreiften sie viele Monate lang die Champagne und sammelten einen Schatz an Bildern und Informationen für dieses Buch.
Jean-Pierre Haeberlin, Hausherr im elsässischen Drei-Sterne-Restaurant Auberge de l'Ill, Maler und Zeichner schon für unser COGNAC-Buch, war natürlich auch in der Champagne wieder dabei.

ISBN 3-7750-0280-4

3. Aktualisierte und erweiterte Auflage

Satz: Fotosatz Weyhing GmbH, Stuttgart
Printed in Germany. Gesamtherstellung: Dr. Cantz'sche Druckerei, Ostfildern, 1996

Inhalt

»In victory we deserve it, in defeat we need it.«
(Winston Churchill)

»Die Götter trinken ihn stehend,
die Damen im Sitzen und wir auf den Knien.«
(Spruch auf der Weinkarte im Pariser
»Pied de Cochon«, gelesen 16. 8. 1986)

Vorwort

In allen Weinbauländern der Welt wird schäumender Wein gemacht und als besonderes Getränk zu besonderen Anlässen getrunken oder auch einfach zur Erfrischung, jedes Jahr etwa 2 Milliarden Flaschen. Unbestritten Bester unter den Schaumweinen ist der Champagner – nicht, weil er am teuersten ist, sondern weil komplizierte Herstellungsmethoden, Mühe und Aufwand ihm jene größere Qualität geben, die schon teuer zu bezahlen wäre, wenn nicht auch noch begrenzte Verfügbarkeit hinzukäme. Es ist unwahrscheinlich, daß der Absatz, der 1986 erstmals die Grenze von 200 Millionen Flaschen überschritt, bald die 300 Millionen erreichen wird.

Champagner ist nicht nur ein besonderer Wein. Er und die Menschen und die Landschaft, die ihn hervorbringen, haben unter den Weinen auch die interessanteste Geschichte. Sie ist eng mit unserer eigenen verbunden, im schlechten und im guten. Eigentlich merkwürdig, daß sie so, wie Sie sie hier finden, noch nie erzählt worden ist.

Für dieses Buch haben Jürgen Schmidt und ich viele Monate in der Champagne verbracht; ganz ahnungslos waren wir schon vorher nicht. Die Auskunftsfreudigkeit der Unternehmen und die Freundlichkeit vieler Menschen, die wir bei unserer Arbeit kennenlernten, haben uns sehr beeindruckt. Zu besonderem Dank sind wir dem Comité Interprofessionnel du Vin de Champagne verpflichtet: ganz besonders Philippe Le Tixerant, Evelyne Vergnon, Guillaume Bruneau (Epernay) und Alain Fion (Reutlingen) mit ihren Mitarbeiterinnen.

Etwas Geschichte

1. Unerwartete Allianz

Champagner ist ein internationales Getränk. Staatskunst, Politik, Gastronomie und Halbwelt nutzen seine anregende Fähigkeit zur Verständigung der Menschen und Nationen. Doch sein Siegeszug ist ein Gemeinschaftswerk einiger Völker, die alles andere als einig waren.

Die Franzosen haben den Champagner und machen ihn. Sie sind die Bewahrer seiner Einmaligkeit. Aber bei der Aufgabe, ihn so gut zu machen, wie es nur geht, hat ihnen niemand so geholfen wie die Deutschen – als Macher, als Mitmacher, als Propagandisten. Das Syndikat der Champagner-Handelshäuser, das Anfang 1884 durch Gesetz verankert wurde, bestand aus einundsechzig Firmen: neunzehn davon hatten deutsche Gründer oder Besitzer, immerhin fast ein Drittel. Der Initiator des Syndikats war der Deutsche Mumm gewesen. Und der Champagner zog immer wieder junge Deutsche aus verwandtem Milieu nach Epernay, Reims oder in andere seiner Hochburgen, wo sie interessante und wichtige Stellungen errangen, keineswegs nur in Unternehmen ihrer Landsleute.

Historisches bei Moët & Chandon

Andererseits wurde für viele Champagnerfamilien, auch »echte« französische, der Weg nach Deutschland zur Selbstverständlichkeit. Zwischen ihnen und der deutschen Weinwirtschaft bestanden damals und bestehen noch heute enge partnerschaftliche, oft freundschaftliche Beziehungen. Die Lansons beispielsweise, ohne familiäre Bindung nach Deutschland, gehören zu jenen, die immer wieder zu uns kamen – zum Lernen auf deutschen Weinbaufachschulen wie etwa Geisenheim oder in deutschen Betrieben. »Viele Jungen aus den Champagnerhäusern wurden traditionell nach Deutschland geschickt«, erzählt Pierre Lanson; die gleichnamige Firma hat Anfang der neunziger Jahre den Besitzer gewechselt. »Mein Vater war vor dem Ersten Weltkrieg mit Ribbentrop* zusammen. Mein Großvater, der Urgroßvater – alle waren in Deutschland. Auch die Polignac von Pommery, die Heidsieck, die Krug und viele andere. Ich war 1951 bis 1953 bei MM und zwei Jahre lang während der Ferien in Geisenheim.«

Doch verdankte der Champagner seinen Siegeszug dann, als er kam – mühsam zunächst, denn Geburt und Jugend dieses erstaunlichen Getränkes fielen ja in eine überaus kriegerische, blutige Epoche –, ganz überragend denjenigen, die auch Cognac, Portwein, Bordeaux und Sherry zu Welterfolgen gemacht haben: den Briten.

* der damals das Sekt- und Champagnergeschäft lernte; zu den Nazis stieß er später; die Familie war Teilhaberin des Sektunternehmens Henkell.

Die Kathedrale von Reims ist Schauplatz nicht nur französischer, sondern auch deutscher Geschichte. ▷

J.P. HAEBERLIN.

Champagner war für die Franzosen noch ein »stiller«, also nicht schäumender Wein, da sprudelte er in England schon aus Flaschen, die dicker waren als die französischen, also dem Druck standhalten konnten (der freilich damals noch weit geringer war als heute, aber immerhin …). Großbritannien war damals die führende Weltmacht. Seine Geschäftsleute, Funktionäre, reichen Adeligen und Offiziere tranken schon Champagner, als er in Frankreich noch so gut wie unbekannt, und immer mehr, als er dann richtig erfunden war. Sie nahmen in die ganze Welt mit, was sie zu Hause schätzen gelernt hatten. Ihre Heimat war von Anfang an der führende Champagnerkonsument; diese Stellung konnte lange Zeit nicht durchbrochen werden.

Der Pflege des britischen Marktes verdanken viele Champagnerhäuser ihren Aufschwung und manche ihren heutigen Reichtum. Champagner-Verbrauchszahlen von 1898: Großbritannien fast elf Millionen Flaschen, Frankreich selbst nur etwa fünf Millionen – mehr als ein Jahrhundert nach seiner Einführung. Die Franzosen rafften sich erst sehr viel später auf, Hauptabnehmer ihres ureigenen Getränkes zu werden, erst nach dem Ersten Weltkrieg. Heute verbrauchen sie knapp 65 Prozent allen Champagners, 160 Millionen Flaschen waren es im Jahr 1995.

Deutsche Champagnerliebhaber haben trotz des gewaltigen Sektangebotes im eigenen Land den ersten Platz unter den Exportkunden erobert. 1982 waren wir noch Vierte, bis dahin tranken nach den Briten die Italiener und zeitweise auch Belgier mehr als wir. Daß Italiener Champagner offenbar so sehr schätzen, ungeachtet des vielen eigenen »spumante«, der dort ebenso reichlich schäumt wie bei uns der Sekt, hilft auch mit, den hohen Verbrauch der USA zu erklären. Die größten Einwandererströme nach Nordamerika kamen bekanntlich aus Großbritannien, Deutschland und Italien – wen wird also wundern, daß die USA heute zur Spitzengruppe der Champagnerverbraucher gehören?

Ohne Nordamerika übrigens würde es vielleicht gar keinen Champagner mehr geben, und überhaupt nur ganz wenig europäischen Wein. Um die Jahrhundertwende begann die Reblaus, die Winzer Europas zu ruinieren. Die Rettung kam schließlich aus den Vereinigten Staaten (s. Seite 24).

Auch die Belgier waren von Anfang an ein guter Champagnermarkt. Im Pro-Kopf-Verbrauch sind sie fast allen, mit Ausnahme der Franzosen und der Schweizer, haushoch überlegen. Sie und – heute glaubt man es kaum – die Russen sind die nächsten Verdienstvollen in der Geschichte des Champagners, fast von Anfang an. Die Belgier als solide Dauerkonsumenten mit höherem Qualitätsbewußtsein als die meisten anderen, auf diesem Gebiet und anderen der Gastronomie, kaufen im allgemeinen bessere Qualitäten als die Deutschen und Franzosen. Die Russen wiederum waren sehr früh ein schier sensationell ergiebiger Markt, dem einige der bekanntesten Champagnerfirmen ebenso ein frühes Vermögen verdankten wie andere den Briten (Clicquot, Roederer …). Bis die Revolution dem Geschäft, das ja ohnehin nur von den reichsten Schichten bestritten werden konnte, ein Ende machte.

Die Rolle der Deutschen, die sich leider in der Champagne nicht nur angenehm bemerkbar gemacht haben, beschreibe ich noch ausführlicher. Aber bei den Briten möchte ich noch etwas verweilen. Sie haben nicht nur durch ihren für die damaligen Zeiten extremen, heute immer noch beachtlichen und überdurchschnittlichen Verbrauch von Champagner der ganzen Branche auf die Beine geholfen. Sie haben auch entscheidend zur Geschmacksbildung beigetragen. Der »Brut«, also der sehr trockene Champagner, wurde nach anfänglicher englischer Abneigung, die damals ganz Europa teilte, zuerst bei ihnen ein Erfolg. Er war in Großbritannien schon lange zum Standard geworden, als die Franzosen noch am süßlichen Champagner festhielten, und das Beispiel (auch das Marktgewicht) der Briten hat ihn dann gottlob weltweit zur vorherrschenden Geschmacksrichtung gemacht – selbst bei uns in Deutschland. Frühzeitig gewöhnten sich die Champagnerhäuser daran, ihre besten »cuvées« nach Großbritannien zu schicken oder sie jedenfalls zuerst der britischen Kundschaft anzubieten, oft ganz zu reservieren.

Eine interessante (auch wirtschaftlich interessante) Folge war, daß sich ein »englischer Geschmack« herausbildete, ähnlich wie beim Cognac, der von der heutzutage vorherrschenden Richtung* abweicht. In Großbritannien ist Champagner beliebt, der weiniger schmeckt als die auf dem Kontinent bevorzugten Sorten, und länger gelagerter, was fast aufs gleiche hinausläuft. Englische Importeure lagern manchen Jahrgangs-Champagner sehr viel länger, als die Her-

* siehe das nächste Kapitel

steller selbst für normal halten würden, bis zu zehn Jahre und noch länger. Das bringt das Risiko mit sich, daß diese Champagner schon stark an Qualität verloren haben, wenn sie endlich geöffnet werden. Es fördert aber auch einen bestimmten, für unser Gefühl firnigen Altersgeschmack, den viele Briten offensichtlich mögen. Natürlich gibt es nicht nur Importeure, sondern auch zahlreiche Kunden, die ihren Champagner ebenfalls länger liegen lassen, als die französische Regel besagen würde. Aus der englischen Weinliteratur und aus Berichten über dortige Verkostungen geht ganz klar hervor, daß diese Vorliebe keineswegs nur auf den einen oder anderen Sonderling beschränkt ist. Der englische Champagnergeschmack ist eben, wie beim Cognac, etwas anders als der kontinentaleuropäische. Ich finde ihn keineswegs schlechter – eher besser als den hierzulande, aber auch den in Frankreich selbst vorherrschenden.

Bis Ende der achtziger Jahre herrschte in Kontinentaleuropa ein Zug zum nur noch erfrischenden, weitgehend neutral schmeckenden Champagner vor, mit sehr wenigen hervorragenden Ausnahmen. Hätte sich das fortgesetzt und noch verstärkt, dann hätten damit nicht zufriedene Champagnerliebhaber nur noch die meist teuren Ausnahmen und aus England zurückgebrachte Flaschen zur Erinnerung an einen Geschmack haben können, der zeigte, aus was dieses Getränk besteht, nämlich aus Wein.

Doch die Absatzschwierigkeiten durch die Wirtschaftskrise zwangen in den letzten Jahren viele Häuser, ihren Champagner länger zu lagern, mit erfreulichen Folgen für den Geschmack. Andererseits waren Preiskämpfe die Folge, die eine Flut von billigeren und ganz billigen Erzeugnissen brachten, deren Qualität der Champagne keineswegs immer Ehre machte.

2.
Geschmacks-Sachen (1)

»Leider ist unbestreitbar, daß Champagner in den letzten fünfzig Jahren ständig jene Individualität verloren hat, die für den Weinliebhaber so viel bedeutet.« Diesen Satz könnten wir uns zu eigen machen, aber er stammt aus dem Jahr 1952 und ist von dem höchst sachkundigen Briten H. Warner Allen, der in der ersten Hälfte unseres Jahrhunderts zu den führenden schreibenden Weinkennern gehörte.* André Simon, älter und vielleicht noch bekannter als einer der frühen Weinpäpste (seine »History of the Champagne Trade in England« erschien 1905), fand, daß 1893 der letzte Jahrgang gewesen sei, dessen Champagner einen charakteristischen, klaren, differenzierten Geschmack gehabt hätten.

Diese Klage hat also schon ihren hundertsten Geburtstag hinter sich. Immerhin sind sich die versierten Zeitzeugen einig, daß noch der Jahrgang 1928 in fast allen Häusern fabelhaften Champagner ergeben habe, schier den besten unseres Jahrhunderts, und das hätten sie sicher nicht gesagt, wenn einer geschmeckt haben würde wie der andere.

Dieser 1928er, 1986 geöffnet von Alfred Simon bei Heidsieck-Monopole, war nun doch nicht mehr so gut wie sein Ruf; Farbe und Geschmack erinnerten eher an Sherry. Das Glas ist das französische Standard-Probenglas.

Auch meiner Erfahrung nach ist aber unverkennbar, wie sehr sich viele Champagner ähneln. Kunststück, wo es doch alles Champagner ist ... Aber Wein ist ja auch nicht gleich Wein, und die jährlich neu auf den Markt gebrachten Standard-Cuvées setzen die Unternehmen doch gerade aus vielen verschiedenen Weinen und oft auch verschiedenen Jahrgängen** zusammen, um den firmentypischen Geschmack zu erzielen und zu bewahren, mit dem sie sich deutlich voneinander unterscheiden wollen – und sollten. Dennoch wird die Unterscheidung immer schwieriger, oft unmöglich. Das gilt auch für die Jahrgangs-Champagner, die vom allgemeinen Charakter des betreffenden Jahres abhängig sind, und sogar für die Prestige-Cuvées, denen ganz besondere Pflege und Auslese gilt und die daher besonders unverkennbar verschiedene Handschriften tragen sollten.

Für die Kundschaft mag das nicht gar so enttäuschend sein, wie es klingen könnte, solange die allgemeine Qualität akzeptabel bleibt, also gut. Die wenigsten Leute trinken wohl verschiedene Champagner gleichzeitig und können dann merken, wie groß oder wie klein die Unterschiede sind.

Der Standardgeschmack hat sich im Lauf der Zeit mehrmals geändert. Ursprünglich war Champagner ein

* White Wines & Cognac
** siehe Ein frommes Werk

ziemlich süßer Dessertwein, der eben lustig schäumte (während die stillen, nicht schäumenden Weißweine der Champagne bis zu seinem Erscheinen sehr trocken gewesen waren). Besonders stark süßten ihn die Handelshäuser für Rußland, aber die Franzosen selbst tranken ihn anfänglich auch nicht trocken, und die Engländer ebenfalls nicht, wenn wir ihnen dann auch den Umschwung verdanken. Als 1848 ein Londoner Weinimporteur das Haus Perrier-Jouët bewog, eine ungesüßte Partie nach England zu schicken, hatte er starke Bedenken des Hauses überwinden müssen. Es fürchtete, seinen Ruf zu schädigen. Er argumentierte, solange Champagner hauptsächlich zum Nachtisch getrunken werde, sei keine Umsatzsteigerung möglich, denn da konkurriere er mit dem bestens eingeführten Portwein und mit süßem Sherry. Champagner werde sich erst dann richtig durchsetzen, wenn die Briten sich angewöhnen könnten, ihn während des ganzen Essens zu trinken.

Die Bedenken Perrier-Jouëts stellten sich als berechtigt heraus. Der Offiziersklub, dem der Importeur die Flaschen zum Ausprobieren geliefert hatte, schickte sie nach flüchtigstem Kosten sogleich wieder zurück und verlangte »das Übliche«. Der blamierte Händler versuchte es 1850 von neuem, tapferer als die Militärs. Diesmal wandte er sich an Roederer – und erhielt eine dürre Absage. Der Ruf des Hauses solle nicht in Gefahr geraten.

Aber dann dauerte es nur noch ein Jahrzehnt, bis die Wende kam. Clicquot und einige andere Häuser schickten verhältnismäßig ungesüßten 1857er, teilweise als »dry« bezeichnet, und nun hatten sie guten Erfolg. Jetzt war auch nicht mehr nur der Pionier (Mr. Burne von der Firma »Burne, Turner«, um ihm seinen Nachruhm nicht zu schmälern) am Werk, sondern es gab auch andere unternehmungslustige Importeure, die um möglichst wenig süßen Champagner baten. Nun fanden sich auch Lieferanten: Ayala, Bollinger, Clicquot und manche andere reduzierten den Zuckergehalt ihres Jahrgangs 1865 zu (gemessen an bisher) fast nichts (aber natürlich ließen sie auch die bisher üblichen süßen weiter am Markt). Jetzt schickte niemand mehr zurück. Ein Jahrzehnt später stellten fast alle großen Champagnerhäuser trockenen her, Pommerys erster trockener für England war der 1874er. Mitte der achtziger Jahre war die Sache entschieden. Trockener Champagner, nun bald als »brut« bezeichnet, war »in«. Das Lager des süßen Schaumweins trat den Rückzug an – in England war es eine regelrechte Flucht.

Was das für eine geschmackliche Revolution war, zeigen die damals üblichen Zuckerwerte an: für England 50 Gramm pro Flasche (also 66,6 pro Liter), USA 150, Frankreich und Deutschland 160 bis 200, Rußland 250 bis 300. (Die heute geltenden Höchstwerte finden Sie auf Seite 68.)

Das Zögern der Firmen ist natürlich leicht zu erklären. Nicht nur mit der löblichen Rücksicht auf den noch eine Zeit vorherrschenden Geschmack, sondern mit dem sehr einfachen Umstand, daß die Süßung ideal war, um eine zu »grüne«, unreife Beschaffenheit des Weines zu verdecken und auch andere Fehler. Das gilt noch heute.

Die Briten waren also die Schrittmacher. Der Rest der Welt folgte nur zögernd. Auch Frankreich war bis zum Ersten Weltkrieg noch im süßen Lager und hat noch heute viele Liebhaber von ziemlich süßem Champagner. Die USA sind auch noch nicht ganz so »brut« wie die Briten. Einige Lateinamerikaner und die Deutschen, vor allem aber die Russen, blieben dann jahrzehntelang die führenden Abnehmer süßen Champagners.

Inzwischen hat sich der Geschmack bei uns weiterentwickelt. 1979 war noch etwa jede fünfte Flasche in die Bundesrepublik eingeführten Champagners »sec« oder »demi-sec« mit bis zu 35 oder 50 Gramm Restzucker pro Liter. Anfang der neunziger Jahre: jede 24. Brut hat etwa 96 Prozent Marktanteil. Doch die meistverkaufte Sorte war er erst in den fünfziger Jahren geworden.

Viele Champagnerhäuser stellen Demi-Sec und Sec her, also süßeren, aber nur höchst wenig. Die größten Mengen liefern Veuve Clicquot und Mercier. Insgesamt macht der süßer als brut dosierte Champagner nur etwa drei Prozent aus. Der noch trockenere, oft überhaupt ohne Zuckerzusatz, den manche Häuser herstellen, freilich noch weniger.

Unsere und anderer Bekehrung vom süßen Champagner weg zeigen schön plastisch die Zahlen von Heidsieck Monopole. Vor fünfzig Jahren waren vierzig Prozent des Verkaufes »Green Top«, halbtrockener Champagner mit bis zu 50 Gramm Zucker pro Liter. Vor vierzig Jahren waren es nur noch zwanzig Prozent. 1986: ein Prozent.

Aber ... nach französischen Statistiken trinken noch immer drei Viertel der Kundschaft den Champagner zum Nachtisch. Das bedeu-

tet: zu süßen Gerichten, zu denen der trockene Brut keineswegs ideal ist. Der Zucker in der Nachspeise läßt ihn belanglos und ziemlich säuerlich wirken. Also sollte man zu süßem Nachtisch keinen oder zur Not eben doch trockenen (sec oder dry) oder halbtrockenen (demi-sec) trinken.
Auch die bevorzugte Farbe hat sich geändert. Früher waren Champagner dunkler als heute – bernsteinfarben, goldgelb, wenn nicht schon fast braun. Heute gilt ein helles Gelb mit eher grünlichen Reflexen als ideal. Wenn er heute etwas dunkler ist, ist er meist schon älter, und dann hat er oft auch einen weinigeren Geschmack.
Die Abkehr vom Süßen hatte eine wichtige praktische, materielle Folge. Da ganz junger, kurz gelagerter Champagner in der Tat »grün« und spröde schmeckte, also nicht gerade sehr angenehm, was durch die »Dosage« ausgeglichen werden konnte, durften der neue »dry«, dann »very dry«* und schließlich der »brut« nicht mehr ganz so jung sein. Also mußten die Flaschen länger lagern. Also mußten *mehr* Flaschen gelagert werden können. Also brauchten die Handelshäuser sehr viel mehr Platz als vorher – nun entstanden die teilweise gigantischen Anlagen, die heute Hunderttausende von Besuchern anlocken.
Letzthin sind also »leichtere« Champagner immer beliebter geworden. Zwar herrschen an Menge die Cuvées vor, die aus dunklen Trauben gekeltert werden oder jedenfalls überwiegend aus dunklen; Weißweinreben stellen schließlich nicht einmal ein Drittel des gesamten Bestandes. Champagner von so dunkler Herkunft (pardon!) gilt als mächtiger als der aus ausschließlich hellen Trauben, der sogenannte Blanc de Blancs. Es beweist, daß der Geschmack der Genießer von allem möglichen mehr abhängt als von statistischen Verhältnissen, denn der Alkoholgehalt ist der gleiche. Aber die helle Chardonnay-Traube bringt eben doch größere Leichtigkeit. Also haben nicht wenige Häuser in den letzten Jahren den Chardonnay-Anteil an ihren Cuvées erhöht, und die Blancs de Blancs sind mehr und mehr in Mode.
Den Champagner, der ausschließlich aus Rotweintrauben hergestellt ist, ohne die weithin übliche Chardonnay-Beigabe, kann man Blanc de Noirs nennen.
Neben einigen in der Tat vortrefflichen Blancs de Blancs gibt es aber nun längst zu viele, die einen so gering ausgeprägten Geschmack haben, daß man sich schon nach kürzester Zeit nicht mehr an ihn erinnern würde. Nicht unter allen Herstellern gilt Blanc de Blancs als Stein der Weisen; einige berühmte Häuser stellen auch keinen her: weil sie nicht wollen, nicht etwa, weil sie Mühe hätten, sich Chardonnay-Trauben zu beschaffen. Ihre Distanz gilt den *jungen* Blancs de Blancs; zum Altern ist dieser Champagner hervorragend geeignet.
Doch der »leichtere« Champagner entspricht eben gut dem »Zeitgefühl« und der verbreiteten (hier allerdings nur vermeintlichen) Absage an zu starken Alkohol. Mehrere Häuser, darunter berühmte, haben den Stil ihrer Champagner in diesem Sinn auch verändert, ohne es immer gern zuzugeben, zum Erfrischenderen, durchaus Vergnüglichen hin. Aber die Gefahr ist eben groß, daß Champagner immer weniger an Wein erinnert.
Das berühmte Unternehmen Krug, Hersteller von Luxus-Champagner par excellence, gehört dazu, ohne diese Gefahr zu laufen. Krugs »Grande Cuvée« enthält mehr Chardonnay als die durch sie abgelöste »Private Cuvée«. Unter Krug-Freunden gibt es nicht wenige, die der »Private« nachtrauern.
Deutlich dem Geschmackswandel der Zeit unterliegt auch, ob der Champagner leicht säurebetont sein soll oder nicht. Brut mit mehr oder weniger Säure wird durchaus verschieden beurteilt. Die meisten Hersteller bremsen die Säure von jeher zugunsten einer gewissen Weichheit, die dann etwas auf Kosten der Frische geht, andere finden diese besser und verhindern daher die säuremildernde Milchsäuregärung. Dieses vorläufig noch kleinere Lager scheint in letzter Zeit Zuzug zu bekommen.
Sehr viel Geschmacksempfinden hängt davon ab, ob man Champagner als Aperitif, als Begleitung bestimmter Gerichte oder ganzer Mahlzeiten oder »nur so« zu sich nimmt. Es gibt eine ganze Literatur mit Ratschlägen, welcher zu was paßt; teilweise widersprechen sich die »Experten«. In England, das als das Pionierland bezeichnet werden kann, hat »man« Champagner lange Zeit, wenn er voll und kräftig genug war, als Tischgetränk von Anfang bis Ende betrachtet (wenn »man« es sich leisten konnte).

* Die englische Bezeichnung für trocken und sehr trocken hat sich in der Welt des Champagners weitgehend durchgesetzt, auch auf vielen Flaschenetiketten für andere Länder.

Zufahrt von Süden nach Ambonnay, am Fuß der Montagne de Reims, eine der bekanntesten Champagnerlagen

Rosé mit Tradition

Schon sehr früh wurde in der Champagne auch Rosé-Champagner gemacht. In den Clicquot-Archiven ist eine Lieferung schon 1777 verzeichnet, sechzig Flaschen nach Lausanne. Seine Beliebtheit schwankte sehr; zur Zeit stellen ihn wieder ziemlich viele Produzenten her. Allerdings ist es insgesamt nur eine recht bescheidene Menge, nur wenige Prozent der gesamten Champagnerproduktion.

Dabei hat die Champagne ein Verfahren gewählt, das seltsam von anderen Weinbaugebieten absticht (dort gilt es als unmöglich, ordinär und ist streng verboten) und auf den ersten Blick auch noch sehr unlogisch erscheint. Rosé macht man anderswo, indem man die Schalen der Rotweintrauben nach der Pressung noch im Most beläßt. Sie geben ihm ihre Farbe ab (das Fruchtfleisch ist meist farblos und jedenfalls farblos bei den für Champagner verwendeten Pinots Noir und Meunier). Nirgendwo entsteht Rosé, indem man schlicht Weiß- mit Rotwein mischt. Nirgendwo, außer in der Champagne.

Offenbar aus der Routine heraus, Rotweintrauben so schonend und schnell zu pressen, daß der Most ihre Farbe nicht annimmt, wenden viele dieses Verfahren gleich auch für den Rosé an: machen den Rotwein also erst weiß und färben ihn dann durch Zugabe von Rotwein (der aber aus der Champagne stammen muß) rot. Warum einfach ... Und dann wird sehr darauf geachtet, daß das Ergebnis nicht allzu rot wird, sondern nur eine ganz leichte Färbung hat. Kräftigeres Rot gilt geradezu als Betriebsunfall, denn roten Champagner darf es nicht (mehr) geben; er gilt als plump und überflüssig. Ich habe freilich schon ziemlich dunklen, vollen Rosé-Champagner probieren können, aus einer großartigen Lage, der mir ausgezeichnet mundete (und schon

sieben Jahre Flaschenlager hinter sich hatte). Den Namen des Produzenten halte ich lieber geheim, damit er nicht von Champagnerpuristen Schwierigkeiten bekommt.
Immerhin – das seltsame Verfahren praktizieren doch nicht alle. Es gibt einige Häuser, auch unter den berühmten großen, die Rosé-Champagner auf die anderswo traditionelle Weise herstellen, eben durch Belassen der Schalen im Most. Dazu gehören von den großen Firmen zum Beispiel Laurent Perrier, Taittinger und Roederer. Freilich – den Unterschied der Herstellungsweise schmeckt man nicht, nur den im Stil der Häuser.
Wie die Mehrheit der »stillen« Rosé-Weine auch, hat Rosé-Champagner, wie gesagt, lange Zeit keinen besonders guten Ruf gehabt. Noch 1983 betonte Michael Broadbent* seine Abneigung: Rosé-Weine, nicht nur Champagner, hätten »so wenig Charakter ... für gewöhnlich sehr wenig, wenn überhaupt, Trauben-Aroma« – und meist nur neutralen Geschmack. Das war wohl lange die Mehrheitsmeinung. Doch inzwischen haben die Rosé-Produzenten dazugelernt. Auch bei Champagner ist Rosé wieder salonfähig, sonst hätte wohl das Haus Krug nicht 1984 ebenfalls einen auf den Markt gebracht. Es gibt kaum eines der großen Handelshäuser mehr, das nicht Rosé anbieten würde, und viele kleinere Produzenten folgen ihrem Beispiel.
Im Süden der Champagne gibt es eine kleine »echte« Rosé-Produktion, also nicht schäumender – siehe »Champagners Vettern«.

* als Weinversteigerer des Auktionshauses Christie's einer der berühmtesten Fachleute geworden

Für und wider Jahrgangs-Champagner

Deutliche Meinungsunterschiede bestehen in der Champagne in der Einstellung zu Champagner mit Jahrgangsbezeichnung, französisch »millésime«, englisch »vintage«; beides wird in der Champagnersprache ständig benutzt.
Jahrgangs-Champagner müssen länger lagern als solche ohne Jahrgang, nämlich mindestens drei Jahre im Firmenkeller in der Flasche bleiben, bevor sie versandfertig gemacht werden dürfen.* Also sind sie teuer. Sie werden nur in Jahren guter Erntequalität hergestellt. In den vergangenen vierzig Jahren kam es im Schnitt alle drei Jahre vor, doch manche Häuser tun es viel seltener. Das verschafft den Ihren den Ruf der edleren Rarität: der macht sie teurer. Die Beurteilungen der Häuser, welches Jahr einen Jahrgangs-Champagner verdient, gehen manchmal auseinander. Wenn sie einen herstellen, dürfen sie höchstens 80 Prozent von ihrem Wein des betreffenden Jahres dazu verwenden. Der Rest muß als Reserve oder für Standard-Cuvées genutzt werden.
Aber – zu den Grundweinen, die eine »Standard-Cuvée« ohne Jahrgang zusammensetzen (das ist mit Abstand das Hauptgeschäft der Branche), gehören ja auch fast immer Reserveweine aus früheren Jahren, darunter auch gute, und in einem oft hohen Verhältnis; ihr Anteil kann leicht ein Fünftel erreichen und war schon höher.

* Einzelheiten der Champagnerherstellung Seite 54ff.

Gerade wenn man der Mischphilosophie der Champagne folgt (Mischung heißt hier feiner »assemblage«), derzufolge erst aus solcher Vielfalt das Bestmögliche entsteht, muß man sich fragen, ob die Standard-Cuvée dann nicht oft besser schmecken kann als die mit Jahrgang. Die Antwort: ja, so ist es. Bei manchen Verkostungen haben mir die Standard-Cuvées in der Tat besser gefallen, nicht immer unter Protest der Macher. Mit besonderem Nachdruck verteidigt man ihre Vorzüge im Hause Krug (aber nicht nur dort); freilich liegt die Krugsche, der in vielerlei Hinsicht mehr Sorgfalt zuteil wird als den Standard-Cuvées zahlreicher anderer Häuser, schon aus diesem Grund in jenem Preisbereich, in dem andere ihre Jahrgangs- und Prestige-Cuvées ansiedeln. Roederers Agent in den USA inserierte Ende 1986 bei der Einführung des Brut Premier plakativ den Ausspruch eines amerikanischen Weinautors: »Louis Roederer Brut sollte jeden bekehren, der nicht akzeptieren will, daß Champagner ohne Jahrgang besser sein kann als mit ...«
Da gibt es also keine feste Regel. Immerhin ein Hinweis: Viele Firmen bringen ihre Standard-Cuvée, die unter den gesetzlichen Vorschriften mindestens fünfzehn Monate Flaschenlager braucht, ziemlich schnell danach auf den Markt. Die länger lagernden (und reifenden) Jahrgangs-Champagner (mindestens drei Jahre Lager) haben etwas von ihrer ursprünglichen Aggressivität verloren. Wer eher weichere Champagner liebt, wird,

Millionen Flaschen lagern unter der Erde bei etwa zehn Grad – die kilometerlangen Kellergewölbe von Moët & Chandon in Epernay. ▷

so er sie bezahlen kann, doch zur Jahrgangs-Cuvée greifen. Bei Häusern freilich, die ihre Champagner aus Prinzip wesentlich länger lagern lassen, als vorgeschrieben ist, muß dies nicht stimmen. Es gibt ja sogar Standard-Cuvées, die ausschließlich aus Jahrgangs-Reserveweinen zusammengesetzt sind.
Eine Wirkung der Absatzschwierigkeiten bei besonders reichlichen Ernten Anfang der neunziger Jahre war erfreulicherweise, wie erwähnt, daß viele Produzenten notgedrungen auch ihre Standard-Cuvées länger lagerten, mit vortrefflichen Folgen für den Geschmack. Allerdings bewirkten die erwähnten Preiskämpfe, daß Billiganbieter, um den renommierten Marken Marktanteile nehmen zu können, wachsende Mengen von billigerem Champagner ein- und verkauften. Das konnte kein gut gereifter sein.
Übrigens kommen nicht wenigen Fachleuten die amtlichen Mindestfristen zu kurz vor, um eine gute Qualität zu gewährleisten, sowohl für die Standard- als auch für die Jahrgangs-Champagner.
Um die Auswahl zu komplizieren, machen viele Häuser über den Jahrgangs-Cuvées noch besondere Abfüllungen, ihre sogenannten Prestige-Cuvées, fast immer mit Jahrgang. Oft lagern sie wirklich noch länger als die Jahrgangs-Champagner, manchmal ist lediglich ihre »assemblage« anders (beliebt: höherer Anteil an Chardonnay, der weißen Traube). Gelegentlich aber zahlt man hauptsächlich ein eindrucksvolleres Etikett oder eine teurere Flaschenform.

Rapsfelder bei Louvois ▷

3. Erfolge und Katastrophen

Dies ist keine Geschichte des Weinbaus. Uns interessiert der besondere unter den besonderen Weinen, der Champagner.

Weinbau ist in der Champagne schon vor dem 5. Jahrhundert nachgewiesen, unter römischer Besatzung. Reims hieß damals Durocortum und war Hauptstadt des (römisch-)belgischen Galliens. Die für die Bauten der Römer benötigten Kalksteine wurden aus den gewaltigen Kreidevorkommen direkt unter der Stadt ausgegraben – so entstanden jene gewaltigen Höhlen und Gänge, in denen heute Millionen von Champagnerflaschen ruhen.

Im Mittelalter entwickelten sich in mehreren Orten der Champagne, die günstig an den europäischen Handelsstraßen lagen, regelmäßige Märkte, nach heutigen Begriffen schon fast Messen. Da lernten Besucher aus allen Teilen Frankreichs und Europas den Wein der Gegend schätzen. Ausländische Potentaten erwarben ganz wie französische Noble Weinberge, hauptsächlich im schon damals besonders berühmten Anbaugebiet Ay, oder stationierten Einkäufer dort, um stets gut versorgt zu sein.

Mitte des 17. Jahrhunderts beherrschten die Champagnerwinzer schon die Kunst, ihren Wein so stabil zu machen, daß er mehrere Jahre

Über Weinfeldern, die zu den berühmtesten der Champagne gehören, die Kirchturmspitze von Bouzy.

Lager vertrug. Und sie lernten, aus dunklen Trauben hellen Wein zu keltern, »grauen«, dann hellgelben. Ein paar Jahrzehnte später – Ende des 17., Anfang des 18. Jahrhunderts – war entdeckt und wurde genutzt, daß der »stille« Wein im Frühjahr neuerlich gor und, wenn man ihn öffnete, als Schaumwein aus der Flasche kam: Der Champagner war da.

Im Jahr 1728 erlaubte der König den Transport in Flaschen; bis dahin waren Fässer verschickt und vom Empfänger umgefüllt worden. Ein Jahr später, 1729, wurde das erste Champagner-Handelshaus gegründet. Es existiert noch heute: Ruinart. Die Winzerfamilie Gosset in Ay (siehe ABC) war freilich schon lange vorher am Werk, mit Wein, aber dann auch bald mit Champagner. In rascher Folge entstanden weitere Handelshäuser, von denen einige heute nur noch als Marken im Gedächtnis haften, andere zu den Großen der Branche aufgestiegen sind: 1730 Chanoine (Epernay), heute eine Marke der Gruppe Paillard/PBI; 1734 Fourneaux (Reims), heute Taittinger; 1743 Moët (Epernay), heute als Moët & Chandon das größte Champagner-Unternehmen überhaupt; 1757 Vander-Veken (Reims), heute Abelé; 1760 Delamotte (Reims), heute Lanson; 1765 Dubois & Fils (Reims), heute Roederer; 1772 Clicquot (Reims), 1785 Heidsieck (Reims), 1798 Jacquesson (Châlons-en-Champagne).

Der Handel über die engere Champagnergegend hinaus war anfangs nicht einfach. Haupttransportweg war längere Zeit die Marne, als sehr zuverlässig und problemlos schiffbar erwies sie sich nicht. Doch

Das Champagner-Museum von Boizel. Die altenFlaschen können durchaus noch gut Trinkbares enthalten. ▷

Frühherbst nahe Avenay, nördlich der Marne (Bild Seite 22/23) ▷▷

CM 1895
AN 1895
VP 80
VZ 1895
R 1921
MN 1900
VT 1914
CH 1929
CH 1904
1854

sicherte sie den an ihr liegenden Orten einen gewissen Vorsprung.
Dieses nördliche Weinbaugebiet litt unter der Unregelmäßigkeit seines Klimas. Mißernten waren fast häufiger als gute. Kriege und Wirren störten Produktion und Handel, Wirtschaftskrisen bremsten die förderliche Wirkung der industriellen Revolution, die den Winzern und Handelshäusern verbesserte Kellertechnik bescherte. So stiegen die Verkäufe nur langsam: von einigen hunderttausend Flaschen im Jahr 1785 auf 6,5 Millionen 1845; zwei Drittel der Produktion wurden exportiert. 1881 verkauften die Handelshäuser insgesamt rund 20 Millionen Flaschen (davon wurden 18 Millionen exportiert), Ende des 19. Jahrhunderts fast 30 Millionen.
Das war die hohe Zeit, die »belle époque«, des Wohllebens für jene in Paris und anderen Hauptstädten, die es sich leisten konnten, und auch für die erfolgreichen Handelshäuser, aber keineswegs für alle Winzer. Da war ja bereits die Katastrophe im Gange, die fast die gesamte europäische Weinwirtschaft an den Rand des Ruins brachte und viele Winzer tatsächlich ruinierte: die Reblaus (Phylloxera).
1883 waren Rebläuse aus Amerika, wo sie merkwürdigerweise den Rebstöcken nicht schaden können, mit einer Schiffsladung nach Europa gekommen, vielleicht mit Weintrauben ... Zuerst wurden sie in der Provence entdeckt, sie breiteten sich aus, und nur allmählich wurde den europäischen Winzern klar, daß eine tödliche Gefahr auf sie zukam. 1890 erreichte die »Phylloxera« die Champagne. Um die Jahrhundertwende versuchte man noch immer vergeblich, sie mit Chemikalien zu bekämpfen; jährliche Ausgaben von Hunderten Millionen Francs bewirkten nichts. Kurz vor dem Ersten Weltkrieg waren mehr als sechstausend Hektar in der Champagne befallen, etwa ein Fünftel der heute genutzten Fläche. Schließlich war klar, daß hier wie anderswo in Europa nur ein Mittel half: die Rebstöcke auf jene amerikanischen aufzupropfen, denen der Reblausbefall nichts ausmachte. Das war ebenso wie der vorangegangene vergebliche Kampf ein langwieriges und teures Programm. Nicht alle Winzer waren zunächst bereit, mitzumachen – aber es half.
Langsam, denn die Neuanpflanzungen brauchten ja wieder Jahre, um brauchbare Reben zu tragen, sanierten Handelshäuser und Winzer in gemeinsamer Anstrengung die Weinberge. Noch heute werden die regelmäßig notwendigen Neuanpflanzungen, nicht nur in der Champagne, sondern in vielen europäischen Anbaugebieten, auf amerikanische Rebstöcke gepfropft. Die braucht man freilich nicht mehr aus den USA zu beziehen; spezialisierte Unternehmen in Südfrankreich züchten sie, wie zum Beispiel Gendre in Quissac bei Nîmes, der über Anbauflächen von fünfhundert Hektar verfügt. (Sie beliefern auch die Weingebiete der Bundesrepublik Deutschland.)
Die Reblauskrise war in vollem Gang, der Erste Weltkrieg warf seinen Schatten voraus, eine Serie von Mißernten verschärfte die Not der Winzer – da lieferte ein schon lange schwelender Streit zwischen Winzern und Handelshäusern den Funken zur Explosion.
Champagner kommt heute aus einem gesetzlich fest umrissenen Anbaugebiet; die Herstellung wird schärfer überwacht als damals.* Anfang des Jahrhunderts verarbeiteten einige Händler billigere Weine von anderswo in Frankreich zu Champagner, was jedenfalls die Preise für die Champagnerwinzer drückte und oft auch die Menge, die sie noch loswerden konnten. Die Wut über solche Praktiken entlud sich 1911 in regelrechtem Aufruhr. In Ay, Damery, Epernay und Hautvillers wurden Handelshäuser verwüstet, auch solche, die gar nicht zu den Fälschern gehört hatten. Um die gleiche Zeit tobte Streit über die Umgrenzung des Anbaugebietes, dessen Wein allein zu Champagner verarbeitet werden durfte. Ein Gesetz über die »zone délimitée« schloß das Gebiet der Aube, das bisher dazugehört hatte, von der Champagnerproduktion aus und verursachte neuen Aufruhr, im Aube für die Abschaffung des Gesetzes, an der Marne, wo Aube-Weine verachtet wurden, für die Beibehaltung.
Das Jahr 1911 ist in der Champagne als Jahr des Bürgerkriegs in schmerzlicher Erinnerung. Die Regierung sorgte mit vierzigtausend Soldaten für Stille – und änderte das Gesetz. Nun konnten die Winzer der Aube zwar Champagner herstellen, mußten ihn aber Champagner der »zweiten Zone« nennen. Das wollten sie natürlich nicht. Doch der Widerstand gegen diese Regelung hatte nicht viel Zeit, sich zu entfalten, da bescherte der Weltkrieg der ganzen Region weit schlimmere Sorgen.

* Italienische Weinfamilien wie d'Ambra auf Ischia erinnern sich noch heute, bis etwa 1892 regelmäßig Weißwein in die Champagne geliefert zu haben – zweifellos nicht für etwa schon vorhandene italienische Lokale.

Die »Porte de Mars«, römischer Triumphbogen, eines der Wahrzeichen von Reims

Die Champagne wurde Schlachtfeld. Sie zahlte mit Menschen, mit ihren Städten und Dörfern – und mit ihren Weinbergen, durch die lange Zeit die Front verlief. Bei Kriegsende waren 40 Prozent der Weinberge verwüstet, die anderen in denkbar schlechtem Zustand.

Gleich nach Kriegsende lebte im Gebiet Aube die Kampagne gegen die Bezeichnung »zweite Zone« wieder auf. Produzenten weigerten sich, den diskriminierenden Begriff auf ihre Etiketten zu drucken. Eine Serie von Prozessen zwischen dem Winzersyndikat der Marne und den Winzern der Aube bescherte diesen durch alle Instanzen hindurch einen Sieg nach dem anderen. Da bequemten sich Regierung und Parlament: 1927 wurde die Diskriminierung aufgehoben. Seitdem gibt es nur ein Produktionsgebiet, nur einen Champagner – formell jedenfalls.

Nach dem Weltkrieg konnte theoretisch der Aufschwung beginnen. Statt dessen verschlossen die USA, vormals stattlicher Markt, mit der Prohibition ihre Grenzen bis 1933 auch dem Champagner, was durch Schmuggel nicht ausgeglichen werden konnte, und noch in den zwanziger Jahren begann die Weltwirtschaftskrise. Der weltweite Kaufkraftschwund traf dieses schon schwergeprüfte Gebiet, das sich auf ein Luxusgetränk spezialisiert hatte, natürlich besonders hart. Bald danach kam der Zweite Weltkrieg, die deutsche Besetzung.

Einen Aufschwung, der den riesigen Anfangserfolgen des 18. und 19. Jahrhunderts vergleichbar wäre, schaffte die Champagne, oder besser gesagt der Champagner, erst einige Jahre nach Ende des Zweiten Weltkriegs. 1910 waren vom beliebtesten Festgetränk der Welt fast vierzig Millionen Flaschen verkauft worden. 1955: wieder vierzig Millionen. Aber 1971: hundert Millionen. 1986 wurde mit knapp 205 Millionen Flaschen die 200-Millionen-Grenze überschritten.

Für diesen Erfolg, und erhoffte weitere, arbeiten etwa 31 000 Menschen: 15 500 Winzerfamilien, etwa 5000 Arbeiter und Angestellte der rund 140 großen und kleinen Marken- und Handelshäuser, Rand- und Zulieferbetriebe. Das Ergebnis sind insgesamt fast 12 000 verschiedene Champagnermarken, sprich Etiketts auf Flaschen.

Diese Vielfalt ist indessen trügerisch. Die große Masse der Marken entsteht in rund 150 Genossenschaften, denen bzw. deren Mitgliedern nicht weniger als die Hälfte der gesamten Anbaufläche zur Verfügung steht. Sie verarbeiten den Wein oder (meist) die Trauben ihrer Mitgliedswinzer und liefern jedem »seinen« Champagner mit seinem gewünschten Etikett zurück. Unter Hunderten verschiedener Namen verbirgt sich da immer der gleiche Champagner.

Sodann hat die große Mehrzahl der Winzer, seien es nun Genossenschaftsmitglieder oder Eigenproduzenten, nur kleinen Besitz. Mehr als achttausend, also mehr als die Hälfte, bewirtschaften weniger als einen Hektar, wovon keine Familie leben könnte: Sie haben andere Berufe* und sind nebenher Winzer oder umgekehrt. Weitere fast dreitausend haben nur zwischen einem und zwei Hektar, die Größe, von der an es einer Familie möglich ist, nur vom Champagner zu leben – nicht gerade schon sehr fürstlich. Die Pyramide geht so weiter: zwei bis drei Hektar besitzen zwölf Prozent (knapp 1800), drei bis fünf Hektar neun Prozent (etwas mehr als 1300), mehr als fünf Hektar vier Prozent (knapp 600).

Nun beliefern die Winzer – rund 11 000 von ihnen arbeiten überhaupt nicht für eine eigene Marke – neben den Kooperativen ja die Handelshäuser, die den größeren Teil des Champagners vermarkten und fast allein nennenswert exportieren, aber vergleichsweise wenig eigene Weinberge besitzen. Die größeren und größten von ihnen, etwa 110 Unternehmen, besitzen zusammen nur 13 Prozent der Gesamtfläche; viele von ihnen haben gar nichts. Sie müssen also bei den Winzern kaufen. Deren vorübergehendes Beharren auf zu hohen Preisen 1990/91 war einer der Gründe für die Absatzkrise.

Zur äußerlichen Vielfalt trägt der Reichtum an »Handelsmarken« bei – Marken, die sich große und kleine Handelsketten, Geschäfte, Lokale, Verbände für ihre eigene Kundschaft oder Sonderzwecke oder auch nur für den Privatgebrauch** herstellen lassen und deren Namen sie beliebig bestimmen können. Oft ist es der des eigenen Geschäfts, ebenso oft ein möglichst edel klingender Phantasiename. Solche Marken entstehen fortgesetzt neu, ziemlich wenige beim nicht sehr lieferfähigen Kleinen, bis in die Hunderte bei manchen Großen. (Eine Auswahl finden Sie weiter hinten im ABC.)

Welche Mühe sich die »Champenois« auch geben – die Erntemengen dieses nördlichen, klimatisch benachteiligten Weinbaugebietes schwanken so gewaltig, daß die Bewahrung ausreichender Vorräte, eine Lagerhaltung, die im Durchschnitt dem Volumen von etwa drei Verkaufsjahren entspricht, eine Hauptsorge ist. In reichlichen Jahren wird die Reserve nachgefüllt, bei ungenügender Ernte wird sie angezapft. 1982 war eine Rekordernte gewesen, die dem Inhalt von 300 Millionen Flaschen entsprach, 1984 waren es nur 196 Millionen, 1985 nur 150 Millionen. Im Jahr 1979 hatte der Ertrag rund 224 Millionen Flaschen betragen: 1980 fiel er auf 110 Millionen. 1978 waren es gar nur 78 Millionen gewesen.

1987 brachte die Ernte umgerechnet etwa 264 Millionen Flaschen. An Trauben waren im Durchschnitt etwas mehr als 11 600 kg pro Hektar geerntet worden gegenüber 3700 kg des Jahres 1978.

1995 erbrachte die Ernte umgerechnet 280,5 Millionen Flaschen, bei einem Hektarertrag von fast 11 000 kg.

Entsprechend schwanken die Vorräte. 1979 lagerten nur 465 Millionen Flaschen, 1995 etwa das Doppelte. Die Vorräte in den Kellern entsprachen beinahe vier Verkaufsjahren – eine schwere Belastung für Produzenten und Häuser, die dringend Geld zur Finanzierung ihrer Schulden brauchten, ein Vorteil für die Qualität des Champagners, der mit größerer Reife besser wird.

* Fünf Prozent sind Landwirte.

** Es gibt auch, vom gleichen Mann registriert, »Champagner der Republikanischen Garde«, der Kavallerie, der Gendarmerie, der »Soldats du Feu«, der »Sauveteurs de France«. Das berühmte Haus Krug fabrizierte vor vielen Jahren, als es noch nicht so berühmt war, für den englischen Markt unter dem Namen »K & Co« einen Champagner »Extra Dry for Invalids«.

Champagner entlang dem Marnekanal, am Rand von Mareuil-sur-Ay, östlich Epernay. Auf dem Hügel der »Clos des Goisses«, Prestigelage von Philipponnat. ▷

4.
Ein frommes Werk

Seit Menschen Alkohol kennen, seit Tausenden von Jahren sind Priester an der Herstellung und Fürsten führend am Genuß beteiligt; unter Fürsten seien hier die Anführer aus grauer Vorzeit über die Feudalherren bis zu den Modeführern der Gegenwart verstanden. Als immer breitere Massen am Genuß teilhaben konnten, sprach sich auch herum, was Alkoholexzesse anrichten können. Aber diese geheimnisvolle Kraft gab Inspiration, Schwung, Freude, Rausch, ohne daß anfangs von den Folgen des Übermaßes viel Aufhebens gemacht wurde, und daher betrachtet die Kirche keineswegs als seltsam oder gar belastend, durch wie viele ihrer frühen Exponenten sie in die Geschichte des Alkohols verwickelt ist.

Unnütz, hier alles Alkoholische aufzuzählen, das Mönchen zugeschrieben wird. Der Champagner gehört jedenfalls auch dazu. Doch darf es nicht als antiklerikaler Akt ausgelegt werden, wenn man diese Legende, die ja französische Historiker schon stark relativiert haben, auch in unseren Gefilden schrumpfen läßt.

Manche Champagner-Handelshäuser werben mit mönchischen Urfiguren des Champagners wie manche Cognac-Händler mit Napoleon oder andere Schnäpse mit Zaren und Wikingern. Ihre Erzeugnisse sind ja auch gut, wenn sie dies nicht

Die Korken der Champagnerflaschen wurden anfangs festgeschnürt; der Metall-»Korb« von heute kam erst im vergangenen Jahrhundert.

den ehrwürdigen Figuren der Vergangenheit verdanken. Daß zwei heute noch über die Grenzen der Champagne hinaus berühmte Gottesmänner wie Dom Pérignon und Frère Oudart an der Höherentwicklung der Weinwirtschaft in diesem Gebiet großes Verdienst hatten, bestreitet niemand. Den schäumenden Wein erfunden haben sie nicht.

Wer als erster Schaumwein gemacht hat, ist unbekannt. Es wird wohl eher eine ganze Gruppe von Menschen gewesen sein. Jedenfalls war sie nicht prominent genug und ihr Verdienst nicht so klar eingrenzbar, daß ihre Zeitgenossen es erkannt und die Kunde an uns weitergegeben hätten. »Das Rätsel Nummer eins des Großen Jahrhunderts wird bis ans Ende der Zeiten weiterdauern. Es gibt nur eine Wahrheit – wir werden sie niemals kennen. Sie wäre dennoch von ungeheurem Interesse, denn die Erfindung eines neuen Weines ist ein Ereignis, das sich nur einmal in der Geschichte der Menschheit zugetragen hat«, sagt der französische Schriftsteller Raymond Dumay in einer witzigen Untersuchung über die Anfänge des Champagners*, die der berühmtesten der mythischen Anfangsfiguren gewidmet ist: Dom Pérignon.

Dieser Benediktinermönch verbrachte fast ein halbes Jahrhundert als Kellermeister (neben anderen wichtigen Aufgaben) in der Abtei Saint Pierre von Hautvillers, wo er 1715 starb. Der Besitz gehört heute Moët & Chandon. Hautvillers ist eines der am schönsten gelegenen Dörfer der Champagne, für Besucher ein lohnendes Ziel (aber bei Moët & Chandon in Epernay fra-

* in Le Vin de Champagne, Ed. Montalba

Die Statue von Papst Urban II., der aus der Champagne stammte, grüßt von Châtillon-sur-Marne über das Marnetal hinweg. ▷

Dom Pérignon hat in der Abtei von Hautvillers als Weinfachmann dauerhaftere Spuren hinterlassen denn als Mönch; Moët & Chandon, heutiger Besitzer der Anlagen, hat ihm zu Ehren ein Museum eingerichtet.

gen, ob eine Besichtigung möglich ist; sie muß vereinbart werden, meist klappt es nur für Gruppen. Die Adresse von Moët & Chandon finden Sie weiter hinten im ABC).

Dom Pérignon also erwarb sehr schnell den Ruf, einer der bedeutendsten Weinfachleute zu sein. Anscheinend verdankt man ihm die seither für Champagner benutzte Weinpresse und einiges andere. Doch sind über sein Wirken zu wenig Einzelheiten bekannt, als daß man ihm die Erfindung des Champagners zuschreiben könnte; dagegen spricht sogar einiges, wie wir gleich sehen werden.

Dom Pérignon hatte einen kaum weniger berühmten Kollegen in Frère Oudart von der Abtei in Châlons-en-Champagne, die in Pierry, nahe Hautvillers, ebenfalls Weinberge besaß. Auch er gilt als einer der ersten großen Champagner-Experten.

Anstatt uns etwa selbst an der Suche nach dem Erfinder zu beteiligen, müssen wir uns erst einmal klarmachen, was denn das Besondere am Champagner ist oder damals war; diese Eigenschaften oder Begriffe werde ich später noch genauer erläutern*. Die Geschichte des Weines selbst, also des nicht schäumenden, brauchen wir nicht zurückzuverfolgen. Sie unterscheidet sich nicht von der anderer Weine. Franzosen der verschiedenen Weinbaugebiete erinnern sich offenbar genau und noch heute betroffen, daß sie dem römischen Kaiser Domitian im ersten Jahrhundert nach Christi Geburt ein totales Weinbauverbot verdanken, das dann im Jahr 280 der Kaiser Probus wieder aufhob; er wird heute noch deswegen gebührend gerühmt.

Die Champagne war ein angesehenes Weinbaugebiet. Ihre Weine genossen guten Ruf, als um die Wende vom 17. zum 18. Jahrhundert der Champagner erschien. Was war an ihm neu?

Er schäumte. Aber das taten schon Weine der Bibel, im Orient, im alten Rom und ein Jahrhundert vorher in Frankreich selbst. Den Vorläufer der Blanquette de Limoux, noch heute ein erfolgreicher Schaumwein aus dem Südwesten, gab es schon etwa 1530.

Um Champagner zu werden, muß der Wein in der Flasche eine zweite Gärung durchmachen (die erste verwandelt den aus der Pressung, also »Kelterung« entstandenen Traubenmost in Wein). Das passierte mit dem Wein der Champagne Ende des 17. Jahrhunderts, entwickelte sich weiter im 18. und wurde in den ersten Jahrzehnten des 19. dort allgemein beherrscht: Die zweite Gärung, die zunächst nur von allein kam, wenn das Klima günstig war, ließ sich durch Zugabe von Zucker und Hefen auslösen.

Der so gewonnene Champagner schäumte freilich mit stärkerem Druck, als man bisher gekannt hatte. So sehr, daß die Flaschen oft platzten, jedenfalls die französi-

* siehe Seite 54ff.

schen. Da waren die Engländer besser dran: Sie hatten dickere, solidere, die hielten.
Der stärkere Druck machte es schwer, die Flaschen ordentlich zu verschließen. Das neue Wundergetränk drängte nach außen. Während die Franzosen noch ölgetränkte Hanfpropfen verwendeten, hatten die Spanier schon richtig festsitzende Korken erfunden, und die Engländer benutzten sie auf Champagnerflaschen einige Jahrzehnte vor den Franzosen. Sie füllten aus Fässern in die Flaschen um.
Die technischen Errungenschaften kamen natürlich auch nach Frankreich, und dann war schnell der Hauptunterschied zwischen Engländern und Franzosen, daß eben nur die Franzosen Champagner machen konnten.
Aber wieso schäumte Champagner in England, bevor die Franzosen richtig merkten, daß sie da einen potentiellen Schaumwein hatten? Die Weine der Champagne waren doch eigentlich »still« wie alle anderen, sie moussierten nicht.
Hier ist ein kurzer Hinweis auf die feuchten Tatsachen der Weinbereitung fällig. Der Most, der aus den gepreßten Trauben fließt, vergärt nur bei ziemlich warmer Temperatur zu Wein, bei höherer schnell und ziemlich explosiv, bei niedrigerer langsamer, ruhiger. Die Champagne gehört zu den nördlichsten Weinbaugebieten, wie unsere Mosel. Dort ist die Durchschnittstemperatur nur ein Grad über dem Minimum, ab dem Weinbau überhaupt möglich ist. Da in diesen Gegenden spät geerntet wird, kann es

Flaschen mit dem Hals nach unten »auf der Hefe« zu lagern, war schon damals üblich. Das Becken im Vordergrund sollte den Champagner auffangen, der aus den damals oft platzenden Flaschen auslief.

Musterstücke aus dem Dom-Pérignon-Museum

passieren, daß die Gärung wieder aufhört, ohne ihr Werk abgeschlossen zu haben. Wenn man solchen Wein in der kalten Jahreszeit abfüllte, begann die Gärung in der Flasche von neuem, wenn es wieder wärmer wurde, also im Frühling. Nun konnte das dabei entstehende Kohlendioxyd nicht entweichen: Druck entstand, und beim Öffnen entwich die Kohlensäure mit Schaum.

So ist der frühe englische Champagner entstanden; man nannte ihn schon damals »sparkling champaign«. Der Druck war aber bei weitem nicht so hoch wie heute.

Wem man das als Methode verdankt, läßt sich nicht mehr feststellen. Es werden eben mehrere gewesen sein. »Der Champagner hat sich selbst erfunden«, zitiert François Bonal Edward Hyams.*

Diese zweite Gärung, die damals ein Zufallsergebnis war, wird heute, wie gesagt, planmäßig ausgelöst. Sie ist stärker als die damalige, natürlich entstandene. Die Engländer wußten schon damals, daß sie den Druck, also die »mousse«, den Schaum, durch vorherige Zugabe von Zucker verstärken könnten, und taten es. Da einer der wenigen Mönche, die etwas aus der Umgebung Dom Pérignons erfahren und darüber berichtet haben, ganz nachdrücklich dementiert hat, daß dieser Zucker verwendet habe, brauchen wir ihn auch hier nicht als den Erfinder anzusehen.

Da man damals nicht genau wußte, wieviel Zucker wieviel Druck in der Flasche auslöste und die Flaschen zu dünn waren, jedenfalls die französischen, erlebten die frühen Champagnermacher ein Explosionsdesaster nach dem anderen. In den ersten Jahren zersplitterten bis zur Hälfte der lagernden Flaschen unter dem Druck der zweiten Gärung. Henry Vizetelly zitiert** einen Champagnermacher aus Reims: »1746 füllte ich 6000 Flaschen eines sehr süßen Weines – mir blieben nur 120 davon. 1747 war er weniger likörhaft – nur ein Drittel war Bruch.« Der Produzent verbesserte sein Ergebnis dank immer geringerer Zuckerzugabe*** von Jahr zu Jahr. Aber Vizetelly erzählt, daß noch 1850 in einem Keller in Reims 98 Prozent der Abfüllungen dieses Jahres zu Bruch gegangen seien. 1830 waren es im Durchschnitt des Gebietes noch etwa 30 Prozent; die Arbeiter in den Kellern mußten Spezialhelme tragen, um ihr Gesicht zu schützen. Mitte des Jahrhunderts erfand Professor François ein Verfahren, genauer zu bemessen, wieviel Zucker hinzugefügt werden mußte, um die zweite Gärung und den gewünschten Druck auszulösen. Ende des Jahrhunderts rechneten die Häuser »nur« noch mit acht Prozent »casse«, Bruch. Dabei wurde damals nur etwa die Hälfte des heute üblichen Drucks von 5,5 bis 6 Atmosphären erzielt.

Die zweite Gärung verursacht, daß sich aus dem Wein wieder Stoffe ausscheiden, darunter die Hefen, die man dazugegeben hat; sie vertilgen den Zucker und dann sozusagen schließlich sich selbst, leben aber doch, wenn man sie läßt, jahrelang und beeinflussen weiter den Geschmack. Manche hochangesehene Firmen lassen ihren Champa-

* Dynosius: A social history of the wine, London 1965

** A History of Champagne, London 1882

*** welche für den Druck sorgt, siehe Seite 59

Inmitten der Weinfelder, weitab von ihrem Dorf, die Kirche von Chavot (südlich von Epernay). Sie stammt aus dem 13. Jahrhundert. ▷

gner deswegen überdurchschnittlich lange »auf der Hefe«. Aber irgendwann muß sie mit den anderen Ablagerungen heraus; dieses Depot, das sich an der unteren Wand der liegenden Flasche ablagert, wird bei Kellerbesichtigungen gern gezeigt. Um es loszuwerden, werden die nach unten geneigten Flaschen auf Spezialgestellen gerüttelt, bis sich das Depot in der senkrecht auf dem Kopf stehenden Flasche auf dem Korken abgesetzt hat. Das Rüttelsystem wurde Anfang des 19. Jahrhunderts im Hause Clicquot erfunden, Mitte des Jahrhunderts war es allgemein üblich.*

Ursprünglich wurde das Depot entfernt, indem man den Korken aus der Flasche zog (der Druck half) und dann den (theoretisch) depotfreien Inhalt in eine andere Flasche umfüllte, wobei natürlich auch bei sehr trainierten Umfüllern mancher Inhalt verlorenging. Dann lernte man, die Flasche sofort nach dem Ausfließen des Depots aufzurichten, mit etwas Wein (und Dosage, darauf komme ich noch) wieder aufzufüllen und schnell wieder zu verschließen. 1884 erfand Armand Walfart ein praktischeres Verfahren für das »Degorgieren«. Die Flaschenhälse wurden (nach unten) in eine Kältelösung getaucht; das Depot gefror am Korken und konnte leicht entfernt werden. Dieses Verfahren wird noch heute für die große Masse allen Champagners angewendet. Nur einige Prestige-Cuvées werden noch mit der Hand »degorgiert« (»à la volée«, da das Depot unter dem Druck des Kohlensäuregases herausschießt). Maschinelle Wiederverkorkung existiert seit 1827, die maschinelle Wiederauffüllung der Flaschen mit dem sogenannten liqueur d'expédition (siehe *dosage*, S. 66) seit 1844. Der Draht, der den Korken zusätzlich sichert, wird seit 1870 maschinell befestigt. Nach den stabileren Flaschen hatten sich auch die portugiesischen bzw. spanischen Korken bewährt und durchgesetzt.

»Degorgieren«, hier nach alter Weise vorgeführt, wird heute fast überall maschinell erledigt.

Frühzeitig überzeugten sich die »Champenois«, Champagner sei am besten nicht aus einer Lage, einem einzigen Weinberg, sondern als geschickte Mischung aus mehreren, bis zu Dutzenden verschiedenen. Nur sehr wenige »monocrus«, also Champagner aus einer einzelnen Lage, gelten als ebenbürtig, etwa aus Le Mesnil-sur-Oger, Ay, Bouzy und Ambonnay, und von solchen Ausnahmen (die für den Liebhaber durchaus interessant sind) möchte die Mehrheit der Branche möglichst nichts hören. Hier scheint nun gesichert zu sein, daß Dom Pérignon ein genialer Mischer verschiedener Grundweine zu einer guten Cuvée war und darin als Vorbild wirkte – schon bzw. noch, als Champagner ein »stiller« Wein war. Man schreibt ihm auch zu, daß er als erster aus den überwiegend roten Trauben der Champagne einen hellgelben klaren Wein machen konnte; bis dahin war der Wein eher grau und wolkig gewesen.

Mischen, »assemblage« genannt, macht man nicht nur für Champagner. In der Charente praktizierte man es für Cognac, und Wein mit anderem zu verschneiden, war schon gar nicht neu. Dom Pérignon verschnitt jedoch keine Weine, sondern mischte Trauben verschiedener Herkunft, und das offenbar mit großer Treffsicherheit. Heute macht das freilich niemand mehr; vermischt werden nicht Trauben, sondern Weine.

Aus roten Trauben hell zu pressen, erfordert Geschwindigkeit und Geschick, wenn auch in nördlichen Gefilden wie der Champagne der Most wegen der tieferen Temperatur nicht so schnell rot wird wie weiter südlich. Hier scheint der Mönch seine Landsleute an sorgfältigeren Umgang mit der Weinpresse gewöhnt zu haben.

Was immer Dom Pérignon und anderen Champagner-Mönchen wie Frère Oudart zu verdanken sein mag oder nicht – sicherlich gehören sie ins Pantheon der Champagnergeschichte. Dort thront ja auch Napoleon, Referenzfigur für so viel Cognac und so viel Champagner, der von beiden nicht genug getrunken hat, um diese Inanspruchnahme wirklich zu rechtfertigen.

Hauptsache ist freilich nicht, wer Champagner »erfunden« und frühzeitig gefördert hat, sondern wie Champagner seiner Kundschaft heute schmeckt.

* Die Einzelheiten des Champagner-Verfahrens erläutere ich genauer im folgenden Kapitel.

Vor den schrägen Rüttelpulten (zur Lösung des Depots im unfertigen Champagner) erfand man bei Clicquot den Rütteltisch. ▷

Das Rezept
Vom Tintenfisch zum Rüttelpult

Der besondere Boden

Champagner wächst über einer dikken Kreideschicht. Sie ist im Lauf von Millionen Jahren entstanden, als Europa vom Ozean bedeckt war. Ablagerungen von Meeresgetier aller Art, ihre Panzer und Knochen, häuften sich langsam. Es war ja Zeit. Als Erdbeben, Umwälzungen, Auftürmungen Europa aus dem Wasser hoben, war die Schicht an manchen Stellen zweihundert bis dreihundert Meter dick. Über diesen Ablagerungen liegt heute, ziemlich flach, Humus und Lehm, meist keinen halben Meter tief, großenteils tonhaltig.

Das ist die Champagne. Die Kreide existiert auch anderswo, sie erstreckt sich von Südengland bis in die Champagne, es gibt sie auch in der Charente und im Pariser Becken. Aber außerhalb der Champagne fehlen andere Voraussetzungen – Champagner gibt es nur hier.

Die Rebwurzeln dringen durch die Humus- und Lehmschicht hindurch in den kreidigen Untergrund. Die Kreide behält zwar Feuchtigkeit zurück, läßt aber überschüssiges Wasser ablaufen. Im trockenen Sommer hat sie noch genug Feuchtigkeit für die Rebstöcke übrig. Sie speichert auch Wärme. Was die Sonne tags auf sie strahlt, hält in den Nächten den Boden etwas wärmer. Das macht für dieses nördliche, fast zu kalte Weinbaugebiet den ganzen Unterschied zwischen Belanglosigkeit und Besonderheit.

Fachleute streiten darüber, ob dieser Kreideboden für den Champagner so besonders günstig ist, weil er so viele Belemnitenpanzer enthält[1], anstatt von Micraster[2] geprägt zu sein. Das darf ich wohl als eine für Champagnerfreunde, die nicht gerade den Erdball umgestalten und noch anderswo eine champagnergünstige Landschaft einrichten wollen, müßige Sorge betrachten.

Im Süden des Anbaugebietes, im Département Aube, ist der Unterboden anders: Dort besteht er mehr aus Lehmschichten.

Die Weinberge der Champagne ziehen sich hauptsächlich an Hügeln entlang: Montagne de Reims[3], Vallée de la Marne[4] und Côte des Blancs[5] sind zusammen mit dem besonders hohe Qualitäten erzeugenden Gebiet nordöstlich der Linie Epernay – Tours-sur-Marne, das einige der besten roten Crus beherbergt und zur Montagne de Reims gezählt wird, die wichtigsten und wertvollsten Lagen. Aber im Westen reicht das Gebiet bis 60 Kilometer an Paris heran, und der Süden (Aube) liegt nur wenige Kilometer oberhalb des nördlichen Burgund. Auch diese Weinberge gehören dazu, wenn sie auch (bzw. ihre Trauben) von den Mischern der großen Lagen nicht so geschätzt werden.

Die Verachtung ist keineswegs immer berechtigt. Ganz abgesehen davon, daß die Weingebiete des Départements Aube in einer besonders freundlichen und friedlichen Hügel-und-Tal-Landschaft liegen, schön für ruhigen Tourismus.

[1] eine sehr frühe kleine Tintenfischart
[2] See-Igel
[3] tragen zum Bukett, Alkoholgehalt und zum kräftigen, aber ausgewogenen Anteil der Gerbsäure bei. Viele Nordlagen. Grands Crus
[4] gibt die besonders vollen Weine, mit Frucht und viel Bukett. Süd- und Südost-Hanglagen
[5] die größte Weißtraubengegend, gleich unterhalb Epernay nach Süden. Überwiegend leichte, elegante, frische Weine. Osthang-Lagen. Grands Crus

Der Wein wächst meist in einer Höhe von einhundertzwanzig bis einhundertachtzig Meter in den Départements Marne (Hauptproduzent) und Aisne (das kaum eine Rolle spielt), zwischen einhundertsiebzig und dreihundert Meter über dem Meeresspiegel im Aube.

Das Klima

Zum besonderen Boden gehört neben dem durch ihn mitgeprägten Mikroklima das große, allgemeinere. Die Champagne liegt dicht unter der Nordgrenze, unter der Weinbau möglich ist. Die jährliche Durchschnittstemperatur beträgt zwischen zehn und elf Grad – unter einem Durchschnitt von neuneinhalb würden die Trauben nicht mehr reif. Im Frühjahr drohen gefährliche Fröste, gegen die in den Weinbergen nicht selten Heizöfen aufgefahren werden; manche sehen wie kleine Kanonen aus. Die »Champenois« denken, diesen Grenzbedingungen verdanke ihr Produkt besondere Rasse und Feinheit. Die Champagne erlebt im Schnitt 1750 bis 1780 Stunden Sonnenschein im Jahr, verteilt auf 288 Tage; schon im nahen Burgund können die Winzer mit rund zweitausend Stunden rechnen.
Das Klima ist noch etwas unter ozeanischem Einfluß (das »Kontinentalklima« beginnt ein bißchen weiter östlich, in den Argonnen). Es gleicht im wesentlichen dem des Pariser Beckens, eher etwas kühler (am härtesten in der Aube). An 177 Tagen regnet es, ziemlich gleichmäßig übers Jahr verteilt, am wenigsten im Februar, am meisten im Juli. Der Januar ist am kältesten, die größte Wärme bringt der Juli. Der Wind weht im Frühjahr und Sommer hauptsächlich aus Westen, im Herbst und Winter aus Südwesten. Es schneit nicht viel, manche Jahre überhaupt nicht. Von örtlichen Abweichungen und den Ausnahmejahren abgesehen, ist das Klima relativ milde und ausgeglichen.

Nachts in der Champagne, einer der kältesten Weinbauzonen überhaupt, wo man besonders die Frühjahrsfröste fürchtet. Da heizen die Winzer. Neuere Methoden: Ventilatoren, Heizdrähte. ▷▷

Champagner wächst über einer dicken Kreideschicht. ▽

Die Hierarchie der Crus

Champagner produzieren etwa 300 Gemeinden mit einer Gesamtanbaufläche von rund 34 000 Hektar, von denen derzeit nur etwa 31 000 genutzt sind. Davon liegen mehr als drei Viertel im Département Marne, etwa ein Sechstel im Département Aube. Der Rest verteilt sich auf kleine Gebiete in den Départements Aisne, Seine-et-Marne und Haute Marne.

Die Gemeinden sind untereinander hierarchisch geordnet, nach einer wohl einzigartigen Methode: nach dem Verkaufswert ihrer Trauben. Der Traubenpreis pro Kilo wird vor jeder Ernte neu festgesetzt, und je nach Einstufung der Gemeinde erhalten die Verkäufer zwischen 80 und 100 Prozent dieses Preises. Die Liste wird in unregelmäßigen Abständen revidiert – stets nur leicht.

Für den neuen Preis wird der Durchschnittspreis einer Flasche Champagner ab Keller in den zwölf vorhergegangenen Monaten mit zugrunde gelegt – Preiserhöhungen der großen Häuser kommen also indirekt auch den Winzern zugute.

Die »Hundertprozenter« sind »Grands Crus«, Große Gewächse oder, wie sich bei uns eingebürgert hat, Hochgewächse, jedenfalls am höchsten angesehen. Die von 90 bis 99 Prozent können sich »Premiers Crus« nennen, Erste Gewächse. »Grands« und »Premiers« decken zusammen etwas mehr als ein Drittel der genutzten Anbaufläche.

Auch unter den Lagen mit weniger als 90 Prozent sind ganz vortreffliche. Die Abstufung hat nur Sinn, wenn man gleiche physische Reife und Gesundheit der Trauben voraussetzt nebst gleichwertig pfleglicher Weinbereitung. Da kann ein 80-Prozent-Winzer einem höher eingestuften durchaus überlegen sein. Die »Unteren« bieten oft sehr angenehme Überraschungen, und die »Oberen« gelegentlich unangenehme. (In unserem ABC finden sich nicht wenige bewährte 80-Prozent-Winzer.)

Ohnehin ist Champagner, jedenfalls der der Handelshäuser, der bekannten Marken, ebenso gut wie immer eine Mischung, meist aus sehr vielen verschiedenen, auch geographisch weit voneinander entfernten Weinbergen verschiedener Einstufung. Das betrifft die übergroße Mehrheit der Champagner, die man außerhalb Frankreichs bekommen kann, denn am Export haben die Handelshäuser, wie schon gesagt, den Löwenanteil, die Winzer fast nichts. Doch in Frankreich, gar in der Champagne, sieht die Sache anders aus: Nicht nur sind weitaus die meisten Weinberge in der Hand der Winzer, bei denen die Markenhäuser kaufen müssen, sondern die Winzer vermarkten auch einen stattlichen Anteil direkt, unter ihren eigenen Marken (etwa 30 Prozent). Sie können meist nur aus ganz wenigen Lagen mischen, die ihnen gehören, oder auch gar nicht, weil sie nur eine besitzen.

Auch da entstehen durchaus vortreffliche Champagner. Die Privatkunden, die sich auf die Suche nach »ihrem« Winzer machen, achten zwar auf die Einstufung, aber auch auf den Preis, und der ist in den kleineren Lagen auch fast immer niedriger. Das Preis-Leistungs-Verhältnis kann sehr wohl für Winzer sprechen.

Hier nun die Hierarchie der besseren Champagnerlagen. Damit Ihnen, sollten Sie kauflustig durch die Champagne fahren, die Auswahl leichter fällt, habe ich darin auch eine Auswahl in diesen Orten ansässiger Winzer aufgeführt, die Sie (mit genauer Anschrift und anderen Angaben) alphabetisch geordnet in unserem ABC finden können. Fast überall läßt man Sie kosten, bevor Sie kaufen.

ÜBERSICHT ÜBER DIE RANGORDNUNG DER CHAMPAGNER-CRUS

Die Rangordnung der Crus ist auch die der Ortschaften, nach denen die Lagen heißen. Sie richtet sich nach dem Prozentsatz, der vom jährlich neu festgesetzten Preis für ihre Trauben bezahlt wird.
Für manche Orte ist die Einstufung verschieden zwischen den roten Trauben (Pinot Noir und Pinot Meunier) und den weißen (Chardonnay), sie können also doppelt erscheinen. In diesem Fall sind sie entsprechend gekennzeichnet.
In Klammern die Namen von Winzern und Firmen des betreffenden Ortes. Für Handelsfirmen ist die Einstufung natürlich ohne Bedeutung, da sie auch aus anderen Gebieten zukaufen können. Die genauen Adressen stehen im ABC; ab Seite 122. Familiennamen, die in einem Ort für mehrere Winzer gelten, sind nur einmal angegeben. Die Winzer in Orten mit geteilter Klassifizierung sind unabhängig von der Einstufung aufgeführt. Bei Orten außerhalb des Départements Marne ist ihr Département in Klammern gesetzt (Aisne oder Aube). Die nicht aufgeführten Weinbaugemeinden sind 80%-Lagen. Siehe auch Übersichtskarte am Schluß des Buches.

GRANDS CRUS (100%)

AMBONNAY (Beaufort, Billiot, Bremont, Coutier, Demière, Dethune, Egly, Fauvet, Foureur, Gauthier, Housy, Hulin, Ledru, Marguet-Bonnerave, Michel, Payelle, Pérard, Pierlot, Rodez, St. Réol/Coop., Secondé, Simon, Soutiran-Pelletier)
AVIZE (Agrapart, Assailly-Leclaire, Bigault, Bonville, Bricout, Callot, Chardonnet, Deregard Massing, Dubois, Ghys, Gonet, Lanaud, Le Brun-Servenay, Lemaire, Sanger & Vaubecourt, Selosse, Simon-Selosse, de Sousa, Union Champagne, Waris & Chenayer, Waris-Larmandier)
AY (Ayala, Beautrait, Bollinger, Brun, Cheval-Gatinois, Collery, Collet/Cogevi, Deutz, Driant, Faniel, Fliniaux, Giraud, Gosset, Gosset-Brabant, Goutorbe, Goyard, Hamm, Hénin, Husson, Ivernel, Lallier, Laurain, de Méric, Montvillers, Premiers Crus, Richard)
BEAUMONT SUR VESLE (Macquart, Portier)
BOUZY (Bandock, Bara, Barnaut, Beaufort, Brice, Clouet, Collard, Dauvergne, Delavenne, Louvet, Mangin, Martin, Méa, Moreau, Paillard, Savès, Tornay, Tritant, Vesselle)
CHOUILLY (Chardonnay) (Boutillat, Centre Vinicole/Nicolas Feuillatte, Champion, Daviaux-Quinet, Dabas-Comin, Genet, Hostomme, Legras, Pouillart-Vely, St. Chamant*, Simart, Vazart, Vazart-Comte, Vazart-Coquart, Voirin-Desmoulins)
CRAMANT (Bertin, Bonnaire, Bonnin-gre-Durand, Collard, Diebolt-Vallois, Gimonnet-Gonet, Guiborat, Jumel, Krier-Busson, Lancelot-Pienne, Lancelot-Royer, Larmandier, Lebrun, Lesage, Lilbert, Morizet, Pertois-Lebrun, Richomme, St. Gibrien, Sugot-Feneuil, Vignier-Lebrun, Wanner-Bouge)
LOUVOIS (Beautrait, Bunel, de Chassey, Méa, Pierson-Cuvelier)
MAILLY-CHAMPAGNE (Barbier-Gosset, Chevallier, Devarenne, Floquet-Dousset, Garitan, Hernoux, Mailly Grand Cru Coop., Rémy, Richez, Roguet, Vanzella)

* Coquillette

LE MESNIL-SUR-OGER (Bardy, Billion, Cazals, Chaillot, Charlemagne, Delamotte, Gonet, Jacquart, Jardin, Launois, Moncuit, Pernet, Pertois, Pertois Moriset, Péters, Ponton-Rouchausse, Robert, Salon, Turgy, Union des Propriétaires, Vergnon)
OGER (Bonnet, Bonville, Chapuys, Demière-Ansiot, Desautels-Roinard, Henry, Klepka-Sausse, Le Brun-Servenay, Maximy, Milan, Pierron-Léglise, Renaissance, de Vaugency, Vauversin, Veuve Eléonore)
OIRY
PUISIEULX (produziert nur Trauben für die Handelshäuser)
SILLERY (Secondé)
TOURS-SUR-MARNE (Pinots) (Chauvet, Delaporte, Lamiable, Laurent-Perrier)
VERZENAY (Arnould, Bovière, Busin, de Carlini, Drouot, Floquet-Gélot, Foureur, Godmé, Hatté, Henriet, Michel, Mouzon, Pithois, Quenardel, Quenardel-Esquerré, Ralle, Rousseau-Pecourt, Thibaut)
VERZY (Bouy, Cuperly, Deville, Fresnet-Décotte, Hanotin, Juillet-Lallement, Lallement, Lallement-Deville, Lefèvre, Mouzon Juillet, Sacy)

PREMIERS CRUS (90–99%)

99%

MAREUIL-SUR-AY (Bénard, Billecart-Salmon, Dantenay-Mangin, Ducoin, Hébrard, Montebello, Philipponat)
TAUXIÈRES (Louvet)

95 %

BERGÈRES LES VERTUS (Milliat, Poirot)
BILLY-LE-GRAND
BISSEUIL (Bauchet)
CHOUILLY (Pinots)
CUIS (Chardonnay) (de Blémond/Coop., Le Brun, Gimonnet, Michel, Vallois)
DIZY (Barnard, Bernard, Berthelot, Chiquet, Gentils, Jacquesson, Tarillon, Vautrain)
GRAUVES (Chardonnay) (Domi, Royal Coteau/Coop.)
TRÉPAIL (Beaufort, Carré, Carré-Guebels, Darreye, Dupont, Fredestel, Gabriel, Jacqueminet-Kleber, Machet-Griffon, Maizières, Pétiau, Redon)
VAUDEMANGES (Chaudron, Rochet-Bocart)
VERTUS (Bouché, Boulonnais, Bourgeois, Colin, Doquet-Jeanmaire, Doublet, Doyard, Duval-Leroy, Fourny, Goutte d'Or/Coop., Jacopin, Larmandier, Larmandier-Bernier, Launois, Napoléon / Prieur, Perrot-Boulonnais, Pougeoise, Rogué, Schirru, Séverin-Doublet, Vranken-Lafitte)
VILLENEUVE-RENNEVILLE
VILLERS MARMERY (Boutillez, Brassart, Dayer, Henriot-Bazin, Margaine, Rémy)
VOIPREUX

94%

CHIGNY-LES-ROSES (Broggini, Cattier, Desmazières, Dumangin, Gardet, Lassalle, Leroux, Menu, Rebeyrolle-Dumenil, Tixier)
CORMONTREUIL
LUDES (Blondel, Brimont, Brixon-Coquillard, Canard, Canard-Duchêne, Forget-Brimont, Forget-Chemin, Forget-Menu, François-Delage, Gaidoz-Forget, Monmarthe, Ployez-Jacquemart, Quatresols-Gauthier, Quatresols-Jamein, Quenardel, Rafflin)
MONTBRÉ
RILLY-LA-MONTAGNE (Adam-Daniel, Adam-Garnotel, Binet, Chauvet, Couvreur, Delaunois, Duchêne, Fagot, Germain, Herbert, Lemoine, Manceaux, Paques, Vilmart)
TAISSY
TROIS PUITS

93%

AVENAY-VAL D'OR (Gabriel-Pagin, Morlet, Poul, Ricciuti-Révolte)
CHAMPILLON (Autréau, Devavry)
CUMIÈRES (Denois, Geoffroy, Leclerc-Briant, Maître-Geoffroy, Mignon, Plateau, Vadin-Plateau)
HAUTVILLERS (le Berceau de Champagne, Bliard, Lemaire, Locret-Lachaut, Lopez-Martin, Tribaut)
MUTIGNY (Thibaut-Charlot)

90%

BÉZANNES
CHAMERY (Bertrand, Bonnet-Ponson, Feneuil-Mobillon, Labbé, Lallemant)
COLIGNY (Chardonnay)
CUIS (Pinots)
ECEUIL (Alloudery-Perseval, Brochet-Hervieux, Brugnon, Maillart)
ETRECHY (Chardonnay)
GRAUVES (Pinots) (Marchand, le Royal Coteau)
JOUY-LES-REIMS
LES MESNEUX (Jacquinet-Dumez)
PARGNY-LES-REIMS (Médot)
PIERRY (d'Astrée, Bagnost-Richard, Bouché, Canteneur, Gobillard, Lagache, Lenique, Mandois, Michel, Volleреaux)
SACY (Chemin, Hervieux-Dumez)
TOURS-SUR-MARNE (Chardonnay) (Chauvet, Delporte, Lamiable)
VILLEDOMMANGE (Bardoux, Bergeronneau, Boisselle, Charlier, Clos de la Chapelle/Coop., Coulon, Devilliers, Fresne-Ducret)
VILLERS ALLERAND (Stroebel)
VILLERS-AUX-NOEUDS

Blick ins Marnetal ▷

DIE WEITEREN CRUS

89%

COULOMMES-LA MONTAGNE
DAMERY
SERMIERS
VENTEUIL
VRIGNY

88%

CHAVOT COURCOURT
EPERNAY
MANCY
MONTHELON
MOUSSY
REIMS

87%

ALLEMANT (Chardonnay)
BARBONNE FAYEL (Chardonnay)
BETHON (Chardonnay)
BROYES (Chardonnay)
LA CELLE-SOUS-CHANTEMERLE (Chardonnay)
CHANTEMERLE (Chardonnay)
COLIGNY (Pinots)
COURMAS
ETRECHY (Pinots)
FONTAINE DENIS (Chardonnay)
MONTGENOST (Chardonnay)
NOGENT L'ABESSE
SAINT THIERRY
SAUDOY (Chardonnay)
SÉZANNE (Chardonnay)
VILLENAUXE-LA-GRANDE (Aube) (Chardonnay)
VINDEY (Chardonnay)

86%

BINSON ORQUIGNY
BOUILLY
BRANSCOURT
BROUILLET
BRUGNY VAUDANCOURT
CHÂTILLON-SUR-MARNE
CRUGNY
CUISLES
FAVEROLLES
HOURGES
LAGERY
LHÉRY
MONTIGNY-SOUS-CHÂTILLON
REUIL
SAINTE EUPHRAISE
SAINT MARTIN-D'ABLOIS
SAVIGNY-SUR-ARDRE
SERZY ET PRIN
TRAMERY
TRESLON
UNCHAIR
VANDEUIL
VANDIÈRES
VERNEUIL
VILLERS-SOUS-CHÂTILLON
VINAY
VINCELLES

85%

ALLEMANT (Pinots)
BARBONNE FAYEL (Pinots)
BARZY-SUR-MARNE (Aisne)
BASSU
BASSUET
BAYE
BEAUNAY
BETHON (Pinots)
BROYES (Pinots)
LA CELLE-SOUS-CHANTEMERLE (Pinots)
CHANTEMERLE (Pinots)
CERNAY LES REIMS
COIZARD JOCHES
CONGY
CORMOYEUX
COURJEONNET
ETOGES
FEREBRIANGES
FLEURY-LA-RIVIÈRE
FONTAINE DENIS (Pinots)
GERMIGNY
GIVRY-LES-LOISY
GUEUX
JANVRY
LOISY EN BRIE
MONTGENOST (Pinots)
ORMES
OYES
PASSY-SUR-MARNE (Aisne)
ROMERY
SAINT LUMIER
SAUDOY (Pinots)
SÉZANNE (Pinots)
SOULIÈRES
TALUS SAINT PRIX
TRÉLOU-SUR-MARNE (Aisne)
VERT TOULON
VILLENAUXE-LA-GRANDE (Aube) (Pinots)
VILLEVENARD
VINDEY (Pinots)
VITRY-EN-PERTHOIS

84%

BASLIEUX-SOUS-CHÂTILLON
BELVAL-SOUS-CHÂTILLON
BERRU
BOURSAULT
BROUSSY-LE-GRAND
CERSEUIL
CHÂLONS-SUR-VESLE
CHAMPVOISY
CHENAY
CUCHERY
FESTIGNY
HERMONVILLE

DIE WEITEREN CRUS

JONCHERY-SUR-VESLE
JONQUERY
LEUVRIGNY
MARDEUIL
MAREUIL-LE-PORT
MARFAUX
MERFY
LE MESNIL LE HUTIER
MONDEMENT
MONTIGNY-SUR-VESLE
MORANGIS
MOSLINS
NESLE-LE-REPONS
LA NEUVILLE AUX LARRIS
OEUILLY
OLIZY VIOLAINE
PASSY GRIGNY
PÉVY
PONTFAVERGER
PORT À BINSON
POUILLON
POURCY
PROUILLY
SAINTE GEMME
SELLES
THIL
TRIGNY
TROISSY
VAUCIENNES
VILLERS FRANQUEUX

Weinlese – ausnahmsweise mit Weidenkörben

83%

BAULNE EN BRIE (Aisne)
BLIGNY
LE BREUIL
BRIMONT
CAUROY-LES-HERMON-VILLE
LA CHAPELLE MONTHO-DON (Aisne)
CELLES LES CONDÈ (Aisne)
CHAMBRECY
CHAMPLAT BOUJACOURT
CHAUMUZY
CONNIGIS (Aisne)
CORMICY
COURCELLES SAPICOURT
COURTEMONT-VARENNES (Aisne)
COURTHIÉZY
CRÉZANCY (Aisne)
DORMANS
IGNY COMBLIZY
JAULGONNE
MÉZY MOULINS (Aisne)
MONTHUREL (Aisne)
POILLY
REUILLY SAUVIGNY (Aisne)
ROSNAY
SAINT AGNAN (Aisne)
SARCY
SOILLY

82%

ARCIS LE PONSART
AUBILLY
BOULEUSE
COURTAGNON
COURVILLE
MÉRY PRÉMECY
NANTEUIL-LA-FORÊT
ORBAIS L'ABBAYE
ROMIGNY
SAINT GILLES
VILLE-EN-TARDENOIS

Die Rebsorten

Zu Champagner dürfen nur noch drei Rebsorten verarbeitet werden.* Die Reben müssen aus der »région délimitée« stammen, aus den gesetzlich genau umrissenen Weinzonen der rund 300 Gemeinden: die Rotweinsorten Pinot Noir und Pinot Meunier (die helles Fruchtfleisch haben und »weiß« gekeltert werden, außer eventuell für Rosé-Champagner) und die Weißweinrebe Chardonnay, die weiter südlich die großen weißen Burgunder hervorbringt. Ihnen werden folgende Eigenschaften zugeschrieben, die natürlich beim Zusammenstellen einer Cuvée, der »assemblage«, ihre Rolle spielen:

PINOT NOIR: kräftig, ergiebig, gibt Rückgrat und Fülle, Langlebigkeit.

PINOT MEUNIER: robuster, verträgt schlechtes Wetter besser als der Noir, treibt später aus und ist daher weniger von den Frühlingsfrösten gefährdet. Gibt dem Wein Frische und Frucht, etwas mehr Parfüm, Gefälligkeit, ohne die Tiefe und Eleganz des Noir. Bringt manchmal einen erdigen Ton, manchmal einen süßlichen (auch ohne Zucker). Altert schneller als die beiden anderen zugelassenen Sorten und gilt als weniger fein, verglichen mit Pinot Noir, wird aber von fast allen großen Häusern verwendet, auch in Prestige-Cuvées. »Wir nehmen ihn, weil wir ihn brauchen«, sagt man auch im Hause Krug, einem der ganz anspruchsvollen.

Rohstoff für Champagner: zwei blaue Rebsorten (Pinot Noir und Pinot Meunier) und die weiße Chardonnay.

Wegen der Reblausgefahr werden die Rebpfropfen auf Wurzelstöcke amerikanischer Sorten gesteckt. Dann taucht man beide in Paraffin, um sie gegen Infektionen und vor dem Austrocknen zu schützen.

CHARDONNAY: weniger fruchtig, bringt Feinheit, Leichtigkeit, Eleganz, Frische. Verleiht Langlebigkeit, obwohl er in der Gegend am liebsten jung getrunken wird.

Nur diese Rebsorten also werden geduldet – und außerhalb der ausdrücklich dem Champagner vorbehaltenen Zone (siehe unsere Karte) darf überhaupt kein Wein angebaut werden. In den zugelassenen Zonen sind nicht einfach nur die Gemeinden und Ortsflecken, sondern auch die Parzellen festgelegt, auf denen Champagner angebaut werden kann. Neuanpflanzungen sind nur in den Parzellen dieses Katasters zugelassen. Im allgemeinen werden sie nur gestattet, wenn eine entsprechend große Fläche ausgerissen wird. Die Rebstöcke brauchen vier Jahre, um richtig zu tragen, und sind etwa dreißig Jahre lang nützliche Produzenten, dann werden sie durch neue ersetzt. Die neuen müssen, wie gesagt, auf die Stöcke amerikanischer Herkunft gepfropft sein, die gegen die Reblaus unempfindlich sind.

Fast versteht es sich von selbst, daß auch streng geregelt ist, wie die Rebstöcke zu behandeln sind; ihr

* obwohl es im Gebiet noch ein paar kleinere Einsprengsel anderer gibt, dem Dept. Aube war eine Übergangszeit eingeräumt worden.

Die jungen Rebstöcke werden dann im Mai gepflanzt, durch Plastikfolien hindurch, die dem Boden seine Feuchtigkeit erhalten sollen.

Abstand in den Reihen ist ebenso reglementiert:
höchstens 1,50 m zwischen den Reihen, 90 cm bis 1,50 m zwischen den Stöcken einer Reihe; aber die Summe der beiden darf keinen größeren Abstand als 2,49 m ergeben. Zweck: den einzelnen Rebstock nicht zu stark und ertragreich werden zu lassen. Insgesamt rechnet man 7000–10 000 Stöcke pro Hektar. Festgelegt ist auch die Höhe, zu der sie heruntergeschnitten werden müssen, um die Knospen nahe genug am Boden zu halten (je nach Schnittmethode 50 oder 60 cm). Für die einzelnen Lagen ist genau vorgeschrieben, wie die Reben jedes Jahr (im Februar oder März, nach den Frösten) zurückgeschnitten werden müssen: möglichst kurz, um den Ertrag zu begrenzen, eine bessere Reifung zu sichern und möglichst hohe Qualität zu erreichen.
Da dies kein Lehrbuch für Weinbaulehrlinge ist, erspare ich Ihnen die genaue Beschreibung nebst graphischer Darstellung; Muster und Text der einschlägigen Bestimmungen (von 1978) würden mehrere Seiten füllen.

Winzer, die diese Regeln nicht befolgen, können das Recht verlieren, ihre Ernte zu Champagner zu verarbeiten.
Weniger geregelt ist, wie es die Winzer mit der Chemie halten. Da es ihnen und den Weinbergbesitzern im allgemeinen überdurchschnittlich gut geht, sehen sie kaum einen Grund, an chemischem Dünger und chemischer Schädlingsbekämpfung zu sparen. Sie haben eher eine Neigung, vorsorglich stärker zu dosieren, um sicherzugehen ... Anhänger des biologischen, möglichst chemiefreien Anbaus und entsprechend vorsichtiger Vinifizierung sind nur höchst selten zu treffen; ich habe kaum ein halbes Dutzend entdeckt (und einige davon im ABC verzeichnet).
Die Reben blühen gewöhnlich ein paar Tage im Juni. Etwa 100 Tage später beginnt die Lese. Das Datum wird amtlich festgesetzt. Im allgemeinen ist es Ende September, es kam aber schon vor, daß die Ernte im August stattfand (1955) oder auch erst im Oktober bis Anfang November (1987).
Seit 1987 ist der Erntebeginn nicht mehr für alle gleichzeitig festgelegt (in zwei Dörfern der Aube begann die Lese am 28. September 1987, in den Chardonnay-Gebieten weiter nördlich erst am 10. Oktober, und dort endete sie am 4. November), sondern die Gemeinden entscheiden nach ihren besonderen Verhältnissen.

Mittagspause während der Ernte

Ernte ohne Maschinen

Dies ist so ziemlich die letzte Weingegend, die auf Erntemaschinen verzichtet. Hier erscheinen zur Lese noch immer Erntekolonnen, die von den Häusern untergebracht und verpflegt werden; sie bringen die Champagne zur Lesezeit in eine fröhliche Stimmung und beleben die Dörfer auf farbenfrohe und lustige Weise, wie es in nur noch wenigen Anbaugebieten anzutreffen ist. Die Maschine ist verpönt, weil sie manche Trauben beschädigt (platzen läßt oder einreißt) – diese würden sofort die Gärung auslösen, und die Traubenhaut bliebe so lange im Kontakt mit dem Most, daß sie ihn färben würde; er soll aber, wie gesagt, möglichst farblos bleiben. Die Eigentümlichkeit des Champagners ist es ja, daß er auch, wenn er aus dunklen Trauben entsteht, ein Weißwein ist.

Wie lange die Maschine noch abgelehnt wird, hängt natürlich davon ab, wann man sie so vervollkommnen kann, daß sie die Trauben nicht mehr beschädigt. Sie ist ja auch anderswo zunächst abgelehnt worden (beispielsweise in der Charente bei den Cognac-Winzern), aber schon sehr verbessert. In der Champagne mag es noch ein Jahrzehnt dauern, bis sie die Kolonnen der Erntehelfer ersetzt.

Heute ist die Regel nach wie vor: mit der Hand bzw. der Schere; die Trauben werden abgeschnitten, da sie heil bleiben sollen. Früher wurden sie in Körben gesammelt, was schön aussah. Heute sind die Körbe so gut wie überall durch Plastikkästen ersetzt – wieder ein Stück optische Romantik weniger! Verzeihlich, daß manche Firmen auf ihren

◁ Rebschnitt im Winter

Prospekten noch so tun, als verwendeten sie Körbe; es ist frommer Trug.

Damit der gewonnene Wein Champagner heißen darf, muß eine Ertragsbeschränkung eingehalten werden. Die Obergrenze wird jedes Jahr neu festgesetzt. Die legale Höchstmenge beträgt 10 400 Kilogramm pro Hektar. Die Behörde kann Erhöhungen zulassen oder die Grenze niedriger ziehen. 1995 waren es 11 000 kg. Sehr oft bleibt die Ernte weit unter der zugelassenen Menge. 1990 ergab etwas mehr als 9500 kg/ha.

Vom jeweiligen Ertrag kann man sich ein besseres Bild machen, wenn man die Faustregel bedenkt, daß rund zwei Kilogramm Trauben eine Flasche Champagner ergeben. Der Traubenpreis lag 1995 bei 22,25 Francs (etwa DM 6,60) pro Kilo für die besten Lagen einschließlich Zuschlägen. Die Abstufung des Preises ist auf Seite 40 erklärt.

Den Winzer kostet dieses Kilo Trauben zwischen sieben und zwölf Francs. Würde er selbst Champagner daraus machen, stünde er sich vielleicht besser, aber der Absatz ist gerade für die Kleinen letzthin wieder schwieriger geworden. Wer Trauben kaufen muß, wie alle großen Häuser, betrachtet den Kilopreis natürlich mit anderen Augen.

Zurück zur Lese. Die nächste Beschränkung: Bei der Pressung[1] mußten bis 1991 für hundert Liter Most 150 kg Trauben geladen werden. Seit 1992 sind für 102 Liter Most, was 100 Liter Wein ergibt, 160 kg Trauben erforderlich.

Aus der Ladung einer Presse, nämlich 4000 kg[2], dürfen also nur 25 Hektoliter Most gewonnen werden. Die erste Pressung[3], die sogenannte cuvée, ergibt 20,5 hl, was zehn Fässern vom Standardmaß 205 l Fassungsvermögen entspricht. Die zweite, sogenannte »première taille«, bringt 4,1 hl.

Was dann noch herauspreßbar ist, kann anderen Bestimmungen dienen – Hauswein des Winzers, Tresterschnaps usw. Aber nur die eben beschriebenen Mengen dürfen zu Champagner verarbeitet werden.

Der Most muß einen jährlich neu festgelegten Mindest-Alkoholgrad haben. 1995 waren es 8,5 Prozent. Chaptalisieren (trockenes Zuckern, um den Alkoholgrad zu erhöhen) ist in geringem Umfang erlaubt. Standard-Champagner ohne Jahrgang muß mindestens zehnprozentig sein, Jahrgangs-Champagner mindestens elf Prozent haben. In Wirklichkeit haben so gut wie alle zwölf Prozent, manche mehr. Der Prozentsatz ist auf dem Etikett angegeben.

Der ausgepreßte Saft, dem gegen die Gefahr des Oxydierens etwas SO_2 zugesetzt wird, ergießt sich in Holz- oder Zementbehälter (»barlons«). Dort bleibt er einige Stunden, bis die Unreinheiten, die das Keltern trotz aller Sorgfalt mit sich bringen kann, auf den Boden gesunken sind (»débourbage«). Der klare Most darüber wird dann umgefüllt, meist in Tanks, in wenigen Häusern nach alter Art in Holzfässer. Dabei werden nicht nur die aus den verschiedensten Erntelagen gewonnenen Moste getrennt gelagert, sondern auch die Produkte der verschiedenen Pressungen. Was mit was gemischt werden soll, entscheidet das Haus erst später. Noch vor der Gärung wird der Most analysiert – dies wäre der Moment, ihn zu chaptalisieren.

Übrigens dürfen die Weine nur in Räumen bearbeitet, gelagert und fertiggestellt werden, in die kein Wein anderer Anbaugebiete zu welchem Zweck auch immer gebracht werden darf. Die Herstellung anderer Schaumweine ist in der Champagne verboten.

[1] Nicht jeder hat ein »Pressoir«. Große und Kleine, die Kelteranlagen besitzen (deren Beschaffenheit ist ebenfalls reglementiert), keltern auch für die »Konkurrenten«; diese werden gar nicht als solche empfunden.

[2] nennt man einen »marc«

[3] Da wird dreimal gepreßt, mit zweimaligem Umschichten (»retrousse«), damit die Trauben am Rande, die weniger ausgepreßt werden konnten, in die Mitte gelangen.

Die Körbe vor der Presse sieht man heute kaum noch – sie sind durch Plastikbehälter ersetzt. ▷

Vorstufen zum Champagner

Zu Anfang der Gärung schäumt der Most manchmal über.

Nun beginnt die Vergärung des Mostes zu Wein. Sie dauert, je nach Temperatur und Haus, etwa zehn bis zwanzig Tage; die beste Temperatur liegt zwischen 18 und 20 Grad. Zunächst verläuft die Gärung recht stürmisch, die zweite Hälfte der Zeit ruhiger. Ausgelöst wird sie im Prinzip von den Weinhefen, die schon von den Trauben mitgebracht werden, doch viele Häuser geben Reinzuchthefen dazu.

Bei dieser ersten Gärung verwandeln die Hefen den in der Flüssigkeit enthaltenen Zucker in Alkohol, mit Ausnahme eines sehr kleinen Restes (die Angaben schwanken zwischen einem und drei Gramm/l). Am Schluß ist der Most ein stiller, junger Wein. Der wird nun umgefüllt, die Hefe bleibt zurück (»Abstich«); die Umfüllprozedur wird in den folgenden Monaten mehrfach wiederholt, der Wein meist auch gefiltert, bis er ganz klar ist.

Viele Häuser lassen der ersten Gärung schnell die Milchsäuregärung folgen. Sie setzt im allgemeinen von

Abstich: Der Wein wird aus dem Faß in ein anderes gepumpt und so von seinen Rückständen getrennt.

oben: Aus dem Faß in die Rinne, wo sich der Wein mit dem aus anderen Fässern mischt; Beginn der komplizierten »assemblage« bei Krug.

Die Marne bei Cumières

selbst ein, wenn der Raum nicht zu kühl ist. Aber wenn sie unkontrolliert verläuft, kann sie unerwünschte Nebenwirkungen haben (noch mehr, wenn sie erst später in der Flasche stattfinden sollte, da riskiert man Trübung und unangenehme flüchtige Säure) – so löst sie der Kellermeister zur gewünschten Zeit lieber selbst aus, durch Beigabe von Fermenten aus dem Labor.
Diese Gärung (französisch: malolactique, abgekürzt »malo«) wandelt die Apfelsäure des Weins in Milchsäure um, die weniger aggressiv wirkt, und verringert dadurch seinen Säuregehalt um etwa zwei bis drei Gramm pro Liter. Die Methode hat auch Gegner. Sie bringt »weicheren und ausgeglicheneren Wein«, sagt zum Beispiel Moët & Chandon, und außerdem baut sie verbliebenen Restzucker ab. Aber andere Produzenten argumentieren, daß ein höherer Säuregehalt (natürlich kein extremer) dem Champagner mehr Frische verleihe und ihn besser stabilisiere, was sowohl für gutes Altern als auch für den Ferntransport von besonderer Bedeutung sei. So etwa Lanson; auch Piper Heidsieck lehnt die »malo« ab, außer in extrem säurehaltigen Jahrgängen.
Wieder andere kümmern sich nicht darum, ob sie nun kommt oder nicht – bei Krug sagt man, daß eventuelle lästige Nebenwirkungen durch die besonders lange Flaschenlagerzeit in diesem Haus wieder verschwänden. Aber man sucht sie nicht auszulösen.
»Malo« oder nicht – im Frühjahr nach der Ernte kommt erst einmal, was viele für das A & O der Champagnerkunst halten: die Zusammenstellung der Cuvées, also die Zusammenmischung von mehr

Reservewein lagert in Edelstahltanks bei Laurent Perrier …

in großen Fässern bei Roederer …

oder weniger der separat gelagerten Grundweine zum endgültigen Produkt. Das besteht freilich fast nie ausschließlich aus diesen neuen Weinen. Bei den Standard-Cuvées ohne Jahrgang, was die überwältigende Mehrheit allen Champagners bedeutet, werden auch Reserveweine hinzugemischt. Sie gehören zu den wichtigsten Schätzen jedes Hauses: Sie ermöglichen (oder sollen es wenigstens), jahraus, jahrein den gleichen typischen Hausgeschmack zustande zu bringen, wie immer die jeweilige Ernte ausgefallen sein mag.

(Spotten wir an dieser Stelle nicht darüber, wie außerordentlich ähnlich, weil recht neutral, sehr viele Champagner schmecken, deren »typischer« Geschmack nach dem Haus X oder Y uns keineswegs so deutlich beeindruckt, wie sich die Mischkünstler ausmalen mögen.)

Die Reserveweine lagern meist in großen Tanks, manchmal aber auch in großen Fässern, die kaum noch Tannin und andere Stoffe abgeben, oder in Magnumflaschen. Sie sind im Notfall für alle Häuser die Rettung: Die Champagne hat oft genug katastrophale Ernten erlebt. Dann müssen die Reserveweine her.

Es ist umstritten, ob sie auch den Cuvées beigefügt werden dürfen, die mit Jahrgangsangabe auf den Markt kommen. Logischerweise müßte dies bedeuten, daß sie nur aus dem angegebenen Jahrgang bestehen. Doch hat sich durch ein Mißverständnis bei der Auslegung der Vorschriften da und dort die

in Magnumflaschen bei Bollinger

Auffassung durchgesetzt, daß auch ein Jahrgangs-Champagner Reserveweine aus früheren Jahren enthalten dürfe, was die zuständige Behörde entschieden bestreitet, aber zweifellos kommt es vor.

In diesem Stadium wird alles Wesentliche für die Produktion eines Unternehmens entschieden. Das Verfahren ist nicht einfach, und die es praktizieren, verdienen uneingeschränkte Bewunderung: Es kommt vor, daß ein halbes Hundert verschiedener, ganz unreifer, grüner Weine zusammengemischt wird (nicht auf einmal, sondern in Etappen und mit Zwischen-Cuvées, die auch wieder eine Zeit lagern); der Verantwortliche kann sich da nur auf die Zukunftsbeurteilung seiner Nase und seiner Zunge verlassen.

Alfred Simon, langjähriger Kellermeister von Heidsieck Monopole, erzählt, daß er 1983 Dry Monopole aus 35 Grundweinen blauer und 19 weißer Trauben zusammengestellt habe; Charles Heidsiecks Brut Réserve enthielt 1990 gar 105 verschiedene Lagen – nur zwei von vielen möglichen Beispielen. Freilich fragt man sich bei den größten Häusern mit ihren riesigen Behältern und Füllmöglichkeiten und den entsprechenden Mengenzwängen, ob es wirklich immer gelingen kann, sehr komplizierte Mischungen immer wieder genau zu wiederholen. Im Zweifelsfall kann die Dosage (s. weiter hinten) manches glätten.

Bei der Zusammenstellung der Cuvées berücksichtigt man natürlich die Unterschiede nicht nur zwi-

schen den Trauben und Lagen, sondern auch innerhalb der gleich hoch angesiedelten Crus. Unter den Grands Crus gelten die der Montagne de Reims als besonders alkohol- und körperreich, manchmal etwas streng (aber nicht schwer), Ambonnay, Bouzy, Louvois und Tauxières als besonders weinig und ausgewogen, Ambonnay mit besonders feinem Bukett, Bouzy von samtener Fülle, Rilly-la-Montagne, Mailly und Verzy als leichter, Ludes und Chigny-les-Roses besonders körperreich, Sillery und Verzenay als weinig, frisch und mit besonders gutem Bukett, Ay als besonders fein, aber dennoch kräftig, körperreich und mit viel Bukett. Ay ist durchaus in der Lage, vortreffliche »monocrus«, also nicht aus verschiedenen Lagen gemischte Champagner hervorzubringen.
Unter den Chardonnays der Côte des Blancs rühmt man die von Cramant als besonders fein, duftig und körperreich; Le Mesnil-sur-Oger bringt besonders Frische, Grauves ist bekannt für einen gewissen Feuersteingeschmack, Avize als besonders delikat, leicht und fast blaß in der Farbe …
All das sagen die Spezialisten, die Kellermeister kennen es auswendig, und ihre Fähigkeit, es zu immer neuen »assemblages« zusammenzufügen, verdient Bewunderung. In diesem Stadium schlägt dann auch die Stunde der Weine aus dem Bezirk Aube. So gering sie eingestuft sind – sie werden unterschätzt, und die großen Häuser wissen das besser als jeder andere: Sie verwenden sie keineswegs nur, weil sie Mengen brauchen, sondern weil die dort angebauten Rebsorten (dieselben wie im Hauptgebiet) inzwischen dank verbesserter Anbau- und Kellertechnik längst bessere Ergebnisse liefern als zu der Zeit, in der die Verachtung des Nordens sie ganz ausschließen wollte.
Der Chef eines bekannten mittleren Hauses, der Aubeweine in manchen seiner Cuvées verwendet, erklärte, ein Anteil bis etwa 40, 45 Prozent bringe keineswegs einen minderwertigen Champagner. Unversöhnliche Gegner meinen, Champagner aus der Aube sei am besten für Aperitifs bei Großveranstaltungen, bei denen niemand sehr darauf achte, was er im Glase habe …
Der kleine Winzer hat es einfacher. So viel Verschiedenes steht ihm gar nicht zur Verfügung, und dem ganz Kleinen dann überhaupt nur eine einzige Lage, ein einziger Grundwein, dem er allenfalls eine auch nicht sehr vielfältige Reserve zusetzen kann. Das heißt keineswegs, daß Winzer-Champagner automatisch weniger gut sein muß. Aber seine Qualität hängt mehr als für die Großen, die ausgleichen können, von der Güte des neuen Jahrgangs ab, und wenn die gering ist …
Die Cuvée der Kleinen, Größeren und Großen wächst nun, wie gesagt, in mehr oder weniger Etappen und bei den Großen durch das Zusammenmischen immer größerer schon zusammengemischter Vormischungen heran; in allen Stadien wird neu verkostet, manches auch wieder ausgeschieden. Erst wenn die Verantwortlichen zufrieden sind mit dem so entstandenen »neuen« Wein, wird dieser in Flaschen umgefüllt. Vorher wird er noch behandelt wie andere Weine auch – geschönt durch Klärmittel, fast immer stark abgekühlt (–3 bis –4 Grad), um Weinstein auszuscheiden und ihn zu stabilisieren, gefiltert (einige Produzenten verzichten auf die eine oder andere dieser Prozeduren, kaum einer auf alle).

Berühmter Champagner-Komponist bei der Arbeit: Henri Krug beim Zusammenmischen einer Cuvée. Bruder Remy oblag der Verkauf. Inzwischen ist die nächste Generation der Krug am Werk.

Die »méthode«

Nun fängt erst an, was den Champagner so sehr von anderen Weinen und den meisten Schaumweinen unterscheidet, abgesehen von der Weißweingewinnung aus roten Trauben: die »méthode champenoise«.
Dieser Ausdruck hat bis vor kurzen viele Etiketten von Schaumweinen geziert, die sonst nichts mit Champagner gemein haben – die Crémants anderer französischer Gebiete zum Beispiel, auch manchen deutschen Sekt, italienischen Spumante, spanischen Cava. Der europäische Gerichtshof hat diese Bezeichnung verschwinden lassen, wie es die Champagne wollte.
Nun ist also die zweite Gärung fällig, die in der Flasche. Von selbst kommt sie aber nicht (außer, wie weiter vorn im geschichtlichen Rückblick erzählt, wenn ein wegen ungünstiger Witterung nicht ganz vergorener Wein, der im Winter abgefüllt wurde, im Frühjahr mit wachsender Außentemperatur neu zu gären anfängt, weil die Hefen aufgewacht sind und den restlichen Zucker vertilgen und zu Alkohol machen wollen. Diese Voraussetzung wünscht niemand mehr, und sie würde auch keinen richtigen Champagner hervorbringen). Also wird dem Wein Zucker zugesetzt (gelöst in Wein), sogenannte Fülldosage oder »liqueur de tirage«, begleitet von Reinzuchthefen.
Die dadurch augelöste zweite Gärung (die »malo« wird nicht mitgezählt) erzeugt dann durch die Kohlensäure bzw. das Kohlendioxid, die nicht entweichen können, jenen Überdruck, der zum Champagner gehört. Er soll etwa sechs atü (oder bar) betragen, was von 24 Gramm Zucker bewirkt wird (vier pro atü); da dieser Wein einen Rest unvergärbaren Zuckers enthält, kann die Dosis etwas geringer sein.
Der Druck geht im Lauf der Zeit wieder etwas herunter. Im allgemeinen sind es nach vier, fünf Jahren nur noch vier bis fünf bar, und dann geht beim »Degorgieren« noch einmal ein halbes Bar verloren. Krug gibt von vornherein etwas weniger Zucker zu, »Finesse ist uns wichtiger als Kohlensäure.«

Für die zweite Gärung lagert der Champagner auf Latten, die ermöglichen, hohe Flaschenmauern aufzustapeln. Manche Unternehmen verwenden riesige Metallkörbe, aber der Ausdruck »sur lattes« hält sich für dieses Stadium weiter. Von hier werden die Flaschen dann, wenn die Verkaufszeit näherrückt, auf Rüttelpulte gebracht.

Die Flaschen sind fast nirgends mehr mit richtigen Korken verschlossen, sondern mit Kronkapseln. Sie werden auf schmalen Latten hoch gestapelt, mit weiteren Latten als Zwischenpolster. Nur wenige Häuser verwenden für Cuvées, die besonders lange lagern sollen, Korken wie früher.
Die zweite Gärung dauert bei zwölf, dreizehn Grad Kellertemperatur sechs bis acht Wochen. Die meisten Keller der »Großen« sind kühler, etwa bei zehn Grad, und die Fachleute meinen auch, daß der

Champagner besser wird, wenn er noch langsamer gärt. Bei Medot zum Beispiel kann es bis zu vier Monate dauern. Die Umwandlung des Zuckers erhöht natürlich abermals den Alkoholgehalt, um etwa 1,5 Prozent. Man sieht ein, daß die Grundweine ziemlich alkoholschwach sein müssen. Manchmal sind sie es aber so sehr, daß chaptalisiert, also durch Zusatz von Zucker der Alkoholgehalt schon vor allen Gärungen erhöht wird.

Am Ende dieser Phase ist der Champagner ein heller Wein, die ziemlich erheblichen Rückstände lagern unübersehbar auf der Innenwand der ruhenden Flasche. Die bleibt auch weiter liegen – 15 Monate, wenn es eine Standard-Cuvée ohne Jahrgang werden soll, drei für Jahrgangs-Cuvées. Übrigens dürfen Produzenten, die keine Mischungen durchführen, ihren Wein auch nicht vor dem 1. Januar nach der Ernte in Flaschen füllen. Die Fristen sind gesetzliche Mindestgebote, nicht wenige Häuser überschreiten sie, manchmal erheblich. Bei Krug bleiben die Flaschen der »Grande Cuvée« sechs Jahre so liegen – so lange, sagt man dort, bringen die Hefestoffe des Depots dem Wein noch Geschmackszugewinn.

Nur sehr wenige Häuser führen die zweite Gärung in anderen als Normal- und Magnumflaschen durch, also auch in halben oder in Doppelmagnums. In diese Flaschen wird später umgefüllt (»transvasage«). Zu denen, die auch in halben Flaschen vergären, gehören Pommery, Pol Roger, Laurent Perrier, Joseph Perrier, de Castellane, Veuve Clicquot.

Umweg über Latten

Nicht überall ist dem Wein auf den Latten (die übrigens auch nicht überall Latten sind, sondern oft Holz- und Metallbehälter; der Gabelstapler hat auch in der Champagne seinen Einzug längst hinter sich) ein Erwachen als Champagner des Hauses vergönnt, in dem er seine Karriere begonnen hat. Ein Teil des Champagnergeschäfts von Kooperativen und anderen großen Produzenten besteht im Handel innerhalb der Champagne, also zwischen den Firmen. Unternehmen, deren eigene Vorräte nicht reichen, sei es wegen Mißernten oder wegen plötzlicher neuer Absatzchancen oder weil sie generell außer angekauften Trauben (was die Regel ist) auch anderswo vorbereitete Weine verarbeiten, beziehen Wein aus diesem »Latten«-Stadium. Sie machen sie dann bei sich nach ihrem jeweiligen Stil verkaufsfertig. Sie entscheiden über die endgültige Lagerdauer, sie setzen ihre eigene Dosage zu.

Solche Transaktionen sind ohne großes Risiko für den »Hausgeschmack« möglich, weil die ursprünglichen Hersteller entweder sehr neutrale Cuvées zusammenmischen, denen die Bezieher dann leicht den von ihnen gewünschten Charakter aufprägen können, oder aber, möglicherweise noch häufiger, weil der Kunde von vornherein auf die Vinifizierung beim Lieferanten Einfluß nimmt, seinen Kellermeister auch dort bestimmen und überwachen läßt usw. Dem Verkäufer kann das nur recht sein, und nicht wenige solcher Arrangements sind in langfristigen Verträgen verankert.

Wenn man sich vor Augen hält, daß die »Großen« ihren Bedarf nur zu einem kleinen Teil von eigener Weinernte decken können, viele große und mittlere Häuser ohnehin alles kaufen müssen, kann man über diese Arrangements nicht staunen. Moët & Chandon hat sie, um nur das größte Haus zu nennen. »Die Weine sind wie aus unseren Kellern. Es sind Moët & Chandon-Cuvées, unter unserer Kontrolle«, sagt der Chef-Oenologe des Hauses, Philippe Coulon. »Wie sie zusammengesetzt werden, entscheiden wir.«

Es wird geschätzt, daß dieser Teil etwa fünf Prozent des gesamten Champagnergeschäfts ausmacht. Zweifellos umfaßt wiederum ein kleiner Prozentsatz hiervon mäßige Qualitäten – meist Ankäufe von Firmen, die Billigst-Champagner für Supermärkte machen wollen. Aber solche sind oft auch ohne Zutat von »sur lattes« zweit- oder drittklassig. Von zahlreichen anderen dagegen, besonders (aber nicht nur) in Großbritannien, kann man wiederum sagen, daß sie mit berühmteren mithalten können.

In Zeiten des Überangebotes wie seit Anfang der neunziger Jahre ist das Geschäft mit »Latten-Wein« bedeutungslos.

Der Weinberg zu Füßen der Abtei Hautvillers

Rüttel-Kur

Die zugesetzten Hefen sind Feststoffe, die man der Kundschaft nicht miteinschenken möchte. Sie müssen vor dem endgültigen Verkorken entfernt werden.

Zu diesem Zweck wurden die Flaschen fast zwei Jahrhunderte lang »gerüttelt«. Die Heferückstände lagen als Depot innen auf der Flaschenwand, oft ziemlich fest. Ein »Remueur« lockerte es durch mehrmaliges energisches Rütteln der Flaschen auf einem besonderen Holzgestell und neigte die Flaschen von Mal zu Mal mehr mit dem Flaschenhals nach unten, so daß diese Stoffe allmählich ebenfalls nach unten sanken und sich, sobald die Flasche senkrecht auf dem Kopf stand, auf dem Unterrand des Korkens oder der Kapsel versammelten.

Remueure, eine einsame Tätigkeit im düsteren, kalten Keller, schafften zwischen 30 000 und 50 000 Flaschen am Tag, Rekordmänner bis 60 000. Je nach Übung des Hauses dauerte es sechs Wochen bis drei Monate, die Flaschen derart für den nächsten Akt vorzubereiten, das Entfernen dieses Depots.

So romantisch das Rütteln auf Besucher gewirkt haben mochte – es war mühsam. Wegen der gewaltigen Mengen, die in den großen Unternehmen bewegt werden

Ein »Remueur« (Rüttler) bearbeitete jeden Tag Zehntausende von Flaschen (aufgenommen bei Krug). △

Computergesteuerte Rütteltechnik: Giropaletten bei Piper Heidsieck ▷

◁ Auf dem Rüttelpult (bei Lanson/Massé)

mußten, suchte man nach anderen Möglichkeiten. Nicht nur das lange Rütteln störte – die hölzernen Gestelle, »Pulte«, nahmen auch viel Platz weg.

Anfang der achtziger Jahre kam allmählich die Ablösung für die »Rüttler«: computergesteuerte »Giropaletten«. Die größten konnten in ihren Kästen ein halbes Tausend Flaschen fassen und gleichzeitig, aber auch gleichmäßig rütteln. Geschmacksvergleiche ergaben keine wesentlichen Unterschiede zum traditionellen Verfahren. Auch andere Systeme kamen auf den Markt, die ebenfalls den gewünschten Zweck erreichten.

Die großen Häuser lassen heute nur noch winzige Partien ihres Champagners von Hand rütteln, hauptsächlich für Touristen. Die überwältigende Masse wird maschinell erledigt. Jedoch gibt es Partien, Champagner bestimmter Lagen oder sogar bestimmter Jahrgänge, in deren Flaschen sich die Hefen von der Maschine nicht so gut lockerrütteln lassen. Da muß dann doch noch der altmodische Rüttler her. Manche Häuser haben ihn auch für ihre Prestige-Cuvées behalten, und für kleine Produzenten wird das Rütteln per Hand wohl noch länger die einfachste Lösung bleiben.

Die Forschung, hauptsächlich bei Moët & Chandon in Zusammenarbeit mit dem Champagnerverband (aber auch Mumm betreibt sie), hat noch andere Wege gefunden. Sobald es gelang, überhaupt zu verhindern, daß sich die Hefen an der Flaschenwand ansiedelten, waren sie auch leichter wieder zu entfernen. Man schloß sie in winzige Alginatkügelchen ein, deren Wände (Algen) so porös waren, daß die Hefe im vollen Kontakt mit dem Wein die erwartete Umwandlung bewerkstelligte. Seit das weitere Problem der richtigen Dosierung gelöst war – zu viel, und der entstehende Druck ließ die Flaschen explodieren; zu wenig: da entstand zu wenig Schaum –, wird auch dieses Verfahren genutzt.

Zwar ergaben auch hier Geschmackstests, daß der so behandelte Champagner nicht anders schmeckte als anderer. Doch solange nicht ganz lange Erfahrungen mit den Algen vorlagen, wurde das Verfahren zunächst nur für Champagner angewandt, die jung getrunken werden sollten, höchstens im Alter von drei Jahren.

Ein wieder anderes Verfahren schließt die Hefe in ein winziges Netz ein, das gleich am Korken bleibt, also dann problemlos mit ihm entfernt werden kann.

Der Abschied von der Rüttelromantik brachte erhebliche Einsparungen. Nach sachverständiger Schätzung kostete das Handrütteln pro Flasche 71 Centimes. Das mit den Giropaletten kam nach deren Amortisierung nur noch auf 15 Centimes. Da war die Sache mit den Kügelchen bei weitem die teuerste, mit 1 Franc pro Flasche. Aber der Zeitgewinn war manchen großen Firmen wichtiger, und allmählich waren auch hier Verbilligungen zu erwarten.

Abschied vom Depot

Die Remuage, ob mechanisch oder per Hand, ist abgeschlossen; das Depot sitzt auf der Kapsel oder dem Korken, man weiß, wann die Flasche dem Versand übergeben werden soll. Das kann noch sehr lange dauern, wenn es sich um eine Prestige-Cuvée handelt; dann können die Flaschen noch jahrelang so auf dem Kopf bleiben, auch wieder gestapelt, jeweils eine obere mit ihrem Verschluß in der Delle der unteren. Bei der Standard-Cuvée dürfte es nun an der Zeit sein, das Depot zu entfernen und die Flasche verkaufsfertig zu machen.

Auch dieses Verfahren existiert, wie im Kapitel über Dom Pérignon gesagt, seit Ende des vergangenen Jahrhunderts: Die Korkenpartie der Flasche wird in eine sehr kalte Lösung getaucht (maschinell). Das Depot friert am Korken fest; er wird entfernt, mit ihm das Depot. Dieses »Degorgieren«* besorgt eine Maschine, wenn es auch noch Firmen mit Mitarbeitern gibt, die, ebenso wie viele Winzer, noch mit der Hand degorgieren (können). Der in der Flasche herrschende hohe Druck hilft natürlich.

Mit dem Depot entschwindet auch eine kleine Menge Champagner, die Flasche muß wieder aufgefüllt werden. Dazu steht eine »Versanddosage« bereit, »liqueur d'expédition« genannt. Sie wird maschinell schnell eingefüllt; viel ist es ja nicht. Um so größer ist die Bedeutung dieses Gemisches aus Zucker und Wein.

* »Entschlämmen« oder »Abschlämmen« sind deutsche Ausdrücke dafür, mit denen ich mich nicht anfreunden kann, ebenso »Enthefen«.

oben: Versuche mit Hefen, die in kleinen Alginatkügelchen eingeschlossen sind und dann leichter entfernt werden können, haben bei Moët & Chandon zu ersten Erfolgen geführt.

◁ Wie sich das Depot entlang der Flaschenwand absetzt, kann man in den durchsichtigen Flaschen des »Cristal« von Roederer besonders gut sehen.

unten: Ein Eispfropf unter der Kapsel: Das Depot wurde gefroren, um mit der Kapsel entfernt werden zu können. Daneben: Flaschen im »Eisbad« bei Bricout.

Dosage

Historische Dosage-Kännchen bei Krug

Was nun in der Flasche ist, könnte nicht trockener sein, nicht weniger süß. Hier wäre der Ausdruck »Brut« sehr berechtigt, der so viele Champagnerflaschen ziert, aber freilich in amtlicher Definition ziemlich viel Zucker erlaubt. Hier die in der EG zugelassenen Werte für den Restzuckergehalt von Schaumwein:

Extra Brut oder *Extra Herb:*
0 bis 6 g pro Liter
Brut oder *herb:*
unter 15 g pro Liter
Extra dry oder *Extra trocken:*
12 bis 20 g pro Liter
Sec oder *trocken* oder *dry:*
zwischen 17 und 35 g pro Liter
Demi-sec oder *halbtrocken* oder *medium dry:* zwischen 33 und 50 g pro Liter
Doux oder *mild* oder *sweet:* mehr als 50 g pro Liter (ist als Bezeichnung so gut wie verschwunden; mehr eine Erinnerung an das 19. Jahrhundert, aber natürlich noch auf alten Flaschen zu finden).

Es gibt einige Marken, die total trockenen Champagner anbieten, unter Bezeichnungen wie »Brut Intégral«, »Brut Zéro« oder ähnlich. Viele Menschen, nicht alle, finden das zu herb. Es hängt auch vom Jahrgang ab und, noch mehr, vom Alter der Flasche. Alterung rundet den Geschmack ab, der Champagner wird weicher, auch ohne daß man ihm Zucker zusetzt, und in der Tat dosieren die Firmen ihre älteren Abfüllungen im allgemeinen weniger oder gar nicht.

Aber die meisten Menschen mögen's vorläufig weniger herb, und dafür ist die Dosage da. Außerdem kann der dazu verwendete Wein dem Champagner noch den letzten Stempel vom speziellen Stil des betreffenden Hauses mitgeben. Früher verwendete man dafür durchweg alten Reservewein, heute stammt er immer häufiger aus der gleichen Cuvée, die er abrunden helfen soll.

Früher setzten die meisten Häuser dem Dosage-Likör auch noch »Esprit de Cognac« zu, einen durch dreimalige Destillation auf 80 bis 85 Prozent gebrachten Cognac. Er wurde benötigt, um die sehr süßen Champagner, die vor allem in Rußland und Lateinamerika in Mode waren, durch die starke Zuckerung jedoch an Alkoholstärke verloren, wieder stärker zu machen. So süßer Champagner wie damals wird heute nur noch wenig hergestellt. Kaum eine Firma gibt heute zu, daß sie noch Esprit de Cognac verwendet. Merkwürdigerweise schickt aber die Charente, wo er produziert wird, noch immer einigen in die Champagne.

Die genaue Zusammensetzung ihrer Dosage halten die meisten Firmen geheim. Am liebsten geben sie nur Prozente (vom »Likör«) an (»dosiert zu 1%« oder 0,5% usw.), was keine Klarheit bringt, sondern das Publikum eher irreführt. Der »Likör« entsteht, indem man einem Liter Wein zwischen 500 und 750 Gramm Rohrzucker hinzufügt – solange man das genaue Verhältnis nicht weiß, kann man auch mit der Prozentangabe nichts anfangen. Selten wird in Gramm gerechnet.

Einige Unternehmen waren jedoch nicht so scheu und haben es für uns doch getan, gewöhnlich für ihre Standard-Brut-Qualitäten. Hier ihre Angaben: Bricout 10 Gramm pro Liter, Duval-Leroy 9, Charles Heidsieck 10 bis 12, Heidsieck Monopole 11,6, bei Jahrgangs-Cuvées nur 7; Jacquart Sélection 11 bis 14, Brut mit Jahrgang 8 bis 10; Laurent Perrier 10, Moët & Chandon 9 bis 12, Pommery 9, Taittinger 14.

Allerdings habe ich an anderen Stellen Analysewerte gesehen, die höher lagen. So hat das Schweizer Testblatt SKS folgende Werte für einige Standard-Bruts veröffentlicht: Heidsieck Monopole 14,3, Lanson 14,3, Moët & Chandon 13, Mumm 15,7 (was über der legalen Obergrenze wäre), Pommery 9,8, Veuve Clicquot 11,6. Dazu einige Jahrgangs-Champagner: Perrier-Jouët Belle Epoque 1979 8,8; Roederer Cristal 1979 14,3; Dom Ruinart 1979 14,2.

Das sieht so aus, als ob manche Häuser dicht am Rande der Obergrenze dosierten. Das französische Blatt »50 Millions de Consommateurs« veröffentlichte im Januar 1986 folgende Werte, die das mit einigen Ausnahmen zu bestätigen scheinen: Billecart Salmon 14,6; Bollinger 9,1; Canard-Duchêne 13,5; Veuve Clicquot 11; Deutz & Geldermann 13,4; Heidsieck Monopole 14,2; Charles Heidsieck 12,8; Krug 12; Lanson 13,4; Laurent Perrier 14,8; Mercier 12,2; Moët & Chandon 12,6; Mumm 14,8; Perrier-Jouët 11,4; Piper Heidsieck 14; Pol Roger 11,4; Roederer 14,5; Taittinger 13,8 …

In der »Encyclopédie des vins de Champagne« hat Michel Dovaz die Analysen von zwölf Jahrgängen Krug zwischen dem 1928er und dem 1976er veröffentlicht – im allgemeinen ergeben sich etwa zehn Gramm pro Liter.

Aber … die Dosage ändert sich oft, je nach der Beschaffenheit der jeweils neuen Grundweine. Manchmal kann sie Unschönheiten maskieren. Manchmal wird ein hoch dosierter Champagner dennoch für trocken gehalten – es kommt ja auch auf das Verhältnis zwischen Restzucker und Säure an. Jene weiter vorn erwähnten Champagner ohne Milchsäuregärung, die also höhere Säuregrade haben, vertragen auch mehr Zucker, ohne daß ihr Gleichgewicht gestört würde.

Auch hier kommt es wieder einmal sehr darauf an, unter welchen Umständen Sie Champagner trinken. Als Aperitif oder Erfrischung, möglicherweise noch bei Hitze, werden die wenig dosierten eher triumphieren als beim Essen.

Lange Zeit war üblich, für verschiedene Auslandsmärkte unterschiedlich zu dosieren. Aber die meisten Firmen haben das aufgegeben: Im Zeitalter des Schnellverkehrs sollen Reisende den ihnen vertrauten Geschmack auch am anderen Ende der Flugverbindung finden. Bei Moët & Chandon beispielsweise ist die Dosage seit Ende der siebziger Jahre überall gleich.

Korken

Nach der Dosierung wird der Champagner neu und endgültig verkorkt. So schöne volle Korken aus einem Stück, wie sie noch vor wenigen Jahrzehnten üblich waren, bescheren uns die hauptsächlichen Lieferländer Spanien und Portugal nicht mehr; der Bedarf ist vielleicht auch zu groß. Die Korken bestehen heute aus einer Preßmischung, unten zum Kontakt mit dem Wein wird diese durch eine Platte aus »richtigem« Kork abgeschlossen. Sie erfüllen, sagen die Champagnermacher, alle Ansprüche.

Wir sind in der streng reglementierten Champagne. Also haben die Behörden, bevor der Champagner nun verkaufsfertig gemacht wird, ein weiteres Kontrollrecht. Alle Cuvées müssen analysiert und verkostet werden (können). Erst dann ist ihr Recht auf die »appellation Champagne« nicht mehr bestritten.

Der maschinell aufgesetzte Korken wird (maschinell) mit dem Drahtgeflecht, dem »Körbchen« (»muselet«)*, zusätzlich gesichert und erhält eine Aluminiumkappe. Dann wird die »habillage« angebracht: das Etikett, die Umhüllung des Flaschenhalses und das »Halsband« (»collerette«). Auf der Unterseite des Korkens ist (wenn nicht der Name des Herstellers) oft ein kleiner fünfzackiger Stern mit einem langen Schweif eingebrannt: ein Komet. Die Erklärungen gehen auseinander. Einmal ist es Brauch seit 1811, als die Winzer nach einer reichlichen Ernte ihren Champagner nach dem in jenem Jahr gesicherten »Großen Kometen« »Kometenwein« nannten. Nach anderer Lesart soll es an Weihnachten erinnern, eine besonders champagnerfreundliche Saison …

Traditioneller Korken für die Flaschengärung (bei Alain Robert) wird kaum noch verwendet. Fast alle Produzenten nehmen Kronkapseln.

* In den Anfangszeiten wurde der Korken mit Bindfaden unter dem Vorsprung am Flaschenhals festgeschnürt; der Korken war oben entsprechend eingekerbt.

Etikett, entschlüsselt

Auch das Etikett muß strengen Regeln entsprechen. Das Wort »Champagne« muß deutlich lesbar sein. Die Menge muß angegeben werden (0,75 cl., 1,5 l usw.). Der Name des Herstellers oder der Marke, der Herkunftsort, die Geschmacksrichtung (Brut usw.) dürfen nicht fehlen, bei einem Jahrgangs-Champagner der Jahrgang. Wenn die Sorte vom Standard abweicht – Rosé, Blanc de Blancs, was Champagner aus 100 Prozent Chardonnay bedeutet –, gehört das ebenso auf das Etikett wie die Alkoholstärke.

Schließlich ermöglicht ein System von Abkürzungen und Kontrollnummern, den Hersteller bzw. den Besitzer der Marke zu identifizieren. Es bedeutet:

NM = Person oder Firma, die Reben, Most oder Wein kauft und bei sich zu Champagner verarbeitet (négociant-manipulant).

RM = Winzer, der nur Wein aus seiner eigenen Ernte zu Champagner verarbeitet (récoltant-manipulant).

CM = Genossenschaft, die in eigenen Anlagen die Weine aus den Ernten ihrer Mitglieder verarbeitet (coopérative de manipulation).

RC = Winzer, der von seiner Genossenschaft fertigen Champagner oder auch Weine bezieht, die er selbst noch zu Ende verarbeiten muß (récoltant-coopérateur).

R = Winzer, der die Weine aus seiner Ernte nicht selbst ausbaut, sondern von einem NM verarbeiten läßt (récoltant).

SR = Winzervereinigung, deren Gesellschafter, deren Weine sie verarbeitet, aus der gleichen Familie stammen (société de récoltants).

ND = kauft fertigen Champagner in Flaschen, die er bei sich etikettiert (négociant distributeur).

MA = Die Marke gehört nicht dem Hersteller – meist einem Kunden, der eine eigene Marke zu führen wünscht (marque d'acheteur). Im Fachjargon »Handelsmarke«, im englischen Sprachgebiet BOB, Buyers Own Brand.

Krieg und Versöhnung

1. Europas Schlachtfeld

Die Einigkeit von Briten, Deutschen und Franzosen in der förderlichen Sympathie* für den Champagner war, wie man weiß, nicht gerade typisch für die Gefühle, die sie untereinander hegten. Sie haben sich in kaum einer Gegend so oft und gründlich zerfleischt wie in der Champagne. Es ist in der Tat blutgetränkter Boden, und die drei waren nie miteinander einig, außer in sehr grauer Vorzeit, sondern Gegner, um nicht zu sagen Erbfeinde.

So ziemlich das letzte Mal, daß sie oder besser gesagt ihre Vorfahren einig fochten, war wohl im September des Jahres 451: die entscheidende Schlacht zwischen der römisch-gallisch-germanischen Koalition und den Truppen Attilas. Dieser befehligte keineswegs nur »Hunnen«, sondern anscheinend ebenso viele europäische Stämme wie der römische Feldherr Aetius. Der Osten verlor. Nicht weit von Châlons-en-Champagne, entlang der RD 394 von Cuperly, erinnert an einem Wäldchen kurz vor Cheppe ein Schild »Camp d'Attila« an diese Schlacht. Hinter den Bäumen, in einer großen Senke, soll Attilas Heer gelagert haben.

Fast ein Jahrtausend später war die Champagne ein Hauptschlachtfeld des Hundertjährigen Krieges zwischen Engländern und Franzosen. Das Denkmal der Jungfrau von Orléans bei der Kathedrale von Reims erinnert die Touristen wohl nicht mehr daran. Bald danach litt die Champagne unter den Religionskriegen des 16. Jahrhunderts, und der Dreißigjährige im 17. hinterließ, wenn auch in der Champagne nicht gekämpft wurde, ebenfalls traurige Spuren militärischer Besatzung, Plünderung und Drangsalierung. Spanier, Schweizer Landsknechte, Truppen des französischen Königs und gleich danach die »Fronde« hielten die Champagne bis 1659 unter einem Schreckensregime.

Aber schlimmer wurde für diese geplagte Landschaft, die teuer dafür bezahlte, daß sie an wichtigen militärischen Marschrouten (in beiden Richtungen) zwischen Osten und Westen lag, das 19. Jahrhundert. 1814 zogen Russen, Preußen und Österreicher in die Champagne ein. Reims und Epernay wechselten mehrfach den Besatzer. Aus der Zeit stammt eines der wenigen deutschen patriotischen Gedichte, denen mindestens nachträglich wohl auch ein Champagnerproduzent zustimmen könnte – August Kopischs »Blücher am Rhein«:

»Nun schlagt die Brücken übern Rhein!
Ich denke, der Champagnerwein wird, wo er wächst, am besten sein!«

Für alle, die übersehen, daß in der Geschichte kaum ein Werturteil über Völker für immer Bestand hat, brachten die damaligen Wirren eine interessante Begebenheit. Die rus-

* siehe Anfang dieses Buches

In der Champagne liegen zahlreiche Soldatenfriedhöfe der an den Weltkriegen beteiligten Nationen.

sische Besatzung unter Prinz Wolkonski schützte Reims vor preußischen Requisitionen. Schließlich drohte der Prinz sogar, er werde den Preußen, sollten sie etwas mit Gewalt holen wollen, seine Kosaken entgegenstellen ...

Überhaupt war da die Champagne Schauplatz einer Konstellation, die den Historikern noch heute zu denken geben muß, auch wenn sie nicht zu den Champagnerliebhabern zählen. Preußische und österreichische Forderungen auf französisches Gebiet während des Wiener Kongresses waren dem Zaren (und den Briten) extravagant vorgekommen; sie schienen ihm das europäische Gleichgewicht zu gefährden. Er wollte seine Abneigung überzeugend deutlich machen. So lud er die Monarchen der beiden Länder zu einer gewaltigen russischen Truppenparade in die Champagne. Sie fand bei Vertus* statt und führte rund dreihunderttausend russische Soldaten an den versammelten gekrönten Häuptern vorbei; Berlin und Wien verstanden den Wink und mäßigten sich.

Immerhin bezahlte die Champagne ihren Preis an alle Alliierten, hauptsächlich (wenn auch nicht nur) mit dem Getränk, für das sie nun berühmt war. Moët wurde allein rund sechshunderttausend Flaschen an die Sieger los. Er tröstete sich damit, daß dies auf lange Sicht wohl zusätzliche Kundschaft bedeuten werde. Es stimmte, für sein Haus und für andere.

Deutsche Soldaten aber erschienen von nun an nicht mehr in solcher Koalition, sondern allein.

* dem hoch angesehenen Weinort südlich Epernay an der südlichen Grenze der Côte des Blancs, dem führenden Weißweingebiet der Champagne.

2. Die Deutschen (1)

Ein halbes Jahrhundert nach dem ersten Napoleon, der fast ganz Europa gegen sich vereint und der Champagne wenig gute Zeiten beschert hatte, kam der Deutsch-Französische Krieg 1870/71, ausgelöst und erklärt von Napoleon III. Er war viel schwerer, blutiger, als die Deutschen anhand ihrer Geschichtsbücher erinnern könnten. In der Champagne zeigten die preußischen Truppen abermals gewaltigen, ohne Bezahlung zu befriedigenden Champagnerdurst, um nur das friedlichste Wort zu nennen. Eine Anekdote von damals:* Ein preußischer General verlangt von einem französischen Dorfbürgermeister fünfhundert Flaschen Champagner. Der erklärt, hier sei alles ausverkauft, der neue Champagner noch nicht fertig. »Zu dumm«, meint der General. »Wo doch Ihr Champagner ausgezeichnet sein muß, bei seinem Preis...« Der Maire wollte nicht widersprechen. »Wieviel nehmt Ihr denn?« »Hm, fünf bis...« »... sechs Franken?« »Ja, aber er ist nur 1,50 wert.« »So?« machte der General. »Sehn wir mal. Ich wollte fünfhundert Flaschen haben. Zu 1,50 wären das 750 Franken. Die zahlen Sie mir! Das ist doch wirklich sehr mäßig als Requisition.« Das dachte der Bürgermeister auch und zahlte. Der

General stellte sogar eine Quittung aus. Dann sagte er: »Apropos – ich habe da in einem Munitionswagen fünfhundert Flaschen, die ich im Gepäck von Marschall MacMahon gefunden habe. Sie sagen ja, Sie hätten keinen Champagner mehr. Ich trete Ihnen meine fünfhundert Flaschen ab – zu Ihrem Preis von fünf Franken macht das 2500!« Der Maire verzog das Gesicht, aber er fügte sich.
Noch näher an uns heran: der Erste Weltkrieg. Gleich zu Anfang besetzten deutsche Truppen Reims und Epernay. Sie wurden ein paar Tage später zurückgeschlagen, und dann verwüstete der Stellungskrieg dreieinhalb Jahre lang das Herz der Champagne. Die deutschen Stellungen verliefen anderthalb Kilometer nordöstlich von Reims, die Stadt lag unter fast täglichem Artilleriebeschuß (etwa 1050 solche Tage wurden gezählt), die Kathedrale wurde nicht verschont. Bei Kriegsende war Reims zu 90 Prozent zerstört – eine Proportion, die deutsche Städter erst im Zweiten Weltkrieg kennengelernt haben. Die ausgedehnten unterirdischen Champagnerkeller erwiesen sich als rettende Bunker, zeitweise lebte fast die gesamte Bevölkerung unterirdisch, bis sie ganz evakuiert wurde.
Viele Weinberge lagen mitten im Hauptkampfgebiet. Hier konnte nicht mehr geerntet werden – versucht wurde es, unter Opfern der Unermüdlichen; weiter entfernt von Reims war es weniger katastrophal. Epernay und den anderen Zentren ging es etwas besser. Da die Männer eingezogen waren, trugen Frauen die Hauptlast, weder zum ersten Mal noch dauerhaft anerkannt. Material war knapp, die Gebäude dienten als Truppenquartiere und waren neben der Artillerie auch Luftangriffen ausgesetzt. Und wer immer am geeigneten Ort auftauchte, Deutsche oder Franzosen, requirierte – auch Champagner.

* Aus l'Illustration Européenne vom 3. 12. 1870 fand sie ihren Weg in Georges Renoys Buch »Les Mémoires du Champagne«.

Eine ganz andere Beschlagnahme traf die Familie Mumm, deren Unternehmen schon zu den großen Handelshäusern gehörte. Sie hatte ihre deutsche Staatsangehörigkeit behalten. Ihr Unternehmen wurde als Feindbesitz unter Sequester gestellt und nach dem Krieg an eine französische Aktionärsgruppe verkauft.

Der Zweite Weltkrieg war materiell wohl für die Champagne nicht ganz so schlimm wie der erste. Zu den Opfern gehörte das bekannte Champagnerstädtchen Ay, von dessen Häusern im August 1944 amerikanische Bomber etwa ein Drittel zerstörten. Immerhin gehörte die Champagne mit der Normandie zu den französischen Regionen, die am meisten unter Artillerie und Bomben zu leiden hatten.

Die deutsche Besatzungsmacht requirierte auch wieder Champagner. Der Ausdruck stimmt formell nicht ganz: Sie bezahlte, aber in Besatzungsgeld, mit dem sich nicht viel anfangen ließ. So war es doch eher Plünderung unter dem Anstrich geregelter, geradezu gesetzlicher Form. Regelrecht geplündert wurden etwa zwei Millionen, »bezahlt« etwa 63 Millionen Flaschen. Zur Abwicklung existierten zuständige Büros auf beiden Seiten, sie geschah wenigstens »dans l'ordre«, was die kleinen und großen Firmen der nackten Plünderung vorzogen.

»Dans l'ordre« deportierten die Besatzer Hunderttausende Franzosen zur Zwangsarbeit nach Deutschland und in die Ostgebiete; die Champagne wurde natürlich nicht ausgespart. Von Ende 1943 an noch weniger: Die französische Résistance machte sich auch hier bemerkbar, die deutschen Repressalien wurden schärfer. Champagnerhäuser, in denen die Besatzer Waffenlager entdeckten, wurden unter deutsche Zwangsverwaltung gestellt, führende Männer und Frauen in deutsche Lager verschleppt, wie etwa Paul Chandon-Moët, Robert-Jean de Vogüé (auch vom Hause Moët), Bertrand de Vogüé (Generaldirektor von Veuve Clicquot), Gaston Poittevin, Präsident des Winzerverbandes, und Claude Fourmon vom gerade gegründeten »Comité Interprofessionnel du Vin de Champagne« (späterer Direktor bei Moët & Chandon), Abel Lepitre (der im deutschen Lager umkam).

In Reims, wo der alliierte Oberbefehlshaber General Eisenhower zum Schluß sein Hauptquartier hatte, unterzeichneten die Deutschen am 7. Mai 1945 schließlich die Kapitulation. Und in der Kathedrale von Reims bekräftigten Charles de Gaulle und Konrad Adenauer am 8. Juli 1962 die Versöhnung zwischen Frankreich und Deutschland, nachdem sie auf dem Übungsgelände von Mourmelon eine französisch-deutsche Panzerparade abgenommen hatten – die erste gemeinsame, auf Gelände, wo während des Ersten Weltkrieges besonders erbittert gekämpft worden war.

In der Champagne sind viele Spuren aus jenen blutigen Abschnitten deutsch-französischer Geschichte zurückgeblieben. Nicht nur die Soldatengräber. Immer wieder stößt man auf Schilder, die an Untaten der Naziherrschaft und an die französischen Opfer erinnern; nicht selten sind es Straßennamen in Champagner-Gemeinden. Aber andererseits – könnten wir in Deutschland erleben, was ich während der Arbeit an diesem Buch erfuhr?

Da beging das Champagner-Örtchen Jonchery-sur-Vesle am 5. Oktober 1986 den Jahrestag des anscheinend ersten Luftkampfes der Militärgeschichte. Die Besatzung eines französischen Doppeldeckers vom Typ Voisin, Joseph Frantz und Louis Quenault, hatte am gleichen Tag des Jahres 1914 einen deutschen Doppeldecker vom Typ Aviatik abgeschossen, mit der Besatzung Unteroffizier Wilhelm Schlichting und Leutnant Fritz v. Zangen. Das Sonntagsblatt »Champagne-Dimanche« erzählte nun nicht nur diese Geschichte, sondern auch, daß einer der in Frankreich berühmten Piloten des Ersten Weltkrieges, André Géraud, an den Feierlichkeiten teilnehmen werde, um das Gedächtnis von Frantz zu ehren – »aber auch das der Deutschen Schlichting und von Zangen, der unglücklichen Helden des ersten Luftkampfes der Welt«.

Das Blatt zitierte den Konstrukteur der französischen Maschine, die der deutschen technisch überlegen gewesen war. Gabriel Voisin hat in einem Buch geschrieben, er habe oft »an diese beiden Kinder gedacht, die ich mit absolut unmenschlichem Vorbedacht getötet habe, denn schließlich habe ich dieses mörderische Flugzeug erfunden... Aber was war schon mein Risiko, als ich 1912, zwei Jahre vor dem Drama, bedächtig an meinem Zeichenbrett das Flugzeug entwarf, das so vielen Herzen Trauer bringen sollte.«

Auf solche ungewöhnlichen, versöhnlichen Stimmungen war ich immerhin schon etwas vorbereitet. Im Juli 1986 hatte die Gemeinde von Vraux ein anderes »Jubiläum« begangen: die Bombardierung ihres kleinen, damals militärischen Flugplatzes, auf dem englische Blenheim stationiert waren, durch deutsche Dorniers. Sie lud nicht nur ein Dutzend britische und amerikanische Flugzeugführer ein, die damals in Vraux gewesen waren, sondern dazu zwei Deutsche, die damals am Luftangriff teilgenommen hatten.

Auch so ist die Champagne.

In diesem Geist der Versöhnung sind eine ganze Reihe von Champagner-Orten Partnerschaften mit deutschen Gemeinden eingegangen und nehmen sie ernst (siehe Seite 266).

Rapsblüte zwischen den Weinbergen: Die Champagne erzeugt nicht nur das berühmte Getränk, sondern lebt auch von allgemeiner Landwirtschaft. ▷

3.
Die Deutschen (2)

Das Verhältnis zwischen den Deutschen und der Champagne hat aber gottlob, wie schon gesagt, auch eine friedliche und freundliche Vergangenheit. Unsere älteste Sektfirma (Kessler, Esslingen) ist von einem Champagnermacher gegründet worden: Kessler war Kellermeister und Bevollmächtigter der Witwe Clicquot gewesen, bevor er nach Deutschland zurückkehrte.*
Die Deutschen haben sich zwar mehr als andere in der Champagne kriegerisch betätigt, aber viele haben sich auch in dieser Gegend und in der Champagnerbranche niedergelassen. In unserem ABC (ab Seite 119) werden Sie in den Firmenporträts genug Hinweise darauf finden. Aber auch Firmen und Familien, die heute nicht mehr existieren, allenfalls als Markennamen anderer, haben damals für das Heranwachsen der Champagnerindustrie ihre Rolle gespielt. Arnould & Heidelberger, Delbeck, Burchard, Ohaus, Kunkelmann, Wachter, Bräunlich, Giesler, Koch, Bruch, Geismann, Pfungst, Georg, Kremer, Boll – die Liste ließe sich verlängern.
Die Champagne verdankt den Deutschen auch, wenn auch auf unerwünschten und unangenehmen Anstoß hin, nämlich während der Besatzung im Zweiten Weltkrieg,

die Gründung jenes mächtigen Organismus, der heute so gut wie alles regelt, kontrolliert und koordiniert, was mit dem Champagner zu tun hat, und die Interessen der gesamten Branche nach allgemeiner Ansicht vortrefflich vertritt: das CIVC**, genau: Comité Interprofessionnel du Vin de Champagne.
Der Einmarsch in die Champagne öffnete zunächst für die deutschen Truppen, die in die Nähe der Flaschenlager kamen, eine Art Selbstbedienungsladen, in dem sie freilich nicht zahlten. Aber nach der französischen Kapitulation wollten die deutschen Behörden die Champagnerproduktion dem »Reich« nutzbar machen, in nach deutschen Vorstellungen »ordentlicher« Form. Zu diesem Zweck gründeten sie eine besondere Dienststelle; ihr Mann war Otto Klaebisch, den die Franzosen alsbald den »Führer des Champagners« tauften. Die französische Regierung in Vichy hatte ein »Kontaktbüro« einrichten lassen, um mit der Dienststelle Klaebischs zusammenzuarbeiten, nicht nur bei der Organisation der Lieferungen an die Deutschen, sondern auch zur Beschaffung und Zuteilung der für den Betrieb benötigten Materialien wie Treibstoff, aber auch Zucker und anderes. Da waren aber nur die großen Handelshäuser berücksichtigt, nicht die Unzahl der Winzer.
So entstand Ende 1940 ein »Bureau de Répartition des Vins de Champagne« auch mit Beteiligung der Winzer, und dann, ein paar Monate später, das CIVC. In ihm waren nun nicht nur die beiden großen Gruppen Handel und Produzenten vertreten, sondern auch die sonst noch am Champagner beteiligten Gruppen. Die Vollmachten des Comités waren sehr viel größer als die aller vorausgegangenen Einrichtungen. Sie blieben nach dem Krieg nicht nur erhalten – das CIVC wurde praktisch zu einer Mischung von oberster Entscheidungsinstanz, Exekutive und Vertretung

* siehe ABC → Veuve Clicquot
** siehe Seite 238

nach außen für die gesamte Welt des Champagners. Keine französische Branche hat eine bessere Vertretung ihrer Interessen zu bieten. Dies war also für die Champagne, für *den* Champagner, ein Stückchen Glück im Unglück – ähnlich, wie es in Cognac ein entsprechendes deutsches Büro bewirkte. Diesem stand übrigens ebenfalls ein Klaebisch vor, ein Bruder Ottos, freilich kein Cognacfachmann wie Otto, dessen Firma bis zum Krieg Martell-Vertreterin in Deutschland gewesen war und der nun auf Champagner umsattelte. In Cognac entstand ein BNIC (Bureau National Interprofessionnel du Cognac), eine ähnliche, aber nicht so mächtige Organisation wie das CIVC.

Auch wenn nicht so viele Deutsche (deren Familien mit einer Ausnahme natürlich Franzosen geworden sind) bei der Entwicklung des Champagners geholfen hätten, wäre Deutschland dennoch für den Champagner stets interessant gewesen, jedenfalls zu normalen Zeiten: wenn es beliefert werden konnte. Die Nachbarschaft erleichterte den Transport. Und Ludwig Bohne, der Witwe Clicquot erster und gleich höchst erfolgreicher Auslandsvertreter, berichtete schon 1802:

»Berlin ist gleichzeitig der größte und der schlechteste Markt für unsere Weine. Der größte, weil alle Welt sie trinkt ... der schlechteste, weil man auf der Straße kaum zu husten wagt aus Furcht, einem Champagnervertreter ins Gesicht zu spucken – von diesen ist die Stadt das ganze Jahr über voll.« Ein paar Jahrzehnte später schrieb Richard Wagner an den Grafen Chandon, dessen Champagner sei das einzige, was ihn über den Mißerfolg der Tannhäuser-Aufführung in Paris getröstet habe. Und nur ein paar Jahre nach dem Deutsch-Französischen Krieg wählte Wilhelm Busch in der »Hochzeitsreise« der frommen Helene sicher nicht zufällig als Muster des verführerischen Getränkes den Reim: »Wie lieb und luftig perlt die Blase / der Witwe Klicko in dem Glase ...«

Mit anderen Worten: Champagner war in Deutschland bestens eingeführt. Er ist es geblieben, wie seine Absatzerfolge bei uns beweisen.

CHAMPAGNER-EXPORTE NACH DEUTSCHLAND

Deutschland bis 1944

1832: 479 000 Flaschen
1898: 1 859 200
1913: 1 080 750
1935: 46 323
1936: 26 541
1937: 134 077
1938: 123 349
1939: 56 905*
1941: 150 786*
1942: 8 815*
1943: 401 537*
1944: 55 275*

* Statistik der Kriegsjahre zu lückenhaft, außerdem überschneiden sich die spärlichen Angaben des CIVC über den Export mit den Beschlagnahmen durch die bzw. Zwangslieferungen an die deutsche Besatzungsmacht.

Bundesrepublik Deutschland
(ohne NATO-Truppen)

1949: 17 429 Flaschen
1950: 152 091
1951: 111 969
1952: 74 080
1953: 95 155
1954: 92 621
1955: 133 288
1956: 163 023
1957: 220 670 Flaschen
1958: 216 522
1959: 435 597
1960: 671 071
1961: 731 456
1962: 903 874
1963: 891 976
1964: 964 002
1965: 1 201 797
1966: 1 108 162
1967: 1 047 884
1968: 1 205 740
1969: 1 352 421
1970: 1 676 000
1971: 1 889 000
1972: 2 124 000
1973: 2 109 000
1974: 1 608 000
1975: 2 288 000
1976: 3 067 000
1977: 3 966 000
1978: 4 692 000
1979: 5 225 000
1980: 5 304 078
1981: 4 521 494
1982: 3 659 596
1983: 5 335 460
1984: 7 411 546
1985: 8 485 938
1986: 9 394 182
1987: 10 547 476
1988: 12 307 361
1989: 12 950 831

Deutsche Demokratische Republik
(erst seit 1975 registriert)

1975: 5 425 Flaschen
1976: 5 147
1977: 6 627
1978: 7 451
1979: 8 498
1980: 13 191
1981: 6 230
1982: 8 760
1983: 27 472
1984: 28 632
1985: 17 440
1986: 18 117
1987: 26 852
1988: 22 892
1989: 27 059

Deutschland

1990: 14 237 831 Flaschen
1991: 14 053 550
1992: 13 609 231
1993: 15 190 026
1994: 18 844 853
1995: 17 747 893

Schaum-Wein-Gesellschaft

1. Prost bei Hof

In den Champagnerhäusern trauert man der Monarchie sicherlich mehr nach als in anderen Branchen, vielleicht mit Ausnahme der Hersteller von Orden und Prachtuniformen. Das ist auch kein Wunder – die Karriere des Festgetränkes Nummer eins begann bei den Landes- und Standesherren. Es war äußerst nützlich, und die Handelshäuser wetteiferten, »Hoflieferant« zu werden. Es gelang vielen, oft gleich an mehreren Höfen; da es in der Entstehungszeit des Champagners noch so viele deutsche Kleinstaaten mit jeweiligem Serenissimus gab, wird Deutschland wohl die Champagne frühzeitig daran gewöhnt haben, östlich des Rheins einen Hauptkunden zu sehen.

Friedrich Wilhelm IV. von Preußen war jahrelang als »König Clicquot« bekannt; wir brauchen also seine Lieblingsmarke nicht zu raten. In

der Empfangshalle von Moët & Chandon entdeckt man inmitten zahlreicher Hofwappen auch das Zeichen »Fournisseur Pontifical« – warum sollte der Vatikan nicht auch Champagner genossen haben? Und genießen? In frühen Zeiten gewann der Champagner ja sogar die Herzen führender Muslime, etwa des Sultans Abd ül-Medschid I. (er regierte von 1839 bis 1861), und der historisch berühmtere Abd el Kader* hat angeblich darauf verwiesen, der Prophet habe zwar Wein verboten, Champagner jedoch gehöre in die Kategorie des mit Luft durchsetzten Wassers, und darüber habe er nichts gesagt. August der Starke von Sachsen und Polen scheint einer der frühesten Champagnerliebhaber gewesen zu sein; er hatte ihn noch als Prinz auf einer Frankreich-Reise kennengelernt. Aus einer Rechnung im königlich sächsischen Archiv in Dresden ging hervor, daß er schon 1694 »Champagner von der moussierenden Sorte« bezog, und das wurde auch sein Lieblingswein. 1699 bestand der Vorrat im Dresdner Hofkeller allerdings nur (noch?) aus 160 Flaschen, für die je ein Dukaten bezahlt worden war** – eine andere

* 1808–1883, Führer der Algerier im Kampf gegen die Eroberung durch Frankreich

** P. M. Blüher: Meisterwerk der Speisen und Getränke, Leipzig 1901

Napoleon I. bei Moët & Chandon

Rechnung aus dem Jahr 1717 zeigte, daß der Hof weiterhin treuer Champagnerkunde war; er bezog ihn aus Paris. Von einem der uns heute bekannten Champagnerhäuser kann es nicht gewesen sein. Die wurden, wie gezeigt, erst später gegründet. Überhaupt paßt dieser frühe Beleg nicht ganz in die überlieferte Weinhistorie Frankreichs.
Der Transport von Champagner in Flaschen wurde erst, sagen die meisten französischen Schriften, 1728 erlaubt. Der bekannte Schriftsteller Raymond Dumay machte sich schon vor längerer Zeit darüber lustig – zu zahlreich sind eben die Berichte, daß Champagner, durchaus moussierend und in Flaschen, schon etwa vierzig Jahre vorher bei offenbar privilegierten Beziehern auftauchte. Vielleicht hätten deutsche oder englische Schmuggler für den Transport gesorgt …

Einige Monarchen waren in der Champagne beliebter als andere. Heute läßt sich nicht mehr ausmachen, ob es wegen ihres eigenen Durstes oder wegen ihrer Großzügigkeit als Gastgeber war. Allen voran die englischen Könige: Großbritannien war eben der erste große Champagnermarkt, lange bevor sich in Frankreich auch nur die höchsten Spitzen der Gesellschaft Champagner leisten konnten. In seinem Heimatland wurde er viel weniger getrunken als von Begüterten im Ausland (dies änderte sich erst nach dem Ersten Weltkrieg).
In England gewann der Champagner viel schneller breitere Schichten. In seiner History of Champagne* vermerkt Henry Vizetelly: »In Frankreich fließt der Champagner nur bei Hochzeitsmählern mit annähernd der Freiheit, an die wir gewöhnt sind.« Mancher britische Monarch trug höchstpersönlich zur Konsumsteigerung bei, ganz besonders Edward VII. (der erste aus dem Hause Sachsen-Coburg-Gotha), Nachfolger Königin Victorias, der von 1901 bis 1910 regierte. Schon als Prince of Wales, was er wegen der langen Regierungszeit Victorias** ja sehr lange war, eroberte er sich die Herzen der Champagne. Wann und wo immer er auftauchte, ob bei der Jagd oder bei Pferderennen (typischen Prinzenbeschäftigungen) – ihm folgte stets ein Valet mit einem Korb voller Champagnerflaschen und -gläser. Immer wieder ertönte der Ruf »Boy!«, was bedeutete, daß der ihm neuen Champagner einschenken solle. Bald und für lange war

* aus der die Verfasser von Büchern über Champagner immer gern alte Anekdoten abgeschrieben haben
** 1837 bis 1901

»eine Flasche vom Boy«, schließlich nur noch ein »Boy« in manchen englischen Kreisen der eingeführte Ausdruck für Champagner.
Eine Zeitlang sah es so aus, als werde Rußlands führende Schicht mit den champagnerdurstigen Engländern konkurrieren können. Am Zarenhof waren teils nacheinander, teils gegeneinander Moët, Clicquot, Roederer, Ruinart, Taittinger, Heidsieck[1] und andere hervorragend im Geschäft. Ganze Güterzüge voll Champagner rollten nach Osten. Roederer verkaufte drei Viertel seiner Produktion nach Rußland. Der Zar ließ ihn eines Tages wissen, er verstehe nicht recht, warum andere (Russen?) den gleichen Champagner bekämen wie er, und schickte gleich seinen Kellermeister nach Reims. Resultat: Spezialflaschen aus durchsichtig-weißem Glas, Kristall, wie sie noch heute (wenn auch nicht mehr aus dem teuren Kristallglas) verwendet werden: So entstand Cristal Roederer, die Prestigemarke des Hauses.
Taittinger erinnert mit Wandgemälden an den Besuch eines Zaren bei Frère Oudard[2] – es wirkt geradezu wie ein Besuch bei der Firma, die Oudard für sich fast genauso reklamiert wie Moët & Chandon den berühmten Dom Pérignon.
Die russische Revolution beendete abrupt und für manche Handelshäuser mit dramatischen Folgen ein Bombengeschäft. Es gelang ihnen, den Absatzverlust anderswo wettzumachen, aber noch heute denken sie mit einer Rührung, die sonst allenfalls noch unter uralten weißrussischen Emigranten anzutreffen ist, an das Rußland der Zarenzeit.
Auch andere gekrönte Häupter spielen noch heute eine fast rührende Rolle als Referenz. Das größte aller Champagnerhäuser pflegt – wenigstens in seinen Repräsentationsräumen – den Napoleonkult. Zwar ist überliefert, daß Bonaparte nicht viel Champagner trank, aber er war doch häufiger Besucher der Champagne, durch die ihn ja seine kriegerischen Expeditionen nach Osten oft genug führten, auch seine Rückzüge, und so entstand seine ziemlich enge Verbindung zum Hause Moët.
An und für sich denken die Großen der französischen Getränkeindustrie (der alkoholischen), wenn sie den Namen Napoleon hören, lieber an den III., da er sie durch den Handelsvertrag mit England von sehr hohen Zöllen befreite, was ihnen erst den richtigen Exportaufschwung brachte. Doch war auch der erste Napoleon schließlich, wenn auch sehr unfreiwillig, ein wichtiger Champagnerpropagandist. Solange seine Truppen in Europa vorrückten, folgten ihnen die Champagnervertreter auf dem Fuße; oft waren sie schon im Troß, um für Siegesfeiern das passende Getränk zu liefern, und natürlich versuchten sie gleich anschließend, auch unter den Besiegten neue Kunden zu gewinnen. Als Napoleons Hauptgegner schließlich ihrerseits als Sieger in der Champagne erschienen, Russen, Deutsche, Österreicher, Engländer, und sich dort an den Beständen gütlich taten, gewöhnten sie sich schließlich an ein prickelndes Getränk – bald danach waren sie zahlende Kundschaft. Das hatte man bei Moët und Clicquot durchaus so vorausgesehen.
In diesem Licht muß man in der Tat für sehr kleinlich halten, daß die Sieger dann Napoleon in seinem Exil auf der Insel St. Helena den Champagner rationierten: eine Flasche pro Mahlzeit, offenbar ohne Rücksicht darauf, wie viele Personen an seinem Tisch saßen. Er selbst trank ja kaum.[3]
Während die monarchistischen Idole in der übrigen Luxusindustrie längst von modernen Stars verdrängt worden sind, von Schauspielern, Sängern, Spitzensportlern, geht das in den Champagnerhäusern langsamer. Dort gelten die gekrönten Häupter noch heute als Referenz – sogar die ungekrönten, wenn sie nur schöne Adelstitel haben. Wer außerhalb der Champagne würde für belangvoll halten, was bei Besserat de Bellefon in einer Vitrine der Empfangshalle fotografisch »dokumentiert« war: ein Besuch »seiner königlichen Hoheit des Prinzen Alexander von Jugoslawien«, 20. Jahrhundert, Mitte der achtziger Jahre …
Die britische Monarchie bietet wenigstens den Vorzug, noch vorhanden zu sein. So werden ihr zu allen möglichen Anlässen von diversen Häusern Spezial-Cuvées gewidmet, zu Prinzenhochzeiten, zu Gedenktagen, besonders gern natürlich zu Krönungen. Prominent auf diesem Gebiet: Krug, Bollinger, Pol Roger. Pol Roger war Winston Churchills Lieblings-Champagner; hier lebt sein Gedächtnis wirklich noch sehr munter weiter.
Die Vorliebe für Höfisches schließt immerhin nicht aus, daß auch »Leitbilder« von heute geschätzt und genutzt werden.[4] Aber es wird schwer sein, eine Branche zu finden, die vergleichbar treu und

1 alle beschrieben im ABC, ab Seite 119
2 siehe Ein frommes Werk, ab Seite 28
3 Sir Walter Scott protestierte damals, so berichtet Vizetelly (a. a. O., S. 79), öffentlich dagegen, daß Napoleon auf diese Weise »sogar der Trost des Rausches« vorenthalten werde.
4 mehr darüber im Kapitel »Werber und Mäzene«

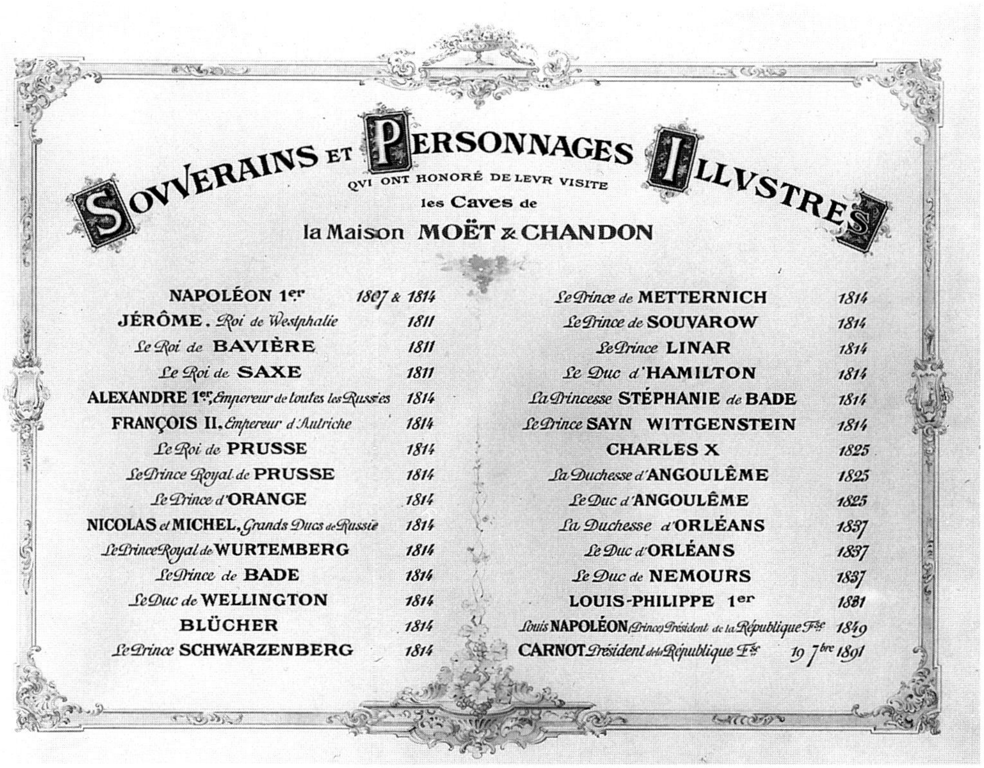

Erinnerung an Herrscher und »illustre Persönlichkeiten«, Gedenktafel bei Moët & Chandon

dankbar einer Schicht gedenkt, die zwar im größeren Teil Europas nicht mehr viel zu melden, aber doch vor zwei, drei Jahrhunderten dem Champagner als Hauptabnehmer zu seinem Siegeszug verholfen hat. Es gibt natürlich Häuser, die auch Präsidenten und Regierungschefs eine gewisse Bedeutung beimessen, wenn sie die richtige Champagnermarke trinken, aber das strahlt dann doch nicht so sehr.

Auch Friedrich »der Große« spielte an diesem Firmament eine Rolle, wenn auch auf etwas verblüffende Weise. Er lobte die tröstende Funktion von Champagner, was vielleicht wegen seines wechselhaften Kriegs- und mangelnden Privatglücks kein Wunder ist.

In der Champagne liebt man zwei Anekdoten, die Friedrich betreffen. Er legte der Berliner Akademie einst die Frage vor, wieso Champagner schäume. Die Akademiker verlangten vierzig Flaschen, um experimentieren zu können. Aber dafür war der König zu knauserig; für den preußischen Hof blieb die Frage offen. Ein halbes Jahrhundert später wurde ja dann die deutsche Sektindustrie geboren. Es gehört zur Stärke des Champagners, daß ihn diese Konkurrenz nicht störte, obwohl sie bewirkte, daß Deutschland vom führenden kontinentalen Kunden auf Platz drei absank, und auch heute nicht stört – von Versuchen, seinen Namen zu mißbrauchen, natürlich abgesehen.

Zweite Anekdote: Friedrich wollte von der Akademie wissen, wieso die Gläser, wenn man mit Champagner anstößt, nicht so schön klingen wie mit anderem Wein.* Die Akademiker antworteten, sie seien nicht reich genug, um sich Champagner leisten und solche Beobachtungen anstellen, geschweige denn erklären zu können. Der König habe ihnen darauf ein Dutzend Flaschen geschickt – und nie wieder von ihnen etwas darüber gehört.

Sogar Bismarck, sonst nicht gerade der beliebteste Preuße bei den Franzosen, hat sich in der Champagne mit einer Episode beliebt gemacht: seiner Weigerung bei einem Diner Kaiser Wilhelms, anstatt Champagner Sekt zu trinken. »Mein Patriotismus reicht nicht bis zum Magen«, habe er dem Monarchen gesagt.

* Die Luftblasen brechen die Schallwellen.

2.
By Night

Wilhelm Buschs schon zitierter Spruch von der perlenden Blase der Witwe Klicko in jenem Glase lohnt, vollständig nachgelesen zu werden. Er läuft nämlich ganz und gar wider den roten Faden der Literatur, Champagner sei besonders etwas für die Zweisamkeit. Für Frauen mit Männern und umgekehrt.

Zum jahrhundertealten »Image« des Champagner, seiner Werbung und seiner Widerspiegelung im Anekdotenschatz würde eher passen, von »Damen« und »Herren« zu sprechen. Doch zeigt die wahre Geschichte dieses flüssigen Stimmungsmachers, wenn wir von seiner Beliebtheit an Fürstenhöfen absehen, weniges, was wir »damenhaft« nennen würden, und »herrenhaft« schon gar nicht. Unzählige Geschichten und zeitgenössische Bilder zeigen an, daß die Frauen, wenn sie Champagner trinken, sowohl verführerischer als auch verführbarer werden; auf diese Wirkung sind die Männer, wenn sie selbst Champagner getrunken haben, besonders versessen. Dagegen ist wenig einzuwenden, wenn es auch für fast jedes andere alkoholische Getränke ebenso zutrifft. Bei Wilhelm Busch, dem berühmt scharfen Beobachter, findet sich freilich keine Bestätigung für solche Vorstellungen. Sein Zitat handelt

vom Abend einer Hochzeitsreise. Schmöck trinkt in der Tat reichlich Champagner, eine Flasche nach der anderen, Helene langweilt und ärgert sich. Auf ein Machtwort Helenes ist er schließlich zwar doch ins Zimmer zu bekommen, aber dort schläft er sofort volltrunken ein ...

Das ist nicht gerade die Wirkung, die wir vom Champagner erwarten, dem einzigen Wein, der die Frauen, die ihn getrunken haben, weiter schön bleiben läßt (wie Madame Pompadour angeblich sagte). Und noch weniger paßt es zu den vielen animierten und animierenden Damen auf den Reklameplakaten früherer Zeiten, von denen es aber auch heute noch einige gibt (wohlgemerkt: auf Plakat oder Reklamefoto).

In der Tat war der Champagner anfangs, als nur die Leute an Fürstenhöfen und andere Reiche ihn sich leisten konnten, der hochwillkommene, weil schneller als alle anderen alkoholischen Getränke anregende Begleiter von Festlichkeiten aller Art, also warum nicht auch zu zweit. Und auch ein Anreger privilegierter Damen, die ihn sich leisten konnten oder für die jemand entsprechend sorgte und die nach den vorliegenden Berichten nichts dabei fanden, ihn auch allein zu trinken.

Die Oberschichten des 18. und 19. Jahrhunderts liebten Séparées – Champagner bot sich an. Kein Wunder, daß er auch schnell Einzug dort hielt, wo von jeher auf hohen Umsatz Wert gelegt wurde: in Nachtklubs der verschiedenen Güteklassen, in Music-Halls, in mehr oder minder intimen Nachtbars und an all jenen Orten, an denen die Herren ohnehin für ihre jeweilige Gesellschafterin viel bezahlen mußten, also wohl auch konnten. Dort wurde unterstellt, daß dem Kunden sein Verlangen den Überblick über den angeblich gemeinsamen Konsum verschleierte, daß er also zwei-

fach zu verführen war: auch zum Überzahlen.
Das geht natürlich auch anderswo und auch mit Sekt. In Frankreich würde sich, wenn ein Etablissement die Lage derart ausnutzen wollte, ein einfacher »mousseux« angeboten haben, also ein billiger Schaumwein aus anderer Fabrikation als der Champagne. Nicht nur im Bordell natürlich, wo viele Männer so angetrunken erscheinen, daß sie keinen Unterschied mehr herausschmecken können, sondern auch schon in den offeneren, mit Tanz und Kabarett verbundenen Klubs und Music-Halls. Deren Manager brauchten nicht unbedingt »Mousseux« anstelle von Champagner einschenken zu lassen. Es gab immer wieder kleine Produzenten in der Champagne, die ihr Auto mit Flaschen beluden, oft ohne Etikett, und direkt nach Pigalle, Montparnasse und ähnlichen Vergnügungszentren rollten, um dort den Amüsierbetrieben billigeren Champagner anzubieten und sich dadurch einen Absatz zu verschaffen, der ihnen nach Qualität, Ruf und Leistungsvermögen sonst nicht so sicher war; der Vergnügungsindustrie brachte das erhöhte Gewinnspannen.
Von dort hat, worauf François Bonal* zu Recht hinweist, eine besonders lächerliche Serviermethode ihren Ausgang genommen, die heute gelegentlich leider auch in feinen Restaurants zu beobachten ist: das Umwickeln der Flasche mit einer Serviette, angeblich, um niemanden mit dem Eiswasser aus dem Kübel zu bekleckern. Die Praxis entstand dort, wo man keinen Wert darauf legte, den Kunden ein Etikett zu zeigen. Für respektable Champagnermarken ist solcher Service eine Beleidigung – und auch für den Gast.
Das galt und gilt nicht nur für Paris, sondern für den Amüsierbetrieb in der ganzen Welt, obschon doch gerade dort genug zahlungswillige Kundschaft erscheint, die sich auch hochwertiges Getränk leisten würde und könnte. Das berühmteste Bordell in Reims, das »Palais Oriental«, verbrauchte in der »Belle Epoque« monatlich mehr Champagner als alle Restaurants und Cafés der Stadt zusammen.** Jazzfreunden ist Jelly Roll Morton ein ehrwürdiger Begriff; er war so ziemlich der erste berühmte Jazzpianist aus New Orleans. Dort fanden die frühen Jazzmusiker ihre Engagements hauptsächlich in Bordellkneipen, welche Herkunft ihnen ihre Anhänger wegen der Musik verzeihen. Jelly Roll Morton spielte ebenfalls in einem und stand dort offensichtlich unter keinem Zwang, sich mit minderwertigem »Bubbly«*** zu begnügen. Er goß nach Lokalschluß die halbausgetrunkenen Champagnerflaschen zusammen und komponierte derart seine eigene Marke, um nicht zu sagen »assemblage«. Sie bestand anscheinend – jedenfalls erwähnte er später

* Champagne, Lausanne 1984
** Bonal a.a.O., S. 167
*** wie Champagner frühzeitig in der angelsächsischen Welt getauft wurde; noch heute ist dieser Ausdruck verbreitet.

nur diese beiden Marken – aus Clicquot und Mumm.*

Das soziale Umfeld des früheren und des heutigen Champagner-»Genusses« zu verklären, besteht kein Grund – bei allem Respekt davor, wieviel Champagner zur Entwicklung des Jazz beigetragen haben mag. Denken wir lieber an die Kundschaft, der dann im Morgengrauen vielleicht klar wurde, daß man sie auch als Opfer bezeichnen könnte, außer die Reichsten von ihnen. Gerade weil Champagner so schnell beliebt wurde bei Zahlungskräftigen oder sich so Fühlenden, konnte sein ohnehin hoher Gestehungs- und noch wesentlich höherer Endpreis ihn zu einem Ausnahme-Werkzeug ersten Grades machen. Es kam die Kundschaft oft teurer zu stehen als jene handfeste Erleichterung, um derentwillen manche solche Häuser in erster Linie aufgesucht wurden. Aber überhöhte Champagnerrechnungen wurden auch zu Markenzeichen weniger drastisch dienender Etablissements, ob in ihnen nun »Animierdamen« tätig waren (und noch sind) oder nicht; animieren sollen sie zum fleißigen Konsum nicht ihrer selbst, sondern von Champagner.

Es gibt nur schüchterne Literatur über die Umstände dieser Animation, über die Kunst, eine Flasche Champagner weit schneller leer zu machen, als es der Durst des Gastes vermag, sobald er nicht mehr sehr nüchtern ist. In der schummrigen Beleuchtung solcher Orte entwikkeln Animierpersonen eine beachtliche Kunst, den Inhalt ihrer Gläser, vom Gast unbemerkt, woanders hinzuschütten. Überliefert ist die Fähigkeit eines Nachtklubkellners, mit dem Gast am Tische plaudernd ganze Flaschen auszugießen – in den Weinkühler, in Blumenvasen oder auch auf den Boden. Ein Besatzungsmitglied eines solchen »Klubs« hat irgendwo zu Protokoll gegeben, die Teppiche hätten jeden Morgen wie vollgesogene Schwämme gewirkt.

Schattenseiten, wo eben auch Licht ist. Champagner weckt wie kein anderes Getränk heitere Stimmung; manche sagen ihm auch nach, daß er besser und mit weniger trüben Folgen zu Trost verhelfe als jede andere Form des Alkohols. Seine Wirkung auf den Körper ist harmloser, ein Rausch verfliegt schneller. Preis und Aufmachung haben das ihre dazu getan, das schäumende Getränk wegen dieser Vorzüge in der ganzen Welt zum Festtrank und Stimmungsförderer Nummer eins zu machen. Daß sich auch die Vergnügungsindustrie seiner bedient, versteht sich von selbst. In dem Sinn ist der Champagner einer ihrer wichtigen Bestandteile. Das hatte wohl auch die Firma unterstreichen wollen, von der ich 1987 in Reims und in L'Epine (bei Châlons-en-Champagne) im »Marché aux Vins« eine Champagnermarke »La Courtisane« zum Billigpreis von umgerechnet fünfzehn Mark sah.

* Alan Lomax: Mister Jelly Roll, zitiert von Patrick Forbes in: Champagne, The wine, the land and the people, London 1967

Unbestreitbar ist ja, daß es keine Institution gibt, die so wichtig für den Umsatz, also das finanzielle Wohlergehen der Nobelgetränk-Hersteller ist, wie die Welt der feinen Nachtlokale. So kann es auch nicht überraschen, daß die Unternehmen, wenn sie neue Marken lancieren oder einfach ihren Absatz ankurbeln wollen, in erster Linie an dieses Milieu denken. Als die höchst noble Firma Krug 1978 ihre »Grande Cuvée« auf den Markt brachte, veranstaltete sie in Paris einen Gala-Abend für Besitzer und Betreiber von Nachtklubs, Music-Halls und Diskotheken. »Man mußte wagen, an die Welt der Nacht heranzugehen, wo das hohe Niveau und die große Gaunerei benachbart sind, und sie zu Krug zu bekehren«, meinten die Krugs.**
Es ist logisch, daß sich Champagnerhäuser mit feinen Gratisveranstaltungen, zuweilen extravaganten Gepräges, mit Vorliebe an Barpersonal wenden, und natürlich an

Verlassen wir also diese düsteren Erwägungen, und fassen wir das weitaus höhere Niveau der feineren Nachtlokale ins Auge, wobei nicht sicher ist, ob das weltbekannte Maxim's in den Jahrzehnten vor und nach der Jahrhundertwende wirklich »feiner« war. Die dort verkehrende Gesellschaft empfand sich so, und die Preise waren entsprechend »an den Tischen, wo die Damen der feinen Gesellschaft die leichten Mädchen dulden müssen, die ein paar Meter weit weg sitzen, und denen der Wein aus Reims und Epernay feurige Reize verleiht«, sagt ein französischer Autor, Nicolas de Rabaudy.*

die für sie vielleicht noch wichtigere Schar derjenigen, die in Lokalen für den Weinservice zuständig sind, die »sommeliers«. Damit sind wir endgültig von unserer Ausschweifung in die unseriöse, aber harte Welt der Ausnutzer und Ausgenutzten zurück. Doch wollen wir das Thema der Frauen mit und in Champagner noch nicht ganz aus den Augen verlieren. Vorher aber ist es nützlich, einige Preise anzuschauen.

* Le Champagne et la Belle Epoque, deutsch in der Reihe Nathan International, mitherausgegeben von Perrier Jouët
** Henri et Rémi Krug: l'Art du Champagne

3. Schon immer etwas teurer…

Champagner zu machen ist teuer – aber man glaubt kaum, wie billig er manchmal angeboten werden kann. Aktionspreis DM 14,95 die Flasche in einer deutschen Discounterkette im Frühjahr 1996, ein Jahr vorher (umgerechnet) 13,50 in einer französischen… Allein die Trauben kosteten aber den Produzenten 1995 pro Flasche, je nach Lage, zwischen acht und zwölf Mark.

Solche Preise, die kaum eine Verdienstspanne beinhalten können, hängen mehr mit dem erbitterten Konkurrenzkampf zwischen Discountern zusammen als mit einem unter Champagnerproduzenten. Die Marken, unter denen solche Flaschen angeboten werden, sind fast nie die einer Firma, sondern Phantasienamen für den Billigsthandel. In Frankreich ist es verboten, billiger als zum Einkaufspreis zu verkaufen – das Großunternehmen Marne & Champagne führte 1994 mehr als fünfzig Prozesse gegen Discounter und Supermärkte, die seinen Champagner zu billig angeboten hatten. In Deutschland gibt es kein solches Gesetz.

Die für das Ansehen des Champagners schädlichen Ramschpreise waren ein Symptom der Krise, in die das Gebiet Anfang der neunziger Jahre geraten war. 1990 war der Traubenpreis auf rund DM 9,50 pro Kilo gestiegen (damals brauchte man zwischen 1,2 und 1,6 kg pro Flasche); ein viele Jahrzehnte währendes Verfahren gemeinsamer Preisfestsetzung für alle war beendet worden, und die Winzer nutzten die Gelegenheit zu massiver Preiserhöhung. Erst 1992 wurde der Preis wieder »normal« (24 Francs, in den Folgejahren sank er weiter), aber nun hatten die dadurch ausgelösten Preiserhöhungen die Flaschen so teuer gemacht, daß die Verkäufe weltweit zurückgingen, von 1989 bis 91/92 um fast 35 Millionen Flaschen. Den Absatzeinbruch begleiteten durchaus reichliche Ernten. So sanken die Preise wieder, auch die der großen Markenfirmen, die besonders viel Terrain verloren hatten – Moët & Chandons Verkaufszahl sank von 32 auf 26 Millionen Flaschen. Ab 1994 erholte sich der Markt wieder, die großen Marken gewannen viel von dem Gelände zurück, das ihnen die Billiganbieter abgenommen hatten. Dann zogen auch die Preise wieder an.

Einige berühmte Häuser mit kleiner Produktion machten das Auf und Ab kaum mit, wie etwa Krug, das in Amerika mit dem Slogan warb: »Für die meisten wird Krug unerreichbar bleiben«. Das stimmt, wenn auch schon wegen der geringen Menge. Krug liefert höchstens 400 000 Flaschen pro Jahr, zu Preisen zwischen (umgerechnet 1996) DM 135,– und DM 350,– für die Privatkundschaft; etwa DM 250,– bis mehr als DM 500,– kosten seine Flaschen in feinen Lokalen.

Bei Auktionen übertreffen alte Champagner oft die beliebten alten Bordeaux. Mehr als 1100 Mark pro Flasche erbrachten 1985 in London einige Krug-Magnums des Jahrgangs 1958.

Innenhof von Krug in Reims

Verglichen damit wirken die Standard-Cuvées bekannter Häuser bei normalen Einkaufsverhältnissen geradezu billig: zwischen 105 und 165 Francs Anfang 1996 je nach Lage des Geschäfts.
In Deutschland lagen die bekannten Marken meist zwischen DM 35,– und DM 45,–, bei »Aktionen« gelegentlich um DM 30,– oder dicht darunter. In Lokalen fingen sie selten zwischen DM 70,– und DM 100,– an, meist eher DM 120,–. Jahrgangs-Champagner unter DM 140,– war dort selten, Prestige-Cuvées überschritten leicht die 200-DM-Grenze. Der höchste von mir beobachtete Flaschenpreis für eine »normale« Flasche, die nicht schon Antiquitätspreis beanspruchen konnte, waren mehr als 500 Mark für Krugs Clos du Mesnil und DM 570,– für Dom Pérignon 1988.
In der folgenden Tabelle finden Sie Hinweise, wie sich der Champagnerpreis im Lauf der Zeit entwickelt hat. Freilich stützen sich die Angaben aus ferner Vergangenheit fast immer nur auf jeweils eine Quelle an einem Ort. Außerdem beeinflußten Steuern, Zölle und Inflationen die Preise, ohne daß das in den historischen Quellen genügend deutlich wird. Diese sind noch weniger mitteilsam, wenn es darum geht, Preise in den Zusammenhang damaliger Lebensumstände zu stellen. Ich habe es versucht, in dem beruhigenden Gefühl, daß es heute bei uns keine so horrenden Unterschiede im Lebensstandard der verschiedenen Schichten gibt wie damals. Champagner ist heute für viele erschwinglich.

LÖHNE, PREISE, LEBENSSTANDARD

1559: Krönung François I.: 14–19 livres für 1 Queue (510 l)
1610: 175 livres für 1 Queue
Ende 17. Jhdt.: 1000 livres für 1 Queue aus Hautvillers (Dom Pérignons Wirkungsstätte); 500 livres für 1 pièce (205 l)
1700: 8–900 livres für 1 Queue in Hautvillers
1712: 750 livres pro Queue für die »1. cuvée«
1716: 35 sols die Flasche ab Epernay
1725: 30–50 sols ab Epernay
1735: 40–45 sols ab Epernay
1736: 45–40 sols ab Epernay
1742–1746: 25 bis 30 sols pro Flasche in Ay
1762: 8 Pfund die Flasche im Londoner »Vauxhall«

1794: 75 Shilling für ein Dutzend »white Sillery« bei Christie's-Auktion in London
1795: 25 Schweizer Franken pro Flasche. Basler Lebensmittelpreise damals: 1 kg Butter 1,50, 100 kg Kartoffeln 5,60, 1 kg Kaffee 4,70 Franken
Empire (1804–1814/15): 3,50 Francs
1809: 55 sols für 1803 Ay mousseux, 52 für Pierry, 50 für Cramant und 45 für Avize d. gl. Jahrgangs, in Châlons sur Marne
1812: 84 Shilling für 12 Dry Sillery bei Christie's
1814: 12 Rubel pro Flasche Clicquot in Petersburg aus der ersten für Rußland bestimmten Ladung
1827: 6 Flaschen Mumm: 27,50 Francs

16. Jahrhundert: Tageslohn für Textilarbeiter in Beauvais: 0,5 livres. Jahres-Lebensmittelbedarf pro Person: 200 livres
Ende 17. Jahrhundert: Ein französischer Landarbeiter verdient etwa 90 livres im Jahr. Davon braucht er 60 für Brotgetreide.

1710: französischer Tageslohn im Durchschnitt 13 sols. Ein Pfund Brot: 4 sols
1766: Jahreslohn eines Vorarbeiters in der russischen Metallindustrie am Ural: 36 Rubel, etwa 40 Francs
1770–1780: Textilarbeiter in Leeds verdienen zwischen 8 und 11 Shilling die Woche, Messerschmiede in Sheffield 13–6 d, Arbeiter in den Spinnereien von Manchester: 16, Metallarbeiter in Birmingham: 20
1780–1835: In England gelten 15 Shilling als guter Wochenlohn. Verbreiteter waren zwischen 7–6 d und 10 Shilling für den ungelernten Arbeiter. Der Brotpreis schwankt in dieser Zeit zwischen (pro 500 g) 1 und 4 Pence. Butter: 9 d bis 1 Shilling. Zucker: ein halber Schilling. Fleisch: 5 bis 8 Pence. Tee: 10–20 Shilling das Pfund. Standardbrot (3,9 kg) = 1 Shilling
Ende 18. Jahrhundert: Jahreseinkommen eines Arbeiters in Leeds: 23 Pfund. Seine Essenskosten: 23 Pfund. Verdienst von Textilarbeitern in Manchester: 41 Pfund. Metallarbeiter in Birmingham: 52 Pfund
Ende 18. Jahrhundert Frankreich: Textilarbeiter: 0,75 Francs am Tag. Mittlere Arbeiterschicht: 1,50 Francs. Elite (eher schon handwerklich ausgebildet): zwischen 3,40 und 4 Francs am Tag
1796: Fleischpreis in Frankfurt/Main: 30–33 Pfennig das Pfund
1804: Tageslohn in der Tuchindustrie von Elbœuf 1,50 Francs (Frauen 0,75)
1821: Maurerlohn in London: 5 Shilling 6 d am Tag. Zimmermann: 6 Shilling
1824: 1 Shilling gilt als guter Tageslohn im größten Teil der englischen Landwirtschaft. Die Tagelöhner haben aber nur Arbeit während 6–7 Monaten

1840–45: Durchschnitts-Tageslohn in den französischen Städten: 2,09 Francs (Frauen 1,03)
1848: Inseriert in Iserlohn: Wintermäntel ab 9 Mark, Kammgarnanzüge ab 15, Regenmäntel ab 5 Mark; Wollschal ab 80 Pfennig. Graubrot 45 Pfennig, ein Ei 7. Das Pfund Butter 1 Mark
1861–65: Tageslohn in Paris im Durchschnitt 4,50 Francs
1879: Wochenlohn der meisten Industriearbeiter in Roubaix: 14 Francs
1880: Jahresbudget eines Kohlebergmannes in Charleroi: 969,80 Francs. Unabdingbare Ausgaben für die Familie (Frau, 4 Kinder) = 1384,50 Francs. Er braucht Hilfe von anderen oder muß sich verschulden.
Etwa 1894: Tageslohn in der französischen Zuckerindustrie: 4 bis 4,50 Francs
1986: Stundenlohn eines Anfängers im Champagner-Weinberg: 28,92 Francs. Sehr qualifizierte Arbeiter: 35,16 Francs. Vorarbeiter: 37,24 Francs. »Remueur« (Flaschenrüttler) bei einem großen Markenhaus: 10–12 000 Francs im Monat
Tarif-Stundenlöhne in der Champagne für Arbeiter im Weinberg 1990 zwischen 37,67 und 45,64 Francs brutto
1995: Stundenlohn hessischer Weingutsarbeiter zwischen DM 12,44 und 19,07
Küfer ohne entsprechende Berufsausbildung DM 17,74, mit: DM 18,57
Schichtlohn im nordrhein-westfälischen Steinkohlenbergbau, unter Tage: ungelernter Arbeiter DM 110,54. Hauer im Gedinge: 154,70. Die Schicht beträgt acht Stunden, bei Temperaturen über 28 Grad sieben.
1995 zwischen 43 und 52,10 Francs brutto.
Die Bezüge des IMB-Chefs Louis P. Gerstner beliefen sich nach Angaben des Unternehmens im Jahr 1995 auf mehr als 13 Millionen Dollar. Top-Manager von 76 großen US-Unternehmen verdienten im Durchschnitt mehr als 2 Millionen Dollar.

IM CHAMPAGNER-ZEITALTER

1829: 5 Pfund für 12 Fl. Moët bei Christie's
1840: 4,50 Francs
1845: 1,45 Francs Großhandelspreis für die erste Krug-Cuvée
1849: 3,50 Francs Moët, 2,45 Jacquesson (Großhandelspreise)
1851: 58 bis 84 Shilling für das Dutzend Flaschen in London
1854: 6 Francs
1860: 60 Shilling (3 Pfund) für das Dutzend 1845er Moët, Perrier Jouët und Mumm und Clicquot »à la Russe« in London
1861: 2,76 Francs pro Flasche Krug für den Handel
1862 International Exhibition: 5–10 Pfund/Flasche
1868: Krug Großhandelspreise 2,27 Francs pro Flasche
1879: 72 Shilling das Dutzend Perrier Jouët und Ruinart, 65 Shilling Bollinger, 68 Mumm und Piper, 63 und 65 Krug bei einem Londoner Importeur
1882: Billigpreisofferte von Roper Frères in London: 48 Shilling für 12 Flaschen
1887: 780 Shilling für 12 Magnums 1874 Perrier-Jouët bei Christie's; Rekordpreis für Champagner
1891: 5 Francs (= 40 von 1980, sagt Bonal)
Etwa 1890 in Londoner Luxusrestaurants: 13–18 Shilling pro Flasche
1894: 6–8 Francs

1901: Mumm im Laden, je nach Sorte, 7,40 bis 9,50 Francs
1905: 3,50 Francs Sillery Mousseux, 4,75 Francs Bouzy Extra
1909: Krug Großhandelspreis 5,09 Francs pro Flasche
1913: 3–9 Francs
1914: Krug Großhandelspreis 5,48 Francs
1919: Krug Großhandelspreis 4,90 Francs
1920: 26–30 Francs, im Restaurant 40–50. Krug für Großhandel: 9,08 Francs
1929: Krug Großhandelspreis: 21,30
1931: bis zu 5 Pfund zahlen die engl. Importeure für ein Dutzend. Da Großbritannien vom Goldstandard abgeht, sind das anstatt 620 Francs nur noch 420 Francs.
1932: Krug Großhandelspreis: 9,58 Francs
1933: Krug Großhandelspreis: 15,09 Francs
1938: Krug für Großhandel: 37,17 Francs
1939: Krug für Großhandel: 40,41 Francs
1980: 40 bis 75 Francs
1986: (umgerechnet) DM 13 500 für 12 Krug Magnum aus verschiedenen Jahrgängen von 1947 bis 1973 bei Christie's
1995 Ladenpreise in Reims: Winzer- und weniger bekannte Champagner 75 bis etwa 95 Francs, Marken um 100 bis 165. Prestige-Cuvées in Frankreichs größtem Champagnergeschäft, Badie in Bordeaux, zu Weihnachten 1995: 140 bis 465 (Dom Pérignon 1988), Jahrgangs-Champagner 140 bis 890 (Bollinger R.D. 1973); »Collection«-Flaschen Dom Pérignon 1982 730, Krug 1982 750, Krug Clos du Mesnil 1983 175, Bollinger »Vieilles Vignes Francaises« 1988 1175, Krug Collection 1973 1550, Pol Roger 1914 und 1921 je 3000;

Rosés: 105 bis 1190 (Cuvée Dom Pérignon Rosé 1982).
1996: Mehr als tausend französische Restaurants verpflichten sich, Champagner Standard Brut der großen Markenhäuser für 200 bis höchstens 300 Francs anzubieten, Jahrgangs-Champagner 300 bis 400, Prestige-Cuvées 500 bis 700

Kurse von damals:
1 livre = 20 sols wurde Anfang des 19. Jahrhunderts als Währung eingeführt
1 franc = 100 centimes. Diese wurden aber gleich wieder in sols à 5 centimes gerechnet; sol war der Vorläufer des »sous«. Der damals neue Franc war eine Winzigkeit wertvoller als das livre: 1,0125. Man kann also die livre-Preise gleich als Franc-Preise betrachten. 1 Franc abermals = 20 sols.
1 Franc 1843: 0,55 Mark. Etwa 1845: 0,52 Mark. Ab 1872: 0,81 Mark.
1 Pfund = 20 shilling à 12 pence (pennies, abgekürzt d.)
bis etwa 1844 = 24 Francs, dann 25 Francs bis 1931 (als England den Goldstandard aufgab).
1 Pfund = bis etwa 1844 13,33 Mark, dann bis 1871 13,11 Mark, dann bis 1930 etwas über 20 Mark; langsames Absinken auf rund 11 Mark im Jahr 1939; 1949 bis 1961 DM 11,76, dann Absinken auf 2,76 DM im Jahr 1987. 1996: 2,30 DM.
In den Inflationsjahren nach dem Ersten Weltkrieg sank der Franc gegenüber dem offiziellen Kurs um das Drei- bis Sechsfache, die Mark um ein Vielfaches.
In der Tabelle bedeuten Francs ohne weitere Angaben: französische Ladenpreise pro Flasche Standard-Cuvée ohne Jahrgang. Jahrgangs-Champagner waren im allgemeinen zwischen 15 und 25 Prozent teurer.

4. Witwen

Daß Frauen in Champagner baden wie altrömische Kaiserinnen und Kokotten in Milch, gar Eselsmilch, hat mehrfach die Phantasie der Männer beschäftigt, vermutlich auch die anderer Frauen. Es ist zweifellos sehr umsatzfördernd ...
Freilich dürfte das Aufsehen, das sie damit erregten (wenn es sie gab), weit weniger mit weiblichem Lottertum zusammenhängen als mit dem verbürgten Umstand, daß sich die Männer damals überhaupt nicht gewaschen haben, weder mit Wasser noch mit Feinerem. Was so an Geschichten der Leichtlebigkeit auf uns gekommen ist, stammt durchweg aus sehr begrenztem Milieu: Fürstenhöfe und superreiche Schichten, zunächst hauptsächlich Englands und dann Frankreichs. Es handelte sich eben nicht, wie man nach mancher Literatur meinen könnte, um eine »ganze Gesellschaft«. Aber diesen Kreisen verdankte Champagner anfänglich allein seinen Ruf des Extravaganten, Verschwenderischen, Unseriösen, der dann auch anderem Schaumwein zuteil wurde, besonders unserem Sekt. H. Warner Allen* erzählt, wie um die Jahrhundertwende englische Bankiers in Londoner Klubs ein Auge darauf hatten, was ihre Kunden für Wein tranken – teure Flaschen lösten automatisch Argwohn aus, ob es sich nicht um unzuverlässige, ungefestigte, leichtsinnige, also kreditunwürdige Verschwender handele. Der Freund von Champagner, »das Symbol von Extravaganz oder auch Verzweiflung«, wagte in dieser Atmosphäre keinen zu bestellen, und sei er auch Multimillionär gewesen – man weiß ja nie. Wer es doch tat, ließ sich den Champagner wenigstens nicht in den verräterischen Gläsern bringen, sondern im silbernen Krug, als sei es Bier ...

Die »Grande Dame« der Champagne, Witwe Clicquot Ponsardin ...

So veraltet sind solche Gedanken nicht. Vielleicht bewegten sie auch die Werbemanager einer sehr berühmten Champagnerfirma, als sie für den deutschen Markt etwa 1985 eine Anzeige entwarfen, in der man einen Mann einer sitzenden Frau (sie hält ein Champagnerglas in der Hand) ein Collier um den Hals hängen sieht. Text, in Form eines Briefes eines »Industriellen«:
»... wie erklären Sie sich bitte, daß mein nur knapp 40jähriger Sohn kürzlich nach dem Genuß von nur einer halben Flasche ... widerstandslos seiner weiblichen Begleitung ein Collier aus Saphiren und Brillanten spendierte? Von meinem Geld, wohlgemerkt!«
Die Reklamewitzbolde formulierten weiter, wer ihre Champagnermarke tränke, »kriegt plötzlich Mut

* White Wines & Cognac, London 1952

zu Dingen, die er sonst vermutlich in seinen kühnsten Träumen nicht zu denken wagt. So ist uns ein aufstrebender junger Manager aus der Modebranche bekannt, der – unter dem Einfluß von xxx – der Frau seines Chefs einen Heiratsantrag machte und von ihr – unter dem Einfluß von xxx – prompt beim Wort genommen wurde.«

Das ist wenig geeignet, dem Effekt entgegenzusteuern, den nicht wenige beim Verhältnis des deutschen Publikums zum Champagner beklagen, nämlich daß er bei uns eben immer noch als Inbegriff der Frivolität und des Unseriösen gelte. Nicht jeder Witz kommt bekanntlich an. Doch in Frankreich ist man diesem Aspekt keineswegs abgeneigt – Klischee hin oder her. »Un champagne sensuel«, warb das Haus Abelé für seinen, also wohl ein sinnlicher Champagner, der sinnlich macht. Willkommen, nur nicht in der Öffentlichkeit? Nicht überall ist Reklame prüde.

Hier wie da sehe ich Warner Allens Bankiers den Kopf schütteln. Was aber hätten sie erst gesagt, wenn sie nicht einen Mann, sondern eine Frau bei verschwenderischem Tun beobachtet hätten? Vermutlich hätte diese keinem jungen Mann einen goldenen Turban aufzusetzen brauchen – unmöglich hätte sie sich ja

... hätte auf dem Parkplatz ihrer Nachfolger sicher nicht nur männliche Besucher erwartet (Parkschild im Hof, Reims, 1987).

schon gemacht, wenn sie eine Flasche Champagner bestellt hätte, gar sinnlichen. Könnte sie das heute, in modernerem Umfeld? Nicht jede Frau ist wohl so unbekümmert offenene Champagnerliebhaberin wie Marlene Dietrich, die sich ausreichende Versorgung bei den Filmarbeiten vertraglich zusichern ließ; Marylin Monroe hat offenbar während der sechziger Jahre kaum etwas anderes getrunken.

Verlassen wir den Gedanken, daß Champagner eine Waffe zur Verführung von Frauen sei, also zu ihrer Ausbeutung, ebenso, wie er im Milieu, das ich im vorigen Abschnitt beschrieben habe, eher der Ausnutzung der Männer dient. Dieses der menschlichen Annäherung so förderliche Getränk hat, lange bevor sich unsere Gesellschaft an die Vorstellung gewöhnte, daß weibliche Chefs möglich seien, erfolgreiche und mächtige Unternehmerinnen hervorgebracht. Hoffentlich hat es keine weitere Bedeutung, daß sie es fast alle erst als Witwen wurden.

In den Firmengeschichten, die Sie weiter hinten im ABC finden können, spielen die Prominentesten unter diesen Frauen ihre gewichtige Rolle, von der Witwe Clicquot, nach der ihr Champagner noch heute heißt, am Anfang des 19. Jahrhunderts, über die Witwe Pommery, die einige Jahrzehnte später wirkte, zu manchen anderen bis in die erste Hälfte unseres Jahrhunderts. Sie errangen sich den Respekt nicht nur ihrer unmittelbaren Konkurrenten, sondern genossen Achtung weit über Frankreich hinaus. Es ist fraglich, ob Champagnermarken wie Clicquot, Pommery, Bollinger, Laurent Perrier, Henriot, Roederer heute überhaupt noch bekannt sein würden, wenn sie nicht von Frauen groß gemacht oder (wie Laurent Perrier) gerettet worden wären.

Umgang mit Champagner
1. Gläser und Temperaturen

Champagner ist »demokratisiert« worden, sagen seine Macher und meinen damit nicht unbedingt ihren eigenen, teuren. Doch haben viele preiswertere Flaschen wirklich dafür gesorgt, daß, besonders in Frankreich, ihn auch Schichten unterhalb der Politiker, des Hochadels, der Manager, der Sport- und Unterhaltungsstars und des Bordellmilieus sich gelegentlich leisten können. In anderen Industrieländern ist das wohl auch so, selbst wenn die Konkurrenz von Sekt und anderen Schaumweinen dort obsiegt.

Da kann es sicher nichts schaden, einige mahnende Worte über seine Behandlung in diesem letzten, für ihn allerletzten, alles entscheidenden Stadium zu sagen, denn nun soll er ja (hofft man) auslösen, wofür er überhaupt gemacht worden ist: den Genuß.

Im Herbst 1986 nahm ich in Paris an einer großen internationalen Weinprobe teil, zu der die Veranstalter drei oder vier Dutzend Fachleute aus ganz Europa versammelt hatten. Die technische Organisation lag beim Hilton in der Avenue de Suffren; die Veranstalter empfahlen den Teilnehmern, dort auch zu wohnen, nur ein paar Schritte vom Eiffelturm. Als ich mein Zimmer betrat, leuchtete mir aus einem glänzenden Kübel eine Flasche Champagner entgegen; der Manager des Hotels hatte eine Grußkarte beigelegt. Doch ich empfand anstatt der fälligen Dankbarkeit zunächst nur Verblüffung, ungläubiges Staunen. Nicht weil da zwei Gläser aufgebaut waren, obwohl ich ein Einzelzimmer bewohnte und es sich nur um eine halbe Flasche handelte, sondern was für Gläser waren das! Jene flachen runden Schalen auf ziemlich kurzem Fuß, die man vom Kompott her kennt oder auch als Speiseeisbehälter. Unmöglich!

Der Busen war wichtiger als das Glas. Merciers Statue für die Weltausstellung.

Was soll daran so furchtbar sein, werden jene denken, die ihren Champagner (oder Sekt) immer aus solchen Gefäßen trinken, vielleicht gar mit einem Sektquirl bewaffnet, von dem die Kitschindustrie ja auch feinste Ausführungen liefert. (Auf den komme ich noch.) Manche bedeutende Champagnerliteratur ist in der Tat mit Abbildungen solcher Gefäße illustriert; besonders beliebt sind jene voluminösen halbkugeligen Gläser, die angeblich nach der Brust Marie Antoinettes geformt wurden. Unbestreitbar haben tonangebende Kreise solche »coupes« benutzt. Als der Cham-

Blick auf die Côte des Blancs

pagnerfürst Mercier zur Weltausstellung eine hübsche Mädchenstatue schickte, die für sein Getränk werben sollte, hatte auch sie in der ausgestreckten Hand eine »coupe«. Allerdings fiel damals mehr auf, daß ihr rechter Busen aus dem enganliegenden Kleid herausragte; die Zeiten waren, auch in Frankreich, noch nicht ganz reif für so »gewagte« Darstellungen.

Alles Vergnügen an der runden Form (es gibt nach wie vor kaum eine französische Gläserserie ohne »coupe de champagne«) kann nicht darüber hinwegtäuschen, daß sie für Champagner ungeeignet ist, sogar schädlich. Sie verschwendet ja, was der Genießerin und dem Genießer ungemindert zukommen soll: die Frische, das Prickeln der Kohlensäure, das »Moussieren«, den Schaum. Es leuchtet sicher ein, daß eine weite Oberfläche eines entsprechend flacheren Behälters die Kohlensäure viel schneller verpuffen läßt, als es in einem engeren, höheren Glas der Fall sein würde. Wer sein Glas nicht auf einen Zug leert, was nicht gerade als fein gilt und ohne Schaden auch nicht oft wiederholbar ist, sondern es absetzt und erst nach einer Weile wieder zum Mund führt, hat mittels der Kompottschale von dem, was ihm selbst zugedacht war, schon viel zu viel der Zimmerluft spendiert.

Solche Großzügigkeit ginge an, wenn die verschwindende Kohlensäure nicht eine so entscheidende Funktion hätte. Sie, und nur sie, verleiht dem Champagner, transportiert seinen besonderen Geschmack. Nur die Kombination des auf seiner Hefe gelagerten und durch sie angereicherten Grundweines mit der Kohlensäure ergibt das Getränk, das nicht von ungefähr zum Festgetränk par excellence geworden ist. Ließe man die Kohlensäure weg, bliebe ein Wein übrig, der mit keinem normalen Wein der besseren Klasse in Bukett und Geschmack konkurrieren könnte, so sehr auch die (anders ausgebauten) stillen Weine der Champagne, die Coteaux Champenois, hier und dort geschätzt sein mögen. Also gilt es, die Kohlensäure möglichst lange zu erhalten. Die Schale erfüllt die-

sen Zweck bei weitem nicht so gut wie die »Flöte« oder »Tulpe«, das engere, höhere Champagnerglas.
Da sind wir auch schon bei dem Quirl, einem Spielzeug, vergleichbar jenen lächerlichen, aber oft teuren Gestellen, auf denen Cognacgläser schräg liegend angewärmt werden sollen, was den Cognac ebenso sicher ruiniert, wie es der Quirl mit dem Champagner tut. Das Herumrühren vertreibt die Kohlensäure noch schneller als die coupe. »Es zerstört in dreißig Sekunden die Arbeit mehrerer Jahre«, sagt das CIVC in einem Kommentar zu den Servierregeln der französischen Weinkellnerzunft. Die Qualität eines Champagners wird nicht nur an seinem Geschmack gemessen, sondern auch an seinem Schaum, daran, ob die »mousse« aus großen oder kleinen Perlen besteht (kleine gelten als besser), wie lange solche kleinen Perlen im Glas aufsteigen (angestrebt: bis die Flasche und das Glas leer sind).
Wie man die beste »mousse« erzeugt, hat die Wissenschaft bis heute noch nicht genau erforschen können. Laborversuche mehrerer großer Firmen, teilweise gemeinsam mit der Bierindustrie, haben noch kein schlüssiges Ergebnis gebracht. Die Produzenten geben sich, wie gesagt, Mühe, sie möglichst fein, gleichmäßig und dauerhaft zu gestalten. Aber nicht wenige Kellermeister haben mir zugegeben, daß sie kein hieb- und stichfestes Rezept dafür hätten. Sie arbeiten nach den Erfahrungswerten ihrer Vorgänger. Manche »Grundregeln« scheinen zu stimmen, beispielsweise, daß die zweite Gärung in der Flasche bei tieferer Temperatur länger dauert, also langsamer verläuft, und dadurch einen feineren

Perfektes Champagnerglas

Schaum ergibt – doch sie alle haben so viele Ausnahmen, daß man eben noch immer nichts Genaues weiß. Manche Spezialisten meinen übrigens, es komme viel weniger auf die Feinheit der Perlen als auf ihr regelmäßiges und anhaltendes Aufsteigen an, wenn man die Qualität eines Champagners beurteilen wolle.
Jedenfalls geben sich die Hersteller Mühe, um zu erzeugen, was sie für ein wichtiges Qualitätsmerkmal halten, und dann nimmt jemand einen Quirl ...
Das ideale Champagnerglas ist also eines, das die Kohlensäure und mit ihr das Bukett zur Nase des Genießers hin nach oben konzentriert. Eigentlich ausgeschlossen, daß das in höheren Gefilden des Hilton nicht bekannt sein soll. Wir bilden solche Gläser ab; ihre Form mag variieren, das Prinzip bleibt das gleiche. Besser sind etwas bauchige Gläser, damit auch eine ausreichende Menge hineingeht, aus der sich dann alles Gepriesene mühelos entfalten kann. Es gibt Gelegenheiten, da wäre das beste Glas ein fast normales, ziemlich großes, sich oben verjüngendes Weinglas. Wer in Sommerhitze im Freien ein solches Glas mit entsprechender Champagnermenge an die Nase geführt und die konzentrierte vergnügliche Wucht dieses Erfrischungsgetränkes eingeatmet hat, weiß, was ich meine. Aber für den Normalfall bleibt das Glas vom Typ Flöte oder Tulpe das zweckmäßigste.
Es ist auch das älteste. Zu Beginn verwendete man besonders enge, die am Boden keinen Finger breit waren. Damals dachte man weniger an die Nase als an das Depot: Champagner wurde ursprünglich nicht als ein klares Getränk geliefert, wie wir ihn heute kennen, sondern noch mit seinem Depot. Im hohen, schmalen Glas sank es am besten nach unten.
Das schönste und praktischste Glas nützt leider nichts, wenn ihm übertriebene Pflege zuteil wird, hauptsächlich beim Abwaschen. Ein Spritzer eines Spülmittels ins Wasser, und schon ist ziemlich sicher, daß das hierin gesäuberte Glas den Champagner ruiniert. Die am inneren Glasrand (natürlich unsichtbar)

haftenden Reste des Spülmittels, seien sie auch noch so winzig, sind für den Schaum tödlich:* das Moussieren hört ganz schnell auf. Meist verändern sie auch den Geschmack, nie zum besseren. Also wichtige Regel: *nur in klarem Wasser spülen!*

Freilich ... meist muß es sehr heißes Wasser sein, und mit dem bloßen Spülen ist es wohl auch nicht immer getan: Wie bekommt man jenen weiteren Geschmackstöter weg, der da heißt: Lippenstift? Auch Leute, die keinen benutzen, hinterlassen fast immer Lippenspuren am Glasrand. Aber der Lippenstift ist noch viel schlimmer. Die mit ihm bestrichenen Lippen verschmieren nicht nur den Glasrand, sondern dienen ja dem Champagner auch als Einlaßtor. Hersteller und Gastgeber mögen sich freuen, welche elegante, hübsche rotlippige Dame da ihr Getränk genießt – sie können ganz sicher sein, daß ihr Genuß alles andere als optimal, sondern stark gestört ist. Die meisten Lippenstifte sind ja nicht nur fetthaltig, sondern mehr oder minder parfümiert – meist so stark, daß man nicht nur vermuten darf, diese Lippen seien keinesfalls zum Küssen bestimmt, sondern auch annehmen muß, die Selbstbemaler verzichten freiwillig auf den echten Geschmack von Speisen und Getränken, auch auf den ungetrübten Genuß von Champagner.

Das Glas sollte, wenn es perfekt geschmacksneutral aus dem Waschwasser kommt, natürlich nicht durch Geschirrtücher mit Abwaschgeruch malträtiert werden. Die haben allenfalls den Vorteil, daß man ihre schädliche Wirkung, die sie aufs Glas übertragen, schneller riecht. Aber – wer riecht schon im Lokal oder bei anderen Leuten zu Hause ostentativ am leeren Glas, bevor es eingeschenkt wird? Nun – die Gastgeber sollten es tun, denn wenn eingeschenkt wird, ist es auch schon zu spät. Allenfalls wundern sich die Gäste, warum das angeblich so edle Getränk so enttäuschend schmeckt, nach »torchon«, Lappen.

Eine weitere Störquelle: der Putzteufel in Gestalt jener Holzwachse und anderer riechender Stoffe, mit denen Leute so gern ihre Regale und Schrankflächen einreiben ... in Verbindung mit dem reinlichen Gedanken, Gläser müßten umgekehrt weggestellt werden, also auf dem Kopf, damit ihr Inneres keinen Staub einfange. Aber dafür nimmt dann der Rand, von dem später getrunken wird, ganz schnell den Geruch des Wachses oder sonstiger Mittel an.

Alle diese Störungen sind natürlich leicht zu beseitigen oder zu vermeiden, wenn man rechtzeitig daran denkt. Hoffen wir also, alles sei in bester Ordnung bzw. im besten Glas. Auch jetzt kann leider noch vieles schiefgehen, auch ohne Quirl. Wir kommen zur Trinktemperatur. So entscheidend sie ist, und zwar für moussierende Getränke mehr als für solche ohne Kohlensäure, so selten stimmt sie. Aber auch dafür ist das Getränk im wahrsten Sinne des Wortes zu wertvoll.

Es wird immer Leute geben, die Getränke, die zur Entfaltung ihrer besten Eigenschaften eine bestimmte Temperatur brauchen, entweder viel kälter oder viel wärmer haben wollen. Das kann uns aber nicht beeindrucken. Die optimale Trinktemperatur für Champagner, das steht fest, hat sich durch die Jahrhunderte seit Erfindung dieses Getränkes so herausgebildet und wird von den Machern, die es wohl wissen müssen, ebenso bestätigt wie von sachkundigen Genießern – die optimale Trinktemperatur liegt innerhalb einer ziemlich engen Grenze: zwischen sechs und elf Grad, wobei elf von den meisten Champagnerleuten, die ich befragte, schon als zu hoch angesehen wurde.

»Servieren mit sieben bis acht, trinken mit zehn«, sagt man bei Laurent Perrier. »Trinken mit neun, wenn es draußen sehr heiß ist, etwas kühler – sieben!« so Henri Krug, mit dem Zusatz, der nach diesem Hinweis manche verblüffen wird: »Zu kalt liebe ich Champagner nicht.« Prinz de Polignac von Pommery: acht bis zehn, am besten neun; tiefere Temperaturen würden alle Feinheiten töten. »Aber lieber etwas kühler als zu warm – ein zu warmer Champagner ist untrinkbar.« Mumm, Clicquot: servieren mit sechs bis acht. Am höchsten lag ein Direktor von Moët, Coulon: zehn bis elf. Sein Kollege Foulon plädierte sofort für deutlich weniger.

Die Beispiele ließen sich fortsetzen, am Prinzip ändert sich nichts. Wohl wird bei technischen Verkostungen, besonders zum Zweck des Einkaufs oder zum Festlegen einer »assemblage«, lieber etwas wärmer verkostet, etwa dreizehn, vierzehn Grad. Aber das just aus dem Grund, aus dem all jenen, die Champagner nur zum Vergnügen trinken (einen anderen triftigen Grund gibt es eigentlich nicht), die höhere Temperatur erspart bleiben sollte: sie bringt etwaige Fehler heraus und verstärkt den bei größerer

* siehe auch Seite 113 im Kapitel »Geschmacks-Sachen (2)«

Wärme immer unangenehmeren Eindruck gewisser Duftstoffe im Alkohol.
Zu warmer Champagner schießt meist zu verschwenderisch aus der Flasche, selbst wenn man sie vorsichtig aufmacht – schließlich beträgt der Innendruck bis zu sechs atü. Ideal ist der damit verbundene Knall nur bei lärmenden Festen in großen Hallen oder im Freien und in manchen Bühnenstücken – aber da entweicht aus der Flasche auf einmal viel zu viel von der Kohlensäure, deren Aufgabe ist, bis zum letzten Schluck für gleichmäßigen und ziemlich kräftigen Schaum zu sorgen. Im Normalfall ist ideal, nicht einen Tropfen durch Herausschäumen zu verschwenden und die Flasche leise zu öffnen. Der Korken sitzt zwar fest, läßt sich aber meist ohne große Mühe herausdrehen (Flasche im Gegensinn drehen!); wenn nicht, ein Handtuch über ihn stülpen. Löst er sich immer noch nicht, braucht man eine Korkenzange – eine Rohrzange tut's auch.
Beim Eingießen hält man das Glas am besten etwas schräg – am Stil anfassen, nicht etwa den Kelch in die Hand nehmen, die Wärme und wer weiß was noch anderes abgibt. Man gieße vorsichtig ein, Geübte schaffen das auch bei stehendem Glas. Wenn der Champagner zu stark schäumt, lieber mehrmals kleine Mengen nachfüllen; der Schaum setzt sich schnell. Das Glas soll nicht vollgegossen werden, sondern nur zu zwei Dritteln gefüllt, damit seine obere Umwandung noch die Funktion erfüllen kann, das Bukett, die Frische des Champagners in Richtung Nase zu lenken.
Wie verschafft man dem Champagner die nötige Kühle? Seine ideale Lagertemperatur liegt zwischen zehn und zwölf Grad, also etwas zu hoch. Wer nicht einen auf diese Temperatur einstellbaren Keller oder Weinschrank hat, wird meist mit noch höherer Ausgangstemperatur zu rechnen haben – aber Achtung: die Hersteller warnen, zu warm gelagerter Champagner halte sich nicht sehr lange.
Um ihn schnell auf Trinktemperatur zu bringen, gibt es natürlich den Weinkühler, den Kübel, den man mit kaltem Wasser und Eis füllt, und aus dem man die Flasche, sollte der Inhalt zu kalt geworden sein, wieder herausnehmen sollte. Die Spezialisten in Epernay sagen, ein Champagner, der aus einer Kellertemperatur von zehn bis zwölf Grad komme, erhalte die richtige Trinktemperatur von sechs bis neun Grad nach etwa zwanzig Minuten im Weinkühler. Wenn der Keller wärmer sei, müsse die Flasche entsprechend länger im Eiswasser bleiben.
Wer schon weiß, daß und wann er Champagner zu öffnen gedenkt, kann ihn natürlich ohne Gefahr eine Zeitlang in den Eisschrank tun, »am besten in das am wenigsten gekühlte Fach« (Mumm), und möglichst nicht, wenn der Schrank auf höchste Kühlstärke eingestellt ist. Insgesamt kann man Champagner ohne Bedenken eine Woche bis zehn Tage im Kühlschrank liegen lassen.
Es gibt Leute und Lokale, die meinen, die korrekte Kühlung des Champagners über die Gläser erreichen zu können. Sie schwenken die Gläser mit Eiswürfeln aus; in manchen Lokalen taucht man sie in Eiswasser, ähnlich wie die ganze Flasche, und die fleißige Industrie hat auch schon entsprechend kleine, aber feine Kühlkübel hergestellt. Aber das ist falsch und nur vermeintlich ein Service. Ob nun viel oder wenig vom Eiswasser im Glas bleibt – es verdünnt den Champagner, und sei es auf noch so geringfügige Weise. Dafür hat der Produzent ihn ebensowenig ausgebaut, wie der Gast für das nicht mehr originale Getränk den vollen Preis bezahlen sollte. Da könnte man gleich Eiswürfel in den Champagner werfen. Das ginge allenfalls bei Champagnercocktails.
Sehr selten, aber doch, sieht man verblüfft in manchen Restaurants, daß der Champagner nicht in seiner Flasche serviert wird, sondern in einer Karaffe. Die Produzenten mancher schwerer ausgebauter, älterer wie etwa Philipponats Clos des Goisses empfehlen es sogar. Es bleibt eine Ausnahme. Wer die Geduld aufbringt, sein Glas nicht auf einen Zug zu leeren, was bei solchen Champagnern wirklich schade wäre, wird nach kurzer Zeit die gleiche Verbesserung feststellen, die eine Karaffe vielleicht beschert. Gerade bei solchen Prachtexemplaren würde ich ungern auf das eindrucksvolle Zeugnis der Originalflasche vor mir verzichten.

2.
Flaschen-Hierarchie

1/4 0,20 l
1/2 0,375 l
Normalflasche 0,75 l
Magnum 1,5 l (2 Normalflaschen)
Jeroboam (Doppelmagnum) 3 l (4 Normalflaschen)
Rehoboam 4,5 l (6 Normalflaschen)
Methusalem 6 l (8 Normalflaschen)
Salmanazar 9 l (12 Normalflaschen)
Balthazar 12 l (16 Normalflaschen)
Nebukadnezar (»Nabuchodonosor«) 15 l (20 Normalflaschen)

Champagner wird in zehn verschieden großen Flaschen angeboten. Aus größeren schmeckt er im allgemeinen besser. Ob allerdings die ganz großen, die mehr wegen des Showeffekts hergestellt werden, wirklich dem Inhalt besser bekommen, hat wegen der Kosten anscheinend noch niemand probiert.
Daß Viertelflaschen (piccolo) sich nicht lange halten, sagen alle Fachleute, es wird empfohlen, sie binnen drei Monaten nach Kauf auszutrinken, wie es Harrods in London in seinen Katalogen ausdrücklich nahelegt. Es gibt nur einen Ort, wo die Firmen gern Viertelliterflaschen hinliefern: Flugzeuge. Wenn dort aus großen Flaschen eingeschenkt wird, sind die mit einer Serviette umwickelt, der Gast kann das Etikett nicht sehen. Das gibt keine Werbewirkung. Die Viertelflasche wird jedem hingestellt.
Halbe Flaschen gelten auch nicht als ideal. Jedoch habe ich schon hervorragende probiert. Ein Test verschiedener Formate in »essen & trinken« ergab, daß im großen und ganzen die Magnum- und die Einzelflasche tatsächlich den kleineren überlegen waren.
Die Normalflaschen sind erst seit 1975 auf 0,75 l standardisiert. Bis 1964 wurde Champagner in 0,8-l-Flaschen gefüllt. Dann gab es noch Zwischengrößen: 0,78 und 0,77 l. Es gibt andere Formate als die hier abgebildeten, sie sind aber nicht für den Handel mit Champagner zugelassen. Taittinger verfügt über ein Dutzend »Sovereigns« mit dem Fassungsvermögen von je 34 Normalflaschen.

3.
Lagern: Wie alt darf er sein?

Mit solchem Champagnerkeller kann man kaum mithalten … Clicquot in Reims ▷

Champagner muß kühl lagern. Das gilt auch, wenn er nicht bald getrunken werden soll. Die ideale Temperatur, in der er auch beim Hersteller liegt, beträgt, wie schon gesagt, zehn, elf Grad. Die aber können ihm sehr wenige Leute bei sich zu Hause garantieren, und auch nicht sehr viele Lokale sind dazu imstande. Daraus folgt, was nur auf den ersten Blick paradox erscheint: Am besten lagert man ihn überhaupt nicht, oder jedenfalls nicht lange, sondern trinkt ihn.

Die zweitbeste Lösung wäre natürlich eine kühle Temperatur, die der idealen noch ziemlich nahe ist. Aber sehr lange dürfte man ihn dann auch nicht liegen lassen.

Dies ist ein heikles Kapitel, nämlich eines weitgehender Uneinigkeit im Lager der Macher und Liebhaber (nicht etwa zwischen den beiden, die ja oft identisch sind; die Spaltung verläuft unsystematisch). Umstritten ist eben just, wie lange man lagern darf oder soll, und der Streit entzündet sich an der oft gehörten These, für die ich hier nur stellvertretend einen der Chefs von Pol Roger zitiere:

»Champagner ist nie so gut wie im Jahr seines Verkaufs!«

Also sollte er doch in diesem Jahr getrunken werden, bald danach beginnt sein geschmacklicher Abstieg. Wenn es nur so einfach und klar wäre…

Im Gegensatz zu den meisten Weinen hat der Champagner, wenn er in den Handel kommt, die notwendige Reifezeit im Prinzip schon hin-

ter sich. Wenn die Firma ihn zum Verkauf ausliefert, hält sie ihn für gut. Das sagt sie jedenfalls für die große Masse ihrer Produktion, die Standardabfüllungen; höherwertige Prestige-Cuvées sind schon eher auf eine weitere Lagerzeit auch beim Kunden angelegt. Aber der Standard-Champagner ohne weitere Jahrgangsangabe muß ja schon 15 Kellermonate beim Erzeuger hinter sich haben, ein Jahrgangs-Champagner mindestens drei Jahre. Viele Häuser überschreiten diese Fristen. Als Regel sagen sie wirklich, daß Champagner, wenn die Flasche einmal verkaufsfertig ist, langsam, aber sicher einem Qualitätsverlust entgegengehe – langsam, aber doch weit schneller, als es etwa bei einem guten roten Bordeaux der Fall wäre. Der gewinnt ja erst einmal noch Jahre nach der Auslieferung an Reife und Geschmacksfülle, oft viele Jahre lang.

Indes – viele Firmen liefern ihren Champagner aus, wenn er eigentlich noch zu »grün« ist. Da entdecken wir eine zweite Schwierigkeit für unsere Entscheidung. Unter diesen Firmen sind wieder viele, die nicht immer vom Besten produzieren. Die Chance ist groß, daß ihre Cuvées Grundweine aus der zweiten oder gar, solange es erlaubt war, bis 1992, dritten Pressung enthalten. Diese bringen jungem Champagner einen durchaus ordentlichen Geschmack, freundlich und sogar mit Frucht – aber sie altern nicht gut. Bei den zweifelhaften Kellerbedingungen, die die meisten von uns ihnen bieten können, würden sie kaum noch besser werden. Sie sollten ziemlich schnell getrunken werden. Das gilt natürlich auch für Champagner, die überwiegend oder gar ganz Weine aus den ungünstigsten Lagen enthalten.

Diejenigen Flaschen hingegen, die nur erstklassige Grundweine enthalten, wie so gut wie alle berühmten und auch viele andere Marken, aber auch früh ausgeliefert wurden, etwa schon nach eineinhalb bis zwei Jahren, können hingegen mindestens ein paar weitere Monate im Keller vertragen – wenn der die richtigen Bedingungen bietet. Aber auch da raten die Firmen dringend ab, sich etwa eine Flasche für weit entfernte Jubiläen zurückzulegen.

Die Champagne und die Welt der Champagnerliebhaber wimmeln freilich nur so von Beobachtungen und Anekdoten, die das Gegenteil zu beweisen scheinen. Wie etwa, daß jemand (ein dort sehr Prominenter) die erste Flasche aus einer Kiste von einer großen Marke voller Enttäuschung über den harten, grünen, richtig unangenehmen Geschmack nicht einmal ausgetrunken und dann die Kiste auf Nimmerwiedersehen in den Keller befördert habe. Viel später jedoch fand er nichts Besseres, um unerwartete Gäste zu bewirten, und nun war dieser Champagner nicht nur die einzige Rettung, sondern ausgezeichnet ... Ich selbst kann mein Erlebnis aus Vertus beisteuern, wo mir in einem Restaurant 1987 ein Winzerchampagner aus dem Jahr 1979* serviert wurde, dem die Großen als Monocru ohnehin nichts zutrauen würden, und in einer halben Flasche** war er auch noch: sehr gut! Salon 1966, 1987 probiert, hatte eine deutliche Firne, für meinen Geschmack diesseits des zu alten – jenseits sagten andere.

Im Hause de Nonancourt (Laurent Perrier) servierte man uns im Sommer 1986 einen Rosé Brut 1959. Er war noch sehr lebendig und gut. Und warum hätte Boyer in Les Crayères, Spitzenrestaurant der Champagne (und eines der besten ganz Frankreichs), auf seiner Karte im Jahr 1996 noch Champagner verschiedener Marken aus dem Jahr 1953 geführt? »Zur Traube« in Grevenbroich, Zwei-Sterne-Restaurant mit fürwahr Drei-Sterne-Champagnerkarte, konnte 1996 noch mit Abfüllungen aus den Jahren 1943, 1942, 1941, 1938, 1937, 1934 und 1928 aufwarten!

Bemerkenswert dürften die Vorlieben und Erlebnisse eines sachverständigen Briten aus weit zurückliegender Zeit sein. H. Warner Allen beschrieb 1952 voller Enthusiasmus, wie hervorragend ihm Pommery und Veuve Clicquot des Jahrgangs 1892 nach 52 Kellerjahren geschmeckt hätten, und ein 55 Jahre alter Pommery sei fast so gut gewesen. »Champagner kann fünfzig werden und ein Wein sein, von dem man träumt.« Graue Theorie? Keineswegs, wie das Haus Bollinger am 2. März 1988 schlagend bewies. Anläßlich der Gründung der Madame-Bollinger-Stiftung (s. Seite 242) gab es als kulinarischen Höhepunkt, aus Magnumflaschen, Bollinger des Jahrgangs 1934. Dieser Champagner war 1935 in Flaschen gefüllt und erst 26 Jahre später, 1961, degorgiert worden. Dann hatten die Flaschen weitere 26 Jahre und ein paar Monate gelagert. Er

* Es war eine Standardfüllung, kein »Millésime«; sein Alter entzifferte ein Kellermeister am Nachbartisch anhand der in den Flaschenboden eingeprägten Codeziffer.

** Allen Regeln zuwider, daß sich Champagner in winziger Abfüllung nicht gut halte!

*** im schon zitierten »White Wines and Cognac«

war goldgelb, noch immer kräftig, moussierte noch immer hervorragend und hatte einen weinigen Firnton der in England besonders beliebten Sorte. Es war der beste Champagner »à l'Anglaise«, den ich je erlebt habe – und die einigen Dutzend englische Teilnehmer, durchweg Weinexperten, waren enthusiastisch.

Eines Tages habe ich dann auch geschafft, Champagner des legendären Jahrgangs 1928 zu kosten, bei Bollinger in Ay als Gast der Familie Bizot. Er war verblüffend hell, wie ein noch junger; er moussierte nur noch schwach, wie nicht anders zu erwarten. Aber sein Geschmack, und damit der Gesamteindruck, war durchaus fabelhaft: unsüße Edelfirne wie bei älteren großen weißen Burgundern. Im Abgang wirkte er milder als der überhaupt nicht dosierte RD 1976 Extra Brut, den wir vorher getrunken hatten. Deutlich ein alter Herr, aber ein zu respektierender – ein Genuß, rund sechzig Jahre nach der Abfüllung!

Manche Häuser sind auf länger haltbaren Champagner spezialisiert, etwa Bollinger, Krug oder Salon, um nur einige zu nennen. Die sagen es auch ausdrücklich, besonders für ihre Jahrgangs- und Prestige-Cuvées. Einige Hersteller öffnen von Zeit zu Zeit ihre Schatzkammern, um privilegierten Gästen wirklich Uraltes aus der Welt des Champagners vorzuführen. Hier Beispiele, die in der Fachwelt freudiges Aufsehen erregten, mit den Verkostungsjahren in Klammern:

Bollinger 1928 (1988 und 1992), 1924 (1988), 1934 (1955, 1959 und 1964);
Moët & Chandon 1911 (1988), 1921 und 1928 (1995); 1964 (1996);
Perrier-Jouët 1825 (1985), 1966 (1992);
Pol Roger 1892 (1988), 1914 (1988, 1990), 1916 (1992), 1921 (1995);
Veuve Clicquot 1929 (1988);
Krug 1928 (1995), 1937, 1938 (1992), 1949, 1959 (1995), 1962 (1992), 1969 (1995);
Jacquesson 1928 (1995);
Gaston Chiquet 1958 (1991);
Dom Pérignon 1969 (1992);
Roederer 1979 (1994);
Lanson 1980 (1995).

Beim Ältesten, Perrier-Jouët 1825, starb die Mousse sogleich nach dem Öffnen, den Geschmack fanden die Verkoster noch gut. Beim Zweitältesten, Pol Roger 1892, konstatierten die kostenden Sommeliers, daß er zwar kaum noch perle, aber sehr gut schmecke. Pol Rogers 1911 und 1914, verkostet von »Decanter«-Mitarbeitern, hatte keine Perlen mehr, als Wein fanden sie ihn noch fabelhaft. Alle anderen hatten durchaus noch ausreichende Mousse – meist noch ganz frisch wirkende – und schmeckten gut.

Sie waren natürlich unter optimalen Bedingungen gelagert, oft mit dem Flaschenhals nach unten. Wir Normalverbraucher (soweit Champagnergenuß Normalverbrauch genannt werden kann) können kaum mit den schönen und praktischen unterirdischen Gewölben von Reims, Epernay, Ay und Bouzy, und wie die Herkunftsorte alle heißen, konkurrieren.

Aber bei spezialisierten Geschäften und natürlich solchen Herstellern wie den erwähnten können wir durchaus kaufen, und es gibt viele kleine Produzenten, die ebenfalls alte Champagner aufgehoben haben.

Freilich – alte Champagner können auch schon »hinübersein«. Am besten ist natürlich, man kennt den Hersteller und kann ihn jeweils fragen, und noch besser wäre eine deutliche Datumsangabe auf der Flasche. Ich bin nicht der erste, der das befürwortet – eher wegen der Gefahr nicht des zu kurz gelagerten, sondern des zu alten Champagners. Wenn sich der Inhalt eines zu späten Tages wirklich als oxydiert erweist, mit müdem oder keinem Schaum und gar nicht mehr so schönem Geschmack, alles andere als lustig, erfrischend und inspirierend, dann ist es zu spät.

Solches Schicksal könnte ganze Partien treffen – solche, die beim Handel oder auch im Restaurantkeller ihren Abstieg begonnen haben. Jenes Jahr, von dem die Hersteller sagen, daß die Flasche getrost noch warten könne, bis Sie sie öffnen oder vorgesetzt bekommen, beinhaltet ja noch den gesamten Verteilungsweg – einschließlich aller Pausen.

Man müßte wissen, wann die Flaschen beim Händler eingetroffen sind, und wie er dort lagert, und wie lange er vorher (und wie) beim Importeur oder beim Großhändler gelegen hat. Champagner ist kein Bier, der Umschlag ist bei weitem nicht so schnell. Da er immer noch als ein Festgetränk gilt, wird er hauptsächlich zu den traditionellen Feiertagen verkauft. Hoffentlich disponieren die Firmen entsprechend. Was können sie aber machen, wenn Geschäfte oder Restaurants oder Großhändler den Bedarf überschätzen und zuviel auf einmal bestellen, so daß lange Lagerung die Folge ist?

Den schlechtesten Champagner einer berühmten Marke haben wir in einem renommierten Hotelrestaurant bekommen. Vielleicht hat es nie genug Kunden für seinen Vorrat, vielleicht hatte es aber auch nur eine schon zu alte Lieferung erhalten ... Es ist ein ziemlich bekannter, aber offenbar kaum abstellbarer Fehler beim Warenumschlag, daß bei manchen Zwischenhändlern nicht etwa die jeweils zuerst eingetroffene Ware auch als erste wieder hinausgeht, sondern daß sie – unter nachkommender begraben, die ihrerseits immer von oben weggenommen und weggeschickt wird – auf bessere Zeiten wartet, also auf ihren eigenen Versand, und dabei nicht besser wird, also ihren Abnehmer vielleicht zu spät erreicht. Manche Firmen bemühen sich durchaus, wenigstens die Bestände ihrer Importeure, besser gesagt, deren Umschlaggeschwindigkeit zu kontrollieren. Das Haus Krug verteilte im Winter 1987/1988 an zehn Händler klimatisierte Weinschränke, damit sie Champagner (und Wein) besser lagern können, und will jedes Jahr zehn weitere bedenken. Es war eine lobenswerte Geste, aber wohl auch eine der Verzweiflung – schließlich müßte der Handel von selbst für bestmögliche Lagerbedingungen sorgen, tut es aber zu wenig. Die für die Kundschaft bestmögliche Bedienung wäre eben eine Datumsangabe auf dem Etikett. Wegen der Besonderheit der Champagnerherstellung ist vielleicht sogar nützlich zu vermerken, wann der Champagner in die Flasche gefüllt wurde – er gelangt

Ideale Lagerung, wenn Champagner sehr alt werden soll: auf dem Korken (sur pointe), noch nicht degorgiert, also noch auf der Hefe. Wird erst nach Bedarf versandfertig gemacht (fotografiert bei Pommery).

Korken verformen sich allmählich im Flaschenhals, in den sie mit Gewalt gezwängt werden. Durch sehr alte Korken verliert der Champagner schließlich seine typische »Mousse«.

in sie bekanntlich als »stiller Wein« und verläßt sie erst sehr viel später als Schaumwein; die Zwischenzeit kann Jahre dauern. Für unser Lagerproblem hilfreichere Auskunft wäre, wann die Flasche degorgiert (also vom Depot befreit) und endgültig verkorkt wurde (siehe Seite 64). Dann soll sie zwar noch einmal eine Zeitlang ruhen, bevor sie ausgeliefert wird, was in guten Häusern für ihre besten Cuvées noch einmal einige Wochen oder Monate, selten Jahre dauern kann, aber für die Beurteilung von außen fällt das kaum ins Gewicht. Zwei Häuser geben schon seit langem ein gutes Beispiel: Bollinger mit seinem »R.D.« und Bruno Paillard mit seinen Jahrgangs-Cuvées: da vermerken sie es.

Aufrecht ist falsch

Hauptquellen der Privatkundschaft für Champagner sind Supermärkte und die Getränkeabteilungen von Warenhäusern. Die meisten Getränke, auch die teuren, werden ja nicht mehr im Fachgeschäft gekauft, sondern bei den Riesen. Achten Sie einmal darauf, ob die Weinflaschen, in unserem Fall die mit Champagner, dort liegen oder stehen. In der stehenden Flasche setzt sich die darin enthaltene Luft zwischen das Getränk und den Korken, so daß er trocknet. Das geht ziemlich schnell, und damit verliert er seine Dichte. Er kann nicht mehr lange verhindern, daß aus der Flasche Kohlendioxyd entweicht (vergessen wir nicht: sie hat einen Druck von bis zu sechs bar oder atü), was ihm bald seinen Geschmack und seinen Charakter nehmen wird. Champagner soll liegen (wie fast alle Weine), damit die Flüssigkeit am Korken bleibt.

Den Fehler, die Flasche stehen anstatt liegen zu lassen, können Sie in Ihrem Keller natürlich auch machen – vermeiden Sie ihn lieber.

Im Supermarkt verlangt ja wohl das Gesetz des schnellen Umsatzes, daß der Käufer auf die Ware aufmerksam wird und sie, wenn sie in größerer Menge massiert dasteht, für preiswert hält. Also werden die Flaschen dort auch noch extra angestrahlt. Aber das Licht schadet, wie alle Fachleute sagen. Wir haben freilich bei »essen & trinken« einen Test gemacht, der das nicht so unbedingt bestätigte.* Wir ließen Champagnerflaschen zunächst mehr als zwei Wochen so anstrahlen, dann aber einige Wochen im dunklen Keller sich erholen. Die erwartete Geschmacksminderung war kaum oder überhaupt nicht festzustellen. Dennoch rate ich, dem Rat der Fachleute zu folgen. Denn bei einem zweiten Test, bei dem wir den Flaschen nach der Bestrahlung keine Erholung im Keller gewährten, schmeckte ihr Inhalt so scheußlich, wie die Experten prophezeit hatten. (e & t 10/1987)

In der Champagne ist letzthin spezialbehandeltes Flaschenglas eingeführt worden, etwas dunkleres als das bisher verwendete, das gegen die ultravioletten Strahlen des Lichtes schützen soll. Aber da müssen noch einige Jahre vergehen, bis die alten Flaschen aufgebraucht und aus dem Handel verschwunden sind.

* veröffentlicht im Maiheft 1987

DIE CHRONIK DER GUTEN JAHRE

1743: gut
1753: gut
1783: sehr gut
1788: gut
1802: sehr gut
1815: sehr gut
1822: ziemlich gut
1825: sehr gut
1837: ziemlich gut
1839: sehr gut
1842: gut
1846: außerordentlich
1848: gut
1852: sehr gut
1853: sehr gut
1854: sehr gut
1856: gut
1857: außerordentlich
1858: sehr gut
1859: sehr gut
1861: gut
1864: gut
1865: außerordentlich
1868: sehr gut
1869: sehr gut
1870: sehr gut
1871: sehr gut
1872: sehr gut
1873: sehr gut
1874: außerordentlich
1876: sehr gut
1878: gut
1880: sehr gut
1881: sehr gut
1883: sehr gut
1884: gut
1885: sehr gut
1887: ziemlich gut
1888: sehr gut
1889: gut
1890: sehr gut
1891: sehr gut
1892: außerordentlich
1893: sehr gut
1895: passabel
1898: gut
1899: gut
1900: sehr gut
1902: sehr gut
1904: außerordentlich
1906: sehr gut
1907: gut
1908: sehr gut
1911: außerordentlich
1913: gut
1914: sehr gut
1915: gut
1917: gut
1919: sehr gut
1920: sehr gut
1921: außerordentlich
1922: sehr gut
1923: sehr gut
1926: sehr gut
1927: sehr gut
1928: außerordentlich
1929: außerordentlich
1933: sehr gut
1934: sehr gut
1936: sehr gut
1937: sehr gut
1938: ziemlich gut
1940: gut
1941: gut
1942: gut
1943: sehr gut
1945: außerordentlich
1946: passabel
1947: außerordentlich
1948: ganz gut
1949: sehr gut
1950: passabel
1952: sehr gut
1953: sehr gut
1954: ziemlich gut
1955: sehr gut
1957: strittig: passabel bis sehr gut
1959: sehr gut
1960: ziemlich gut
1961: außerordentlich
1962: gut
1964: sehr gut
1966: sehr gut
1967: ganz gut
1969: gut
1970: gut
1971: unterschiedlich, eher befriedigend
1973: gut bis sehr gut
1975: sehr gut
1976: ganz gut, schnelle Reifung
1978: gut
1979: sehr gut
1980: gut. Sehr langlebige Weine
1981: umstritten. Was lange lagern konnte, entwickelte sich schließlich sehr gut
1982: sehr gut
1983: gute Chardonnays
1985: sehr gut
1986: gut für Chardonnay
1988: gut
1989: gut
1990: sehr gut
1995: sehr gut für Chardonnay

Geschmacks-Sachen (2)

Ein Kapitel für Schadenfrohe und solche, die gern Weintests lesen

»Es gab Überraschungen. Hoch oben auf allen Listen stand einer der billigsten, meistverkauften Champagner, der immer als ehrenwert, aber nie als ein Klassiker betrachtet worden war. Heute war er köstlich. Einen anderen, der stets als einer von wahrhaftigem Champagner-Adel viel höher geschätzt worden war, schoben wir beiseite – ›die müssen Brandy in die dosage getan haben‹, war das Urteil.« (Cyril Ray*)

Da sind wir beim kontroversen Thema Vergleichsprobe. Kontrovers hauptsächlich zwischen denen, deren Erzeugnisse schlecht abgeschnitten haben, und den Verkostern. Der Chef von Moët & Chandon sagte uns, die Degustatoren müßten klarer machen, daß es sich jeweils um ihren persönlichen Geschmack handele, nicht um allgemein gültige Feststellungen. Ich konnte nur beipflichten – aber mit dem Zusatz, das gelte natürlich auch für den Geschmack der Produzenten.

Als ich bei Roederer um eine Erläuterung bat, wie sie selbst ihren Champagner beschreiben würden, sagten sie: »Ein Wein mit enormer

Struktur, mit wirklich viel Körper und gutem Gehalt an Gerbsäure. Er hinterläßt einen guten Nachgeschmack, er hat einen langen, guten Abgang.« So sprechen Hunderte von Produzenten über ihren Wein. Die Frage ist, ob und wann die Kundschaft den gleichen Eindruck hat (bei Roederer hatte ich ihn) – und, wichtiger, ob ein so beschriebener Wein denn auch schmeckt. Über die Güte des Geschmacks nämlich, stellt man immer wieder fest, sagen die schönen Ausdrücke der Weinfachsprache verblüffend wenig aus.

Wie gut, daß Geschmäcker verschieden sind, wie gut auch für die Champagnerproduzenten. Aber wie peinlich für die Wein-»Experten«, mich einbegriffen, feststellen zu müssen, wie wenig Wert unsere Wertungen und Beschreibungen für andere haben (können), gar für eine Allgemeinheit, besonders, weil sie so weit auseinandergehen. Unsere beste Hoffnung ist, daß sich wenigstens irgend jemand findet, der schon mehrmals festgestellt hat, daß unser Urteil dem seinen entsprach, und der uns deswegen nun auch für die Zukunft vertraut – ohne Gewähr ... Wenn ich fremde »Tests« und Weinbeschreibungen lese, bin ich zunächst sehr mißtrauisch.

Dabei nehme ich an ziemlich vielen Verkostungen teil; sie sind interessant, und man lernt. Ich würde lieber »Verkostung« sagen als »Test« und empfinde mich nicht als »Tester«, sondern bescheidener als

* Bericht über eine Blindprobe in »Bollinger – Tradition of a Champagne Family«.

Die Weinberge bei Epernay

»Verkoster«, der unverbindlicheren französischen Bezeichnung folgend: »dégustateur«. Dies ist keine gespielte Bescheidenheit. Lange Erfahrung mit eigenen und anderer Fachleute Verkostungen hat mir klargemacht, wie unzuverlässig wir allesamt sind – unter »wir« verstehe ich auch die bekanntesten Degustatorinnen (in England zahlreich) und Degustatoren des In- und Auslandes.

Was wir an Beurteilungen veröffentlichen, muß wirklich als nur für »hier und heute« und nur für uns selbst gültig betrachtet werden. Zu viel hängt, Sie wissen es ja, vom jeweiligen Geschmack ab, der sich sehr nach der jeweiligen Laune und anderen äußeren Bedingungen richtet, die nichts mit dem beurteilten Wein zu tun haben. Das Ergebnis einer Probe ist nicht einmal für den einzelnen Degustator sehr verbindlich; der Aussagewert reicht unter Umständen nur bis zur nächsten Flasche.

Champagner ist viel schwieriger als Wein zu verkosten, da die Aggressivität des Kohlendioxids, der Strom sprudelnder Perlen, Zunge und Gaumen schnell abstumpft. Wer mehr als ein halbes Dutzend Champagner in einer Sitzung verkostet, riskiert, einen ganz falschen Eindruck zu bekommen. Wenn mehr probiert werden sollen, müssen immer wieder größere Pausen eingelegt werden.

Es gibt alarmierende Erzählungen über Massenverkostungen, deren Ergebnis entsprechend wenig überzeugen kann. Zwei Mitarbeiter eines bekannten französischen Weinführers, der auch einen deutschen Ableger hat, probierten an einem einzigen Tag rund dreihundert Champagner, die ihnen der Champagnerverband zur Verfügung gestellt hatte – welches Vertrauen kann man in die dann veröffentlichten Beurteilungen haben? Der Verfasser eines weiteren solchen Führers hat erklärt, er verkoste täglich zwischen 8.00 Uhr und mittags 90 bis 120 Weine ...

Da verliert man sicher schneller den Überblick, als für das Ansehen gut ist. Der zweitgenannte hat in seinem Weinführer eine Klassifizierung ziemlich weniger »großer« Champagner eingeführt. Unter denen führt er 1996 eine Marke auf, von der er einige Seiten später im detaillierten Text lediglich sagt: »Dieses Jahr recht enttäuscht. Im Auge behalten.« Ob er den fraglichen Champagner vor jedem dieser Einträge gekostet hat?

Die Unterschiede sind ja sogar nach Ländern erheblich, um nicht zu sagen, nach Völkern. Den speziellen »englischen« Geschmack habe ich schon erwähnt. Ein krasses Beispiel erzählte Wolfram Siebeck[1] nach einer Verkostung Schweizer Weine in Zürich. Teilnehmer waren Schweizer, Österreicher und Deutsche. »Während bei den Schweizer Teilnehmern die Augen immer heller wurden und sich die Züge verklärten, wurden die Gesichter der Ausländer immer länger ... Was sie hier probierten, darin waren sich die Gäste einig, hatte zu viel Alkohol und zu wenig Säure. Gerade die von den Schweizer Experten am höchsten gelobten Weine fand die andere Expertengruppe fett, breit, plump und unelegant.«

Vermutlich würden die Schweizer sagen, sie kennten ihre Weine wohl am besten, der Geschmack der Ausländer sei unmaßgeblich. Sie könnten wohl so argumentieren, weil es nicht genug Schweizer Weine gibt, um Export wichtig zu machen. Champagner hingegen ist auf Export angewiesen, und da gewinnen solche Geschmacksunterschiede über die Grenzen hinweg schon größere Bedeutung.

So wunderte ich mich kaum über die Nachricht Anfang Dezember 1995, daß in London im ehrwürdigen Bankettsaal von Guildhall die »Noble Cuvée 1988« von Lanson den Titel des »besten 1995 verkosteten Champagners« erhielt, während in San Francisco um fast genau die gleiche Zeit Dom Pérignon 1988 als »der beste französische Wein des Jahres« gefeiert wurde.

Eine große Vergleichsprobe australischer Weine ergab Anfang 1987 hauptsächlich, daß die amerikanischen Juroren völlig anders werteten als die australischen. Und Anfang 1987 konnten die Leser des »Wine Spectator«[2] eine in diesem Sinne ebenfalls lehrreiche Kontroverse verfolgen. Dort hatte Harvey Steimann in seiner Kolumne die 1983er Weine der Domaine Romanée Conti sehr kritisch beurteilt – alsbald trafen die protestierenden Leserbriefe ein, hauptsächlich von Londoner Weinpäpsten wie Michel Broadbent und Clive Coates. Sie würzten ihre Proteste mit dem wenig profunden Argument, die amerikanischen Verkoster hätten keine Ahnung von diesen Weinen oder seien gegen sie voreingenommen ...

So entging einer deutschen »Feinschmecker«-Jury, die Jahrgangs-Champagner des Jahrgangs 1985 verkostete und sich eher enttäuscht äußerte, völlig der 1985er Bollinger Grande Année, den der amerikanische »Wine Spectator« mit 96 von 100 Punkten als Nr. 17 in die »Top 20« aller dort 1990 verkosteten Weine überhaupt eingestuft hatte. Ende 1993 war er diesem Blatt noch immer 94 Punkte wert und einen 2. Platz unter Champagnern, zusammen mit Clicquots »Grande Dame« 1985, eingestuft als Nr. 50 unter den Top 100 aller Weine überhaupt im Jahr 1993. Diese wiederum hatte auch das deutsche Wirtschaftsmagazin »Capital« gemeinsam mit Salon 1982 und Bruno Paillards Collection 1985 auf einen vortrefflichen sechsten Platz gesetzt, nach Vergleich von insgesamt vierzig Sorten (Capital 11/90). Die französische »Revue du Vin de France« hingegen hielt nichts von der Grande Dame 1985, sondern sagte noch im Dezember 1995, sie sei »sehr weit hinter den gleichartigen Sorten anderer großer Häuser gewesen«.

Das Thema behandle ich etwas ausführlicher, weil so viele Vergleichsproben und Einzelbeurteilungen veröffentlicht werden, in Zeitschriften und Büchern. Sie sind (und bleiben) für mich und vielleicht auch für Sie amüsanter Lesestoff, ich werde mich auch weiterhin an ihnen beteiligen. Aber ihr praktischer Wert für den Verbraucher ist gering, während der Schaden für den jeweilig schlecht beurteilten Produzenten erheblich sein kann.

»... Ausgeprägtes Aroma, das die ›fischige‹ Pinot Noir und die kreidige Chardonnay-Traube vereinte«, sagt der berühmte Michael Broadbent in seinem dickleibigen Buch der Verkostungsnotizen über Perrier-Jouët 1976.[3] Was dem einen sein Fisch, ist dem anderen – »Epernay-Apfel in der Nase ...«: Don Hewitson, vormals Präsident der »Champagner-Akademie«, dann Betreiber mehrerer Londoner Weinbars, im Champagner-»Test« von »Decanter«, Ausgabe Juli 1983. Wohlgemerkt: ebenfalls über den 1976er von Perrier-Jouët.

Oder: »Brandige Nase«, sagt Michel Dovaz in seiner Wein-Enzyklopädie über den 1976er Brut von

[1] im ZEIT-Magazin
[2] erscheint in New York
[3] The Great Vintage Wine Book, deutsch: Das große Buch der Weinjahrgänge

Canard Duchêne. Tom Stevensons[1] Nase ist wohl anders programmiert: »Der 76er hatte in der Nase einen Schweinepaté-Charakter.«
Da drängt sich wohl die Frage auf, ob denn ein Champagner, der so riecht, wirklich angenehm sein kann, und wenn er es wäre, ob dann die Sprache angemessen ist. Das gilt natürlich auch für viele andere Ausdrücke der Verkostersprache. Wie oft wird rühmend ein Erdbeerbukett oder Duft nach Himbeeren oder Trüffeln usw. hervorgehoben. Aber es handelt sich ja eben nicht um Trüffelextrakt oder Himbeersaft, sondern um Wein, in unserem Fall um Champagner.
Zwar gibt es Fachleute mit besonders feinen Nasen, die dem Champagner Aromen wie diese zuordnen: Aprikose, Weißdorn, Kaffee, schwarze Johannisbeere, Zitrone, Erdbeere, Honig, Haselnuß, Birne, Apfel, Lindenblüte und Vanille.[2] Das eine oder andere davon wird jede und jeder, der Champagner trinkt, schon einmal bemerkt haben. Aber wann und in welchem Champagner sie auftauchen, darüber gehen die Meinungen der Fachleute auseinander, oft in geradezu grotesker Weise.
Der 1982er Salon läßt sich einerseits so beschreiben: »voller, weicher Duft nach Aprikosen, Birnen, Rosinen« (August F. Winkler im »Weinbrief« September 92 und in Vif 11/93), anderseits: »Duftet nach Walnüssen und Weinhefe« (»Capital«-Tester, 11/1990). Ob die Zeit die Walnüsse wirklich so verwandelt ...
Ebenso unzuverlässig, vor allem, wenn es sich um die Bewertung der Qualität handelt, sind Floskeln wie »muskulös«, »geschmeidig«, »modern« und viele andere mehr, ganz zu schweigen von »distinguiert«. Besonders erheitert mich als nicht gerade dünnen Menschen die Beschreibung: »schlank, doch keineswegs mager« ... Prost!
Dem 1985er Dom Pérignon bescheinigten die »Feinschmecker« schon 1992 »wunderbare Harmonie zwischen knackig-lebendiger Säure und zarter, jahrgangsbedingter Süße«. Winkler hingegen noch im März 1996: »Die intensive Säure läßt es angeraten sein, den 1985er noch eine Weile reifen zu lassen« (Savoir Vivre 3/96).
Mir scheint fraglich zu sein, ob die eminenten Experten, wenn sie so verschiedene Empfindungen haben, sich untereinander verstehen, ob sie einer Meinung sein können außer in dem einfachen, immerhin entscheidenden Punkt: ob ihnen der Wein schmeckt oder nicht. Den Perrier-Jouët loben beide, den anderen nicht so sehr. Wie wird es erst sein, wenn die Meinungen über die Güte auseinandergehen?
»Der Weinsnob ist fast ausnahmslos ein englisches oder amerikanisches Phänomen« – diesen Spruch eines Engländers[3] zitiere ich, weil hier und im folgenden so viele englische und amerikanische Zeugen bemüht werden. Aber der Verfasser wußte offensichtlich in Europa nicht Bescheid; Franzosen, Schweizer und Deutsche können im Weinsnobismus durchaus mithalten.
Die schon erwähnten Dovaz und Stevenson sind geradezu euphorisch, wenn sie den Clos des Goisses des Hauses Philipponat beschreiben. »Der 66er ist so voll, daß er am Ende der Mahlzeit einen Cognac ersetzen kann« (Dovaz). »Auf seinem Höhepunkt erreicht er große Tiefe und eine durchdringende Fülle, sich ständig weiter entfaltend, um Bukett- und Geschmacksnuancen zu enthüllen wie zerbröckelte Sahnebiskuits, Haselnuß, Toast, Yoghurt, Honig, Vanille und noch mehr dazu« (Stevenson). Wenn das nicht anregt ... In der Zeitschrift »Vins et Gastronomie« vom Oktober 1986 wird daran erinnert, daß über diesen Champagner gesagt werde, er sei der »Romanée Conti der Champagner«. Wer aber nun den nicht minder berühmten Hubrecht Duijker[4] konsultieren würde, könnte nur erfahren, daß der Clos des Goisses »einen teuren, aber wenig interessanten Wein liefert«.
Es ist wirklich erstaunlich, wie verschieden die Marken oft beurteilt werden – oft sogar von denselben Leuten, wenn die Flaschen zu verschiedenen Zeiten probiert werden. Als wir für »essen & trinken« unsere erste Champagner-Vergleichsprobe durchführten, teilten wir sie auf zwei Tage auf, um unsere Zungen und Gaumen nicht durch soviel aggressive Kohlensäure auf einmal abzustumpfen; die fünfzehn, die wir probierten, wären für eine Sitzung zuviel gewesen. Zwei Marken aber nahmen wir in beide Proben auf. Und siehe da – vier von uns fünf änderten ihre Benotung, einer sogar sehr drastisch (natürlich handelte es sich um eine Blindprobe,

[1] Champagne, London 1986, alle Stevenson-Zitate aus der englischen Ausgabe
[2] Jean Lenoir: Le Nez du Vin
[3] John Arlott: Krug – House of Champagne, London
[4] Die großen Weine – Elsaß, Loire, Champagne

Neupflanzung. In der Champagne ist umstritten, ob die Anbaufläche ausgeweitet oder eher verkleinert werden sollte. ▷

niemand wußte, was er im Glas hatte). Der Teilnehmer mit der radikalsten Änderung setzte seine Wertung bei der einen Marke von 3 (was »schlecht« bedeutete) auf 8 herauf (»sehr gut«), für die andere ging er hingegen von 8,5 (zwischen »sehr gut« und »fast perfekt«) auf 6 herunter (»ziemlich gut«). Drei weitere Teilnehmer korrigierten sich weniger weitgehend.* Für den am besten bewerteten Champagner in der Probe erstreckten sich die Wertungen von 5 (»befriedigend«) bis zur Note 8. Beim am schlechtesten beurteilten klafften unsere Benotungen nicht so weit auseinander.

Wenn schon die Personen im gleichen Raum zur gleichen Zeit so verschieden urteilen, sollte es da zwischen verschiedenen Gruppen an verschiedenen Orten zu verschiedener Zeit nicht noch unterschiedlicher sein? Da kann ich Ihnen ein paar handfeste Beispiele vorführen:

Lansons Standard-Cuvée, Black Label Brut: im belgischen »Test Achats Magazine« im Dezember 1985 unter den letzten drei von zwei Dutzend Standard-Bruts, Urteil: »mittel«. In »Top Hotel« 12/1986: »ziemlich gewöhnlicher Champagner«. Duijker: »Ein männlicher, tadellos gemachter Wein, angenehm zu trinken und durch die Jahre hin von stabilem Charakter.« Das Blatt »Schweizer Stiftung für Konsumentenschutz« setzte den Lanson im Dezember 1986 in die erste Gruppe (zusammen mit *Mumm* Cordon Rouge und *Alfred Rothschild* aus dem Hause Marne & Champagne), Bewertung: »gut«. Wine Spectator, Januar 1987: »hervorragender Champagner«. Wine Spectator, 15. April 1987: Lanson Black Label mit zweiundneunzig von hundert möglichen Punkten der am besten bewertete Champagner aus den Verkostungen der vergangenen drei Monate.

Lanson Red Label mit Jahrgang: der 1975er in »Bessers Gourmet Journal« am 15. 7. 1980 von neunzehn Jahrgangs-Champagnern das Schlußlicht, mit null Punkten! Stevenson: »hat immer gute, feine, beständige Mousse und eine ausgeprägte blumige Nase, die oft von geradezu germanischem Stil zu sein scheint. Empfohlene Jahre: 1971, 1975, 1979 ...« Duijker wiederum hadert eher mit sich selbst: »Die Millésimés, die ich probiert habe, enttäuschen hinsichtlich ihres Duftes etwas. Der Geschmack hat etwas mehr zu bieten: er war stets komplex, ausgereift und gleichzeitig von vitaler Frische.« Doch an anderer Stelle (aber auf der gleichen Seite): »Während im normalen Brut noch eine gewisse Eleganz, eine große Beschwingtheit vorhanden ist, scheint diese in den Jahrgangsweinen nicht mehr vorhanden zu sein.« 1980 *Lanson* Special Cuvée 225th Anniversary: Im Wine Spectator vom 15. April 1987 in der Kolumne »Anthony Dias Blue« als »brillanter Erfolg« unter den besten Importen des Jahres 1986 gefeiert.

Roederer Cristal 1979: beinahe Schlußlicht, nämlich vorletzter von dreißig, in »Alles über Wein« (4/1985). Stevenson: »Cristal Brut ... ist ein eleganter und langer Wein mit viel Frucht.« Duijker: »Kraft, Klasse und Frische sind beim Cristal zu einer wohlschmeckenden Symphonie vereint.«

Gosset 1973: das wirkliche Schlußlicht des eben erwähnten Vergleiches, dreißigster von dreißig. Michel Dovaz in der Champagner-Enzyklopädie: »Goldene Robe. Perlen und Schaum tadellos. Im Mund schöne Struktur, in Harmonie mit der großen Finesse ... Schöne Länge.« (Gosset 1979: hoch empfohlen, mit sechsundneunzig von hundert möglichen Punkten, im Wine Spectator vom 15. Juli 1987.)

Deutz: Brut 1964 vorletzter von neunzehn Jahrgangs-Champagnern im Gault-Millau-Test, veröffentlicht im Oktober 1971. Michel Broadbent**: »Der 64er war ein guter, reicher, feiner Wein, der sich auch gut hielt.«

Pommery Brut Royal: Duijker: »Es würde mich nicht wundern, wenn der relativ niedrige Preis der Grund dafür wäre, warum der normale Brut ... von Pommery auf manchen Märkten solchen Erfolg hat. Die Qualität des Weines erklärt mir nämlich dieses Phänomen nicht unbedingt. Der Wein duftet und schmeckt nämlich ziemlich flach,

* die Probe wurde veröffentlicht in e & t 12/1975
** The Great Vintage Wine Book

und auf der Zunge entdeckt man manchmal etwas Schärfe ... Die Jahrgangs-Champagner sind besser.« Ein Vergleichstest des »Decanter« (Anfang 1977) stufte diesen Pommery hinter zwanzig anderen Bruts als »Durchschnitt« ein, welches Schicksal er mit acht weiteren teilte, darunter ähnlich berühmte und auch Lanson Black Label. Auch der Wine Spectator plazierte ihn als »Durchschnitt« (31. 1. 1987). Eine Sechzehner-Jury, darunter Vertreter bedeutender französischer Restaurants, am 15. 4. 1984: Platz eins, vor achtzehn weiteren. Resümee: »Ohne Zweifel ein sehr schöner Champagner.«* Und der (gar nicht geheime) »Underground Wineletter« (USA) setzte Pommery mit nur vier anderen in die Gruppe »hervorragend«. Stiftung Warentest 1978: »Entspricht den Anforderungen an einen guten Champagner.« Stevenson: »Pommery muß wohl der am meisten unterschätzte Champagner auf dem Markt sein.«

Heidsieck Monopole Brut: Duijker: »... besitzt keinen ausgeprägten Charakter ... ein ziemlich voller Champagner, der in Duft und Geschmack weder positiv noch negativ auffällt. Im Duft zeigt sich manchmal eine kleine Unsauberkeit (vor allem, wenn der Wein wärmer wird), und der feinherbe Geschmack ist nicht sehr anziehend, wenn auch korrekt.« (Man sieht, nicht einmal auf den oft zu vernehmenden Ausdruck »feinherb« ist Verlaß. Ich hatte ihn immer für eine Empfehlung gehalten.) Für »La Bonne Cuisine« hingegen wurde Heidsieck Monopole bei einer Blindverkostung durch eine ziemlich hochkarätige Siebener-Jury unter achtundzwanzig Marken-Champagnern der erste (Dezember 1984). Wertung: »Feines Aroma, schöne Schaumbildung, ausdauernd am Gaumen, ausgeprägter Geschmack.« Im schon erwähnten Überblick der Stiftung Warentest: »hervorragender Champagner«, einer von vier dieses Platzes unter insgesamt siebzehn verkosteten. Der Wine Spectator setzte ihn im Januar 1987 mit dreiundneunzig von hundert möglichen Punkten in die Gruppe »outstanding«, also der »hervorragenden« Champagner.

Piper Heidsieck Brut Extra: Duijker: »... unkomplizierter Champagner, der mild schäumt und keinen überwältigenden Charakter besitzt.« Stevenson: »Starker Schaum, frische Nase, echter duftiger Brut-Geschmack, der mit längerem Flaschenlager länger und tiefer wird.« Stiftung Warentest (1978): »Hervorragender Champagner«.

Dom Ruinart Blanc de Blancs mit Jahrgang: Duijker: »Für eine Cuvée de Prestige finde ich ihn doch etwas zu glatt und zu kurz.« Stevenson: »Ein sehr guter Champagner, voller als die meisten Blanc de Blancs, manchmal ein bißchen erdig, aber gewöhnlich sehr reich in der Frucht.« Wine Spectator (Januar 87): Jahrgang 79 in der Spitzengruppe (»outstanding«) von insgesamt zweiundfünfzig Champagnern.

Perrier-Jouët muß nicht nur in der Ungewißheit leben, ob seine Jahrgangs-Cuvée nun fischig oder nach Äpfeln riecht, wie oben erwähnt. Auch über die Qualität urteilen die Fachleute höchst verschieden. Duijker ist sogar wieder nicht mit sich selbst einig, wie man daraus schließen kann, daß er den Brut ohne Jahrgang »im allgemeinen ... recht gut« findet, aber dann sagt: »Die Weine mit Jahrgang bieten etwas bessere Qualität, sind aber auch nicht mehr als ordentlich.« Das wird wohl niemand als Kompliment verstehen.
Vielleicht lernen wir dadurch gleich, was es bedeutet, wenn jemand wie Duijker den Stil des Hauses als »schlanker, vitaler Champagner« beschreibt – das ist also anscheinend auch nichts so besonders Gutes? Doch da lesen wir dann bei Stevenson über den Perrier-Jouët mit Jahrgang: »Ein tadelloser Wein jahrein, jahraus; ultra-feiner Schaum, delikates Aroma, perfektes Gleichgewicht von Frucht und Säure.« Der Gault-Millau vom Dezember 1985 führt den 1979er unter der Spitzengruppe (mit zwei anderen) von insgesamt zehn Nobelchampagnern auf, beim Wine Spectator ist er auf Platz 9 unter 52 (unter 19 als »outstanding« bewerteten). Das französische Verbraucherblatt »50 Millions de Consommateurs« aber stufte ihn im Januar 1986 unter 27 Konkurrenten erst an 13. Stelle ein, also im Mittelfeld.

* Les Dégustations du Grand Jury, ed. Jacques Luxey

Ebenso unterschiedlich erging es der berühmten Prestige-Cuvée dieses Hauses, der »Belle Epoque«, mit Jahrgang, in der Jugendstilflasche nach einem Entwurf von Gallé. In Klaus Bessers Gourmet Zeitung war sie am 15. 7. 1980 auf Platz drei von 19 Jahrgangs-Champagnern, sicher ein guter Platz. Duijker jedoch: »... ist zwar alles *Salon* gilt als ein berühmter Geheimtip. Fachmann Duijker: »... kenne ich nur den 1971er[1], der 1980 immer noch angeboten wurde. Trotz seiner milden Reife besaß[2] der Wein eine gehörige Frische. Für mein Gefühl fehlte es ihm jedoch deutlich an Nuancen und Raffinement.« Stevenson hingegen: »frische und elegante Nase, mit einem chen Champagner sprechen. Hilfesuchend blätterte ich in meinem Broadbent ... »1971 ... bei seiner ersten Vorstellung gekostet und enthusiastisch notiert: hell, elegant und – ich muß das Wort wieder benutzen – ›refined‹[3]. Brauchte noch etwas Flaschenlager.« Broadbent gab diesem Champagner vier bis fünf Sterne – sein Höchstes!

andere als schlecht, aber für einen Cuvée de Prestige doch nicht von optimaler Qualität. In Duft und Geschmack fehlt einiges. Außerdem ist er ziemlich flach.« Stevenson hingegen: »Kritiker, die unterstellen, daß auf die Flasche mehr Anstrengung verwendet wird als auf die Cuvée, sollte man vergessen. Dies ist stetig einer vom halben Dutzend der besten Luxus-Champagner, die man bekommen kann.« Dieser Ansicht ist auch der Wineletter, für ihn gehört der 79er Belle Epoque ebenfalls zu den »hervorragenden« Champagnern.

Charakter von zerkrümeltem Biskuit im Hintergrund, sehr reicher Geschmack, der elegant am Gaumen zu haften schien, bevor er sich in einem exquisiten Finish verlor ... Komplexer Geschmack, akzentuiert, mit einem Anflug von Zitronenschale ...«

Stevenson weiß auch, daß der Salon 1971 noch in einer zweiten Cuvée gemacht wurde, die »S« – »viel frischer und ›jünger‹ als die andere, aber immer noch reich, ein starker, intensiver Wein mit durchdringendem Geschmack und großer Länge«.

So oder so – man kann sich kaum vorstellen, daß beide vom gleichen Champagner sprechen.

Genug, wenn sich die Divergenzenliste auch fortsetzen ließe. Ich denke, ich habe genug bekannte Marken aufgezählt, um einen wichtigen Ratschlag zu untermauern: Lesen Sie – aber probieren Sie selbst, auch gegen den Rat der Autoritäten. Die könnten übrigens nicht nur Opfer von wechselnden Launen sein, sondern auch noch von Fehlern beim Lagern oder Transport oder sogar beim Ausbau

[1] Habe ich noch 1986 in Hongkong angetroffen!
[2] Für die deutsche Übersetzung kann man Duijker sicher nicht verantwortlich machen.
[3] Wohl eher »kultiviert« als raffiniert, beide Übersetzungen sind möglich.

im Keller, und schon deswegen irren. Das kommt auch nicht etwa selten vor.
Wenn man in »Test«-Berichten liest, mehrere Champagner hätten nicht den Mindestanforderungen entsprochen, die man an die Gattung stellen müsse (Warentest, 1978), und dies bezogen auf drei der berühmtesten Häuser, dann liegt näher als etwaige Bewunderung vor dem guten Gaumen der »Tester« der Verdacht, daß ihre Muster gar nicht in Ordnung gewesen sind. Und wenn man dann noch liest: »Fast allen Champagnern gemeinsam – besonders denen, die im Test durchfielen – ist ein leichter bis kräftiger oxydativer Geschmack«, dann muß man eher annehmen, daß die Beteiligten zu wenig Champagner kennen. So ist es gerade nicht, und solcher Geschmack müßte Fachleute automatisch dazu bewegen, andere Flaschen der betreffenden Sorten zu verlangen, möglichst aus anderer Lieferung, denn es bedeutet meist, daß die getesteten nicht in Ordnung sind.
Ist nichts Korrektes zu bekommen (so ist es uns bei »essen & trinken« auch schon ergangen), dann gehört die betreffende Marke aus dem »Test« heraus, anstatt ein ganzes Haus wegen eines Fehlers herabzusetzen, an dem es in 99,9 Prozent der Fälle nicht schuld ist. Die in jenem Test abgewerteten Häuser verkaufen zusammen jährlich rund 18 Millionen Flaschen – sicher nicht, weil ihre Champagner unangenehm schmecken.
Den gleichen Vorwurf kann man natürlich auch gegen das höchst renommierte »Decanter«-Magazin richten, das nach seinem Anfang 1977 veranstalteten Brut-»Test« mitteilte, die Proben einiger der bedeutendsten Häuser seien »unter Durchschnitt« gewesen. Wenigstens hat das Blatt selbst dazu geschrieben, daran könnten Lagerfehler schuld sein.
Ein Grund für solche Katastrophen, der selten beachtet wird, sind weder Lager- noch Transportschäden, sondern, ausgerechnet, die Champagnergläser*. Häufiger als man glaubt, haben sie von Spülmitteln oder überstrapazierten Geschirrtüchern einen unangenehmen Geruch angenommen. Erfahrene Verkoster riechen an jedem Glas, bevor eingeschenkt wird. Aber bei großen Vergleichsproben werden ihnen die Gläser oft schon gefüllt angebracht. Da hilft im Verdachtsfall nur eine aufmerksame Nachkontrolle nicht nur einer zweiten Flasche, sondern auch eines zweiten Glases. Wenn man Pech hat, kann es nach nichts riechen, aber dennoch schuld sein.
Welche Rolle das spielt, habe ich in einem berühmten süddeutschen Restaurant erlebt. Da wunderten wir uns eines Abends zu viert, warum uns keiner der bestellten Weine so richtig schmeckte, wie wir erwartet hatten, und das, obwohl wir – schließlich gerade aus diesem Grund – immer feinere und berühmtere bestellten. Schließlich sagten wir es dem Wirt – und er sprach sofort vom Spülmittel in seiner Maschine. Es war sogar eins, das den Effekt des Spülmittels gerade aufheben sollte. Welches von beiden das schuldige gewesen sein mag, der Fall war klar.
Bei Champagner bremsen Spülmittel auch noch den Schaum. Oft genug habe ich erlebt, daß Angehörige bekannter Häuser in Restaurants, wenn ihre Champagner wenig oder nicht lange moussierten, aufgeregt ein neues Glas verlangten. Sie alle einte der Haß gegen Spülmittel. Wenn man bedenkt, daß bei Vergleichsproben und anderen Beurteilungen die Mousse, also die Gleichmäßigkeit und Beständigkeit des Schaumes ebenso wie die Größe der Perlen (sie sollen klein sein) eine Rolle spielen, sieht man, welche Fehlerquelle da zu beachten ist.
Die Sache hat durchaus große Bedeutung für kleinere oder weniger bekannte Häuser. Bei Charbaut (siehe ABC) sagte mir Jean-Pierre Abiven: »In solchen Tests sind die Kleinen benachteiligt. Wenn eine Flasche der Großen nicht schmeckt, wie man denkt, daß sie sollte, wird eben eine zweite verlangt. Bei Champagnern hingegen, die die Tester nicht kennen, halten diese vielleicht auch den verdorbenen Geschmack für normal und schreiben das ganze Haus ab.«
Das stimmt nicht und doch. Nicht, weil in einer korrekten Weinprobe blind verkostet wird, der Verkoster also keinen Unterschied zwischen bekannten und unbekannten Marken machen kann, während er seine Beurteilung notiert. Ob ein vernichtend beurteiltes Muster aus berühmtem Hause stammt, kann die Verkostergruppe erst hinterher entdecken, wenn die Herkunft der Flaschen enthüllt wird. Dann aber käme eventuell das »doch« in Frage. XYZ soll so schlecht schmecken? Probieren wir eine zweite Flasche – das wird wohl bei berühmten Marken eher gemacht. Charbaut braucht sich übrigens zumindest

* siehe auch das Kapitel: Gläser und Temperaturen

auf dem angloamerikanischen Markt keine solchen Sorgen zu machen: Dort landet er bei Verkostungen oft genug in der Spitzengruppe.

Jedenfalls erkennt man die seriöse Probe, die auch Lesern nützen soll, daran, daß deutlich scheußliche oder auch nur fehlerhafte Flaschen gar nicht weiter beschrieben und veröffentlicht werden, es sei denn, eine weitere Nachprüfung (meist bei der gleichen Gelegenheit unmöglich) ergäbe, daß sie tatsächlich so gemeint ist. Bei den Weinproben von »essen & trinken« veröffentlichen wir grundsätzlich nicht, was wir schlecht fanden – gerade weil wir oft denken, so könne die betreffende Abfüllung nicht gemeint sein.

Was also beim Champagner jeweils fehlerhaft ist oder nicht, bedarf im allgemeinen einer genauen Überprüfung: Man hat nicht immer den Eindruck, daß das beachtet worden wäre. Zu den sonstigen Beurteilungen gesunder, unbeeinträchtigter Champagner hat die höchste Instanz der Branche, nämlich die Union der Champagnerhäuser und das Syndikat der Winzer in gemeinsamer Sitzung im CIVC im März 1987 eine Erklärung abgegeben, die ich Ihnen nicht vorenthalten möchte.

Die beiden Verbände »erinnern daran, daß die Organisation einer Weinverkostung die Erfüllung genauer materieller Vorbedingungen voraussetzt. Wenn dies der Fall ist, ist es möglich, einen Fehler eines Musters zu entdecken. Wenn das Urteil des Verkosters durch seine Kollegen bestätigt wird, ist diese objektive Beurteilung nicht anfechtbar. Wenn freilich ein Degustateur meint, der und der Wein sei ›zu fruchtig‹ oder ein anderer ›zu lebhaft‹, äußert er nur eine subjektive persönliche Ansicht.«

Die Vertreter der Verbände »möchten präzisieren, daß eine hierarchische Klassifizierung subjektiver Beurteilungen darauf hinausläuft, den Geschmack aller Verbraucher auf einer durchaus ungewissen Basis standardisieren zu wollen. Das bringt sogar das Risiko mit sich, überzeugten Liebhabern einer Marke mit sehr charakteristischem Geschmack Schuldgefühle einzuflößen, allein mit der Begründung, daß dieser ungewöhnlich sei und nicht in den als ›bester‹ empfundenen Standard passe ...«

Fast zehn Jahre vorher hatte der Repräsentant des CIVC in der Bundesrepublik, Alain Fion, in einer Stellungnahme zu der erwähnten Vergleichsprobe der Stiftung Warentest erklärt, eine geschmackliche Prüfung (vorausgesetzt, der Champagner sei in Ordnung) gebe »vor allem Aufschlüsse über den persönlichen Geschmack des Prüfers«. Er hatte recht.

Am Anfang dieses Kapitels zitierte ich, wie ein Billig-Champagner bei einer Vergleichsprobe besser abschnitt als ein berühmter. Das kommt auch heute vor, aus mehreren Gründen. Nicht alles, was billig verkauft wurde oder wird, wurde oder wird auch billig hergestellt. Eine Reihe von Firmenübernahmen und Pleiten der letzten Jahre ging darauf zurück, daß durchaus respektable Unternehmen, um Vorräte loszuwerden oder ins Massengeschäft einzudringen, unter ihrem Herstellungspreis an Discounter und Supermärkte lieferten. Manchmal verkauft(e) der Discounter diesen Champagner dann noch unter seinem Einkaufspreis, um der Konkurrenz Marktanteile abzunehmen – das hatte mit der Qualität nichts zu tun.

Ein aggressiver Discounter kann besonders zu Festzeiten so viel Champagner auf den Markt werfen wollen, wie ein einziges Haus gar nicht liefern kann. Für ein und dieselbe Handelsmarke, etwa Veuve Durand oder Veuve Monsigny (Witwen sind in der Champagne stets beliebt), gibt es ein halbes Dutzend oder mehr Zulieferer, darunter durchaus renommierte Firmen. Es ist zwar nicht die Regel, aber doch möglich, in der Billigstpreis-Sparte durchaus angenehm Trinkbares zu finden.

Ein weiteres Problem für Vergleichsproben taucht am anderen Ende der Skala auf. Da die meisten Champagner, trotz der Qualitätssteigerung der letzten Jahre, einen verhältnismäßig neutralen, aber frischen Geschmack haben, vortrefflich für Aperitifs und bei Hitze, werden von vielen Verkostern solche, die durch ganz anderen Geschmack »aus der Probe herausfallen«, gern ans Ende plaziert. Das trifft immer wieder länger gelagerte, besonders weinige, womöglich leicht oxydierte (was vom Produzenten meist beabsichtigt ist). So urteilen besonders solche Verkoster, die solche Champagner selten oder nie getrunken haben.

So schneiden ausgerechnet besonders berühmte, große Qualitätsmarken wie Krug, Bollinger, Gosset in Vergleichsproben schlecht ab. Auch relativ geübte Champagnertrinker erliegen oft dem Gefälligen. Die »Schwierigeren«, die sich oft erst langsam erschließen und meist besonders gut zu anspruchsvollem Essen passen, werden ihre Anhängerschaft deswegen nicht verlieren.

Champagner für Praktiker

Die Größten

1. Gruppe LVMH: Moët & Chandon, Mercier, Ruinart, Pommery, Veuve Clicquot, Canard-Duchêne
2. Gruppe Marne & Champagne: Lanson, Besserat de Bellefon, Alfred Rothschild und viele Handelsmarken
3. Seagram: Mumm, Heidsieck Monopole, Perrier-Jouët
4. Laurent-Perrier mit de Castellane, Joseph Perrier, Salon, Delamotte, Lemoine
5. Vranken mit Demoiselle, Barancourt, Charbaut, Charles Lafitte, Lallement, Sacotte und »Histoires de France« für zahlreiche Handelsmarken
6. Rémy Cointreau: Charles Heidsieck, Piper Heidsieck, Krug, De Venoge
7. Duval-Leroy
8. Taittinger
9. Roederer mit Deutz

Einige Genossenschaften erzielen größere Umfänge und würden den 4. und 5. Platz einnehmen, aber mit verschiedenen Marken: das Centre Vinicole de la Champagne (Hauptmarke Nicolas Feuillatte), die Gruppe Jacquart, Hauptmarke des gleichen Namens, und die Union Champagne (Hauptmarke de Saint Gall).

Die größten Exportmarken[1]

1. Moët & Chandon
2. Veuve Clicquot
3. Piper Heidsieck
4. Mumm
5. Pommery
6. Laurent Perrier
7. Perrier-Jouët
8. Lanson
9. Taittinger
10. Louis Roederer

[1] Stand 1995

[2] Stand 1995. Die Reihenfolge ist die der Lieferungen innerhalb des Jahres, die nicht immer den Verkäufen entspricht.

[3] Wird von Duval-Leroy geliefert.

Die größten Exportmarken nach Deutschland[2]

1. Moët & Chandon 2,03 Millionen Flaschen (11,4 %)
2. Veuve Clicquot (9,8 %)
3. Piper Heidsieck (7,5 %)
4. Pommery (6,8 %)
5. Bricout (6,7 %)
6. Emile Michel[3] (4,4 %)
7. Lanson (4,2 %)
8. Mumm (2,9 %)

Duval-Leroy, der unter seiner eigenen Marke etwa 2,4 Prozent erreichte, kam also mit seiner Handelsmarke Emile Michel zusammen auf etwa ebensoviel wie Pommery.

Andere Häuser, die nicht nur unter ihrem Namen, sondern auch Handelsmarken lieferten und damit in der oberen Gruppe lagen, waren Vranken und Boizel. Durch Lieferungen für Discountermarken kam das relativ kleine Unternehmen Mansard Baillet zu einem bemerkenswerten Auf und Ab: 1993 162 000 Flaschen, 1994 1,3 Millionen, 1995 rund 450 000.

1995 war für die Champagne ein Jahr deutlichen Aufschwunges nach der Rezession und neuer Bemühungen der großen Markenhäuser für die nächsten Jahre; innerhalb der Liste wird es zweifellos zu Umstellungen kommen.

Märkte

Die frühe Statistik ist naturgemäß lückenhaft. Bis 1910 sind Champagner und andere in der Champagne hergestellte Schaumweine nicht gesondert registriert, der Anteil des Champagners also schwer zu schätzen, besonders für Frankreich; im Export spielten die anderen »mousseux« nur eine geringe Rolle.

1832:
Deutschland 479 000 Flaschen
England einschließlich Indien 467 000
USA 400 000
Rußland 280 000

1880:
England 4 Millionen
USA 2 Millionen
Frankreich 1,8 Millionen

1898:
England 10,7 Millionen Flaschen
Frankreich 6 Millionen
Belgien 2,78 Millionen
Deutschland 1,86 Millionen
Nordamerika (USA + Kanada) 1,42 Millionen
Rußland 498 500
Holland 468 000
Schweden 259 200
Dänemark 188 700
Österreich-Ungarn 153 300
Schweiz 141 400
Italien 129 700
Australien 125 600
Norwegen 108 200
Argentinien 100 300
Britisch-Indien 100 000

1913:
Frankreich 8 134 196 Flaschen
Belgien 7 595 250
England 7 281 250
USA 1 728 875
Argentinien 1 088 125
Rußland 1 088 125
Deutschland 1 080 750

Hauptmärkte 1995

1. Frankreich: 160 032 160 Flaschen
2. Deutschland: 17 747 893
3. Großbritannien: 16 964 489
4. USA: 12 576 242
5. Schweiz: 7 436133
6. Italien: 7 343 832
7. Belgien: 6 401 176
8. Niederlande: 1 882 517
9. Japan: 1 878 136
10. Spanien: 1 190 412
11. Kanada: 875 359

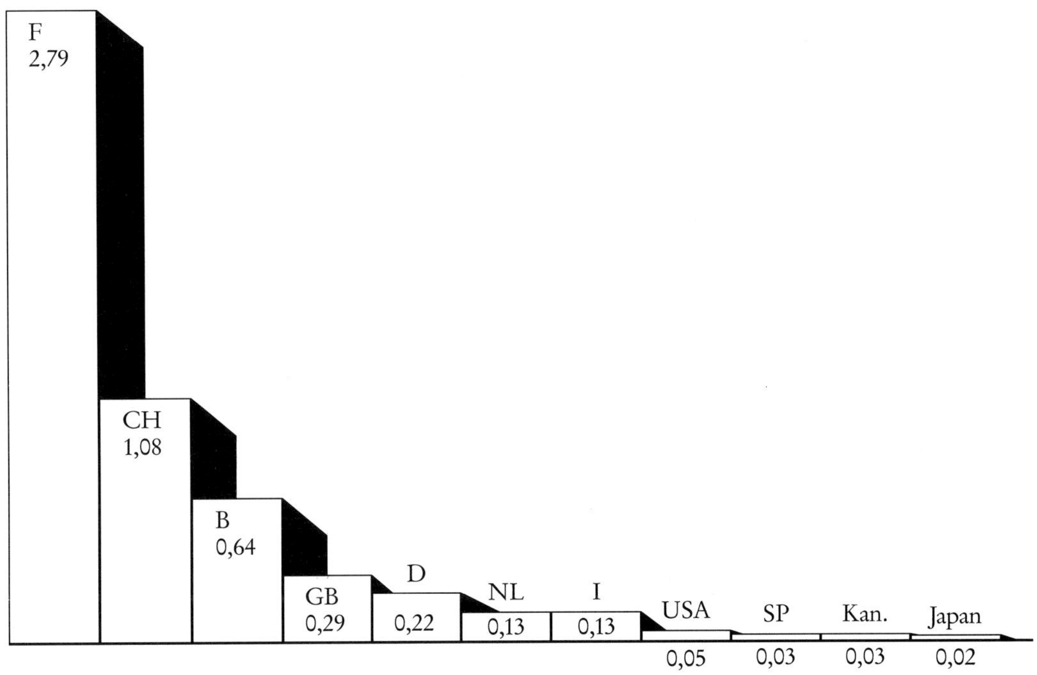

Champagner-pro-Kopf-Verbrauch 1995 in 1/1 Flaschen:

(Basis: jeweils Gesamtbevölkerung. Quelle: Champagner-Informationsbüro Alain Fion)

Die Kirche von Vertus, einem besonders geschätzten Ort im Süden der Côte des Blancs

Das ABC der Marken, Häuser und Adressen

Was in und hinter unserem ABC steckt

Ob Sie mit Champagner handeln oder »nur« Liebhaber dieses berühmten Getränkes sind – hier finden Sie ein nützliches Instrument, einen komplizierten und oft geheimnisvollen Markt zu durchleuchten und für sich nutzbar zu machen. Die Geschichte der großen Champagner-Häuser ist auch noch höchst interessant.

Wir erläutern in diesem ABC weit mehr als tausend Champagnermarken. Darunter sind viele, deren Name und Etikett nicht sagt, wer sie herstellt – hier können Sie es nachschlagen. Die Namen hinter den großgedruckten Marken sind die Hersteller, ihrerseits auch alphabetisch aufgeführt.

Viele solche »Handelsmarken« brauchen sich, was ihre Qualität anbelangt, hinter niemandem zu verstecken. Ihre Benennung bedeutet nicht, daß sich die Herstellerfirma tarnen möchte, sondern geht auf den Wunsch der Kunden zurück, die mit einem Original glänzen wollen – Handelsketten und Geschäfte, aber auch Restaurants. Oft gehören die Marken den Kunden, die ihre Lieferanten natürlich wechseln können, aber diejenigen, die nicht gerade auf

Ramschware aus sind, bleiben ihrem Hersteller meist lange treu.

Andere Marken freilich, hauptsächlich für Discounter und Supermärkte, dienen vor allem dem Konkurrenzkampf auf der untersten Preisebene, mit Phantasienamen wie Baron Charles, Henry & Fille, Henry Maison, Charles Bach oder de Bach und Prince Laurent, von denen ich aus diesem Grund nur einige ins ABC aufgenommen habe – es kommen ja immerfort neue hinzu.

Es gibt fast 12 000 verschiedene Champagnermarken, also Etiketten, davon werden nur etwa 7300 von Winzern benutzt. Die rund 450 Handelsmarken, die mehr als 700 Winzer und Firmen in unserem ABC sind also schon eine radikale Auswahl, wenn auch eine größere, als Sie irgendwo finden könnten (außer natürlich in den Telefonbüchern der Champagne, die aber nicht mit unseren Einzelheiten aufwarten).

Wir haben im wesentlichen Winzer und Produzenten aufgenommen, die sich durch Qualität bemerkbar gemacht haben, die in der französischen, englischen und amerikanischen Weinliteratur hervorgehoben wurden. Weiter die Mitglieder des »Club des Viticulteurs« (bei den Einträgen als »Club« gekennzeichnet), die sich freiwillig höheren Qualitätskriterien stellen, und solche, die bei seriösen Verkostungen sehr gut abgeschnitten haben, wie etwa bei den »Vinalies Internationales« (ausgerichtet von der Union des Oenologues de France) oder dem Concours Agricole in Paris (Landwirtschaftsministerium).

Dazu kommen nicht geringe eigene Erfahrungen und Hinweise von Fachleuten an Ort und Stelle, aber auch von Importeuren und Restaurateuren; Exporterfolge, besonders von kleineren Produzenten, sind ein sehr annehmbares Auswahlkriterium.

Bei der Auswahl der Winzer haben wir solche in höher eingestuften Lagen bevorzugt (siehe Abschnitt »Die Hierarchie der Crus«). Jedoch sollten Sie auch im Departement Aube, das touristisch sehr reizvoll ist und ziemlich abseits vom großen Reiserummel liegt, über genügend Champagner-Adressen verfügen können. Auch dort ist Champagner sehr trinkbar, und oft nicht so teuer.

Einige der angeführten Winzer lassen ihren Champagner in Genossenschaften vinifizieren. Es ist ein überholtes Vorurteil, daß Kooperative keinen guten machen könnten.

Als Hinweis auf die Größenordnung gebe ich häufig den Flaschenumsatz an (fürs Jahr) und/oder die Weinbergfläche. Aber da die Ernte von Jahr zu Jahr verschieden ausfällt und die Häuser darauf achten müssen, große Reserven zu halten (mindestens das Volumen von drei Verkaufsjahren), verändern sich solche Zahlen von Jahr zu Jahr. Häuser, die keinen eigenen Weinbesitz haben oder nicht genug, kaufen Trauben oder Most bei Winzern, meist aus möglichst guten Lagen.

Bei vielen Winzern sind die angegebenen Flaschenumsätze geringer, als die ha-Zahl vermuten lassen würde – sie verkaufen einen Teil ihrer Ernte an die »Großen«. Wenn die Flaschenzahl zu groß für die Fläche wirkt, hat das Haus Trauben oder Most hinzugekauft und den Status eines Händlers (siehe Abschnitt »Etikett – entschlüsselt«).

Alle machen eine Standard-Cuvée Brut, die meisten auch Brut mit Jahrgang, ziemlich viele Rosé, viele auch Prestige-Cuvées, noch eine ganze Menge demi-sec und sec, sehr viel weniger völlig undosierten Brut, also ohne Zuckerzusatz. Wir halten für unnütz, jedesmal das fast immer gleiche Angebot aufzuzählen, nur bei den berühmten Markenfirmen machen wir eine Ausnahme, sonst noch bei Prestige-Cuvées. Die haben fast immer einen Jahrgang (nicht bei Krug und Laurent-Perrier), der natürlich von Zeit zu Zeit durch einen jüngeren abgelöst wird. Wir lassen ihn weg.

Wir haben einige Winzer gefunden, die Champagner nach den Prinzipien des biologischen Anbaus möglichst chemiefrei herstellen. Es gibt wenige, mit etwa insgesamt 100 Hektar unter rund 31000 ha Rebfläche.

Es wäre vielleicht modisch, aber unsinnig und irreführend, das Angebot der einzelnen Hersteller nach seinen Geschmacksnuancen zu beschreiben und zu werten. Unsere Auswahl beruht ja schon auf Empfehlungen, mit Ausnahme der Handelsmarken, die ich zur Brancheninformation aufgenommen habe. Die Unterschiede zwischen Tausenden von Champagnern (jeder der aufgenommenen Produzenten macht ja mindestens drei) sind nicht groß genug, und bei vielen Winzern, die nur die Ernte ihres Weinberges oder allenfalls ihres Ortes verarbeiten, ändert sich der Geschmack von Jahr zu Jahr. Sie können nicht, wie die Größeren und Großen, durch Mischungen die Schwankungen der Ernte ausgleichen. Bei den großen Häusern gebe ich zwar das Mischungsverhältnis oft an, es kann aber nur als grobe Faustregel gelten. Gerade wenn der gleiche Geschmack der Standard-Cuvée gehalten werden soll, ändert es sich häufig. Wie wenig seriös pseudogenaue Geschmacksbeschreibungen sind, ist im Kapitel »Geschmacks-Sachen (2)« dargelegt.

Der Dosage und den Mischungen, also den »assemblages«, sind aus ähnlichen Erwägungen allgemeinere Kapitel gewidmet (siehe Abschnitt II: »Das Rezept«).

Familiennamen der Winzer sind fast immer auch die Champagnernamen, nur die Vornamen ändern sich mit den Generationen. Die Namen in Klammern benennen die derzeitigen Besitzer. Häufig die Töchter oder Söhne, gelegentlich auch andere Firmen. Der häufige zweite Name auf dem Etikett ist fast immer der Name der Ehefrau – ein lobenswertes Verfahren, das über die Champagne hinaus Schule machen könnte.

Telefonnummern anzugeben ist zwar ein Risiko – wer weiß, wann sie sich wieder ändern. Aber dann meldet sich meist eine Hinweisautomatik. Jedenfalls ist es unmöglich, mit unseren Angaben einen Produzenten nicht zu erreichen.

Die Unternehmen der Champagne haben kaum weniger unter der Wirtschaftskrise gelitten als andere auch. Das gilt besonders für die kleineren und mittleren ohne Re-

benbesitz, denen die Finanzierung ihrer Beschaffungen und Lager immer schwerer fiel. Die Absatzzahlen begannen nach drastischem Rückgang erst 1994/1995 wieder zu steigen.
Seit Erscheinen der letzten Auflage dieses Buches haben mehrere bekannte Häuser den Besitzer gewechselt. Die Konzentrationsbewegung ist nicht beendet. Die in diesem Buch gezeigten Besitzverhältnisse sind die von Anfang 1996. Besichtigungen sind bei fast allen großen Häusern möglich, oft gegen Gebühr für Führung und Verkostung. Auch viele Kleine zeigen gern ihre Anlagen und lassen ihren Champagner probieren.

Die Abkürzung SGM im ABC bedeutet »Syndicat de Grandes Marques de Champagne«, gegründet 1882 – Unternehmen, die sich als Creme des Champagners fühlen. Zu ihnen zählen einige der größten, aber keineswegs alle großen und auch nicht etwa alle, die guten Champagner machen – da gibt es viel mehr. Immerhin haben sie eine lange Tradition und am meisten Anlaß, ihr Prestige zu verteidigen. Ihr jetziger Präsident, Jean-Claude Rouzaud (von Louis Roederer), versucht dies durch Einführung neuer Qualitätsanforderungen, die möglicherweise eine Verkleinerung dieser Gruppe zur Folge haben werden.

🍇🍇: Grands Crus (100 %)
🍇: Premiers Crus (90–99 %)

Bei Handelshäusern in solchen Orten, die auch anderswo Trauben oder Most kaufen, ist die Kennzeichnung weggelassen.

☀: biologischer Anbau

Nach anstrengender Arbeit: Essen und Trinken mit allen Helfern

ABELÉ Henri
50 rue de Sillery
51051 Reims
03 26 87 79 80 Fax 03 26 87 79 81

Eines der uralten Champagnerhäuser, gehört heute zum spanischen Getränkekonzern Freixenet. Etwa 700 000 Flaschen im Jahr.
Henri Abelé erfand 1844 die bald von fast allen anderen Häusern übernommene Methode, die Champagnerflaschen zum Degorgieren umgekehrt in eine Eislösung zu tauchen, die das Depot am Kork festfrieren läßt.
Das Haus gründete 1757 Théodore Vander Veken, nach dem es auch lange hieß. Anfang des 19. Jahrhunderts hatte es großen Erfolg an deutschen Fürstenhöfen. Um diese Zeit trat Antoine de Muller in die Firma ein, der als Kellermeister der Witwe Clicquot bei der Entwicklung der Flaschen-Rütteltechnik geholfen hatte; Muller war ein Schwager des Vander Veken-Neffen und -Erben Ruinart de Brimont und erbte seinerseits die Firma. Sein Schwiegersohn und Neffe François Abelé de Muller brachte dann den Namen ein, unter dem das Unternehmen nach mehreren Umbenennungen und Besitzerwechseln heute bekannt ist.
Prestige-Cuvée: Sourire de Reims.
Weitere Marke: PIERRE ARNAULT

ADAM-DANIEL
19 rue de Chigny
51500 Rilly-la-Montagne
03 26 03 41 39 Fax 03 26 03 48 73

ADAM-GARNOTEL
15 rue de Chigny
51500 Rilly-la-Montagne
03 26 03 40 22 Fax 03 26 03 44 47
Gegründet 1899. 9 ha, etwa 100 000 Flaschen

AGRAPART & Fils
57 avenue Jean Jaurès
51190 Avize
03 26 57 51 38 Fax 03 26 57 05 06
10 ha, etwa 30 000 Flaschen

d'ALBE Léonce: Union Auboise

d'ALBECOURT: Ellner

ALBERT Pol: Marne & Champagne

d'ALBRY Richard: Union des Propriétaires, Le Mesnil

d'ALENCOURT: Esterlin

ALEXANDRE Yves
3 rue St. Vincent
51390 Courmas (Gueux)
03 26 49 20 78 Fax 03 26 49 76 09

ALLOUCHERY-PERSEVAL
11 rue de l'Eglise
51500 Eceuil
03 26 49 74 61 Fax 03 26 49 27 70

ALTHORP: Marne & Champagne

AMIS DU VIN DE CHAMPAGNE, LES: Bruno Paillard

AMPHYCLES
Pariser Restaurant mit besonders großer Champagnerauswahl

AMYOT Robert
32 rue Quinton
10110 Loches sur Ource (Bar sur Seine)
03 25 29 63 19 Fax 03 25 29 69 25

d'ARHANPÉ Maurice: Charbaut

ARISTON FILS
4 Grande Rue
51170 Brouillet (Fismes)
03 26 97 43 46 Fax 03 26 97 49 34
10 ha, etwa 80 000 Flaschen im Jahr
Winzerfamilie seit 1794

ARLIT & Cie: Le Brun (Albert)

ARNAUD Claude: Esterlin

ARNAULT Pierre: Abelé

ARNOULD Michel
28 rue de Mailly
51360 Verzenay
03 26 49 40 06 Fax 03 26 49 44 61
9 ha

ARNOULD Pierre
1 rue Gambetta
51360 Verzenay
03 26 49 40 12 Fax 03 26 49 44 40
führt auch die Marke EUGÈNE RALLE weiter (s. d.)

ARNOULT Jean
(Jean Cheurlin)
100 Grande Rue
10110 Celles-sur-Ource (Bar-sur-Seine)
03 25 38 56 49 + 03 25 38 56 85
Fax 03 25 38 58 01
8 ha, etwa 100 000 Flaschen im Jahr
Arnoult war das erste der im Departement Aube gegründeten Champagnerhäuser.

d'ARRAGON Charles: Gobillard

ARVOIS Jean-Paul
2 rue Jean Mermoz
51530 Chavot-Courcourt (Epernay)
03 26 54 31 97
8–10000 Flaschen im Jahr

ASSAILLY-LECLAIRE Christian
6 rue de Lombardie
51190 Avize
03 26 57 51 20 Fax 03 26 52 84 48

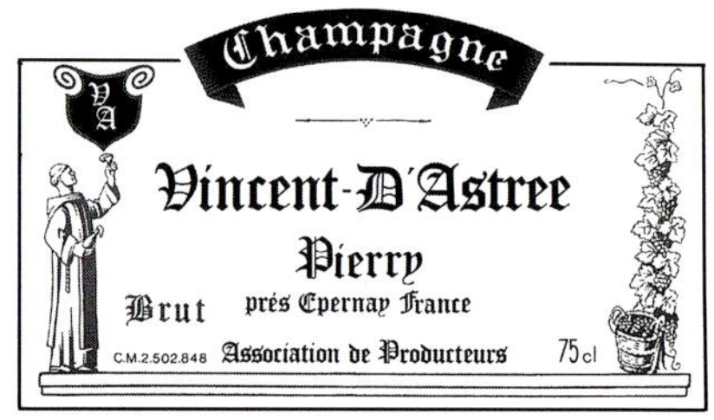

d'ASTRÉE Vincent
Coopérative Vinicole
rue Léon Bourgeois
51200 Pierry (Epernay)
03 26 54 03 23 Fax 03 26 55 54 04
140 Mitglieder mit zusammen 60 ha. Produktion etwa 200 000 Flaschen im Jahr, davon etwa 100 000 unter der Marke der Genossenschaft.
Weitere Marken: ANDRÉ VINCENT, JEAN GABIN

ATTRAIT E.: Charbaut

AUBRIOT Jean + Laurent
10200 Voigny (Bar-sur-Aube)
Grande Rue
03 25 27 00 72
7 ha. Gemeinsamer Besitz, getrennte Marken

AUBRY Jean & Fils
8 impasse du Château
51390 Jouy-les-Reims
03 26 49 20 12 Fax 03 26 49 23 23
8 ha

AUBRY L. Fils
6 Grande Rue
51390 Jouy-les-Reims
03 26 49 20 07 Fax 03 26 49 75 27
5 ha

DE L'AUCHE Ch.
Marke der Coopérative vinicole de Germigny-Janvry-Rosnay
51390 Janvry (Gueux)
Empfangsbüro an der RN 31 in 51140 Muizon
03 26 03 63 40 Fax 03 26 03 66 93
Die Genossenschaft hat etwa 130 Mitglieder mit knapp ebensoviel Hektar. Sie beliefert ihre Winzer unter deren Marken und den Handel. Weitere eigene Marken: PRESTIGE DES SACRES, CHARLES DE COURCELLE, NECTAR DE ST. RÉMY, JACQUES D'ORMONT.

AUGÉ: Gimmonet

AUTRÉAU DE CHAMPILLON
15 rue René Baudet
51160 Champillon
03 26 59 46 00 Fax 03 26 59 44 85
21 ha, etwa 150 000 Flaschen im Jahr

AYALA & Co
(Société Générale de Champagne)
2 boulevard du Nord
51160 Ay
03 26 55 15 44 Fax 03 26 51 09 04
SGM
Ayala ist keine Abwandlung des Ortsnamens – so hieß der kolumbianische Gründer. Das Haus verkauft jährlich zwischen 800 000 und einer Million Flaschen; Deutschland ist einer seiner besten Exportkunden. Es besitzt 32 ha

Jean-Michel Ducellier

Weinberge und kauft Lesegut hinzu. Der Besitzer, Jean-Michel Ducellier, war lange Präsident der Union der beiden Syndikate, zu denen sich die Champagner-Handelshäuser zusammengeschlossen hatten. Ihm gehören auch die Marken DUMINY und MONTEBELLO.
Der Gründer, Edmond de Ayala, hatte 1860 im Schloß von Ay die Nichte des Schloßherrn kennengelernt; bald danach heirateten sie. Zur Mitgift gehörten das Schloß und Weinberge. Ayala gründete eine Champagnerfirma, die mit Exporten nach Großbritannien wuchs, aber während der Weltwirtschaftskrise der dreißiger Jahre in Schwierigkeiten geriet. Die Söhne verkauften das Haus an die britische Guinness-Bank, von der es 1937 René Chayoux erwarb, Sohn eines Weinhändlers in Epernay. Chayoux hatte ein Jahr vorher die Firmen Duminy und Montebello übernommen. Er machte Ducellier zum Generaldirektor und hinterließ ihm, da er keine Erben hatte, die ganze Gruppe.
Im Jahr 1865 hatte Ayala zu den ersten Produzenten gehört, die trockenen Champagner nach England ausführten,

entgegen der süßen Geschmacksrichtung, die bis dahin vorherrschte. Der Prince of Wales gehörte zu den guten Kunden und trug viel zum Renommee der Firma bei. 1911 wurden das Schloß und die übrigen Anlagen der Firma während der Unruhen in der Champagne verwüstet.
Ayala läßt seinen Champagner auch in halben Flaschen vergären – die meisten anderen füllen ihre halben aus größeren Flaschen.
Ducellier und seinem Sohn Alain gehört außerdem das klassifizierte Bordeaux-Weingut Château La Lagune. Prestige-Cuvée: Grande Cuvée.

DE AYALA Richard: Union des Propriétaires Récoltants. Wird seit 1986 nicht mehr hergestellt.

BADIE
60 allées de Tourny
33000 Bordeaux
05 56 52 15 66 Fax 05 56 81 31 16
Geschäft mit Auswahl von rund 200 Champagnermarken in den verschiedensten Flaschengrößen; darunter gleichnamige Eigenmarke.

BAGNOST-RICHARD
53 rue du Général de Gaulle
51530 Pierry 🍇
03 26 54 08 44 Fax 03 26 51 05 59

BAILLY Alain
3 rue Tambour
51170 Serzy et Prin (Fismes)
03 26 97 41 58 Fax 03 26 97 44 53

BALAHU DE NOIRON
s. NOIRON

BANDOCK Jean-Marie
4 rue de Louvois
51150 Bouzy 🍇🍇
03 26 57 00 72 Fax 03 26 52 04 18

Vater und Sohn Secondé
Champagner Barnaut in Bouzy ▽

BARA Paul
4 rue Yvonnet
51150 Bouzy 🍇🍇
03 26 57 00 50 Fax 03 26 57 81 24
Club. 11 ha, etwa 150 000 Flaschen

BARANCOURT
place André Tritant
51150 Bouzy
03 26 53 33 40 Fax 03 26 53 33 41
Gehört Vranken (s. d.)

Das Unternehmen entstand 1966 und verblüffte die Branche durch die Unternehmungslust und den anfänglichen Erfolg der drei jungen Gründer, die damals 20 und 19 Jahre alt waren und von ihren Eltern tatkräftig unterstützt wurden. Sie kauften Weinberge meist in nicht besonders geschätzten Lagen, aber auch einen Teil in den besten, und machten ihren Champagner (benannt nach einer ausgestorbenen Winzerfamilie in Bouzy) binnen kurzem zu einer anerkannten Qualitätsmarke. Als die Krise immer stärker auf die Preise drückte, wurde die Kluft zwischen Herstellungspreis und dem Verkaufserlös bei Großabnehmern zu groß; 1994 wurde die Firma von Vranken übernommen.
Weinberge 102 ha, etwa 500 000 Flaschen im Jahr. Spitzen-Cuvée: Cuvée des Fondateurs Bouzy Brut: 95 % Pinot Noir aus Bouzy, 5 % Chardonnay. Produziert auch Champagner »Monthibault« für Savour Club

BARBIER-GOSSET
Robert Barbier
6 place Marceau
51500 Mailly
03 26 49 41 34 Fax 03 26 49 45 63
3 ha

BARDOUX Père & Fils
5 rue St.Vincent
51140 Villedommange
03 26 49 25 35 Fax 03 26 49 23 15
Club. 4 ha, 10–15 000 Flaschen

BARDY Père & Fils
3 rue d'Oiry
51190 Le-Mesnil-sur-Oger
03 26 57 57 59 Fax 03 26 52 84 49

BARNAUT E.
Philippe Secondé
2 rue Gambetta
51150 Bouzy
03 26 57 01 54 Fax 03 26 57 09 97
13 ha, etwa 60 000 Flaschen. U. a. Extra Brut Sélection ohne Dosage

BARNIER Roger
Frédérick Berthelot
1 rue du Marais de Saint-Gond
51270 Villevenard
03 26 52 82 77 Fax 03 26 52 81 09
7 ha, 50–60 000 Flaschen

BARON Albert
(das Etikett ist gestaltet, als sei es ein Adelstitel, Baron ist aber der Familienname)
Grand-Porteron
02310 Charly-sur-Marne
03 23 82 02 65 Fax 03 23 82 02 44
Winzerfamilie seit 1677
32 ha, Zukauf. Etwa 500 000 Flaschen. Erste Gärung teilweise im Holzfaß. Prestige-Cuvée: Jean de la Fontaine Weitere Marken: VEUVE EUGENIE BEZARD, JEAN DUCLERT, R. G. de l'ERMITAGE

BARON FUENTÉ
Gabriel Baron
21 avenue Fernand Drouet
02310 Charly-sur-Marne
03 23 82 01 97 Fax 03 23 82 12 00
17 ha, etwa 200 000 Flaschen

BARON-Martin: de Méric

BARON PHILIPPE: de Rothschild, Pauillac (Medoc)

BARTNICKI-ROBIN Nicole
22 Grande Rue
10250 Gye-sur-Seine (Moussy-sur-Seine)
03 25 38 24 53 Fax 03 25 38 25 94

BATILLIER: Charbaut

BAUCHET Père & Fils
rue de la Crayère
51150 Bisseuil
03 26 58 92 12 Fax 03 26 58 94 74
38 ha, 250 000 Flaschen
Weitere Marken: CHATELIN, DOM CASIMIR, CLOS BABOT, COMTE DE LISSEUIL, SAINT NICAISE

BAUGET-JOUETTE Gaston
60 rue Chaude Ruelle
51200 Epernay
03 26 54 44 05 Fax 03 26 55 37 99
15 ha, Zukauf, etwa 150 000 Flaschen
Teilweise Faßgärung.
Deutschlandbüro: Sülzgürtel 28, 50937 Köln, 44 75 46 Fax 44 82 85

BAUJEAN Michel
J. Michel Beau
La Mansardière
10340 Bagneux-la-Fosse
03 25 29 37 44 Fax 03 25 38 58 45
Seit 1886. 15 ha, etwa 100 000 Flaschen

BAUSER René
Le Magny – Route de Tonnère
10340 Ricey Haut (Les Riceys)
03 25 29 32 92 Fax 03 25 29 96 29

BEAUFORT André & Jacques
1 rue de Vaudemanges
51150 Ambonnay
03 26 57 01 50 Fax 03 26 52 83 50
Biolog. Anbau. 9,5 ha (davon 5 ha im Gebiet Aube). Erste Gärung in Tank und Faß

BEAUFORT & Fils Claude
5 rue des Neigettes
51380 Trépail (Verzy)
03 26 57 05 63
4 ha, etwa 25 000 Flaschen

BEAUFORT Claude
40 boulevard des Bermonts
51150 Ambonnay
03 26 57 01 32 Fax 03 26 57 61 33
8 ha

BEAUFORT Herbert (Henri)
32 rue de Tours
51170 Bouzy
03 26 57 01 34 Fax 03 26 57 09 08
Club. 17 ha. 120–150 000 Flaschen
Weitere Marke: La COMMANDERIE

BEAUFORT Jean-Marie
2 rue de Trépail
51150 Ambonnay
03 26 57 02 59 Fax 03 26 57 58 03

BEAUGRAND
2 rue Léon Beaugrand
10300 Montgueux (Troyes)
03 25 79 85 11
15 ha

BEAUMET
(auch BEAUMET-CHAUREY)
Jacques Trouillard
3 rue Malakoff
51200 Epernay
03 26 59 50 10 Fax 03 26 54 78 52

Gegründet 1878 (Chaurey 1840), hat mehrfach den Besitzer gewechselt. Weinberge gemeinsam mit Oudinot-Jeanmaire (s.d.) des Bruders von Michel Trouillard, zusammen 80 ha. Zukauf. Etwa 2 Millionen Flaschen.
Prestige-Cuvée: Malakoff
Weitere Marken: DE LA BIOLÉE, CHAUREY, DENAUER, FREMINET, HERBER, ANDRÉ MANICHOU

BEAUMONT DES CRAYÈRES
Coopérative Vinicole de Mardeuil
64 rue de la Liberté
51200 Mardeuil (Epernay)
03 26 55 29 40 Fax 03 26 54 26 30
Der Genossenschaft gehören 210 Winzer mit zusammen 80 ha an. 250 bis 300 000 Flaschen. Produziert auch CHARLES LEPRINCE

BEAUREGARD Guy: Charbaut

BEAUTRAIT Yves
4 rue des Cavaliers
51160 Louvois (Ay)
03 26 57 03 38 Fax 03 26 57 03 65
Club. 16,5 ha

BECKER: Piper Heidsieck

BEGUIN & Cie: Marne & Champagne

BELCOUR Ch. & Co:
Marne & Champagne

DE BELLECROIX: de Telmont

BELOUIS Fils
Chassins
02850 Trélou-sur-Marne
03 23 70 26 48
6 ha, 40–50 000 Flaschen

DE BELVAL: Duval-Leroy

BÉNARD Roland
21 rue Corbier
51160 Mareuil sur Ay
03 26 50 60 36 Fax 03 26 52 62 12
6 ha

BENOIT Charles & Fils:
Marne & Champagne

BÉRAT Jacqueline, Jacques
8 rue St. Roch
51480 Boursault
03 28 58 42 45 Fax 03 26 58 67 02
10 ha, 80–100 000 Flaschen

LE BERCEAU DU CHAMPAGNE
Coopérative des Vignerons d'Hautvillers
51160 Hautvillers
03 26 59 40 06 Fax 03 26 59 44 13
70 ha. Etwa 300 000 Flaschen

BERGERONNEAU François & Fils
10 rue des Vignes
51390 Villedommange
03 26 49 24 18 Fax 03 26 49 20 62
6,5 ha

BERNARD Alain
116 rue Danièle Casanova
51200 Dizy
03 26 55 24 78
4 ha

BERNARD J. L.
La Grange des Coteaux
51200 Dizy
03 26 55 23 15

BERNARD Paul: Charbaut

BERNARD Pol: Charbaut

BERTHELEMY: Charbaut

BERTHELOT Paul
889 avenue du Général Leclerc
51200 Dizy
03 26 55 23 83 Fax 03 26 54 36 31
20 ha, 150–200 000 Flaschen

BERTIN Francis & Fils
64 rue St. Gibrien
51200 Cramant
03 26 57 93 38 Fax 03 26 58 46 79
4 ha, etwa 15 000 Flaschen

BERTRAND Gilbert
5 ruelle des Godats
51500 Chamery (Rilly la Montagne)
03 26 97 64 57
3 ha

BERTRAND Guy
Grande Rue
10200 Voigny (Bar sur Aube)
03 25 27 11 54 Fax 03 25 27 71 52

BERTRAND Paul-Marie
rue Beauchaille
10340 Bagneux-la-Fosse
03 25 29 30 58 Fax 03 25 38 25 51
6,5 ha

BERTRAND Robert
3 rue du Point du Jour
51140 Trigny
03 26 03 11 47 Fax 03 26 03 02 49

BESSERAT DE BELLEFON
19 avenue du Champagne
51205 Epernay
03 26 78 50 50 Fax 03 26 78 50 99
Das 1843 in Ay entstandene Haus gehört seit Ende 1990 zu Marne & Champagne, nach 17 Jahren bei Cinzano (1959 bis 1976) und anschließend fast so lange im Konzern Pernod Ricard. Mit etwa 1 Million verkauften Flaschen pro Jahr zählt es zu den größeren Marken. Prestige-Cuvée: Grande Cuvée B. de B.

Weitere Marken: CUVÉE COLBERT, CUVÉE FIRST, de MONTERAT, MORLANT, de VAUCELLE

BEURTON Gérard
5 rue Sorbier
51480 Cuchery
03 26 58 11 75 Fax 03 26 58 15 51
5 ha

BEYOT & Cie: Marne & Champagne

DE BIGAULT Ch.: Moët & Chandon

Fontaine-sur-Ay

BILLECART-SALMON
40 rue Carnot
51160 Mareuil-sur-Ay
03 26 52 60 22 Fax 03 26 52 64 88
SGM

Seit 1818. Einer der frühesten Produzenten von Rosé-Champagner. Mußte in der Wirtschaftskrise nach dem Ersten Weltkrieg seinen Weinbesitz verkaufen, um Investitionen finanzieren zu können. Etwa 650 000 Flaschen im Jahr. Liefert die Hausmarke des 3-Sterne-Restaurants MICHEL GUÉRARD. Prestige-Cuvée: Nicolas-François Billecart. Zweitmarke: CHARLES LE BEL

BILLIARD Gaetan: Alain Thiénot

BILLION François
4 rue des Lombards
51190 Le Mesnil-sur-Oger
03 26 57 51 34 Fax 03 26 52 65 94
Produziert Blanc de Blancs ausschließlich aus der Ortslage, kann ihn also »LE MESNIL« nennen (s. d.)

BILLION Robert
Union des Producteurs de la Côte des Blancs
3 rue de la Place
51190 Le Mesnil-sur-Oger
03 26 57 50 31
Kleine Genossenschaft, 25 Mitglieder und 20 ha. Marke Billion etwa 20 bis 25000 Flaschen

Jean und Vater Antoine Roland-Billecart

BILLIOT Henri
1 place de la Fontaine
51150 Ambonnay
03 26 57 00 14
5 ha, 35–40 000 Flaschen

BINET
31 rue de Reims
51500 Rilly-la-Montagne
03 26 03 49 18 Fax 03 26 03 43 11
Mit dem Champagner Germain in der Gruppe Frey (s. d.). 16,5 ha, etwa 200–300 000 Flaschen

DE LA BIOLÉE Christian: Beaumet/Chaurey

BISINGER: Charbaut

BLANC DES CRAYÈRES: Veuve Clicqot

DE BLÉMOND
Coopérative Vinicole de Cuis
route de Cramant
51530 Cuis
03 26 57 78 30 Fax 03 26 59 76 02
100 Winzer, 40 ha, etwa 70 000 Flaschen unter der Marke

BLIARD Jean
41 rue des Buttes
51160 Hautvillers
03 26 59 40 38
Biolog. Anbau. 4 ha, etwa 15 000 Flaschen

BLIN H. & Cie
5 rue de Verdun
51700 Vincelles (Dormans)
03 26 58 20 04 Fax 03 26 58 29 67
Kooperative. 97 Winzer mit 100 ha, etwa 500 000 Flaschen
1. Gärung teilweise in Holzfässern

BLIN R. & Fils
11 rue du Point du Jour
51140 Trigny
03 26 03 10 97 Fax 03 26 03 19 63
11 ha, 90 000 Flaschen

BLONDEL Thierry
Les Monts Fournois
51500 Ludes
03 26 03 43 92 Fax 03 26 03 44 10
10 ha, etwa 90 000 Flaschen

BOCUSE Paul: Ivernel

BOIVIN Patrick
667 chemin des Champs de Linette
51200 Epernay
03 26 54 50 02 Fax 03 26 55 37 52
Weinberg in Cumières
15–20 000 Flaschen

BOIZEL
14 rue de Bernon
51200 Epernay
03 26 55 21 51 Fax 03 26 54 31 83
Gegründet 1834, die Mehrheit übernahm 1994 die Holding PBI, s. Bruno Paillard. Das Haus verkauft etwa 3 Millionen Flaschen, davon die Hälfte als Handelsmarken in Supermärkten. Beispiele: COMTE DE BLANZAC, COMTE DE ROBERT, LOUIS KREMER, MONGAMIN, MONTOY, SARCEY (für Justerini & Brooks in London), VEUVE DELAROY. Boizel Prestige-Cuvée: Joyau de France

BOISSELLE & Fils
23 rue Saint-Vincent
51390 Villedommange
03 26 49 75 44 Fax 03 26 49 27 80
5,5 ha, etwa 22 000 Flaschen

BOLLAERT: Marne & Champagne

BOLLINGER
16 rue Jules Lobet
51160 Ay
03 26 53 33 66 Fax 26 54 85 59
SGM
Von einem Deutschen gegründet, hat dieses Haus, wie mehrere andere bedeutende der Champagne, viel einer Frau verdankt. Es war eine jener in der Champagne so auffällig erfolgreichen Witwen, die nach dem Tode ihres Mannes zeigten, daß Unternehmerinnen ihren Kollegen durchaus ebenbürtig oder überlegen sein können.
Von der Größe, aber keineswegs vom Renommee her, zählt Bollinger zwar nur zur Mittelklasse. Mit seiner Qualität gehört das Unternehmen jedoch nach Auffassung der Champagnergemeinde in die gleiche Spitzenkategorie wie das ebenso berühmte, noch kleinere Haus Krug (s. d.). Beide halten an traditionellen, also teureren Methoden fest, um den Geschmack ihres Champagners sowohl hervorragend als auch unverwechselbar zu machen. Sie verwenden Holzfässer, die bei den anderen längst durch Tanks aus Edelstahl abgelöst sind. Bollinger verkauft um die 1,4 Millionen Flaschen im Jahr, mehr als 80% im Export, besitzt 144 ha Weinberge und ist daher weitgehend unabhängig von den Schwankungen der Traubenpreise, also krisenfest. Die Firma ist auch im amerikanischen und australischen Schaumweingeschäft tätig, an der Loire gehört ihr Château Langlois.
Die Champagner sind deutlich teurer als die der meisten Konkurrenten, was die Herstellungsmethoden erklären. Bollinger läßt, außer in ganz schlechten Jahren, einen Teil der Ernte in kleinen Holzfässern vergären – je besser der Jahrgang, desto mehr, große Jahrgänge ganz. Der Rest (in schlechten Jahrgängen alles) wird in Edelstahltanks vergoren. Die Weine im Tank werden auch der Milchsäuregärung ausgesetzt, die anderen nicht. Die Champagner ohne Jahrgang bestehen im allgemeinen aus 60% faßvergorenem, 40% tankvergore-

Ein Probeschluck vom Kellereidirektor Gérard Liot für Bollinger-Chef Ghislain de Montgolfier

Faßvergärung der Grundweine erleben nur noch wenige Champagner; hochangestapelte Faßreihen wie im Hof von Bollinger (Bild nebenstehend) und aus Spundlöchern herausschäumenden Gärmost sieht man hier bei Krug und ganz wenigen anderen.

nem Wein. Jahrgangs-Champagner stammen ganz oder überwiegend aus der Faßgärung. Die Flaschen altern überdurchschnittlich lange – drei bis vier Kellerjahre für den Brut ohne Jahrgang, drei bis sieben für den mit, weitere Qualitäten noch länger.

Bollingers Champagner schmeckt weiniger als viele andere, deren Hersteller eine größere Neutralität anstreben; ihm sichert es eine feste Gemeinde. Die Reserveweine werden in Magnumflaschen aufbewahrt, etwa 250 000, die unter leichtem Druck stehen (etwa zwei bar). Sie und die lagernden Vorräte der jeweiligen Cuvées sind nicht mit Kapseln verschlossen, wie inzwischen üblich, sondern mit richtigen Korken. Bollinger sagt, daß Kapseln bei seiner langen Lagerzeit schließlich doch anrosten könnten und nicht dicht genug wären.

Dieses der Tradition verhaftete Haus gründete am 6. Februar 1829 der Admiral Graf Villermont, dessen Familie schon seit langem Weinbau und -handel trieb. Der Graf wollte jedoch keineswegs seinen Namen geschäftlich verwendet sehen. Daher nahm er in die Firma, in die er Weinberge und Kapital einbrachte, zwei verantwortliche Partner auf: Josef Bollinger (der sich später Jacques nannte) und Paul Renaudin. Renaudin schied bald wieder aus. Bollinger, der aus Württemberg stammte, hatte das Champagnergeschäft schon einige Jahre bei seinem Landsmann Antoine Muller gelernt, der wiederum seine Sporen, bevor er sich selbständig machte, als Kellermeister bei der Witwe Clicquot (s. Veuve Clicquot) verdient hatte und dann eine Tochter aus der bekannten Champagnerfamilie Ruinart heiratete; sein Unternehmen hieß dann Muller-Ruinart.

Josef Bollinger heiratete acht Jahre nach der Gründung Graf Villermonts Tochter. 1854 erwarb er die französische Staatsbürgerschaft. Die übernommenen Flächen, etwa 12 ha, vergrößerten er und seine Erben durch beharrliches Zukaufen guter Lagen bis zum heutigen Stand.

Das Unternehmen hatte seine besten Erfolge schon früh in Großbritannien, wohin Bollinger als einer der ersten trockenen Champagner exportierte (Very Dry, 1865).

Zur Erinnerung an die Vergangenheit bewahrt Bollinger zwei winzige Weinfelder (2500 Quadratmeter in Ay, 1600 in Bouzy), wo Pinot Noir auf seinen Rebstöcken wächst, nicht auf amerikanischen gepfropften, wie es vor der Reblauskrise (s.d.) die Regel war. Die Stöcke stehen auch nicht in geordneten Reihen wie sonst heute, sondern »en foule«, eng durcheinander mit der erstaunlichen Dichte von 20000 bis 30000 Pflanzen pro Hektar (heute normal: 8000 bis 8500). Aus Gründen, die niemand kennt, bleiben diese Reben von der Reblaus unangetastet. Der Ertrag ist winzig, aber ausreichend für eine Prestige-Cuvée hohen Renommees.
Der Enkel des Gründers, Jacques, heiratete 1923 Elisabeth Law de Lauriston-Boubers. Nach seinem Tod 1941 führte sie das Unternehmen unter den schweren Bedingungen des Krieges und der deutschen Besetzung weiter. Auch hier waren wie in anderen Familien Angehörige in der Résistance; ein Neffe starb in einem deutschen Lager. Elisabeth Bollinger sicherte die Grundlagen für den Wiederaufschwung nach dem Krieg. Mit ihrem Tod erlosch 1977 die direkte Linie des Gründers. Die Firma führte ihr Neffe Christian Bizot weiter, dessen Nachfolger 1994 Ghislain de Montgolfier wurde.
Das Haus Bollinger hat es stets abgelehnt, besondere Flaschenformen für Spezial-Cuvées zu machen, und ändert auch nicht die Zusammensetzung der einzelnen Cuvées, um Prestige-Cuvées herzustellen. Der Unterschied liegt fast immer nur im Alter. Die dominierende Rebsorte ist Pinot Noir, die »assemblage« vereinigt so gut wie immer 65% Pinot Noir, 30% Chardonnay und 5% Pinot Meunier.
Bollingers »Vieilles Vignes Françaises«, aus den erwähnten alten Feldern in Ay und Bouzy, bestehen ausschließlich aus Pinot Noir (daher auch Blanc de Noirs genannt). Davon gibt es etwa 1800 bis 2000 Flaschen pro Jahrgang.
Als Anfang der neunziger Jahre unter dem Druck der Wirtschaftskrise immer mehr billigere Champagner minderer Qualität auf den Markt geworfen wurde, was auch die Markenhäuser unter Druck brachte, veröffentlichte Bollinger eine Qualitäts-Charta. Das Unternehmen verpflichtete sich, nur Weine der »cuvée«, also der allerersten Pressung zu verwenden und den Rest zu verkaufen (außer bei guten Ernten der zweiten von Chardonnay). Außerdem erklärte es, für seine Jahrgangs-Champagner mindestens 95% Grand-Cru- und Premier-Cru-Lagen zu benutzen, für die normale »Special Cuvée« mindestens 80%.
Die Sorten (alle Brut) : Special Cuvée (60% Pinot Noir, 15% Pinot Meunier, 25% Chardonnay) – Grande Année mit Jahrgang (72% Pinot Noir, 28% Chardonnay, neun Monate Faßlager nach der ersten Gärung) – RD mit Jahrgang (70% Pinot Noir, 30% Chardonnay). RD heißt récemment dégorgé. Er wird jahrelang, meist mehr als zehn Jahre, auf der Hefe gelassen und erst kurz vor der Auslieferung trink- und versandfertig gemacht. Das Datum des Degorgierens ist auf der Rückseite der Flasche angegeben. Besonders schwache Dosage: 3 bis 4 Gramm Zucker pro Liter. 1996 gab es noch RD 1979, 1975 und spätere. – Grande Année Rosé mit Jahrgang (68% Pinot Noir, 32% Chardonnay). – Cuvée Spéciale: Vieilles Vignes Françaises (1996 war es noch Jahrgang 1988, 100% Pinot Noir). Es gibt noch kleine Bestände von »Année Rare« (etwa 12 Jahre auf der Hefe) mit Jahrgang.

Küfer bei Bollinger – einem der wenige Häuser, das noch Fässer instand zu halten hat.

Der erste verkaufte Jahrgang der »Vieilles Vignes«, etwa 1800–2000 Flaschen pro Jahr, war 1969. Damals warnte das Haus seine Kunden: »Für den Durchschnittskonsumenten von heute ist diese Cuvée weit von dem entfernt, was er von einem Champagner erwartet, nämlich Leichtigkeit, Gefälligkeit, Freundlichkeit. Hingegen soll sie für den Geschmack des erfahrenen Kenners die Quintessenz der Qualität sein.«
Für südamerikanische Kundschaft produziert das Haus geringe Mengen der süßen »Carte Blanche«. Bollinger stellt auch stille Weine (Coteaux Champenois) her, nämlich den roten (mit Pinot aus Aÿ) »La Côte aux Enfants«. Weitere Marke: MONTVILLERS

BONAPARTE: Napoléon

BONIN André: Michel Gonet

BONNAIRE Charles: Trouillard

BONNAIRE
rue d'Epernay
51200 Cramant
03 26 57 50 85 Fax 03 26 57 59 17
Club. 23 ha, etwa 160–180 000 Flaschen

BONNET Alexandre
138 rue Général de Gaulle
10340 Les Riceys
03 25 29 30 93 Fax 03 25 29 38 65
45 ha, 650 000 Flaschen

BONNET F. & Fils
12 allée du Vignoble
51055 Reims
03 26 84 44 15 Fax 03 26 84 44 19
Gehört seit 1988 zu Rémy-Cointreau, ebenso wie Charles Heidsieck, Piper Heidsieck, Krug und de Venoge. Etwa 650–700 000 Flaschen. Handelsmarke: BROSSAULT, DEROSE

BONNET-PONSON
91 rue Sourd
51500 Chamery
03 26 97 65 40 Fax 03 26 97 61 11
10 ha, 70 000 Flaschen. Weitere Marken: ARISTOTE, JULES BONNET

BONNINGRE-DURAND Gérard
67 rue St. Gibrien
51200 Cramant
03 26 57 59 99 Fax 03 26 58 83 17
3 ha, etwa 15 000

BONVILLE Edmond
Francoise Bonville
3 rue de Gué
51190 Oger (Avize)
03 26 57 53 19 Fax 03 26 51 53 29
8 ha, beliefert Bollinger. Marke Bonville etwa 30 000 Flaschen

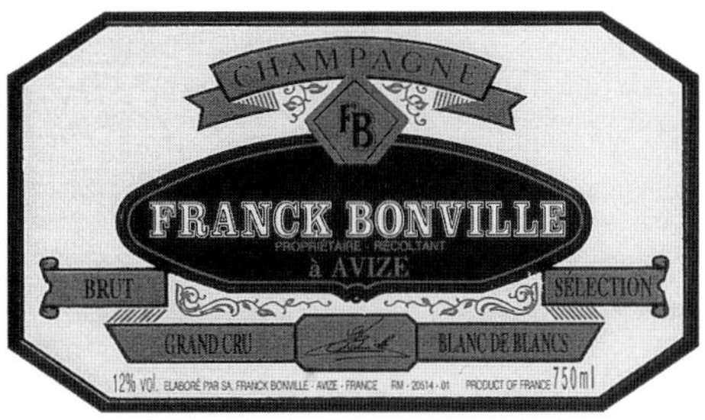

BONVILLE Franck
9 rue Pasteur
51190 Avize
03 26 57 52 30 Fax 03 26 57 59 90
13 ha, etwa 130 000 Flaschen

BOUCHARD Jean-Pierre
4 rue du Creux Michèle
10110 Celles-sur-Ource (Bar-sur-Seine)
03 25 38 55 73 Fax 03 25 38 24 72
5 ha

BOUCHÉ F.: Marne & Champagne

BOUCHÉ Père & Fils
10 rue Charles de Gaulle
51200 Pierry
03 26 54 12 44 Fax 03 26 55 07 02
35 ha, etwa 450–500 000 Flaschen

BOUCHÉ René
44 avenue Bammental
51130 Vertus
03 26 52 23 95 Fax 03 26 51 52 17
9 ha

BOULACHIN Claude
rue Bas
10200 Colombé le Sec (Bar-sur-Seine)
03 25 27 22 10 Fax 03 25 27 38 10

BOULARD Raymond
1+4 rue du Tambour
51480 La Neuville aux Larris (Epernay)
03 26 58 12 08 Fax 03 26 58 13 02
Winzerfamilie seit 1792, eigene Marke seit 1951
10 ha, 70–90 000 Flaschen

BOULONNAIS Jean-Paul
7 boulevard Paul Goerg
51130 Vertus
03 26 52 23 41 Fax 03 26 52 27 55
4,5 ha, 45 000 Flaschen

BOURBON
PRINCE MICHEL DE
Groupe de Bourbon de Ipanema
172 boulevard Haussman
75008 Paris
01 45 62 24 69 Fax 01 45 63 99 85
Die Familie besitzt Weinfelder in der Champagne, aber die Flaschenproduktion ist sehr gering.

BOURBOIN FILS Guy
3 Grande Rue
51200 Mancy (Epernay)
03 26 59 71 64
3 ha

BOURGEOIS
43 Grande Rue
02310 Crouttes-sur-Marne (Charly)
03 23 82 15 71
10 ha

BOURGEOIS Père & Fils:
Marne & Champagne

BOURGEOIS-BOULONNAIS
Alain Bourgeois
8 rue de l'Abbaye
51130 Vertus
03 26 52 26 73 Fax 03 26 52 06 55

BOURON LE ROY: Perrier Jouët

BOUTILLAT Gérard
37 rue Dom Pérignon
51530 Chouilly
03 26 54 50 57 Fax 03 26 52 83 76
4 ha, 35–40 000 Flaschen

BOUTILLEZ- VIGNON
26 rue Pasteur
51380 Villers Marmery
03 26 97 95 87 Fax 03 26 97 95 23

BOUY Pierre + Laurent
7 rue de l'Ancienne Eglise
51380 Verzy
03 26 97 93 23
Vater und Sohn, beide Marken

BOVIERE Jean
1 rue Berloz
51360 Verzenay
03 26 49 41 76
etwa 10 000 Flaschen

BOYER Jean: Marke der Wein- und Spirituosenfirma Auxil (40230 St. Geours de Maremne im Dpt. Landes); die Mischung stammt aus den Grand-Cru-Lagen Ambonnay und Bouzy.

BOYER LES CRAYÈRES
64 boulevard Vasnier
51100 Reims
03 26 82 80 80 Fax 03 26 82 65 52
Bestes Restaurant der Champagne mit sehr großer Champagnerauswahl

DE BRACIEUX: Marne & Champagne

BRASSART Adelbert
11 rue Pasteur
51380 Villers Marmery
03 26 97 90 23
3,5 ha

DE LA BRÈCHE: Premiers Crus de la Marne

BRATEAU-MOREAUX
12 rue Douchy
51700 Leuvrigny
03 26 58 00 99
4 ha

BREMONT Bernard
1 rue de Reims
51150 Ambonnay
03 26 57 01 65 Fax 03 26 57 80 65
12 ha

BRENNER: Pannier

BREST Gill
9 rue Gaston Poittevin
51200 Monthelon
03 26 59 73 21 Fax 03 26 59 14 30

BRETON Fils
12 rue Courte-Pilate
51270 Congy (Montmort)
03 26 59 31 03 Fax 03 26 59 30 60
etwa 140 000 Flaschen

BRETON Jackie
rue Michelot
10200 Arrentieres (Bar-sur-Aube)
03 25 27 17 30 Fax 03 25 27 73 31

DU BREUIL Pol: Pannier

BREUZON Bernard
rue Bas
10200 Colombé le Sec (Bar-sur-Aube)
03 25 27 02 06 Fax 03 25 27 26 55

BRICE Jean Paul
3 rue Yvonnet
51150 Bouzy
03 26 52 06 60 Fax 03 26 57 05 07
Einer der Gründer der in der Gruppe Vranken aufgegangenen Firma Barancourt. Eigene Marke seit 1994
7 ha, etwa 70 000 Flaschen

BRICOUT
29 Rempart du Midi
51190 Avize
03 26 53 30 00 Fax 03 26 57 59 26
Vormals Bricout & Koch.
Gehört zur Gruppe Racke.
Eines der Champagnerhäuser mit deutschen Wurzeln, seit 1966 in deutscher Hand, und eines der bedeutenderen. Es besitzt zwar nur etwas mehr als vier Hektar Weinberge, deckt aber seinen Bedarf durch Zukäufe und vermarktet 3,8–4 Millionen Flaschen jährlich, davon einen großen Teil unter anderen Handelsmarken. Dazu gehören JEAN DE CHALLEMAISON, PAUL VARENNE, POL VARENE, PAUL MOUSSIGNY, MATHIEU PÉRARE.
Der Name Koch geht auf Charles Koch zurück, der aus Heidelberg kam und 1820 in Avize ein rasch erfolgreiches Champagnerunternehmen eröffnete. Arthur Bricout war längere Zeit technischer Direktor der Champagnerfirma de Venoge (s. d.). Er heiratete 1869 Constanze Kupferberg, älteste Tochter des Mannes, der dieses berühmte Sekthaus gegründet hatte. Bricout gründete seine eigene Firma in Epernay einige Jahre nach dem Deutsch-Französischen Krieg (1870/71), der die Verbindung zur Familie des Schwiegervaters vorübergehend störte. Constance Bricout fühlte sich inzwischen als Französin, während ihr Vater für Bismarck schwärmte, der einige Tage im Hause Kupferberg einquartiert war. Zwei ihrer Brüder kämpften auf preußischer Seite.
Nach ihren anfänglichen Erfolgen verloren die Champagnerhäuser Koch und Bricout an Bedeutung. Kupferberg etablierte sie 1966 neu und erwarb auch das alte Schloß von Avize, das Verwaltungssitz von Bricout & Koch wurde. Das Haus Kupferberg wurde später vom Spirituosen- und Wein-Unternehmen Racke übernommen, damit auch die Champagnerfirma Bricout. Der Zusatz »& Koch« wurde 1987/88 aufgegeben.
Bricout hat für die Werbung den französischen Filmstar Alain Delon gewinnen können, mit deutlichem Erfolg.
Die Standard-Cuvée Réserve (Brut wie die anderen) besteht zu 40% auf Chardonnay, 35% Pinot Noir und 25% Meunier. Cuvée Prestige, ebenfalls ohne Jahrgang: 55% Chardonnay, 45% Pinot Noir, der Rosé 80% Chardonnay, 20% Pinot Noir. Der Jahrgangschampagner: 60% Pinot Noir, 40% Chardonnay. Die Prestige-Cuvée, »Arthur Bricout«: 60% Chardonnay, 40% Pinot Noir. Zwei weitere Cuvées PIERRE BALMAIN, brut und Prestige.

Montagne de Reims in Richtung auf Ambonnay

DE BRIENNE: Pannier

DE BRIENNES Charles: Rasselet

BRIMONT Joël
6 rue du Préau
51500 Ludes
03 26 61 11 64

BROCHET-HERVIEUX Henri
28 rue Villers-aux-Noeuds
51500 Ecueil (Rilly la Montagne)
03 26 49 74 10 Fax 03 26 49 26 51
11 ha, etwa 60 000 Flaschen

BROCHOT-HUAT Claude
3 rue des Fontaines
Le Mesnil-le-Huttier
51200 Festigny
03 26 58 32 57

BROGGINI Jacky
chemin des Pisottes
51500 Chigny-les-Roses
03 26 03 44 77 Fax 03 26 03 42 24
etwa 40 000 Flaschen

BROSSOLETTE François
10110 Polisy
03 25 38 57 17 Fax 03 25 38 51 56
12 ha

BRUGNON Marc
1 rue Brulée
51500 Eceuil (Rilly-la-Montagne)
03 26 49 25 95 auch Fax
7 ha. Brugnon war viele Jahre lang Präsident des Winzersyndikates.

Alte Kelterei

LE BRUN Albert
Société Champenoise d'Exploitation Vinicole
93 avenue de Paris
51009 Châlons-en-Champagne
03 26 68 18 68 Fax 03 26 21 53 21

Gegründet 1860 in Avize, dort 5 ha. Etwa 300 000 Flaschen. Weitere Marken: ARLIT & Cie, CHEVENAUX PREMIER, LOUIS DELDER, RICHARD MANET, LOUIS MASSERAN, MORGAN Père & Fils, POL NIVELLE, VIEILLE FRANCE

BRUN Edouard S. A. & Cie
14 rue Marcel Mailly
51160 Ay
03 26 55 20 11 Fax 03 26 51 94 29
7,5 ha, etwa 300 000 Flaschen.
Weitere Marken: FRED LEROUX, L. MAUNAY & FILS, CHARLES POUMEAU, PAUL ROYER

LE BRUN & Fils
19 route d'Epernay
51200 Cuis
03 26 59 78 51

BRUN René: Lallier

BRUN Roger
1 impasse St. Vincent
51160 Ay
03 26 55 45 50 Fax 03 26 54 09 40
16 ha

LE BRUN DE NEUVILLE
Coopérative La Crayère
route de Chantemerle
51260 Bethon (Anglure)
03 26 80 48 43 Fax 03 26 80 43 28
Rund 140 Mitglieder mit 142 ha (85 % Chardonnay, 15 % Pinot Noir), mehr als 300000 Flaschen. Die Champagner dieser Gegend haben einen etwas anderen Geschmack als den »normalen«, einen eher steinigen, den man auch »gout Bethon« nennt, er ist meist angenehm frisch und trocken.
Weitere Marken: CLOVIS, RICHARD MANET, JEAN DE MAZET, SAINT SIMON

LE BRUN-SERVENAY
14 place Léon Bourgeois
51190 Avize
03 26 57 52 75 Fax 03 26 57 02 71
7,5 ha

BRUSSON Père & Fils:
Marne & Champagne

BUGATTI: de Castellane

BUNEL Eric
32 rue Michel-le-Tellier
51160 Louvois
03 26 57 03 06 Fax 03 26 52 31 66
7 ha

BUSIN Christian
33 rue Thiers
51360 Verzenay
03 26 49 40 94 Fax 03 26 49 44 19

BUSIN Jacques
17 rue Thiers
51360 Verzenay
03 26 49 40 36 Fax 03 26 49 81 11
8 ha, 60000 Flaschen

CADEL Guy (Philippe Thiébaut)
13 rue Jean Jaurès
51530 Mardeuil
03 26 55 24 59 Fax 03 26 54 63 15
6 ha, etwa 40 000 Flaschen

CAILLEZ-LEMAIRE
14–25 rue Pierre Curie
51200 Damery
03 26 58 41 85 Fax 03 26 52 04 23
6 ha

CALBUR: Union Champagne

CALLOT Thierry
100 avenue Jean Jaurès
51190 Avize ❀❀
03 26 57 51 57 Fax 03 26 57 99 15
5 ha, 35–40 000 Flaschen

CALLOT Pierre
100 avenue Jean Jaurès
51190 Avize ❀❀
03 26 57 51 57 Fax 03 26 57 99 15
5 ha

CANARD-DUCHÊNE
1 rue Edmond Canard
51500 Ludes
03 26 61 10 96 Fax 03 26 61 13 90
Gehört zur Gruppe LVMH (s.d.)
1868 gegründet, von jeher auf den französischen Markt konzentriert, wo das Haus die Preise der Luxusunternehmen unterbieten wollte; heute ist es dort eine der stärksten Marken. Jährlicher Verkauf 3 Millionen Flaschen, ein Fünftel Export. Rund 40% der verarbeiteten Trauben stammen aus dem Gebiet der Aube.
Mit 300000 Flaschen jährlich produziert das Haus verhältnismäßig viel Demi-Sec. Die weitaus am meisten verkaufte Qualität ist der Brut ohne Jahrgang. Prestige-Cuvée: Charles VII.
Nebenmarke: Duchêne

CANARD Victor: seit 1993 eingestellt

CANTENEUR Michel
38 rue Léon Bourgeois
51200 Pierry ❀
03 26 54 03 20 Fax 03 26 59 16 55

CANTONI Serge
16 rue du Président Kennedy
51220 Cormicy
03 26 61 31 58 Fax 03 26 61 34 03

CAPRON & Fils: Marie Stuart/Alain Thiénot

CARLIN: Cattier

DE CARLINI Jean Yves
13 rue de Mailly
51360 Verzenay ❀❀
03 26 49 43 91 Fax 03 26 49 46 46
7 ha

Freundliches Rencontre in Vertus. Postmann? Marktmeister? Er radelte davon, bevor wir fragen konnten.

CARPENTIER Jules: Union Auboise

CARRÉ Claude & Fils
42 rue Vaudemanges
51380 Trépail
03 26 57 06 04 Fax 03 26 52 83 53

CARRÉ-GUEBELS Michel
3 rue de l'Egalité
51380 Trépail
03 26 57 05 02 Fax 03 26 57 61 72

CARSON Pol: Duval-Leroy

DE CASTELLANE
57 rue de Verdun
51204 Epernay
03 26 55 15 33 Fax 03 26 54 24 81
Gehört zur Gruppe Laurent Perrier (s. d.)
Gegründet 1895 von Vicomte Florens de Castellane, bald danach übernommen von Fernand Mérand, dessen Urenkel Hervé Augustin, Neffe des Laurent-Perrier-Chefs Bernard de Nonancourt, die Leitung des Unternehmens 1983 übernahm. De Nonancourts Ehefrau ist eine geborene Mérand.
Mérand verdankt die Stadt Epernay ein Wahrzeichen: den Turm de Castellane auf dem Firmengelände. Dort findet sich ein Weinmuseum und – im Turm – eine eindrucksvolle Sammlung hunderter alter Champagneretikette.
Das Unternehmen verkauft mehr als drei Millionen Flaschen im Jahr. Hier wird noch teilweise die traditionelle Methode der Vergärung des Weins in Holzfässern angewendet, doch werden auch Stahltanks benutzt. Prestige-Cuvées: Commodore, Forens de Castellane.
De Castellane stellt auch den Champagner »Maxim's« her. Weitere Handelsmarken: ETTORE BUGATTI, JACQUES CATTIER, CROIX DE ST. ANDRÉ, F. DELACOUR, A. MÉRAND

Im Turm von de Castellane, im Saal der Etikettenschränke (oben rechts) findet sich eine riesige Sammlung von Etiketten, überwiegend von Handelsmarken.

DE CASTELNAU
21 bis Grande Rue
51160 Fontaine-sur-Aÿ
03 26 51 63 09 Fax 03 26 58 82 51
Etwa 80 000 Flaschen.
Weitere Marke: DE MONTPERVIER
Am gleichen Sitz: Champagne et Gastronomie (s. d.)

CASTILLE: Alain Thiénot

CASTERS Jean Louis
26 rue Pasteur
51200 Damery
03 26 58 43 02
6 ha

Auch bei de Castellane wird noch im Faß vergoren. Die Kerze dient als Warnsignal: sollte die Gärung zu viel Kohlendioxid freisetzen, das für die Menschen gefährlich wäre, würde die Kerze erlöschen.

CASTERS-LIÉBART Vincent
3 rue du Pignon Vert
51200 Damery
03 26 58 41 50 Fax 03 26 58 42 33

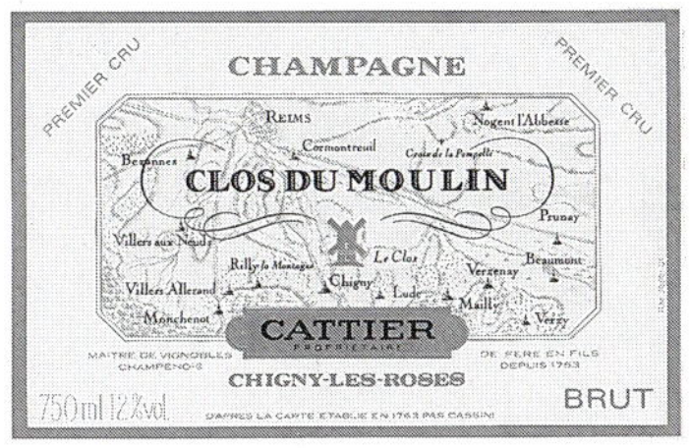

CATTIER
6–11 rue Dom Pérignon
51500 Chigny-les-Roses
03 26 03 42 11 Fax 03 26 03 43 13
Winzer seit 1763, eigener Champagner seit 1920. 18 ha, Zukauf. 350 000 Flaschen im Jahr. Keller in Rilly-la-Montagne, 30 m tief!
Prestige-Cuvées: Renaissance, Clos du Moulin, dieser aus einer früher umzäunten Parzelle von 2,2 ha, bepflanzt je zur Hälfte mit Chardonnay und Pinot Noir. Einer der wenigen »monocrus« der Champagne wie Krugs (s. d.) Clos du Mesnil oder Philipponats (s. d.) Clos des Goisses.
Weitere Marken: CARLIN, COURREGES, LAURENT DESMAZIERES

CAZALS Claude
28 rue du Grand Mont
51190 Le Mesnil-sur-Oger
03 26 57 52 26 Fax 03 26 57 78 43
8 ha, 40-60 000 Flaschen

DE CAZANOVE Charles, S.A.
Thierry Lombard
firmierte einige Jahre als S.A.M.E. (Sté Anonyme de Magenta/ Epernay)
1 rue des Cotelles
51200 Epernay
03 26 59 57 40 Fax 03 26 54 16 38
Etwa 2 Millionen Flaschen; zahlreiche Handelsmarken: LUC D'ARFEUIL, LE BARON, R. CHANTAL, CHANTREL & CO, CHARLIN, MARGUERITE CHRISTEL, COMTE D'ARCY, COMTE DE BAILLY, COMTE DE GERBER, COMTE DE KERNY, COMTE DE NEUFCHATEL, DE COURCELLES,

DEROY, DOMINIQUE, DOM QUENTIN, DUC DE TERTRE, DUC DE VOINEMONT, L. GARTNER, GASTON GÉRARD & CO, ALAIN GERBERT, ALAIN GERBOIS, LOUIS GESSON, POL GOSSY, GRAND APPARAT, GRAND PRIX, D. GRANT, HANIEZ & CO, HENRILLET, L. JOURNY, LANVIN, DE MALHERBE, FERNAND MALLET, F. MAURER, A. MICHELBERGER, J. MONEL, MONTMARTRE, RAOUL DE MONTSABLE, MUSCAT MAJOR, POL NARELLY, D. NORBERT, PERLYS, H. PIERRE, M. DE PLOUVY, PRESSOIR, DE LA REAUTÉ, V. H. REDONT, JEAN DE RENOIS, MARCEL ROUET, J. ROUSSEAU, ROYAL, R. SCHERMANN, R. SCHOUMACKER, M. SCHRÖDER & CO, H. SOLVAY, JACQUES SOREL, R. SORLIN, SUPERSTAR, H. THIERRY, H. VELLING, VEUVE ARNAUD, VICOMTE DE LA BALME, DE VRIGNY; de Cazanoves Prestige-Cuvée: Stradivarius

CENTRE VINICOLE DE LA CHAMPAGNE (CVC)
D. C. (Chemin Departemental) 40 A
51206 Chouilly
03 26 59 55 60 Fax 03 26 59 55 80
Eines der größten Champagner-Unternehmen, Zusammenschluß von mehr als achtzig Genossenschaften mit insgesamt mehr als 4000 Winzern. Es wurde 1972 gegründet, um den Winzern die Lagerung ihrer überschüssigen Weine zu ermöglichen, aber bald danach auch als Hersteller von Marken aktiv. Die erfolgreichste ist NICOLAS FEUILLATTE (s. d.). Weitere Marken: DESROCHES, DEPRAYÈRES, HEITZ, HENRI MACQUART, PHILIPPE DE NANTHEUIL, ST. MAURICE, ST. NICHOLAS. Die Mitglieder verfügen über mehr als 1700 ha, teilweise in erstklassigen Lagen. Die jährliche Produktion beträgt je nach Ernteausfall 9 bis 12 Millionen Flaschen. Davon wird etwa die Hälfte den Mitgliedern für deren Eigenmarken zurückgeliefert, zwei bis drei Millionen Flaschen werden unter den Marken des Centre verkauft (hauptsächlich Feuillatte), der Rest geht an den Handel, darunter auch Markenhäuser für ihre eigenen Füllungen mit ihrer eigenen Dosage, besonders nach schwachen Ernten.
Ein Großkunde des Centre ist der Champagner Mercier (s.d.), der zu Moët & Chandon (LVMH) gehört (s. d.)

Le CERCLE D'OR
Coopérative Vinicole de Colombé le Sec et des Environs
10200 Colombé-le-Sec
03 25 27 02 08 Fax 03 25 27 17 08
85 Winzer mit rund 150 ha. Weitere Marken: CHARLES CLÉMENT (rund 90 000 Flaschen), LACROIX-DEMIEL

CEZ Jean
3 place du Général de Gaulle
51200 Saint Martin d'Ablois
03 26 59 93 54
etwa 35 000 Flaschen

CGV s. Champenoise des Grands Vins

CHAILLON Maurice: Charbaut

CHAMCOMEX s. Trouillard (Bertrand)

CHAMPAGNE ET GASTRONOMIE
21 bis Grande Rue
51160 Fontaine-sur-Aÿ
03 26 51 90 03 Fax 03 26 58 82 51
Vermarktet etwa 4 Millionen Flaschen pro Jahr unter Marken wie FRANÇOIS DAUMALE, LOUIS DOMCOURT, RAUL LETRIER, FLORENT LOUVOISIER, VEUVE LORINET

CHAMPENOISE DES GRANDS VINS
s. Bruno Paillard (PBI)

CHAMPION Roland
19 Grande Rue
51200 Chouilly
03 26 55 40 30 Fax 03 26 51 12 34
11 ha

CHANDON Léon: Moët & Chandon

CHANOINE
avenue de Champagne
51100 Reims
03 26 36 61 60 Fax 03 26 36 66 62
Gegründet 1730, gehört zur PBI (siehe Bruno Paillard). Etwa 1 Million Flaschen

CHANOINE & BOIZEL
früher PBI s. dort

CHANTAL R. & Co: de Cazanove

CHANTREL & Co: de Cazanove

CHAPUYS S. A.
8 bis rue de Flavigny
51190 Oger
03 26 57 51 30 Fax 03 26 57 59 25
6 ha. Produziert auch Champagner FLEUR D'AVANTGARDE

CHARBAUT A. & Fils
Gehört Vranken (s.d.)
17 Avenue de Champagne
51205 Epernay
03 26 59 50 53 Fax 03 26 52 19 65
Etwa 1 Million Flaschen im Jahr, viele Handelsmarken, darunter d'ARHANPÉ, GUY BEAUREGARD, PAUL BERNARD, POL BERNARD, BERTHELEMY, BISINGER, CHAILLOU, ANTOINE CHAUVORT, ÉMILE CHEPENIER, DE COURCY, CHARLES DEMERY, DUCHATEL, CHARLES DUCOIN, FLEURVILLE, DE LAPPARENT, A. LIERY, MASSONAT, DANIEL PERROT, G. RENNESSON & FILS, N. ROCHEFORT, SAINT EVRON
Charbaut-Spitzen-Cuvée: Certificate

CHARDONNET & Fils
7 rue de l'Abattoir
51190 Avize
03 26 57 91 73 Fax 03 26 57 84 46
3 ha, etwa 15 000 Flaschen

CHARLEMAGNE Guy
4 rue de la Brèche d'Oger
51190 Le Mesnil-sur-Oger
03 26 57 52 98 Fax 03 26 57 97 81
15 ha, 130 000 Flaschen

CHARLEMAGNE Robert
avenue Eugène Guillaume
51190 Le Mesnil-sur-Oger
03 26 57 51 02 Fax 03 26 57 58 05

CHARLES: Charles Collin

CHARLES HEIDSIECK
siehe HEIDSIECK Charles

CHARLES-HENRY: CGV (Paillard)

CHARLES LE BEL : Billecart-Salmon

CHARLIER & Fils
»Aux Foudres de Chêne«
4 rue des Pervenches
51700 Montigny-sous-Châtillon (Dormans)
03 26 58 35 18 Fax 03 26 58 02 31
Club. 12 ha, rund 100 000 Flaschen. Lagerung in Holzfässern

CHARLIER Jacques
6 rue de la Prévoté
51390 Villedommange
03 26 49 25 19 Fax 03 26 49 27 47

CHARLIER Laurent
8 rue de la Prévoté
51390 Villedommange
03 26 49 26 47 Fax wie Jacques

CHARLIN: de Cazanove

CHARLOT Père & Fils
12 rue Jean d'Igny
51700 Châtillon-sur-Marne
03 26 58 34 72
4 ha

Château de Bligny (Aube)

CHARPENTIER Jacky
88 rue de Reuil
51700 Villers sous Châtillon
03 26 58 05 78 Fax 03 26 58 36 59
10 ha, 70 000 Flaschen

CHARTOGNE-TAILLET Philippe
37 Grande Rue
51220 Merfy (NW Reims)
03 26 03 10 17 Fax 03 26 03 19 15

CHASSENAY D'ARCE
Coopérative Vinicole des Coteaux de l'Arce
10110 Ville-sur-Arce (Bar-sur-Seine)
03 25 38 30 70 Fax 03 25 38 79 17
150 Winzer mit 315 ha, jährlich rund 1 Million Flaschen unter den Eigennamen oder dem Etikett der Genossenschaft; Nebenmarken: DECOTANNE, MARTIVET, MONTAUBRET

DE CHASSEY Guy
1 rue André le Notre
51160 Louvois
03 26 57 03 32 Fax 03 26 57 04 45

CHÂTEAU DE BLIGNY
10200 Bligny (Bar-sur-Aube)
03 25 27 40 11 Fax 03 25 27 04 52
17 ha, etwa 100 000 Flaschen

CHÂTEAU DE BOURSAULT
2 rue Maurice-Gilbert
51200 Boursault (Epernay)
03 26 58 42 21 Fax 03 26 58 66 12
9,5 ha, etwa 60 000 Flaschen

CHÂTEAU CHANDON:
Moët & Chandon

CHÂTEAU DE PIERRY: Gobillard

CHÂTELAIN Serge
3 rue des Glauriettes
02310 Grand Porteron (Charly-sur-Marne)
03 23 82 01 74 Fax 03 23 82 13 92

CHATELIN Père & Fils: Bauchet

CHAUDRON Lionel
11 avenue de Paris
51072 Reims
(auch route de Billy-le-Grand
51380 Vaudemanges)
03 26 66 44 88 Fax 03 26 67 99 36
25 ha, etwa 150 000 Flaschen.
Weitere Marken: CHAUDRON-GUÉRIN, GEORGE GOULET, LANGBIÉMONT, LAMONT, LOUIS LAURENT

CHAUREY: Beaumet

CHAUVET A.
(J. Paillard-Chauvet)
41 avenue du Champagne
51150 Tours-sur-Marne
03 26 58 92 37 Fax 03 26 58 96 31
Seit 1848. 10 ha, etwa 80 000 Flaschen.
Weitere Marke: C. HARLIN

CHAUVET Bernard
7 rue Gustave Sarrasin
51500 Rilly-la-Montagne
03 26 03 40 62 Fax 03 26 03 56 44

CHAUVET Marc
1 rue de la Liberté
51500 Rilly-la-Montagne
03 26 03 42 71 Fax 03 26 03 42 38
Club. 8 ha

CHAUVORT Antoine: Charbaut

CHEMIN Jean-Luc
3 rue de Châtillon
51500 Sacy
03 26 49 22 42 Fax 03 26 49 74 89

CHENEVAUX PREMIER:
Albert Le Brun

CHÉPENIER Emile: Charbaut

CHEURLIN Arnaud de:
Eisentrager-Cheurlin

CHEURLIN-DANGIN
17 Grande Rue
10110 Celles-sur-Ource
03 25 38 50 26 Fax 03 25 38 58 51
20 ha

Das Château von Boursault im Marnetal. ▷

◁ Vater Claude, Söhne Antoine und Nicolas Chiquet

▽ Das Haus Gaston Chiquet in Dizy

CHEURLIN & Fils
13 rue de la Gare
10250 Gye-sur-Seine
03 25 38 20 27 Fax 03 25 38 24 01
25 ha, etwa 200 000 Flaschen

CHEURLIN Daniel
72 Grande Rue
10110 Celles-sur-Ource
03 25 38 51 34 Fax 03 25 38 54 80

CHEURLIN Raymond & Fils
22 Grande Rue
10110 Celles-sur-Ource
03 25 38 50 04

CHEURLIN Richard
18 rue des Huguenots
10110 Celles-sur-Ource
03 25 38 55 04
6 ha, etwa 40 000 Flaschen

CHEVAL-GATINOIS Pierre
7 rue Marcel Mailly
51160 Ay
03 26 55 14 26 Fax 03 26 52 75 99

CHEVALLIER Michel
9 rue Aristide Briand
51500 Mailly-Champagne
03 26 49 41 27

CHIQUET Gaston (Antoine & Nicolas)
890-912 avenue du Général Leclerc
51200 Dizy (Epernay)
03 26 55 22 02 Fax 03 26 51 83 81
Club. Winzerfamilie seit 1746, Champagner seit 1919 (Fernand und Gaston). Branche Gaston Chiquet separat seit 1935. 22 ha, 150–200 000 Flaschen im Jahr. Blanc de Blancs d'Ay mit überdurchschnittlich weiniger Note. Prestige-Cuvée: Tradition.
Weitere Marke: CLAUDE DE LAGRANGE

CHIQUET Père & Fils
99 rue du Colonel Fabien
51200 Dizy 🍇
03 26 55 68 11
Der andere Zweig der Chiquets. Produzieren auch JACQUESSON (s.d.) und ROLLAND D'ORFEUIL (etwa 300 000 Flaschen im Jahr)
Weitere Marke: LÉON DE TASSIGNY

CHOISEL: Marne & Champagne

CHRISTEL Marguérite: de Cazenove

CLAUDION Fils: Trouillard

CLÉMENT Charles s. le Cercle d'Or

CLÉRAMBAULT S.A.
122 Grande Rue
10250 Neuville-sur-Seine (Mussy-sur-Seine)
03 25 38 20 10 Fax 03 25 38 24 36
Genossenschaft, etwa 60 Winzer, mehr als 140 ha. Unter der Genossenschaftsmarke etwa 120 000 Flaschen

CLET Henri: de Cazanove

CLIQUOT Eugène:
Marne & Champagne

CLICQUOT s. Veuve Clicquot

CLOS BABOT: Bauchet

CLOS DE LA CHAPELLE
Coopérative Vinicole de Villedommange, rue de Reims
51390 Villedommange 🍇
03 26 49 25 33 Fax 03 26 49 27 15
15 Mitglieder, 17 ha, rund 120 000 Flaschen

CLOSQUINET Roger
4 rue de la Liberté
51200 Vinay (Epernay)
03 26 59 90 73 Fax 03 26 59 95 31

CLOUET André
8 rue Gambetta
51150 Bouzy 🍇🍇
03 26 57 00 82
6 ha

CLOUET Paul
Marie-Thérèse Bonnaire
10 rue Jeanne d'Arc
51150 Bouzy 🍇🍇
03 26 57 07 31 Fax 03 26 52 64 65
5,5 ha, 25 000 Flaschen

CLOVIS s. Le Brun de Neuville

CLOVIS LESIEUTRE
49 rue Pierre Semard
42300 Roanne
04 77 70 57 96 Fax 04 77 70 03 47
Destillerie und Weinhandel, liefert koscheren Champagner von Abfüllern wie Laurent Perrier, de Castellane, Bricout

CLUB DE VITICULTEURS CHAMPENOIS (CLUB)
BP 1004 51318 Epernay
03 26 59 55 22
Gruppe von etwa 3 Dutzend Winzern, die sich zur Einhaltung bestimmter Qualität verständigt haben und jeweils eine ihrer Abfüllungen in der speziellen, gekennzeichneten »Club«-Flasche anbieten.

COCTEAUX Michel
Grande Rue
51260 Montgenost (Anglure)
03 26 80 49 09 Fax 03 26 80 44 60
8,5 ha, etwa 90 000 Flaschen
Weitere Marken: JEAN BERVAL, A. LEMAIRE, FÉLIX MONTIER

COGEVI: Coopérative Générale des Vignerons de la Champagne délimitée, 51160 Ay
s. COLLET Raoul

COLIN Georges
3 place du Général Leclerc
51530 Monthelon (Epernay)
03 26 59 70 03

COLIN Philippe
48 avenue Louis Lenoir
51130 Vertus 🍇
03 26 58 86 32 Fax 03 26 51 69 79
Seit 1890. 11 ha, etwa 16 000 Flaschen

COLLARD François
4 rue Werlé
51150 Bouzy 🍇🍇
03 26 57 01 66

COLLARD Pol Jacques
312 rue du 8 Mai 1945
515300 Cramant 🍇🍇
03 26 57 93 55 Fax 03 26 58 29 40

COLLARD René
18 Grande Rue
51480 Reuil
03 26 58 32 01
7 ha. Reserveweine lagern in Holzfässern

COLLERY
4 rue Anatole France
51160 Ay 🍇🍇
31 rue de Reims
51100 Rilly-la Montagne
03 26 54 01 20 Fax 03 26 51 07 61
gehört wie GERMAIN und BINET zur Gruppe Frey (s.d.)
Weitere Marke: MERLIN

COLLET Raoul
COGEVI (s.d.)
34 rue Jeanson
51160 Ay 🍇🍇
03 26 55 15 88 Fax 03 26 54 02 40
Älteste Kooperative der Champagne, gegründet 1921. Der Champagner heißt nach einem ihrer früheren Präsidenten. Mehr als 400 Winzer mit zusammen mehr als 600 ha, Absatz insgesamt 1,7 bis 2 Millionen Flaschen im Jahr. Marken der Mitglieder, außerdem neben Raoul Collet: DUC DE BRÉNY, DUC DE BREUZY, GASTON DELIERE, CHARLES HENIQUE, LEMONNIER, SA MAJESTÉ, MEUNIER & CO, DE MONCEL, ALPHONSE PERRIN, Champagne DES VIGNERONS, VEUVE DUCLOS

COLLET René
route de Barbonne
51120 Fontaine Denis Nuizy (Sézanne)
03 26 80 22 48 Fax 03 26 80 29 34
etwa 15 000 Flaschen im Jahr

COLLIGNY Père & Fils:
Marne & Champagne

COLLIN Charles
27 rue des Pressoirs
10360 Fontette (Bar-sur-Seine)
03 25 38 31 00
Nach Fläche drittgrößte Kooperative der Champagne mit 270 ha. Zweitmarke: DEFONTSOYES, auch Champagne CHARLES

COLLIN René
rue des Prés
51270 Congy
03 26 59 31 20 Fax 03 26 59 36 39

LA COMMANDERIE: Herbert Beaufort

COMTE D'ARCY: de Cazanove

COMTE D'AULONE: Vranken

COMTE DE BAILLY: de Cazanove

COMTE DE BLANZAC: Boizel

COMTE DE CERNAY:
Marne & Champagne

COMTE DE GERBOR: de Cazanove

COMTE DE KERNY: de Cazanove

COMTE DE LANTAGE: Alain Mandois

COMTE DE LA ROCHEFOUCAULD:
Henri Mandois

COMTE DE LISSEUIL: Bauchet

COMTE DE NEUFCHATEL:
de Cazanove

COMTE DE NOIRON: s. Noiron

COMTE DE ROBART: Boizel

COMTE D'HARMONT: Michel Gonet

COMTE FERNAND D'ERNÉE:
G. H. Martel

COMPTOIR VINICOLE DE CHAMPAGNE s. Marie Stuart

COPINET Jacques
11 rue de l'Ormeau
51260 Montgenost (Sézanne)
03 26 80 49 14 Fax 03 26 80 44 61
6 ha, 50 000 Flaschen. Weitere Marken: CHARLES DESFOURS, JEAN LARREY

COQUILLETTE Christian
s. Saint Chamant

CORDEUIL Père & Fils
place de la Mairie
10360 Noë les Mallets
03 25 29 65 37 + 03 25 29 65 18

CORDOIN Claude & Fils
36 rue Paul Doumer
51700 Port à Binson
03 26 58 08 15
Etwa 60 000 Flaschen

COULON Jean
4 rue de Reims
51390 Villedommange
03 26 49 25 15 Fax 03 26 49 27 29

DE COURCELLE: de l'Auche

DE COURCELLES: de Cazenove

DE COURCY: Charbaut

COURREGES: Cattier

COUTIER René
7 rue Henri III
51150 Ambonnay
03 26 57 02 55 Fax 03 26 57 59 58
etwa 40 000 Flaschen

COUVREUR Alain
18 Grande Rue
51140 Prouilly
03 26 48 58 95 Fax 03 26 48 26 29
5 ha, etwa 35 000 Flaschen

COUVREUR Yves
21 rue de Reims
51500 Rilly-la-Montagne
03 26 03 47 04
7 ha

CROIX DE ST. ANDRÉ: de Castellane

CUPERLY S.A.
13 rue du 11 Novembre
51400 Mourmelon-le-Petit
03 26 70 23 90 Fax 03 26 70 22 41
(Büro und Keller)
Gegründet 1845. 11 ha, großenteils in Verzy, wo sich noch der Firmensitz und auch die Traubenpresse befindet. Etwa 200 000 Flaschen im Jahr. Vergärung teilweise in *barriques*. Keine Milchsäuregärung (»malolactique«).
Spitze: »Cuvée-Prestige«
Nebenmarken: CHARLES D'EMBRUN, LOUIS DE VIGNESAC

CUVÉE COLBERT: Besserat de Bellefon

CUVÉE FIRST: Besserat de Bellefon

DAGONET Lucien
7 rue Maurice-Gilbert
51480 Boursault
03 26 58 41 29 Fax 03 26 58 48 34
6 ha, etwa 40 000 Flaschen

DALLMAYR: Duval-Leroy

DAMPIERRE Comte Audouin de
5 Grande Rue
51140 Chenay-par-Reims
03 26 03 11 13 Fax 03 26 03 18 05
10 ha, 50–70 000 Flaschen. Weitere Marke: ELYANE DE BIRON

DANGIN Paul & Fils
11 rue du Pont
10110 Celles-sur-Ource
03 25 38 50 27 Fax 03 25 38 58 08
30 ha

DANTENY-MANGIN André
2 rue de Châlons
51160 Mareuil-sur-Ay
03 26 52 60 30 Fax 03 26 52 64 49

DARFEUIL Luc: de Cazanove

DARREYE Jean
2 rue d'Ambonnay
51150 Trépail
03 26 57 05 18

DAUBIGNY: Marne & Champagne

DAUMALE François: Champagne et Gastronomie

DAUMONT Louis: Marie Stuart

DAUVERGNE François
12 rue Jeanne d'Arc
51150 Bouzy
03 26 57 01 83 Fax 03 26 52 97 47

DAUVERGNE Hubert
33 rue de Tours
51150 Bouzy
03 26 57 00 56 Fax 03 26 57 81 60
6,5 ha, rund 35 000 Flaschen

DAVIAUX-QUINET Philippe D.
4 rue de la Noué-Coutard
51530 Chouilly
03 26 54 44 03

DAYER Gaston
rue Henri Guillaumet
51380 Villers Marmery (Verzy)
03 26 97 96 72
etwa 17 000 Flaschen im Jahr

D'EAUBONNE Philippe: Médot

DEBARGUE Gilbert
5 rue de la Gravelle
51700 Cerseuil
03 26 52 71 65 Fax 03 26 52 71 06
etwa 50 000 Flaschen

DEBAS-COMIN Réal
3 impasse Creusot
51200 Chouilly
03 26 55 40 10 Fax 03 26 58 85 65
3,6 ha, 20 000 Flaschen

DECHANNES Roland
1 bis place des Héros de la Résistance
10340 Les Riceys
03 25 29 32 63 Fax 03 25 29 88 76
12 ha

DECOTANNE : Chassenay d'Arce

DEFONTSOYES: Charles Collin

DEFRANCE Gilbert
1 pl. des Anciens Combattants et Victimes de Guerre
10340 Les Riceys
03 25 29 32 30

DEFRANCE Jacques
28 rue de la Plante
10340 Ricey-Bas (Les Riceys)
03 25 29 32 20 Fax 03 25 29 77 83

DEHOURS Jérome
2 rue de la Chapelle
51700 Cerseuil (Mareuil-le-Port)
03 26 52 71 75 Fax 03 26 52 73 83
Weitere Marke: CHARLES DORMANT

DÉHU Père & Fils
3 rue St. Georges
02650 Fossoy
03 23 71 90 47 Fax 03 23 71 88 91
8 ha, etwa 45 000 Flaschen

DELABARRE Christiane
26 rue de Châtillon
51700 Vandières (Dormans)
03 26 58 02 65 Fax 03 26 57 10 94
10 ha
Büro in Epernay:
19 rue Dom Pérignon
03 26 54 78 57 Fax 03 26 51 06 66

DELACOSTE: Marne & Champagne

DELACOUR F.: de Castellane

DELACOURT R.: Duval-Leroy

DELAMOTTE Père & Fils
5/7 rue de la Brèche d'Oger
51190 Le Mesnil-sur-Oger
03 26 57 51 65 Fax 03 26 57 79 29
Gehört zur Gruppe Laurent-Perrier. Gegründet 1760, wurde nach dem Tod des letzten Delamotte und seiner Witwe zum Stammhaus des Champagners Lanson – Jean-Baptiste Lanson war 1828 Teilhaber geworden. Nach dem Ersten Weltkrieg kaufte eine Lanson-Tochter, inzwischen verheiratete de Nonancourt, die Marke, und 1927 entstand in Le Mesnil wieder ein Haus Delamotte. 1938 übernahm die inzwischen verwitwete Marie Louise de Nonancourt das Unternehmen Laurent Perrier, dessen Chef seit 1949, Bernard de Nonancourt, die Gruppe erheblich ausbaute (siehe Laurent Perrier).
Delamotte verkauft etwa 300 000 Flaschen im Jahr. Spitzen-Cuvée: Nicolas-Louis Delamotte, nur Chardonnay

DELAROY Vve: Boizel

DELAUNOIS André
rue Roger-Salengro
51500 Rilly-la-Montagne
03 26 03 42 87 Fax 03 26 03 45 40

DELAUNOIS Pierre
16 rue de Valmy
51500 Rilly-la-Montagne
03 26 03 40 53 Fax 03 26 03 56 40

DELAVENNE Père & Fils
6 rue de Tours
51150 Bouzy
03 26 57 02 04 Fax 03 26 58 82 93

DELBECK
39 rue du Général Sarrail
51053 Reims
03 26 77 58 00 Fax 03 26 77 58 01
Gegründet 1832. Wechselte mehrmals den Besitzer.
25 ha, 80–100 000 Flaschen
Weitere Marken: BECKER, DUVERNOY

DELDER Louis: A. Le Brun

DELIERE Gaston: COGEVI

DELONG Guy
24 rue des Tilleuls
51390 Saint Euphraise et Clairizet
03 26 49 20 86 Fax 03 26 49 24 90
20–25 000 Flaschen

DELORME Jacques:
Marne & Champagne

DELOT Maurice
3 place de l'Eglise
10110 Celles-sur-Ource
03 25 38 50 12 Fax 03 25 38 53 27
10 ha, etwa 70 000 Flaschen

DELOZANNE Yves
67 rue Savigny
51170 Serzy et Prin (Fismes)
03 26 97 40 18 Fax 03 26 97 49 14
7,5 ha, 50 000 Flaschen

DELPORTE Yves
12 rue de la Haie du Bois
51150 Tours-sur-Marne
03 26 58 91 26
5 ha

DEMIERE Serge
7 rue de la Commanderie
51150 Ambonnay
03 26 57 07 79 Fax 03 26 57 82 15
6 ha

DEMIERE-ANSIOT Jean-Pierre
20 rue des Sept Vents
51190 Oger
03 26 57 90 14

DEMOISELLE S.A.
Vranken, s.d.
42 avenue de Champagne
51200 Epernay
03 26 54 91 86 Fax 03 26 51 87 07
1,2 Millionen Flaschen im Jahr.
Spitzen-Cuvée: Demoisellissime Blanc de Blancs, also 100% Chardonnay, 1996 abgelöst durch Cuvée 21 als »Champagner des 21. Jahrhunderts«

Lichtspiele im Keller von Champagne Demoiselle

DENAUER: Beaumet

DENIS: Duval-Leroy

DENNERY Charles: Charbaut

DE NOIRON s. NOIRON

DENOIS Père & Fils
103 rue Louis Dupont
51480 Cumières (Epernay)
03 26 55 42 45
10 ha

DEPRAYÈRES: Centre Vinicole de la Champagne

DEREGARD MASSING
Louis Massing
La Haie Maria (etwas außerhalb)
51190 Avize
03 26 57 52 92 Fax 03 26 57 78 23
15 ha, Zukauf. 300–350 000 Flaschen im Jahr

DERICBOURG Gaston: Mandois

DEROSE: Bonnet & Fils

DEROY: de Cazanove

DERVIN Michel
7 rue du Pressoir
51480 Cuchery
03 26 58 15 22 Fax 03 26 58 11 12
5 ha, 35 000 Flaschen

DESAUTELS-ROINARD
1 rue du Mesnil
51190 Oger
03 26 57 53 75 Fax 03 26 57 53 85
3 ha

DESBORDES Roger
15 rue de la Libération
51530 Chavot Courcourt
03 26 54 31 94

DESBROSSE Robert
18 rue des Vignerons
51270 Congy (Montmort Lucy)
03 26 59 31 08 Fax 03 26 59 34 79

DESCOMBES: Marne & Champagne

DESFOURS: Copinet

DESMAZIÈRES Laurent
9 rue Dom Pérignon
51500 Chigny-les-Roses
03 26 03 44 46 Fax 03 26 03 43 13
gehört Cattier (s. d.)

DESMOULINS & Cie
44 avenue Foch
51200 Epernay
03 26 54 24 24 Fax 03 26 54 26 15
85 000 Flaschen im Jahr
Weitere Marke: VEUVE REMION & Fils

DESMOULINS J.C.
22 rue des Lambourgs
51530 Saint Martin d'Ablois
03 26 59 93 10

DESROCHES: Centre Vinicole de la Champagne

DESRUETS Frères
85 rue Bacchus
51160 Hautvillers
03 26 59 40 13

DESSAINT-DUBOIS André
23 place Victor Hugo
51480 Damery
03 26 58 41 70
etwa 10 000 Flaschen

DETHUNE Paul
2 rue du Moulin
51150 Ambonnay
03 26 57 01 88 Fax 03 26 57 09 31
7 ha, etwa 30 000 Flaschen

Empfangssalon im Stil der alten Zeit (Deutz in Ay)

DEUTZ
16 rue Jeanson
51160 Ay
03 26 55 15 11 Fax 03 26 54 01 21
SGM
Gruppe Roederer (s. d.)
Eindrucksvolles Beispiel für deutsch-französische Zusammenarbeit und Wechselwirkungen in der Erfolgsgeschichte des Champagners. 1838 von Deutschen gegründet, deren direkte Nachkommen nicht nur hochangesehenen Champagner, sondern auch im badischen Breisach deutschen Sekt herstellen. Die Gründer, nach denen die Firma lange hieß, waren zwei junge Leute aus Aachen: Deutz und Geldermann. Deutz hatte einige Jahre bei seinem Landsmann Bollinger im berühmten Champagnerstädtchen Ay gearbeitet und brachte die Praxis in die Firma ein, Geldermann hatte, auch wenn es wie ein Kalauer klingt, das nötige Geld. Beide heirateten Frauen aus der Champagne, und dann heiratete Peter (später Pierre) Geldermanns Sohn Alfred die Tochter von Wilhelm (später William) Deutz.
Die männliche Geldermann-Linie ist ausgestorben. Die Enkelin Geldermanns heiratete René Lallier – ein Lallier ist noch heute Aktionär und dirigiert die Firma, wenn er auch nicht mehr die Mehrheit hat.
Zu den Deutz-Firmen gehören das Rhône-Weinunternehmen Delas, ein Weingut an der Loire, eine Schaumweinfirma in Kalifornien. Außerdem ist Deutz im Schaumweingeschäft in Argentinien, Australien und Südkorea tätig.

1993 übernahm das Champagnerhaus Louis Roederer – elsässischen Ursprungs – die Mehrheit des Deutz-Kapitals.
Das Haus stellt die üblichen Champagnerqualitäten her, einschließlich Rosé. Die Weine werden weder geschönt noch gefiltert. Prestige-Cuvée: Wilhelm Deutz (30% Chardonnay aus Avize und Le Mesnil, 62% Pinot Noir überwiegend aus Aÿ, 8% Meunier). Zum 150. Geburtstag lancierte Deutz die Cuvée »150. anniversaire« aus 70% Pinot Noir, 20% Chardonnay, Rest Meunier.

Der jährliche Verkauf liegt bei ungefähr 1 Million Flaschen. 40 ha Weinfläche decken etwa 40% des Bedarfs, der Rest wird hinzugekauft.
Handelsmarken des Hauses: LOUIS LAMBRY, ALBERT LARIVE, VICTORIA. Deutz liefert auch den Haus-Champagner des Pariser Drei-Sterne-Restaurants Taillevent und des Feinkosthauses Fauchon.

DEVARENNE Gilbert
4 rue Jules Ferry
51500 Mailly-Champagne
03 26 49 44 23

DEVAUX Vve A.: Union Auboise

DEVAVRY Bertrand
35 rue Pasteur
51160 Champillon (Aÿ)
03 26 59 46 21 Fax 03 26 59 43 07

DEVILLE Jean-Paul
13 rue Carnot
51380 Verzy
03 26 97 93 50 Fax 03 26 97 95 04
Club

DIDIER-NICERON
48 route de Vinay
51530 Saint Martin d'Ablois
03 26 59 90 25 Fax 03 26 59 91 63
Etwa 25 000 Flaschen

Jacques Diebolt

DIEBOLT-VALLOIS Jacques
84 rue Neuve
51530 Cramant
03 26 57 54 92 Fax 03 26 57 53 74
Knapp 8 ha, etwa 40 000 Flaschen. Teilweise barrique

DILIGENT François s. Moutard

DIOGENE-TISSIER & Fils
10 rue du Général Leclerc
51530 Chavot Courcourt
03 26 54 32 47 Fax 03 26 51 88 94

DOM CASIMIR: Bauchet

DOMI-MARCEAU Bertrand
11 rue de Bas
51350 Mancy
03 26 59 71 67
etwa 15 000 Flaschen

DOMINIQUE: de Cazanove

DOM QUENTIN: de Cazanove

DOQUET-JEANMAIRE
44 chemin du Moulin
de la Cense Bizet
51130 Vertus
03 26 52 16 50 Fax 03 26 59 36 71
13 ha, rund 100 000 Flaschen

DORMANT Charles: Dehours

DORMAY André, Annie
5 rue du 1193 Régiment d'Infanterie
51220 Cauroiy les Hermonville
03 26 61 51 81 Fax 03 26 61 52 06

DOUBLET Bernard
15 rue des Lys
51130 Vertus
03 26 52 12 14 Fax 03 26 52 32 79
5 ha

DOURDON-VIEILLARD
7 rue du Château
51480 Reuil
03 26 58 06 38 Fax 03 26 58 35 13

DOYARD: Vranken

DOYARD Robert & Fils
61/63 avenue de Bammental
51130 Vertus
03 26 52 14 74 Fax 03 26 52 24 02
7 ha

DOYARD-MAHÉ Philippe
Le Moulin d'Argensole
51130 Vertus
03 26 52 23 85 Fax 03 26 59 36 69
6 ha

DRAPPIER André
Grande Rue
10200 Urville (Bar sur Aube)
03 25 27 40 14 Fax 03 25 27 41 19
Gegründet 1808. 34 ha, etwa 600 000 Flaschen im Jahr. Cave in Reims: 11 rue Goiot.
Besonderheit: Cuvée Collection Charles de Gaulle, der diesen Champagner bei privaten Empfängen anzubieten pflegte (hauptsächlich Pinot Noir). Prestige-Cuvée: Grande Sendrée aus besonders alten Rebstöcken, 55 % Chardonnay, Rest Pinot Noir.
Weitere Marke: RECAMIER

DRIANT Robert
10 rue Marie Coquebert
51160 Ay
03 26 55 49 60
45–50 000 Flaschen

DROUET Paul & Cie:
Marne & Champagne

DROUOT James
3 rue de Verzy
51360 Verzenay
03 26 49 44 64 Fax 03 26 49 44 14

DUBOIS Claude
route d'Arty les Almanachs
51480 Venteuil
03 26 58 48 37 Fax 03 26 58 63 46
2 ha

DUBOIS Gérard
67 rue Ernest Vallée
51190 Avize
03 26 57 58 60 Fax 03 26 57 99 60
6 ha, 20–25 000 Flaschen

DUBOIS-MARTIN: Bruno Paillard

DUC DE BRÉNY: COGEVI

DUC DE BREUZY: COGEVI

DUC DE CHARLANNE: Moutard/Suss

DUC DE ROCHET: Esterlin; Marke gehört den Briten Waverley Vintners

DUC DE TERTRE: de Cazanove

DUC DE VALMY: de Cazanove

DUC DE VOINEMONT: de Cazanove

DUCHATEL: Charbaut

DUCHÊNE: Canard-Duchêne

DUCHENE Jany
25 rue de Chigny
51500 Rilly-la-Montagne
03 26 03 44 55 Fax 03 26 03 49 14

DUCLERT Jean: Baron

DUCLOS Vve: COGEVI

DUCOIN Charles: Charbaut

DUFOUR Robert
4 rue de la Croix-Malo
10100 Landreville (Bar-sur-Seine)
03 25 29 66 19 Fax 03 25 38 56 50
9 ha, 40–60000 Flaschen. Weitere Marken: CHARLES DE CELVILLE, GUY DES ORMES

DUMANGIN Guy
27 rue Ste Agathe
51500 Chigny-les-Roses
03 26 03 46 25 Fax 03 26 03 46 04
6 ha, 40 000 Flaschen

DUMANGIN Jean
21–23 rue Sainte Agathe
51500 Chigny-les-Roses
03 26 03 42 17 Fax 03 26 03 45 77
7 ha, 50 000 Flaschen

DUMANGIN J. Fils
3 rue de Rilly
51500 Chigny-les-Roses
03 26 03 46 34 Fax 03 26 03 45 61
5 ha

DUMANGIN-RAFFLIN
42 rue George Legros
51500 Chigny les Roses
03 26 03 48 21 Fax 03 26 03 41 42
4 ha, etwa 20 000 Flaschen

DUMINY: Ayala

Michel Drappier

DUMONT R. & Fils
rue de la Ferté
10200 Champignol Lez Mondeville
03 25 27 45 95 Fax 03 25 27 45 97
22 ha

DU MONTEIL: G. H. Martel

DUPONT Jean-Claude
7 rue d'Ambonnay
51380 Trépail
03 26 57 05 59 Fax 03 26 58 95 53

DURIEUX Paul: Marne & Champagne

DUVAL-LEROY
69 avenue Bammental
51130 Vertus
03 26 52 10 75 Fax 03 26 52 12 93
Gegründet 1859 aus dem Zusammenschluß von Familienfirmen der beiden Namen, heute sowohl stark mit eigener Marke als auch mit Dutzenden von Handelsmarken, die den größeren Teil des Verkaufsvolumens ausmachen und oft von überdurchschnittlicher Qualität sind. Jahresproduktion und Verkauf 4 bis 5 Millionen Flaschen, 140 ha eigener Weinbesitz, Zukauf. 35% Export. Besonders stark ist Duval Leroy in Großbritannien vertreten; der von ihm gelieferte Champagner der Kaufhauskette Sainsbury ist dort die drittgrößte Champagnermarke und nimmt bei Verkostungen stets obere Plätze ein.
Die Handelsmarken werden nach Geschmacks- und Preiswünschen der Abnehmer gestaltet. Zu diesen Marken gehören DE BELVAL, POL CARSON, DALLMAYR, DELACOURT, DÉNIS Père & Fils, D'ENJOIE, HUNGERFORD, JESTIN, EDOUARD LEROY, JACQUES MARTIN, Emile MICHÈLE, DE MURET, NILENS, REISDER, RETENAUER, ST.-HONORÉ, TESCO, VELLINGER, VERTAY, VEUVE MORLANT

DUVERGER Jean
15 rue de Champagne
51200 Moussy
03 26 54 03 54

DUVERGER Vve: Hamm

DUVERNOY: Delbeck

DUVIVIER Laurence: Moët & Chandon

Im Probenraum von Duval-Leroy

Traubenpresse bei Duval-Leroy

EDWARD VII: Marne & Champagne

EISENTRAGER-CHEURLIN Christine
58 Grande Rue
10110 Celles-sur-Ource
03 25 38 53 90 Fax 03 25 38 58 07
6 ha, etwa 40 000 Flaschen
Marke: ARNAUD DE CHEURLIN

ÉGLY-OURIET
9–15 route de Trépail
51150 Ambonnay 🍇🍇
03 26 57 00 70 Fax 03 26 57 82 26
6 ha, 45 000 Flaschen im Jahr

ÉLÉGANCE: St. Réol

ELLNER & Fils
1 rue Côte Legris
51207 Epernay
03 26 55 60 25 Fax 03 26 51 54 00
52 ha, etwa 750 000 Flaschen im Jahr
Weitere Marken: D'ALBECOURT, MARQUIS D'ESTRAND, DE FLORICOURT Charles, DE POMPADOUR, PAGE (Veuve M.)

ENCHANTERESSE: St. Réol

D'ENJOIE Édouard: Duval-Leroy

DE l'ERMITAGE R.G.: A. Baron

ESTERLIN
Coopérative Vinicole
Empfang & Verwaltung:
25 avenue de Champagne
51200 Epernay
03 26 59 71 52 Fax 03 26 59 77 72
Produktion: 2 rue du Chateau
51530 Mancy
130 Winzer mit 140 ha, ca. 1 Million Flaschen im Jahr, davon rund 300 000 unter der Marke Esterlin mit sehr guten Qualitäten. Weitere Marken (außer denen der Mitglieder): D'ALENCOURT, CLAUDE ARNAUD, DUC DE ROCHET (für Waverley Vintners in England), LANCELOT, VICTOR LEJEUNE

FAGOT François
25 rue Gambetta
51500 Rilly la Montagne
03 26 03 42 56 Fax 03 26 03 41 19
7 ha, etwa 80 000 Flaschen

FAGOT Joseph
8 rue de Valmy
51500 Rilly-la-Montagne
03 26 03 40 60 Fax 03 26 03 45 81
80–100 000 Flaschen

FAGOT Michel
6 rue de Chigny
51500 Rilly-la-Montagne
03 26 03 40 03
22 ha, 160–200 000 Flaschen

FALLET-DART
Drachy
02310 Charly sur Marne
03 23 82 01 73 Fax 03 23 82 19 15
Winzerfamilie seit 1610.
12 ha, etwa 80 000 Flaschen

FANIEL André
rue Principale
51160 Cormoyeux
03 26 58 64 23
Etwa 50 000 Flaschen im Jahr

FAUST Serge
18 rue Bailly
51700 Vandières
03 26 58 02 12
45–50 000 Flaschen.
Biolog. Anbau

FAUVET Claude
4 rue d'Epernay
51150 Ambonnay
03 26 57 00 39 Fax 03 26 57 04 89

FAUVET Pierre
6 rue Dom Pérignon
51150 Ambonnay
03 26 57 01 05 Fax 03 26 57 24 47

FAYS André & Fils
94 Grande Rue
10100 Celles-sur-Ource
03 25 38 51 47 Fax 03 25 38 23 04
4 ha, 10 000 Flaschen

FENEUIL-MOBILLON
4 rue des Lacs
51500 Chamery
03 26 97 63 41 Fax 03 26 97 67 07
4 ha
Philippe Feneuil ist Präsident des Champagner-Winzerverbandes

FÉRY-BERTIN Bernard
34 u. 52 rue St. Vincent
51390 Vrigny
03 26 03 66 06 u. 03 26 03 66 00
8,5 ha

△ Phillippe Feneuil, Präsident des Syndikats der Champagnerwinzer

▽ Nicolas Feuillatte

FEUILLATTE Nicolas
Centre Vinicole de la Champagne (s. d.)
51206 Chouilly (Epernay)
Pariser Geschäft: 254 rue Fg. St. Honoré
75008 Paris
01 42 27 61 19
etwa 1,5 Millionen Flaschen
Prestige-Cuvée: Palme d'Or
Weitere Handelsmarken: DESROCHES, PHILIPPE DE NANTHEUIL, SAINT MAURICE, SAINT NICHOLAS

FIGUET Bernard + Eric
114 rue Nationale
02310 Saulchery (Charly)
03 23 70 16 32 Fax 03 23 70 16 22
11 ha, etwa 80 000 Flaschen

FINE FARE: Lanson

FLAURENT Philippe: Coopérative de Grauves, s. Royal Coteau

FLEUR DE BRUT
Sélection des Grandes Marques de Champagne
5 rue du Helder
75009 Paris

Jean-Pierre Fleury

FLEURY Père & Fils ☀
43 Grande Rue
10250 Courteron
03 25 38 20 28 Fax 03 25 38 24 65
Biolog.-dynam. Anbau. 13 ha

FLEURVILLE: Charbaut

FLINIAUX Roland
1 rue Léon Bourgeois
51160 Ay 🍇🍇
03 26 55 17 17 Fax 03 26 51 12 48
4 ha, Zukauf. 70–100 000 Flaschen.
Weitere Marken: A. FROURSIN, HENRI IV.

FLOQUET-DOUSSET
1 rue Gambetta
51500 Mailly-Champagne 🍇🍇
03 26 49 48 13 Fax 03 26 49 45 81
5 ha, etwa 20 000 Flaschen

FLOQUET-GÉLOT
6 rue Corbet
51360 Verzenay 🍇🍇
03 26 49 42 92 Fax 03 26 49 45 11

FLORANCY René: Union Champagne

DE FLORICOURT: Ellner

FLUTEAU G.: Hérard et Fluteau

FOREST André
4 rue Prouilly
51140 Trigny
03 26 03 11 61
10 ha, 60–70 000 Flaschen

FOREST Marcel & Fils
3 rue des Lombards u. 3 rue de l'Eglise
51140 Trigny
03 26 03 12 57 + 03 26 03 16 11
Fax 03 26 03 19 92
50–60 000 Flaschen

DE FOREZ Guy
Sylvie Wenner
32 rue du Général Leclerc
10340 Les Riceys
03 25 29 98 73 Fax 03 25 38 23 01
8,4 ha

FORGET-BRIMONT
11 route de Louvois
51500 Craon-de-Ludes 🍇
03 26 61 10 45 Fax 03 26 61 11 58
8 ha, etwa 70 000 Flaschen

FORGET-CHEMIN Edmond
15 rue Victor Hugo
51500 Ludes 🍇
03 26 61 12 17 Fax 03 26 61 14 51
Club

FOUREUR Père & Fils
19 rue Buirette Petit
51360 Verzenay 🍇🍇
03 26 49 45 20 Fax 03 26 49 45 98

FOUREUR Robert
4 impasse des Pinots
51150 Ambonnay 🍇🍇
03 26 57 02 68

FOURNEAUX-FOREST: Taittinger

FOURNY Vve & Fils
5 route de Mesnil
51130 Vertus 🍇
03 26 52 16 30

FOX: Lanson

FRANÇOIS-DELAGE
2 place de la République
51500 Ludes 🍇
03 26 61 14 62 Fax 03 26 61 11 91
12 ha, 70 000 Flaschen

FRANSORET Roger ☀
Alencourt (1 km von)
51530 Mancy (Epernay)
03 26 59 71 57
Biolog. Anbau. 0,5 ha, 5000 Flaschen

FREDESTEL
3 rue Pierre Brunet
51380 Trépail 🍇
03 26 57 06 19 Fax 03 26 57 92 20

FREMINET: Beaumet

FRESCOBALDI: Marne & Champagne

FRESNE René
11 rue du Clos des Moines
51500 Sermiers
03 26 97 62 31

Die Weinberge in Epernay

FRESNE-DUCRET
10 rue St.-Vincent
51390 Villedommange
03 26 49 24 60 Fax 03 26 49 23 67

FRESNET-DECOTTE Gérard
12 rue de Beaumont
51380 Verzy
03 26 97 93 40 Fax 03 26 97 92 55
Club. 9 ha, etwa 60 000 Flaschen. Weitere Marke: FRESNET-JUILLET Roger

FREVILLE & Cie: Marne & Champagne

FREY: Unternehmensgruppe (Möbel) in Reims, der die Champagner BINET (s.d.), COLLERY (s.d.), GERMAIN (s.d.), HUSSON (s.d.), MERLIN und DE MÉRIC gehören.

FRÉZIER Denis
50 rue Gaston Poittevin
51200 Monthelon
03 26 59 70 16 Fax 03 26 59 74 88

FROMENT-GRIFFON Jean Pierre
5 rue du Franc Mousset
51500 Sermiers
03 26 97 61 62 Fax 03 26 97 60 35
3 ha, etwa 15 000 Flaschen

FROURSIN A.: Fliniaux

FURDYNA Michel
13 rue du Trot
10110 Celles-sur-Ource
03 25 38 54 20 Fax 03 25 38 25 63
7,5 ha, rund 50 000 Flaschen

GABIN Jean: d'Astrée

GABRIEL Pierre
2 rue du Calvaire
51380 Trépail
03 26 57 05 56 Fax 03 26 57 83 40
5 ha, etwa 22 000 Flaschen

GABRIEL-PAGIN
4 rue des Remparts
51160 Avenay-Val d'Or
03 26 52 31 03 Fax 03 26 58 87 20
20–30 000 Flaschen

GAIDOZ-FORGET
1 rue Carnot
51500 Ludes
03 26 61 13 03 Fax 03 26 61 11 65
9 ha, etwa 55 000 Flaschen

GALLIMARD Père & Fils
20 rue Gaston Cheq, Le Magny
10340 Les Riceys (Ricey Haut)
03 25 29 32 44 Fax 03 25 38 55 20
9 ha, 60–70 000 Flaschen

GANDON Jean-Marie
28 rue Branscourt
51140 Jonchery-sur-Vesle
03 26 48 52 67 Fax 03 26 48 59 09

GARDET & Cie
13 rue Georges Legros
51500 Chigny-les-Roses
03 26 03 42 03 Fax 03 26 03 43 95
Gegründet 1895.
10 ha, Zukauf, etwa 500 000 Flaschen

GARITAN Michel
4 rue Gambetta
51500 Mailly-Champagne
03 26 49 43 61 Fax 03 26 49 81 05

GARTNER L.: de Cazanove

GAUCHER Bernard
10200 Arconville
03 25 27 87 31 Fax 03 25 27 85 84
12 ha, etwa 45 000 Flaschen

GAUTHIER: Marne & Champagne

GAUTHIER Roger
15 boulevard des Bermonts
und 8 rue Bacchus
51150 Ambonnay
03 26 57 01 94 Fax 03 26 52 30 85
2 ha, 15 000 Flaschen

GEISMANN: Marne & Champagne

GÉNÉRATION CHAMPAGNE: Dachgesellschaft für GERMAIN (und die anderen Champagner der Gruppe Frey)

GENET Michel
22 rue des Partelaines
51200 Chouilly
03 26 55 40 51 Fax 03 26 59 16 92
6 ha, 40 000 Flaschen

GENTILS René
356 rue du Colonel Fabien
51200 Dizy
03 26 55 24 37
5 ha

GEOFFROY René
150 rue du Bois de Jots
51200 Cumières
03 26 55 32 31 Fax 03 26 54 66 50
Winzerfamilie seit 1600.
11 ha, etwa 90 000 Flaschen im Jahr

GÉRARD: Premiers Crus de la Marne

GÉRARD Gaston & Co: de Cazanove

GERBAIS Pierre
13 rue du Pont
10110 Celles-sur-Ource
03 25 38 55 17 Fax 03 25 38 15 29
14 ha

GERBERT Alain: de Cazanove

GERBOIS Alain: de Cazanove

GÉRIN & Fils
15 rue Haute
51170 Brouillet
03 26 97 46 31 Fax 03 26 97 43 62

GERMAIN H. & Fils
36 rue de Reims
51500 Rilly la Montagne
03 26 03 40 19 Fax 03 26 03 43 11
Gegründet 1898, seit 1985 im Besitz und Haupt-Champagnerhaus des Möbelunternehmens Frey (Reims).
90 ha, Zukauf. Etwa 2 Millionen Flaschen.
Neben der Marke Germain auch HENRI GERMAIN und Champagner PRÉSIDENT (Brut Signature, Brut tete de cuvée, Brut mit Jahrgang und als Spitze: Grand Blanc). 1. Gärung teilweise im Faß. Weitere Champagner der Gruppe: BINET, COLLERY, HUSSON, DE MÉRIC, MERLIN

GESSNER Pol: Marne & Champagne

GESSON Louis: de Cazanove

GHYS Michel
2 rue des Gris
51190 Avize
03 26 57 51 05 (auch Fax)
3 ha

GIESLER: Marne & Champagne

GILBERT & GRAVET: Grands Champagnes de Reims/Marie Brizard

GIMONNET Pierre & Fils
1 rue de la République
51530 Cuis
03 26 59 78 70 Fax 03 26 59 79 84
Club. Winzerfamilie vor 1750 nachgewiesen, Champagner-Eigenmarke seit 1936.
26 ha Rebfläche (ausschließlich Chardonnay, großenteils in Cramant und Chouilly), 180 000–200 000 Flaschen einschließlich LARMANDIER P & F (s.d.)
Liefert die Marke des Pariser Weinhauses AUGÉ. Weitere Marken: GIMONNET-HENRY, HENRI MONET

Château de Pierry

GIMONNET-GONET
166 rue du Général de Gaulle
51530 Cramant
03 26 57 51 44 Fax 03 26 57 93 66
6 ha

GIRARD & Co: Abel Lepitre; Grands Champagnes de Reims

GIRAUD Henri
71 Boulevard Charles de Gaulle
51160 Ay
03 26 55 18 55 Fax 03 26 55 33 49
13 ha

GLADIATEUR: Roederer

GOBILLARD Jean-Marie & Fils
38 rue de l'Eglise
51160 Hautvillers
03 26 51 00 24 Fax 03 26 51 00 18
25 ha, 270 000 Flaschen

GOBILLARD Paul
43 rue Léon Bourgeois
51530 Château de Pierry
03 26 54 05 11 Fax 03 26 54 46 03
5 ha, Zukauf. Etwa 150 000 Flaschen
Weitere Marken: CHARLES D'ARRAGON, CHATEAU DE PIERRY, A. MORLET

GODART Vve & Fils
Avenue du Mont Félix
51200 Moussy
03 26 54 04 36
8 ha

GODMÉ Père & Fils
11 rue Werlé u. 10 rue de Verzy
51360 Verzenay
03 26 49 41 88 + 03 26 49 48 70,
Fax 03 26 49 45 30
10 ha, etwa 70 000 Flaschen

GOERG Paul: la Goutte d'Or

GONET François
39 Grande Rue
51190 Le Mesnil-sur-Oger
03 26 57 94 71 Fax 03 26 57 93 66
Club. 11 ha, 30 000 Flaschen

GONET Michel
196 avenue Jean Jaurès
51190 Avize
03 26 57 50 56 Fax 03 26 57 91 98
Club. 40 ha. Etwa 300 000 Flaschen im Jahr. Produziert auch MARQUIS DE SADE; Teilhaber in dieser Gesellschaft ist ein Nachkomme des aus der Geschichte bekannten Marquis. Weitere Marken: ANDRÉ BONIN, COMTE D'HARMONT

GONET Philippe & Fils
6 route de Vertus
51190 Le Mesnil-sur-Oger
03 26 57 51 07 Fax 03 26 57 51 03
Club. 18 ha, etwa 90 000 Flaschen

GONET-SULCOVA Vincent
13 rue Henri Martin
51200 Epernay
03 26 54 37 63 Fax 03 26 55 36 71
Club. 15 ha, etwa 120 000 Flaschen
ebenfalls Route N. 60
10440 Torvilliers
03 25 79 17 04 Fax 03 25 74 35 22

GOSSET
69 rue Jules Blondeau
51160 Ay
03 26 55 14 18 Fax 03 26 51 55 88
SGM
Das älteste Weinhandelshaus der Champagne – urkundlich nachgewiesen ab 1584. Es gehört seit 1994 zur Gruppe Héritiers Renaud-Cointreau (gemeinsam mit den Cognacfirmen Frapin und Château Paulet und der Vertriebsfirma Pagès). Etwa 600 000 Flaschen.
Gosset entwickelt seinen Champagner nach traditioneller Methode – die erste Gärung findet in Holzfässern statt, Reserveweine lagern teils in Magnumflaschen, teils in Stahltanks. Die Lagerzeiten sind weit überdurchschnittlich.
Die Skala reicht vom Brut Excellence und Grande Réserve (beide mindestens 4 Jahre Lager auf der Hefe) über Brut und Rosé mit Jahrgang zur Prestige-Cuvée Célébris (zwei Drittel Chardonnay, Rest Pinot Noir).
Gosset gehört auch (seit 1989) die Champagnerfirma IVERNEL und die Marke MARIGNAN.

△ Béatrice Cointreau, Chefin des Champagnerhauses Gosset

GOSSET-BRABANT Jean
23 boulevard de Lattre de Tassigny
51160 Ay
03 26 55 17 42 Fax 03 26 54 31 33
6,5 ha, 35 000 Flaschen

GOSSY Pol: de Cazanove

Wandmalerei im Veranstaltungsraum von Gosset ▽

GOULET George
Lionel Chaudron
1 avenue de Paris
51072 Reims
03 26 66 44 88 Fax 03 26 67 99 36
Domaine in: Route de Billy-le-Grand
51380 Vaudemange
auch: HENRI GOULET
70 ha, 1,5 Millionen Flaschen.
Lieferte den Haus-Champagner des berühmten Mailänder Feinkosthauses Peck. Erwarb den Champagner LANG-BIÉMONT

△ Henri Goutorbe

GOUTORBE Henri + René
9 bis rue Jeanson
51160 Ay
03 26 55 21 70 Fax 03 26 54 85 11
Club. 20 ha, etwa 100000 Flaschen.
Goutorbe betreibt auch Rebveredelung durch Pfropfen auf amerikanische Rebstöcke, die gegen die Reblaus unempfindlich sind.

GOUTTE D'OR (la Coopérative Vinicole)
4 place du Mont Chenil
51130 Vertus
03 26 52 15 31 Fax 03 26 52 23 96
Genossenschaft von 110 Winzern mit zusammen 130 ha, zu drei Vierteln Chardonnay. Sie verkauft einen Teil ihrer Trauben an große Champagnerhäuser, ein weiterer dient den Mitgliedern für ihre Eigenmarken, etwa 100000 werden unter der Handelsmarke PAUL GOERG geliefert (in Deutschland eingeführt in den achtziger Jahren mit der Marke »Die Nasen« für die »Ente vom Lehel« in Wiesbaden).

GRAND APPARAT: de Cazanove

GRANDE CHASSE: Mansard-Baillet

GRANDPIERRE Robert
1 rue Fontaine
10110 Viviers-sur-Artaut
03 25 38 53 26 Fax 03 25 29 14 73

GRAND PRIX: de Cazanove

GRAND SOIR: de Sacy

LA GRANGE DES COTEAUX: Bernard (Dizy)

GRANIER: Nollevalle (s.d.) für das britische Unternehmen Granier in Hayfield, Stockport

GRANT D.: de Cazanove

GRATIEN Alfred
30 rue Maurice Cerveaux
51201 Epernay
03 26 54 38 20 Fax 03 26 54 53 44
Die Marke heißt nach Alfred Gratien, der 1864 sowohl das Champagnerhaus als auch ein Schaumweinunternehmen an der Loire gründete. Später trat Jean Meyer hinzu, der 1870 wegen des deutschen Einmarsches das Elsaß verlassen hatte. Die heutigen Besitzer, Seydoux und de Bousquet, sind Nachkommen der Gründerfamilien.
Erste Gärung und Reservelagerung in Holz. Flaschengärung der Jahrgangs-Champagner nicht mit Kronenkappen, sondern Korkenverschluß, was selten geworden ist. Keine malolaktische Gärung. Jährlich etwa 120000 Flaschen. Spitzen-Cuvées: Paradis Brut und Paradis Rosé Brut

GRATIOT-DELUGNY
24 rue de la Marne
02310 Grouttes-sur-Marne
03 23 82 15 36 Fax 03 23 82 29 09
8 ha

GREMILLET Jean Michel
1 chemin des Fleurs Sauvages
10110 Balnot-sur-Laignes
03 25 29 37 91 u. 03 25 29 74 21 Fax 03 25 29 30 69

GRONGNET & Fils
41 Grande Rue
51270 Etoges
03 26 59 30 50 Fax 03 26 59 30 98
Club

GRUET & Fils
Coopérative des Vignerons des Coteaux de Bethon
rue du Chemin Neuf
51260 Bethon (Anglure)
03 26 80 48 19 Fax 03 26 80 44 57
60 Winzer mit zusammen 95 ha produzieren für den Handel, aber auch etwa 380 000 Flaschen unter der Coop-Marke, dazu andere Handelsmarken für den Export.

GRUMBERT Pierre:
Marne & Champagne

GRUMIER Maurice
13 route d'Arty
51480 Venteuil
03 26 58 48 10 Fax 03 26 58 66 08
6,5 ha, etwa 45 000 Flaschen

GUÉRARD Michel: Billecart-Salmon

GUÉRIN Vve & Fils:
Marne & Champagne

GUERRE Pierre
rue Champagne
51200 Venteuil
03 26 58 48 48

GUIBORAT Fils
99 rue de la Garenne
51200 Cramant
03 26 57 04 54 08 Fax 03 26 59 91 98

GUICHON Michel
12 rue Henri Martin
51530 Monthelon
03 26 59 70 56
4 ha

GUILLOT Paul
51120 Barbonne-Fayel
03 26 80 20 02
9 ha. Nur ein Drittel der Produktion unter eigener Marke

GUYOT Bernard
46 Grande Rue
10250 Neuville-sur-Seine
03 25 38 20 69

Feuchtes Zwischenspiel vor der Kelterei, eigentlich ist das Wasser für die Plastikbehälter bestimmt.

HAMM E. & Fils
16 rue Nicolas Philipponat
51160 Ay
03 26 55 44 19 Fax 03 26 51 98 68
3,5 ha, Zukauf. Etwa 240000 Flaschen
Weitere Marke: VVE DUVERGER

HANIEZ & Co: de Cazenove

HANOTIN Jean
9 rue de Villers
51380 Verzy
03 26 97 93 63 Fax 03 26 97 95 17
6 ha, etwa 30 000 Flaschen

HARLIN C.: A. Chauvet

HARRISON & WELLS: Marne & Champagne

HATON Jean-Noël
5 rue Jean Mermoz
51200 Damery
03 26 58 40 45 Fax 03 26 58 63 55
150–160 000 Flaschen

HATTÉ Bernard & Fils
1 rue de la Petite Fontaine
51360 Verzenay
03 26 49 40 90 + 03 26 49 42 43 Fax 03 26 49 41 39
Club. 8,5 ha, etwa 55 000 Flaschen

HATTÉ Ludovic
3 rue Thiers
51360 Verzenay
03 26 49 43 94 Fax 03 26 49 81 96

HATTÉ Rémy
8 rue Thiers
51360 Verzenay
03 26 49 40 81 Fax 03 26 49 46 00

HÉBRART Marc
18–20 rue du Pont
51160 Mareuil-sur-Ay
03 26 52 60 75 Fax 03 26 52 92 64
Club. 6,5 ha, 40 000 Flaschen

HÉDIARD: Marne & Champagne

CHARLES HEIDSIECK

4 boulevard Henry Vasnier
51100 Reims
03 26 84 43 50 Fax 03 26 84 43 86

SGM

Gehört zur Gruppe Rémy-Cointreau, ebenso wie Piper-Heidsieck, Krug, de Venoge und F. Bonnet & Fils. Mit rund 2 Millionen verkauften Flaschen pro Jahr eine der größeren Champagnermarken.

Die unterirdischen Lager in Reims, eine Fläche von acht Hektar, teilweise in Kreidehöhlen aus gallisch-römischer Zeit, gehören zu den besonders eindrucksvollen.

Auch dieses Haus geht auf eine deutsche Gründerfamilie zurück (siehe Extra-Übersicht). Es war persönlich und wirtschaftlich zweimal mit dem Champagnerhaus Henriot verbunden (s. d.).

Wie die meisten führenden Exportmarken verdankt das Unternehmen seinen Auslandsabsatz den ausgedehnten Reisen seiner Besitzer und Verantwortlichen. Der Vater des Gründers, Charles-Henri Heidsieck, ritt bis Moskau, um dort Champagner zu propagieren, nur begleitet von einem Mitarbeiter und einem Lastpferd, das mit den Probeflaschen beladen war. Der Gründer (1851), Charles-Camille Heidsieck, der nach der Schulzeit zwei Lehrjahre in Lübeck und Hamburg verbracht hatte, unternahm mehrere Amerika-Reisen, um diesen Markt zu erobern. Er war ein höchst erfolgreicher Verkäufer – als

»Champagne-Charlie« bekannt, aber auch lange Zeit der größte Pechvogel der Champagne.

Zunächst konnten Großabnehmer Charles Heidsieck in den USA wegen der dort ausgebrochenen Wirtschaftskrise nicht bezahlen. Dann brachte der Krieg zwischen den Nord- und den Südstaaten ihn abermals um die ihm geschuldeten Summen. Von den Kunden im Süden war das Geld nicht mehr einzutreiben, und sein Vertreter im Norden unterschlug fast alle ihm zustehenden Beträge. Dann wurde Charles Heidsieck von den Truppen des Nordens als angeblicher Agent für den Süden in verwahrlosten Forts eingesperrt, wo er fast umgekommen wäre. Erst nach Monaten erreichte Frankreich seine Freilassung. Heidsieck kehrte krank, enttäuscht und ruiniert nach Reims zurück. Er baute sein Unternehmen mit Hilfe von Krediten weniger verbliebener Freunde langsam und bescheidener wieder auf, von Schulden schwer belastet – bis eine Pointe wie im Märchen kam. Er hatte dem Bruder des ungetreuen Agenten in New York, der sich von diesem losgesagt hatte, trotz eigener Notlage 5000 Dollar geborgt. Dieser erwarb große Gelände auf dem Gebiet der (späteren) Stadt Denver. Bei seinem Tod vermachte er die stark im Wert gestiegenen Immobilien Charles Heidsieck, der damit auf einen Schlag zum Dollarmillionär wurde und die Schulden der Firma tilgen konnte. Es begann eine neue Blütezeit für das Haus; es »rächte« sich später an den nordamerikanischen Behörden, indem es sich während der Prohibition aktiv und gewinnreich am Schmuggel nach den USA beteiligte (nicht als einziges Champagnerhaus!).

Charles-Camille Heidsieck hatte ebenso wie sein Vater eine Tochter aus der Familie Henriot geheiratet. Er gründete seine Firma »Charles Heidsieck« 1851 zusammen mit seinem Schwager Ernest Henriot durch Umorganisation der Firma »Henriot Frère, Sœur & Cie.«. Henriot stieg aber 1875 aus, um sich um das Mutterhaus Henriot zu kümmern. 1976

Die Mühle von Verzenay (gehört Heidsieck Monopole)

wurde Charles Heidsieck von Henriot übernommen, neun Jahre später verkaufte Henriot das Unternehmen an Rémy Martin.
Die meistverkaufte Sorte des Hauses, der Brut Réserve, besteht aus 30% Chardonnay, 70% Pinot Noir und Meunier. Die Jahrgangs-Champagner, auch der Rosé: 30% Chardonnay und 70% Pinot Noir. Die Cuvée Spéciale, Blanc des Millénaires, ist 100% Chardonnay.

HEIDSIECK & CO MONOPOLE
83 rue Coquebert
51100 Reims
03 26 49 59 69 Fax 03 26 40 46 13
SGM
Gehört zur Gruppe Mumm (s. d.) im kanadischen Getränkekonzern Seagram. Die Marke geht auf den Deutschen Florenz-Ludwig Heidsieck zurück, der das erste Champagnerhaus dieses Namens 1785 in Reims gründete (siehe getrennte Übersicht Heidsieck).
Mit rund einer Million Flaschen Jahresverkauf zählt das Haus zu den größeren der Champagne. Weinbesitz von 110 ha. Die unterirdischen Anlagen in Reims, bis zu 22 m unter der Erde, erstrecken sich über fünf Hektar bei einer Gesamtlänge der Galerien von zwölf Kilometer.
Zum Besitz gehört die berühmte Mühle von Verzenay im besten Champagnergebiet, die heute für Empfänge dient. Der Verkäufer hatte seinerzeit den Preis auf jeweils tausend Goldfranken für jedes seiner bei der Übergabe lebenden Kinder festgesetzt; die Mühle kostete zehntausend.

Diese Linie der Heidsieck-Firmen hat 1834 Florenz-Ludwig Heidsiecks Neffe Heinrich Ludwig Walbaum gegründet. Der ihn beerbende Schwager war wieder ein Heidsieck.

Im vergangenen Jahrhundert hatte das Haus besondere Verkaufserfolge in Rußland und Deutschland. »Monopole« war seit 1960 eine erfolgreiche Marke des Unternehmens. Dem mehrmals geänderten Familiennamen (entsprechend den jeweils dominierenden Teilhabern) wurde das »Monopole« erst 1923 zugefügt. Im selben Jahr wurde das Haus in eine AG umgewandelt. Mumm erwarb die Aktienmehrheit 1972.

Der meistverkaufte Champagner des Hauses, Dry Monopole Brut, besteht aus 45% Pinot Noir, 20% Meunier, 25% Chardonnay und 10% Reservewein (der selbst auch eine Mischung ist). Die Spitzenmarke, Diamant Bleu, enthält je zur Hälfte Chardonnay und Pinot Noir.

Alte Schätze bei Heidsieck Monopole

HEIDSIECK

Florenz-Ludwig Heidsieck gründet die Firma 1785. Stirbt 1828. Da er kinderlos geblieben war, hatte er zahlreiche Verwandte aus Deutschland zu sich geholt, insgesamt 14 Neffen und Nichten. Zwei Neffen, Heinrich Ludwig Walbaum und Christian Heidsieck, führen Heidsieck & Co. weiter, trennen sich aber 1834.

1834: H. L. Walbaum gründet mit Schwager Auguste Heidsieck: »Walbaum Heidsieck & Co.«
1846: Heidsieck & Co.
1889: »Walbaum Luling Goulden & Cie Successeur de Heidsieck & Co«
1923: »Heidsieck & Co Monopole«
1972: Übernahme der Firma durch Mumm (Seagram)

1834: Christian Heidsieck gründet »Heidsieck«, stirbt 1835; Witwe führt Unternehmen fort. Heiratet 1837 ihren Schwager Henri Piper. »Piper-Heidsieck« wird nach Pipers Tod 1870 von J.C. Kunkelmann übernommen, der seit 1850 Teilhaber war.
1870: Kunkelmann & Co. Nach dem Tod von Kunkelmanns Sohn erbte Marquise de Suarez d'Aulan die Firma.
1968: Rückkehr zum Firmennamen Piper-Heidsieck.
1988: Übernahme durch Rémy Martin.

1851: Charles C. Heidsieck gründet mit Schwager Ernest Henriot »Charles Heidsieck«
1976: »Charles Heidsieck-Henriot« (Mehrheit bei Henriot)
1985: Übernahme durch Rémy Martin

HEITZ: Centre Vinicole de la Champagne

HÉNIN Charles
20 rue Planchette
51160 Ay
03 26 55 21 63

HENIQUE Charles: COGEVI

HENRI Jules: Bruno Paillard

HENRI IV: Roland Fliniaux

HENRIET Marc
33 rue de Mailly
51360 Verzenay
03 26 49 41 79 Fax 03 26 49 45 36
4 ha, etwa 25 000 Flaschen

HENRIET Michel
12 rue du Paradis
51360 Verzenay
03 26 49 40 42 Fax 03 26 49 45 29

HENRIET-BAZIN
9 bis rue Dom Pérignon
51380 Villers Marmery
03 26 97 96 81 Fax 03 26 97 97 30
6 ha, 45 000 Flaschen. Weitere Marke: M. N. HENRIET

HENRIOT
3 pl. des Droits de l'Homme
51066 Reims
03 26 89 53 00 Fax 03 26 89 53 10
Gegründet 1808 von der Witwe Appoline Godinot einige Jahre nach dem Tode ihres Mannes Nicolas-Simon Henriot. Das Erbe übernahm 1875 ihr Enkel, der bis dahin gemeinsam mit Charles Heidsieck (s.d.) dessen Firma geleitet hatte. Er taufte in Henriot & Cie um. 1976 erwarb sein Nachkomme Joseph Henriot das Haus Charles Heidsieck, ein paar Jahre danach die Firmen Trouillard und de Venoge (s.d.). 1985 verkaufte er Charles Heidsieck an das Cognac-Haus Rémy Martin und brachte Henriot in die Gruppe Vve. Clicquot ein (gegen 11 % der Clicquot-Aktien), die 1987 von der Gruppe LVMH übernommen wurde. Henriot war einige Zeit Generaldirektor von Clicquot, kaufte aber dann sein Familienunternehmen 1994 wieder aus dem LVMH-Verbund heraus, freilich ohne die 100 ha Weinfelder in wertvollen Lagen, die ihm LVMH lediglich für eine Übergangszeit verpachtete; der Vertrieb in Frankreich blieb bei dem von LVMH.
Bis dahin hatte der jährliche Verkauf des Champagners Henriot etwa 750000 Flaschen betragen.
Henriot erwarb 1995 das Burgunderhaus Bouchard Père et Fils.
Der Champagner Philippe de Rothschild kommt von Henriot.

HÉRARD & FLUTEAU
5 rue de la Nation
10250 Gye-sur-Seine
03 25 38 20 02 Fax 03 25 38 24 84
8 ha, 47 000 Flaschen
Champagnermarken: HÉRARD und FLUTEAU

HERBER: Beaumet Chaurey

HERBERT Didier
32 rue de Reims
51500 Rilly-la-Montagne
03 26 03 41 53 Fax 03 26 03 44 64
6,5 ha

HENRY DE VAUGENCY
René Henry
1 rue d'Avize
51190 Oger
03 26 57 50 89 Fax 03 26 51 57 71

HÉRARD Paul (Philippe)
Grande Rue
10250 Neuville-sur-Seine
03 25 38 20 14 Fax 03 25 38 21 73
12 ha, 180000 Flaschen

HERBERT Jean-Jacques
8 rue de Reims
51500 Rilly-la-Montagne
03 26 03 44 18 Fax 03 26 03 47 89
8,4 ha. Vinifizierung beim CVC in Chouilly

HERNOUX Michel
3 rue Haute des Carrières
51500 Mailly-Champagne
03 26 49 48 05 Fax 03 26 49 45 43

HERVIEUX-DUMEZ
12 rue Saint Rémy
51500 Sacy 🍇
03 26 49 22 02 Fax 03 26 49 27 16
Club

HEUCQ Père & Fils
6 rue Eugène Moussé
51700 Cuisles
03 26 58 10 08 Fax 03 26 58 12 00
6 ha, 35 000 Flaschen

HISTOIRES DE CHAMPAGNE:
Handelsmarkenfirma von Vranken s. d.

HOCHE Norbert
51390 Coulommes-la-Montagne
03 26 49 20 47

HORIOT Père & Fils
11 rue de la Cure
10340 Ricey-Bas (Les Riceys)
03 25 29 32 21 Fax 03 25 29 13 55

HOSTOMME M.
5 rue de l'Allée
51200 Chouilly 🍇🍇
03 26 55 40 79 Fax 03 26 55 08 55
12 ha, etwa 100 000 Flaschen

HOURY Thierry
4 rue du Clos
51150 Ambonnay 🍇🍇
03 26 57 82 96 Fax 03 26 52 07 20

HUGUENOT-TASSIN
Benoit Huguenot
4 rue du Val Lune
10100 Celles-sur-Ource
03 25 38 54 49 Fax 03 25 38 50 40
6 ha, 35 000 Flaschen

HULIN Daniel
2 rue de Reims
51150 Ambonnay 🍇🍇
03 26 57 01 97 Fax 03 26 52 97 53

HUNGERFORD (britische Kette):
Duval Leroy

HUSSON Jean Pierre
2 rue Jules Lobet
51160 Ay 🍇🍇
03 26 55 43 05 Fax 03 26 55 03 02
4,5 ha, 20 000 Flaschen
1996 von Germain/Gruppe Frey übernommen.

...eigentlich sollen die Plastikbehälter gesäubert werden.

IMPERIAL CROWN: Moët & Chandon

IRROY: Gegründet 1820, im vergangenen Jahrhundert von großem Ruf. Heute Handelsmarke von Taittinger (s. d.)

IVERNEL
69 rue Jules Blondeau
51160 Ay 🍇🍇
03 26 55 21 10 Fax 03 26 51 55 88
Gehört Gosset, dessen Domizil es auch teilt. Verkauf etwa 60 000 Flaschen. Lieferte lange den Champagner Paul Bocuse.

JACKMANN & Co: Médot

JACOB Père & Fils
14 rue Mores
10110 Merrey-sur-Arce
03 25 29 83 74 Fax 03 25 38 58 87
12,5 ha, 80 000 Flaschen

JACOPIN Guy
43 avenue Bammental
51130 Vertus 🍇
03 26 52 20 30 Fax 03 26 52 22 94
18 ha, 130 000 Flaschen

JACQUART André
6 avenue de la République
51190 Le Mesnil-sur-Oger 🍇🍇
03 26 57 52 29 Fax 03 26 57 78 14
Club. 17,5 ha, etwa 110 000 Flaschen

JACQUART
5 rue Gosset
51100 Reims
03 26 07 88 40 Fax 03 26 07 12 07
800 Winzer und 14 örtliche Genossenschaften mit zusammen rund 1000 ha Weinfläche sind der Sockel dieses erfolgreichen Unternehmens, das erst 1962 gegründet wurde (damals: eine Handvoll Winzer mit zusammen 20 ha) und rund 10 Millionen Flaschen Cham-

pagner im Jahr produziert. Davon sind die meisten für die Mitglieder bestimmt, außerdem hat das Unternehmen Abnehmer für Trauben oder Grundwein in einigen anderen großen Häusern, die nicht über genügend Weinberge verfügen. Unter »Jacquart« verkaufte die Gruppe 1995 etwa 2,5 Millionen Flaschen, weitere 1,5 Millionen lieferte es als Handelsmarken an andere Unternehmen und Geschäfte. Mit ihrer Marke ist die Gruppe keineswegs nur in Supermärkten und Warenhäusern vertreten, sondern ebenso stark in Fachgeschäften, Restaurants und der Hotellerie. Jacquart liefert auch den Champagner RITZ.

Der am häufigsten verkaufte »Brut Sélection« besteht zu 50% aus Chardonnay, 35% Pinot Noir und 15% Pinot Meunier. Die Prestige-Cuvée »Nominée«: 60% Chardonnay, 40% Pinot Noir.

JACQUEMINET-KLEBER
33 rue de Vaudemanges
51380 Trépail
03 26 57 05 75 Fax 03 26 59 45 28

JACQUES Yves
1 rue de Montpertuis
51270 Baye (Montmort)
03 26 52 80 77 Fax 03 26 52 83 97
etwa 80 000 Flaschen

Der Fanfarenstoß aus so attraktiver Szene wirbt den Champagner Jacquart; die Kooperative hat sich mit Energie und Können eine Marktnische erobert.

JACQUESSON & Fils
68 rue du Colonel Fabien
51530 Dizy
03 26 55 68 11 Fax 03 26 51 06 25
Gegründet 1798, eines der zehn Handelshäuser, die im 18. Jahrhundert entstanden sind und vor dem Deutsch-Französischen Krieg 1870/71 eines der bedeutendsten. Damals verkaufte es mehr als eine Million Flaschen pro Jahr. Hier arbeitete Joseph Krug, bevor er sein eigenes Unternehmen gründete (s. d.). Nach mehrmaligem Besitzerwechsel und Umzügen von Châlons-sur-Marne (heißt seit 1995 Châlons-Champagne) nach Reims und schließlich Dizy gehört es heute einem Zweig der Familie Chiquet (s. d.). Jacquesson verfügt über 33 ha Weinberge und verkauft etwa 350 000 Flaschen im Jahr. Abgesehen vom normalen Angebot gibt es hier auch besonders lange gelagerten Blanc de Blancs, 1996 noch den von 1975, der erst für den Verkauf degorgiert wird.

Jean Hervé Chiquet, Juniorchef von Jacquesson

Die Prestige-Cuvée des Hauses, »Signature«, macht die erste Gärung nach selten gewordener traditioneller Methode noch in Holzfässern durch. Sie wird in einer Flasche geliefert, die einer im 19. Jahrhundert verwendeten gleicht. Solche Flaschen waren in San Francisco gleich zweimal aus Wrackresten geborgen worden. Der Segler »Niantic« war 1851 dort verankert und als Depot benutzt worden; er brannte eines Tages aus. Über den Resten wurde ein Hotel errichtet. Als es 1870 demoliert wurde, kamen einige Kisten Jacquesson zum Vorschein; ein Teil des Champagners war (angeblich) noch trinkbar. Auf dem Platz entstand ein neues Haus; es fiel 1906 dem großen Erdbeben bzw. dem folgenden Feuer zum Opfer. Aus den Trümmern tauchten abermals einige Flaschen Jacquesson auf – nun untrinkbar, aber für die Firma gute Reklame.
Von »Signature« gibt es auch Rosé und den erwähnten 1975, der erst bei Bestellung degorgiert wird, 100% Chardonnay.

JACQUESSON René
12 rue du Maréchal Juin
51530 Chavot Courcourt (Epernay)
03 26 54 32 13 Fax 03 26 55 54 00

JACQUINET-DUMEZ
26 rue de Reims
51500 Les Mesneux
03 26 36 25 25

JACQUINOT Jean-Jacques
36 rue Maurice Cerveau
51200 Epernay
03 26 54 36 81 Fax 03 26 55 67 33
Produzent und Handel; 20 ha, Zukauf.
Prestige-Cuvée: Harmonie

JAMAIN Pierre
(Elisabeth Jamain)
route de Chantemerle
51260 La Celle sous Chantemerle
03 26 80 21 64 Fax 03 26 80 29 32
3 ha

JAMART E. & Cie
13 rue Marcel Soyeux
51530 Saint Martin d'Ablois
03 26 59 92 78 Fax 03 26 59 95 23
2,5 ha, Zukauf. Etwa 60 000 Flaschen im Jahr
Weitere Marken: A. MOOTZ, MOOTZ-LEFEVRE, RUDOLF RICHARD

JAMIN: Roederer

JARDIN René
3 rue Charpentier Laurain
51190 Le Mesnil-sur-Oger
03 26 57 50 26 Fax 03 26 57 98 22
16 ha, 120 000 Flaschen

JARRY André
rue Principale
51269 Bethon
03 26 80 48 04
12 ha, etwa 12 000 Flaschen

JCR: Ricciuti-Révolte

JEANMAIRE: Oudinot. Produziert auch den Champagner von Gaston Lenôtre

JEANNIN: Union Auboise

JEEPER
Christian Goutorbe
8 rue Georges Clémenceau
51200 Damery
03 26 58 41 23 Fax 03 26 58 65 67
37 ha, 350–400 000 Flaschen

JEHAN DE MAILLY: Mailly Grand Cru

JESTIN & Co
10 rue de l'Electricité
51300 Vertus
03 26 51 65 91 Fax 03 26 51 65 85
Handelshaus für Champagner, Cognac und Wein. Einer der Gebrüder Jestin entwickelte als Kellermeister bei Duval-Leroy (s. d.) die Marke Jestin. Weitere: CHARLES DE SERONNET

JOBERT-GIRARDIN: Mansard Baillet

JOLLY Jean
22 rue Viviers sur Artaut
10110 Landreville
03 25 38 56 63 Fax 03 25 29 63 97

JOLLY RENÉ
(Marie-Claude u. Hervé)
10 rue de la Gare
10110 Landreville
03 25 38 50 91 Fax 03 25 29 12 43
13 ha, etwa 65 000 Flaschen

JOLY-CHAMPAGNE
16 route de Paris
51700 Troissy
03 26 52 70 28 Fax 03 26 52 97 93
10 ha, 60000 Flaschen

JOSSELIN Jean & Fils
14 rue Vannes
10250 Gye-sur-Seine
03 25 38 21 48 Fax 03 25 38 25 00

JOSSELIN Michel
22 Grande Rue
10110 Balnot sur Laignes
03 25 29 31 86

JOUBERT Charles: Marne & Champagne

JOURNY L.: de Cazanove

JUILLET-LALLEMENT
(Pierre Lallement Fontaine)
30 rue Carnot
51380 Verzy
03 26 97 91 09 Fax 03 26 97 93 29
Club. 4 ha, etwa 25 000 Flaschen

JUMEL René
339 rue du 8e Mai 1945
51530 Cramant
03 26 57 30 13 Fax 03 26 59 23 49

Pause bei Krug

KIMMEL & Co: de Cazanove

KLEPKA – SAUSSE
Jean-Claude Klepka
2 rue des Gouttes d'Or
51190 Oger
03 26 57 55 03 Fax 03 26 57 98 65
5 ha

KOHLER gehört dem Weinhaus Bichot, Beaune

KREMER Louis: Boizel

KRUG
5 rue Coquebert
51100 Reims
03 26 84 44 20 Fax 03 26 84 44 49
SGM

Gehört zur Gruppe Rémy-Cointreau, die Geschäftsleitung liegt bei den Nachkommen des Gründers.
Dies ist wohl das originellste Champagnerhaus, eines von jenen, die deutschen Ursprungs sind und (in den Worten des Weinexperten Michel Dovaz) die Marke, »die mit der kleinsten Flaschenzahl den größten internationalen Bekanntheitsgrad hat«. Es war der Lieblings-Champagner Konrad Adenauers. Im Zweiten Weltkrieg wurde die Frau des damaligen Firmenchefs, Jeanne Krug, von den Nazibehörden verhaftet, weil sie in der Fluchtorganisation für abgeschossene alliierte Piloten mitarbeitete. Sie erkrankte in der Gefangenschaft schwer und starb 1954 an den Folgen.
Krug verkauft jahraus, jahrein 450000 bis 500000 Flaschen. Der Exportanteil ist höher als bei den meisten anderen und liegt bei etwa vier Fünfteln. Beliefert wird nur gehobene Kundschaft; das Haus bietet ausschließlich Brut-Qualitäten, deren Preis im oberen Bereich der Prestige-Champagner liegt. Hauptexportkunden sind Italien und Großbritannien.
Krug verfügt über 36 ha eigenen Weinbesitz, womit etwa 50% des Bedarfs gedeckt sind, das andere wird hinzugekauft.
Die Krug-Champagner lagern in der Regel fünf bis sechs Jahre in den Kellern der Firma, vertragen jedoch wegen der Eigentümlichkeit ihres Ausbaus oft weit längere Lagerzeit, weswegen die (oft) richtige Mahnung, daß man Champagner möglichst innerhalb eines Jahres nach dem Kauf trinken sollte, hier besonders wenig gilt. Zu viele Fachleute bei Verkostungen und andere Liebhaber sind von weit zurückliegenden Jahrgängen Krug besonders entzückt, und manche frisch ausgelieferten »Krugs« ohne Jahrgang wirken noch grün und spröde. Der Vater der jetzt verantwortlichen Brüder Henri und Rémi, Paul Krug, hielt sieben bis acht Jahre für das günstigste Alter bei Normalflaschen, zehn bis fünfzehn Jahre für Magnums (gute

Auch bei Krug müssen noch Fässer instand gehalten und ausgeschwefelt werden.

Lagerbedingungen natürlich vorausgesetzt).
Krug ist das letzte bedeutende Champagnerhaus, das die erste Gärung (also die Vergärung des Mostes zu Wein) durchweg noch in kleinen Holzfässern durchführt; diese fassen je 205 Liter, mehr als dreitausend werden benötigt. (Bollinger, s. d., vergärt nur die besten Jahrgänge in Holz, sonst teilweise oder auch ganz in Tanks; de Castellane, [s. d.], verwendet ebenfalls Holzfässer, aber größere. Gosset [s. d.] und Gratien [s. d.] gehören zu den kleineren; Jacquesson vergärt nur die Prestige-Cuvée im Faß.) Krugs Reserveweine lagern in Edelstahltanks; von jeder Ernte wird ein Fünftel für die Reserve zurückbehalten. Krug-Champagner wird nicht gefiltert und keiner Kälteprozedur (zur Klärung und Stabilisierung) ausgesetzt wie fast alle anderen. Wegen der Dauer der Flaschenlagerung spielt es keine Rolle, ob eine Milchsäuregärung stattfindet. Sie ist nicht erwünscht, aber falls sie doch in der Flasche stattfindet, würden unerwünschte Begleiterscheinungen, vor allem die Trübung des Weines, bis zum Ende der Lagerung überwunden sein, alle biochemischen Prozesse abgeschlossen.
Dem Wein wird für die zweite Gärung in der Flasche, die für den Schaum und den Druck sorgt, etwas weniger Zucker als sonst üblich zugegeben. 22 Gramm statt 24 (je vier Gramm erzeugen einen Druck von einem bar bzw. atü). Die Dosage beträgt im allgemeinen etwa neun bis elf Gramm Zucker pro Liter.
Das Haus wurde 1843 von Johann-Joseph Krug aus Mainz gegründet, der vorher lange in der Champagnerfirma Jacquesson tätig gewesen war und sich zu einem besonders geschickten Komponisten von »assemblages« entwickelt hatte. Diese Kunst haben die Krugs von Generation zu Generation weitergegeben. Ihre heutige Hauptqualität, die Grande Cuvée, besteht aus mehr als vierzig Grundweinen aus sieben Jahrgängen; die Zusammenstellung ändert sich von Jahr zu Jahr, entsprechend den

Eigenschaften der jeweiligen Ernte, um den gleichen Geschmack zu halten.
Die Krugs stellten im vergangenen Jahrhundert sogar die Cuvées anderer Häuser zusammen. Schon früh erreichte das Unternehmen, besonders in England, eine Sonderstellung; die erfolgreiche Verbindung wurde nur durch Kriege unterbrochen. Die Abfüllungen des Hauses aus früheren Jahrgängen erzielen auf internationalen Auktionen gewöhnlich Rekordpreise.
Krugs Grande Cuvée besteht aus einem Viertel bis einem Drittel Chardonnay, 45 bis 55 % Pinot Noir, Rest Pinot Meunier. Der Brut mit Jahrgang (Vintage) enthält je 36 % Chardonnay und Pinot Noir, Rest Meunier. Mit dem Clos du Mesnil (mit Jahrgang) bietet Krug eines der wenigen Beispiele von Champagner aus einem einzigen Weinberg (dem Clos du Mesnil, nur 1,83 ha, in der Grand-Cru-Lage Le Mesnil-sur- Oger) und einem einzigen Jahr, reiner Chardonnay. In der Krug Collection sind verschiedene ältere Jahrgänge verfügbar, und es gibt auch Krug Rosé.

Keller und Faßlager bei Krug

LABBÉ Michel
24 rue Gluten
51500 Chamery
03 26 97 65 89 Fax 03 26 97 65 42
10 ha, etwa 50 000 Flaschen

LACROIX Jean
14 rue des Genêts
51700 Montigny-sous-Chatillon
03 26 58 35 17 Fax 03 26 58 36 39
10 ha, 60–70 000 Flaschen. Faßlagerung

LACROIX-DEMIEL: s. Cercle d'Or

LACUISSE Frères
5 route de Damery
51500 Nogent-Sermiers
03 26 97 64 97 Fax 03 26 97 66 48
15 ha, 40 000 Flaschen

LAFITTE Charles
39 rue du Général Leclerc
51130 Vertus
03 26 53 33 40 Fax 03 26 53 33 41
Gehört zur Gruppe Vranken, s. d. 1,5–2 Millionen Flaschen. Spitzen-Cuvée: Grand Prestige, 100% Chardonnay, ersetzt durch Orgueil de France. Weitere Marken: MEITER, LE PAVÉ

LAGACHE Gilbert
12 rue de la Marquetterie
51200 Pierry
03 26 54 03 12 Fax 03 26 55 47 60

LAGACHE-DIOT Lionel
1 rue des Vignes
51200 Reuil (Epernay)
03 26 58 04 38 Fax 03 26 57 11 99

DE LAGRANGE Claude: Gaston Chiquet

LALLEMENT Claude
5 rue Jard
51500 Chamery
03 26 97 64 04 Fax 03 26 97 67 28

LALLEMENT Pierre
30 rue Carnot
51389 Verzy
03 26 97 91 09
Club

LALLEMENT René: Vranken

LALLEMENT-DEVILLE Charles
28 rue Irénée Gass
51380 Verzy
03 26 97 95 90
6 ha

LALLIER René-James
4 place de la Libération
51160 Aÿ
03 26 55 43 40 Fax 03 26 58 25 18
Lallier, Mehrheitsgesellschafter der Sektfirma Geldermann in Breisach, brachte den Champagner seines Namens erstmals 1996 auf den Markt; produziert wird er in dem ehemaligen Haus René BRUN, das Lallier 1995 gekauft hatte. Lallier ist ein Bruder des Deutz-Geschäftsführers und Minderheitsgesellschafters René Lallier (Deutz, ebenfalls in Aÿ, gehört zu Roederer). Bis 1987 hatten Deutz und Geldermann den Lalliers gemeinsam gehört. Sechs Jahre nach der Trennung wurde Deutz von Roederer übernommen.
Die Marke René BRUN wird fortgeführt.

LAMBERT & Co: Marne & Champagne

LAMBRY Louis: Deutz

LAMIABLE J. P.
8 rue de Condé
51150 Tours-sur-Marne
03 26 58 92 69 Fax 03 26 58 94 96
Club. 6 ha, etwa 60 000 Flaschen

LAMONT: Chaudron

DE LAMORLAYE: Marie Stuart

LAMOTTE: Montaudon

LAMOUREUX-PLIVART
13 rue Charles de Gaulle
10340 Les Riceys
03 25 29 30 75 Fax 03 25 38 25 28

LANAUD Vve. J.
3 place Léon Bourgeois
51190 Avize
03 26 57 99 19 Fax 03 26 57 59 06
35 ha

LANCELOT: Esterlin

LANCELOT-PIENNE
1 allée de la Forêt
51530 Cramant
03 26 57 55 74 Fax 03 26 57 53 02
5 ha

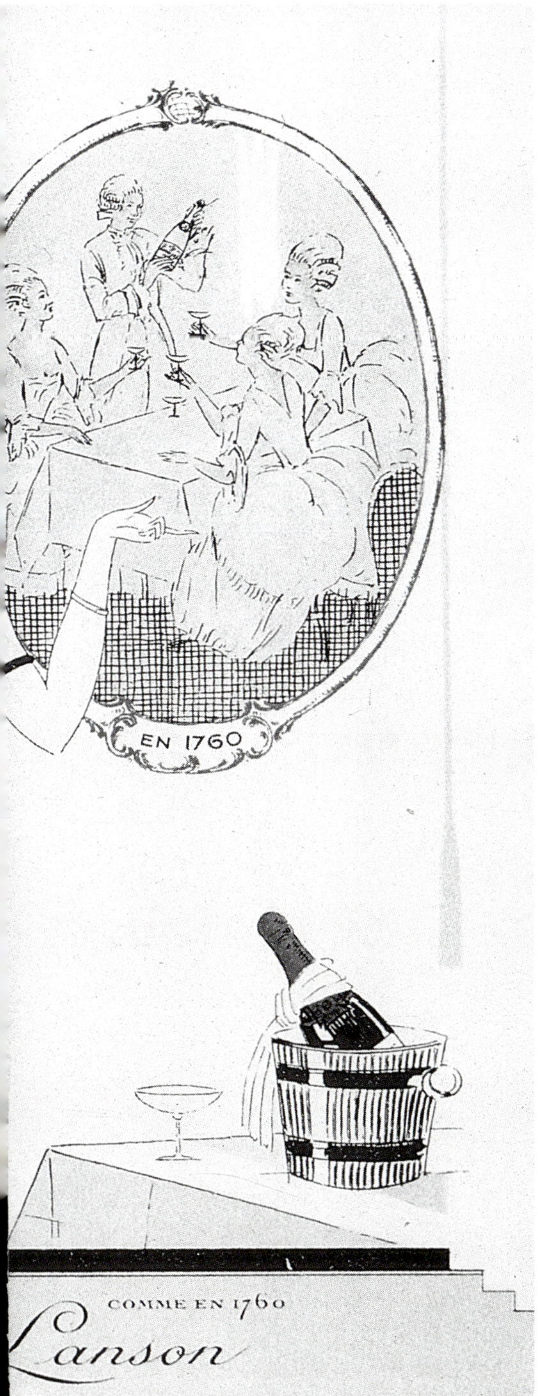

LANCELOT-ROYER Pierre
540 rue Général de Gaulle
51200 Cramant
03 26 57 51 41 Fax 03 26 57 12 25

LANG-BIEMONT: Goulet/Chaudron

DE LANGHE Armand: Rasselet

LANGLOIS Paul & Fils:
Marne & Champagne

LANSON Père & Fils
12 boulevard Lundy
51100 Reims
03 26 78 50 50 Fax 03 26 78 50 99
SGM
Gehört zu Marne & Champagne (s. d.). Lanson ist eine der stärksten Champagnermarken, sie verkauft mehr als 6 Millionen Flaschen im Jahr (einschließlich der dazu gehörenden Marke MASSÉ).
Lanson geht auf das Haus Delamotte zurück, das 1760 entstand; Jean-Baptiste Lanson trat 1828 in die Firma ein und übernahm sie 1837 nach dem Tod Delamottes unter seinem Namen. Durch den Gründer bestand eine erste Verbindung nach Deutschland. Er hatte während der Revolutionszeit flüchten müssen und verbrachte die Jahre von 1794 bis 1802 in Münster (Westfalen), wo er den Weinhandel erlernte. Die Familie, die ihn aufgenommen hatte, weigerte sich dann, den Krieg gegen Frankreich mitzumachen, und flüchtete ihrerseits zu ihm nach Reims. Einer seiner Söhne heiratete später eine ihrer Töchter. Seither haben weitere Lansons in Deutschland gelernt, bei Sektfirmen oder Lehr- und Versuchsanstalten wie Geisenheim.
Die Firma hat nie Kellermeister suchen müssen – es gab stets genügend Lansons, die alle wichtigen Funktionen im Betrieb übernahmen; Jean-Baptiste hatte acht Söhne gehabt.
Die ersten wichtigen Kunden fanden die Lansons in Frankreich, England, Deutschland und Belgien. Im Ersten Weltkrieg wurde das Haus mit allen Anlagen zerstört; die Champagne war Hauptkampfgebiet.
Ursprünglich konnte das Haus mangels eigenen Weinbesitzes nur verarbeiten, was es von Winzern ankaufte. Doch nach dem Ersten Weltkrieg erwarben die Lansons systematisch gute Weinberge, bis sie mit 200 Hektar einer der größten Besitzer der Champagne waren. Ihre unterirdischen Kellereien in Reims haben zehn Kilometer Ganglänge, eine Gesamtfläche von 715 ha.
Nach dem Zweiten Weltkrieg baute Victor Lanson in zahlreichen Weltreisen eine bedeutende Auslandskundschaft auf. Er war einer der großen Männer der Champagne, allseits hoch angesehen – nicht nur, weil er regelmäßig und offenbar sein ganzes erwachsenes Leben hindurch täglich zwei Flaschen Champagner trank. Er starb 1979 im Alter von 86 Jahren.
Der Erfolg der Lansons lockte auch andere. 1970 erwarb das Pastis-Unternehmen Ricard eine 48 %-Beteiligung. Diese übernahmen zehn Jahre später die Gebrüder Gardinier (Kunstdünger), die schon Anteile besaßen und nun Mehrheitsaktionäre wurden (gleichzeitig auch von Pommery). 1983 verkauften sie Lanson (und Pommery) an den Lebensmittelkonzern BSN (heute Danone). Dieser trennte sich von seinem Champagnerbesitz Ende 1990 zugunsten von LVMH (s. d.), das Pommery behielt und Lanson Anfang 1991 weiterverkaufte an Marne & Champagne – aber die Weinberge behielt.

Lanson gehört zu den Champagnerfirmen, die keinen Wert auf Milchsäuregärung legen. Sie vermeiden sie nach Möglichkeit, weil sie glauben, daß sie so einen frischeren Champagner herstellen können, der auch besser altern kann.
Lansons Standard-Brut, Black Label, besteht zur Hälfte aus Pinot Noir mit 35 % Chardonnay und 15 % Meunier.
Die Spitze: Noble Cuvée (70 % Chardonnay, Rest Pinot Noir), auch als Blanc de Blancs.
Weitere Marken: FINE FARE, FOX

LANVIN: de Cazanove

DE LAPPARENT: Charbaut

LARIVE Albert: Deutz

LARMANDIER Guy
30 rue du Général Koenig
51130 Vertus
03 26 52 12 41 Fax 03 26 52 19 38
9 ha, etwa 65 000 Flaschen im Jahr

LARMANDIER Père & Fils
1 rue de la République
51530 Cuis
03 26 59 52 19 Fax 03 26 59 79 84
Club. Gehört Gimonnet (s. d.), dessen Adresse dies ist. Larmandier ist 2 rue Mont Félix
51530 Cramant

LARMANDIER-BERNIER Elisabeth
43 rue du 28 Août
51130 Vertus
03 26 52 13 24 Fax 03 26 52 21 00
Club. 9,5 ha, etwa 80 000 Flaschen

LAROCHE-FOUQUEAU:
Marne & Champagne

LARREY Jean: Jacques Copinet

LASSALLE Jules
21 rue du Châtaignier Fourchu
51500 Chigny-les-Roses
03 26 03 42 19 Fax 03 26 03 45 70
Club. 9 ha

DE LATOUR Marie France
48 rue St. Vincent
51390 Vrigny
03 26 03 60 41
4 ha

LAUNOIS Jean-Claude
32 avenue Bammental
51130 Vertus
03 26 52 16 25

LAUNOIS Père & Fils
2 avenue Eugène Guillaume
51190 Le Mesnil sur Oger
03 26 57 50 15 Fax 03 26 57 97 82
Club. 20 ha, 170 000 Flaschen im Jahr
Weitere Marke: VEUVE CLÉMENCE

LAUNOIS Léon
3 ruelle Arquebuse
51190 Le Mesnil-sur-Oger
03 26 57 50 28 Fax 03 26 57 55 85
120 000 Flaschen

LAURAIN Pierre
(Alain Collery)
2 rue Roger Sondag
51160 Ay
03 26 55 18 90 Fax 03 26 55 19 34
Alain Collery verkaufte seine Marke Collery an die Gruppe Frey.

LAURENT (Pariser Restaurant):
Saint Chamant

LAURENT Jean
3 rue de Clamart
10110 Celles-sur-Ource
03 25 38 56 02 Fax 03 25 29 13 04
5 ha, etwa 15 000 Flaschen

LAURENT Louis: Chaudron

LAURENT Martin: Marke der Compagnie Française des Grands Vins (77220 Tournan-en-Brie), größter französischer Schaumweinhersteller, der über St. Raphaël/Martini & Rossi zu Bacardi gehört. Weitere Marke: Paul LOUIS & Cie

LAURENT PERRIER
Vve Laurent-Perrier & Cie
51150 Tours-sur-Marne
(Vor dem Ortsausgang Richtung Condé, D 1)
03 26 58 91 22 Fax 03 26 58 77 29
SGM
Aus einem kleinen Betrieb, Nr. 98 seiner Branche, hat Bernard de Nonancourt nach dem Zweiten Weltkrieg innerhalb von vier Jahrzehnten eines der stärksten Champagnerhäuser gemacht. Als er es übernahm, verkaufte es 80000 Flaschen im Jahr. 1987: fast 8 Millionen. Seither, bedingt durch die allgemeine Absatzkrise, zwischen 5 und 6 Millionen.
De Nonancourt verfügt über die Mehrheit an Laurent Perrier. Die Firma und die Familie wiederum haben die Mehrheit an den Champagnerhäusern de Castellane (s. d.), J. Lemoine, Delamotte (s. d.) und Salon (s. d.) und 50 Prozent am Champagner Joseph Perrier (Châlons-Champagne, s. d.), dazu kommt umfangreicher Weinbesitz in den Gebieten Bordeaux, Burgund und Cahors. In der Champagne besitzt das Unternehmen über 105 ha Rebenfelder. Umfangreiche Zukäufe.

Zu den Besonderheiten des Hauses gehört, daß es in Frankreich eine gewaltige Privatkundschaft hat, die direkt bestellt (oder gar abholt): mehr als ein Drittel des Frankreichverkaufs. Ferner, daß es seinen Aufschwung teilweise »stillen« Weinen der Champagne, also den »coteaux champenois« verdankt, von denen

Der Schatzkeller von Laurent-Perrier; die Flaschen altern auf der Hefe. ▷

52
514 M

Im Hause Bernard de Nonancourts wird erstklassige Küche gepflegt (links Laurent-Perrier-Kellerchef Alain Terrier).

es mehr verkauft als jeder Konkurrent; zeitweise bestritt es allein 45 Prozent dieses Marktes. Es verfügt über eine Vertriebsorganisation, die auch andere Weine und Spirituosen verkauft.
Die Geschichte der Marke geht ins vergangene Jahrhundert zurück. Gegründet hat sie 1812 der Faßmacher Laurent. Nach dem Tod seines Sohnes Eugène Laurent 1887 führte dessen Frau, Mathilde Emilie geb. Perrier, das Geschäft unter dem Namen Laurent-Perrier weiter – eine jener in der Champagne so oft erfolgreichen und für die Entwicklung der Branche so wichtigen Witwen. Die Gesellschaft heißt noch heute nach ihr. Mit dem Bindestrich im Namen geht die Firma ziemlich willkürlich um: mal gibt es ihn, oft nicht, besonders auf den Etiketten.
Bei Ausbruch des Ersten Weltkrieges verkaufte Laurent Perrier etwa 600000 Flaschen pro Jahr. Aber der Krieg schwächte auch dieses Unternehmen,

und als Mathilde Laurent-Perrier 1925 starb, ohne Erben, begann es mit der Marke bergab zu gehen. Kurz vor dem Zweiten Weltkrieg hatte sie praktisch zu bestehen aufgehört, 1938 wurde nichts mehr verkauft, und die 12000 Flaschen im Lager waren verpfändet. Da trat wieder eine Witwe als Retterin auf die Szene. Marie-Louise de Nonancourt, Schwester der erfolgreichen Champagnerproduzenten Victor und Henri Lanson, kaufte Laurent Perrier. Der Generaldirektor von Lanson, Henry Gondry, half ihr, das Unternehmen wieder flottzumachen.
1942 wollten die deutschen Besatzer den ältesten Sohn, Maurice de Nonancourt, zum Arbeitsdienst nach Deutschland verschleppen. Er versuchte, über Spanien nach England zu gelangen, wurde aber an der spanischen Grenze von einem Gastwirt an die Deutschen verraten und starb im Lager Oranienburg. Ein paar Monate später wollten die Deutschen seinen jüngeren Bruder Bernard zum Zwangsarbeitsdienst abholen, aber er schlug sich zum französischen Maquis durch und kämpfte später in einem Panzerregiment der Freien Franzosen gegen die Besatzer.
Von 1945 an lernte Bernard de Nonancourt vier Jahre lang von der Pike auf, bei Lanson und einer kleineren Champagnerfirma in Mesnil-sur-Oger, mitten in der besten Chardonnay-Gegend. 1949 übernahm er dann Laurent Perrier, wo er dank Gondry einen Bestand von 300000 Flaschen vorfand. Der Verkauf dieses Jahres belief sich auf 80000. Zunächst machte de Nonancourt vieles allein, dann fand er geeignete Mitarbeiter. 1967 überschritt der Verkauf die erste Flaschenmillion, 1980 die sechste...
Zum 175. Firmenjubiläum organisierte de Nonancourt für sämtliche Mitarbeiter eine Mittelmeerkreuzfahrt. Ähnliche gemeinsame Ausflüge hatte er in den früheren Jahren nach den Kanarischen Inseln, Tunesien, in die Schweiz und in die Bundesrepublik Deutschland veranstaltet.
Die Einrichtungen der Firma in dem Dörfchen Tours gehören zu den eindrucksvollsten und modernsten der Champagne. Laurent Perrier war 1970 mit Moët & Chandon unter den ersten, die sich mit Edelstahltanks ausrüsteten.

Das Unternehmen sagt, es werde keine technische Verbesserungen auf Kosten des Personals einführen, und im Unternehmen müsse Platz für jungen Nachwuchs sein.
Ebenfalls als eines der ersten großen Häuser knüpfte es 1981 an die Tradition des ungezuckerten Champagners an, die es selbst im 19. Jahrhundert mitbegründet hatte. Aber Laurent Perrier produziert auch »mildere« Qualitäten. Die Milchsäuregärung, die etwas Säure nimmt, wird hier gewünscht und gefordert: Die Kundschaft bevorzuge heute einen geringeren Säuregehalt im Champagner als vor einigen Jahrzehnten.

Der (meistverkaufte) Brut des Hauses besteht aus 45 % Chardonnay, 40 % Pinot Noir und 15 % Meunier. Die verbreitete Prestige-Cuvée Grand Siècle: 52 % Chardonnay, 48 % Pinot Noir. Der Ultra Brut (ohne jede Dosage): 55 % Chardonnay, 45 % Pinot Noir.
Grand Siècle war traditionell ohne Jahrgang, wird aber seit 1993 von Zeit zu Zeit, bei außergewöhnlich guten Jahrgängen, doch zusätzlich als Jahrgangs-Cuvée produziert, erstmalig mit dem Jahrgang 1985. Darauf folgte 1988. Die Grands Siècles ohne Jahresangabe setzten sich im allgemeinen aus drei Jahrgängen zusammen.

LE BARON: de Cazanove

LEBEL: Moët & Chandon

LECHÈRE
Châtel La Lune
27410 Le Noyer-en-Ouche
03 32 37 57 78 Fax 03 32 37 66 02
Rund 100 000 Flaschen im Jahr, vinifiziert von Union Champagne (s. d.)

Pascal Leclerc-Briant ist Spezialist für Präsentationen wie diese Flaschenpyramide.

LECLERC BRIANT ☀
67 rue Chaude Ruelle
51204 Epernay
03 26 54 45 33 Fax 03 26 54 49 59
Gegründet 1872. 30 ha, Zukauf. Etwa 250 000 Flaschen im Jahr. Teilweise biologischer Anbau. Das Haus macht gern Cuvées zu historischen Anlässen, beispielsweise zum 100. »Geburtstag« der Freiheitsstatue in New York, zum 1000. Jahrestag der Thronbesteigung (987) von Hugo (Hugues) Capet, dem ersten König aus dem Geschlecht der Kapetinger, zum 50. Jahrestag der Befreiung Frankreichs etc. Außerdem bietet Leclerc Briant Champagner aus einzelnen Parzellen seiner Premier-Cru-Lage Cumières an (Serie »Les Authentiques«), die den Einfluß des Bodens auf den Geschmack zeigen und beweisen, daß guter Champagner nicht unbedingt aus verschiedenen Lagen zusammengesetzt sein muß, sondern »monocru« sein kann (Les Crayères, Le Clos des Champions, Les Chèvres Pierreuses). Spitze: Cuvée Divine mit Jahrgang (1988: je zur Hälfte Chardonnay und Pinot Noir).

LECLÈRE Emile
15 rue Victor Hugo
51200 Mardeuil (Epernay)
03 26 55 24 45 Fax 03 26 55 05 13

LEDOYEN
Pariser Restaurant mit besonders großer Champagnerauswahl

LEDRU Marie-Noëlle
5 pl. de la Croix
51150 Ambonnay
03 26 57 09 26 Fax 03 26 58 87 61

LEFEVRE Etienne
30 rue de Villers
51380 Verzy
03 26 97 96 99 Fax 03 26 97 97 59
4,7 ha, 25 000 Flaschen

LEGRAND Eric
39 Grande Rue
10110 Celles-sur-Ource
03 25 38 55 07 Fax 03 25 38 56 84
8 ha, etwa 60 000 Flaschen

LEGRAS David
11 rue des Charbonniers
51200 Chouilly
03 26 54 50 63 Fax 03 26 55 01 78
5,5 ha, 25 000 Flaschen

LEGRAS R. & L.
10 rue des Partelaines
51530 Chouilly
03 26 54 50 79 Fax 03 26 54 88 74
Winzerfamilie seit 1789, Handelsfirma seit 1973.
22 ha. Etwa 250 000 Flaschen. Lieferte Eigenmarken berühmter 3-Sterne-Restaurants wie Robuchon, vorher Tour d'Argent. Prestige-Cuvée: Saint Vincent

LEGRAS et HAAS S. A.
7 und 9 Grande Rue
51530 Chouilly
03 26 54 92 90 Fax 03 26 55 16 78
12 ha

LEJEUNE Victor: Esterlin

LEMAIRE Fernand
88 rue des Buttes
51160 Hautvillers
03 26 59 40 44
25–30 000 Flaschen

LEMAIRE Jean
41 route d'Oger
51190 Avize
03 26 57 55 55
4 ha

LEMAIRE R. C. & Fils
Gilles Tournant
rue de la Glacière
51700 Villers-sous-Châtillon
03 26 58 36 79 Fax 03 26 58 39 28
10 ha

LEMAIRE Philippe
4 rue de la Liberté
51480 Oeuilly
03 26 58 30 82 Fax 03 26 52 92 44
3 ha

LEMAIRE-RASSELET
5 rue de la Croix St. Jean
51480 Boursault
03 26 58 44 85 Fax 03 26 59 46 08
8,5 ha

LE MESNIL: s. Mesnil und Union des Propriétaires

LEMOINE Charles
25 bis Grande Rue
51160 Cormoyeux (Ay)
03 26 58 64 11
20–25 000 Flaschen

LEMOINE J.
64 rue de Chigny
51500 Rilly-la-Montagne
03 26 03 40 25
Gehört Laurent Perrier.
Etwa 325 000 Flaschen

LEMONNIER G.: COGEVI

LENIQUE Michel
20 rue du Général de Gaulle
51530 Pierry
03 26 54 03 65 Fax 03 26 51 57 14

LENOBLE A. R. (= Armand Raphael, Vornamen des Gründers Graser)
J. M. Malassagne (Enkel)
35 rue Paul Douce
51480 Damery
03 26 58 42 60 Fax 03 26 58 65 57
18 ha, etwa 300 000 Flaschen im Jahr

LÉONCE (vormals Léonze) D'ALBE: Union Auboise

LEPITRE Abel
Grands Champagnes de Reims
(Gruppe Marie Brizard)
13 rue du Pont
51160 Mareuil-sur-Ay
(Philipponat, s. d.)
03 26 52 65 46 Fax 03 26 52 61 49
Etwa 500 000 Flaschen im Jahr. Weitere Marke: GIRARD & Co

LEPITRE Gérard
3 rue de l'Eglise
51390 Coulommes-la-Montagne
03 26 49 20 21
20 000 Flaschen

LEPITRE Jean-Claude
4 rue de l'Eglise
51390 Coulommes-la-Montagne
03 26 49 78 20 Fax 03 26 49 27 26

LEPITRE Maurice (Vve)
26 rue de Reims
51500 Rilly-la-Montagne
03 26 03 40 27 Fax 03 26 03 45 76
7 ha, rund 35 000 Flaschen

LEPRINCE Charles:
Beaumont des Crayères

LEPRINCE-ROYER:
Marne & Champagne

LEROUX Fred: Ed. Brun & Co, Ay

LEROUX Hilaire & Fils
12 rue Georges Legros
51500 Chigny-les-Roses
03 26 03 42 01 Fax 03 26 03 45 67
60 000 Flaschen

LEROY Edouard: Duval-Leroy

LEROY Maurice: Union Auboise

LÉTÉ-VAUTRAIN
11 rue Semars, Courteau
02400 Chateau-Thierry
03 23 83 05 38 Fax 03 23 69 98 29
5 ha, rund 20 000 Flaschen

LÉTRIER Raoul:
Champagne et Gastronomie

LHUILLIER René
11 bis rue de l'Ecole
10360 Fontette
03 25 29 61 80 Fax 03 25 29 75 94
Seit 1876. 15 ha, etwa 150 000 Flaschen

LIÉBART-RÉGNIER Laurent
6 rue St. Vincent
51700 Baslieux-sous-Châtillon
03 26 58 11 60 Fax 03 26 52 34 60
7 ha, etwa 45 000 Flaschen

LIERY A.: Charbaut/Vranken

LIESSE D'HARBONVILLE: Prestige-Cuvée von Ployez-Jacquemart

LILBERT Fils
223 rue du Moutier
51530 Cramant
03 26 57 50 16 Fax 03 26 58 93 86
Seit 1746. 4 ha, etwa 30 000 Flaschen

LIMON Jules: Marne & Champagne

LISSEUIL Comte de: Bauchet

LOCRET-LACHAUD
40 rue Saint Vincent
51160 Hautvillers
03 26 59 40 20 Fax 03 26 59 40 92
Winzer seit 1630, Champagner unter eigenem Namen seit 1920. 13 ha, etwa 80000 Flaschen. Prestige-Cuvée: L'Abbatiale

LOGEARD-BADUEL Georges
3 rue St. Michel
51120 Barbonne-Fayel
03 26 80 20 30

LONGUEVILLE s. Quenardel

LOPEZ-MARTIN
63 rue de la Cote de l'Hery
51160 Hautvillers
03 26 59 42 17 Fax 03 26 59 95 26

Martine und Michel Loriot

LORIOT André s. LORIOT-PAGEL

LORIOT Michel
13 rue de Bel-Air
51700 Festigny
03 26 58 33 44 Fax 03 26 58 03 98
6 ha, 40000 Flaschen im Jahr. Weitere Marke: Henri LORIOT (Vater von Michel). Liefert auch den Champagner des Bremer Feinkosthauses Grashoff.

LORIOT-PAGEL Joseph
33 rue de la République
51700 Festigny
03 26 58 33 53 Fax 03 26 58 05 37
7,5 ha. Vermarktet auch den Champagner des Vaters André Loriot. Unter beiden Marken zusammen 50–60000 Flaschen im Jahr.

LOUIS Laurent: Chaudron

LOUIS-PHILIPPE: Marne & Champagne

LOUIS XV, Restaurant im Hotel de Paris, Monte Carlo: eine der größten Restaurant-Champagnerkarten mit mehr als 200 Sorten

LOUVET Rémy
2 rue de Condé
51150 Bouzy
03 26 57 01 41 Fax 03 26 57 82 72
3,3 ha

LOUVET Yves
21 rue du Poncet
51160 Tauxières
03 26 57 03 27 Fac 03 26 57 67 77
6,5 ha

LOUVOISIER Florent:
Champagne et Gastronomie

LOYAUX-GORET
Yvette Loyaux
4 rue des Sites
51480 Vauciennes
03 26 58 62 87 Fax 03 26 58 67 34

DE LOZEY Philippe
72 Grande Rue
10110 Celles-sur-Ource
03 25 38 52 34 Fax 03 25 38 54 80
15 ha, 100000 Flaschen

Marne-Kanal bei Mareuil

LUTUN Jacques
Ferme Courtagnon
51480 Courtagnon (Ay)
03 26 59 41 33 Fax 03 26 57 68 99

LVMH
Louis Vuitton-Moët Hennessy
Diese Holding entstand 1988 unter der Führung des Financiers und Warenhausbesitzers Bernard Arnault und wurde zur größten Luxuswarengruppe Europas; sie bezeichnet sich als führend in der Welt für Prestigeerzeugnisse. Zu ihr gehören Champagner- und Cognacfirmen, Schaumweine und Spirituosen in mehreren Ländern, Lederwaren, Parfüm-, Kosmetik- und Modehäuser. Sie ist mit 20% am britischen Brauereiriesen Guinness beteiligt, der seinerseits 34% an der Wein-und Spirituosengruppe von LVMH, Moët-Hennessy, übernommen hat.
LVMH kontrolliert etwa ein Fünftel des gesamten Champagnerabsatzes mit seinen Marken Moët & Chandon, Veuve Clicquot, Pommery, Mercier, Canard-Duchêne und Ruinart. Mit rund 1510 Hektar Rebfläche ist die Gruppe auch die führende Weinbergbesitzerin.

Bei Mailly-Champagne, Montagne de Reims

MACHET-GRIFFON Marcel
1 rue de Vaudemanges
51380 Trépail 🍇
03 26 57 05 25
Etwa 15000 Flaschen im Jahr

MACQUART Gilbert
rue des Vignes
51360 Beaumont-sur-Vesle 🍇🍇
03 26 03 92 01

MACQUART Henri: Centre Vinicole de la Champagne

MAILLART Michel
11/13 rue Villers-aux-Noeuds
51500 Eceuil 🍇
03 26 49 77 89 Fax 03 26 49 24 79
Etwa 35000 Flaschen

MAHU: Les Champagnes de Sélection

MAILLY GRAND CRU
28 rue de la Libération
51500 Mailly-Champagne 🍇🍇
03 26 49 41 10 Fax 03 26 49 42 27

Kooperative nur aus Mitgliedern der Gemeinde, die durchweg als Grand Cru klassifiziert ist. Insgesamt 70 Mitglieder mit zusammen 70 ha, jährlich etwa 350 000 Flaschen.
Die Gründung geht auf den Entschluß einiger Winzer in der Krisenzeit Anfang der zwanziger Jahre zurück, ihre Trauben gemeinsam zu keltern. Für den Most fanden sie auch Abnehmer, so daß sich 1929 24 Winzer zusammentaten, eine Weinpresse kauften und einen Tank bauten, um ihren Wein der ersten

Mit diesem Standbild in ihrem Lagerkeller erinnern die Genossenschaftler von Mailly daran, daß sie ihre unterirdischen Schächte selbst gegraben und ausgebaut haben.

Gärung lagern zu können. Aber nun fand sich kein Käufer mehr. Die Champagnerhäuser boykottierten dieses angeblich gefährliche Beispiel von Initiative, die Bank verweigerte Kredite. Die Winzer ließen sich nicht einschüchtern, sondern fingen (mühsam) an, selbst Champagner zu produzieren, und als die ersten bescheidenen Mengen verkauft waren, gruben sie in Eigenarbeit die unterirdischen Kelleranlagen, ohne die es in der Champagne nicht geht. Zu Beginn des Zweiten Weltkrieges hatten sie sich gerade »durchgebissen« und einen Vorrat von 400 000 Flaschen; bei Kriegsende waren die Anlagen verwüstet, sie hatten den deutschen Truppen 6000 Flaschen pro Woche liefern müssen und begannen den Wiederaufbau mit einem Vorrat von 85 000 Flaschen. Heute verfügen sie über größere, modernere Anlagen und können es sich leisten, auf Qualität zu achten.
Für den Export verwendet die Genossenschaft die (auf Gründungsmitglieder zurückgehenden) Namen JEHAN DE MAILLY, CHARLES PETIT UND GABRIEL SIMON.

Die Spitze über einem halben Dutzend verschiedener Qualitäten ist La Cuvée des Echansons (drei Viertel Pinot Noir, Rest Chardonnay). Es gibt auch einen Extra Brut ohne jede Dosage.

DE MAILLY Jehan: Mailly Grand Cru

MAISON GÉRARD:
Marne & Champagne

MAITRE GEOFFROY
116 rue Gaston Poitevin
51480 Cumières 🍇
03 26 55 29 87 Fax 03 26 51 85 77

MAIZIERES Georges
1 rue du Stade
51380 Trépail 🍇
03 26 57 05 04 Fax 03 26 57 00 46

DE MALHERBE: de Cazanove

MALLET Fernand: de Cazanove

MALOT Jean-Claude
5 route d'Hermonville
51140 Trigny
03 26 03 11 81 Fax 03 26 03 02 33
Seit 1850. 10 ha, 60 000 Flaschen

MANCEAUX Roger
5 rue de la Liberté
51500 Rilly-la-Montagne 🍇
03 26 03 42 57 Fax 03 26 03 45 63

MANDOIS Alain + Michèle
20 rue de la Chapelle
51700 Cerseuil
03 26 51 11 39 Fax 03 26 51 11 41
Marke COMTE DE LANTAGE
Etwa 150 000 Flaschen

MANDOIS Henri
66 rue du Général de Gaulle
51530 Pierry 🍇
03 26 54 03 18 Fax 03 26 51 53 66
30 ha, etwa 280 000 Flaschen im Jahr
Der Keller befindet sich unter der Kirche, in der Frère Oudard begraben liegt (s. S. 28 und Taittinger). Weitere Marken: Gaston DERICBOURG, COMTE DE LA ROCHEFOUCAULD

MANGIN Bernard
22 rue de Tours
51150 Bouzy 🍇🍇
03 26 57 00 31

MANICHON André: Beaumet Chaurey

MANSARD BAILLET
14 rue Chaude Ruelle
51206 Epernay
03 26 54 18 55 Fax 03 26 51 99 50
17 ha, Zukauf. Schwankendes Volumen je nach Auftragslage von Supermärkten. 1994 verkaufte das Familienunternehmen etwa 1,8 Million Flaschen, davon 1,3 in die Bundesrepublik Deutschland, im Jahr danach weniger. Unter den Marken: GRAND CHASSE, JOBERT-GIRARDIN, DES SACRES, DU TRIOMPHE, VEUVE ÉLISABETH

MARCHAND Roland
4 rue Buat
51190 Grauves 🍇
03 26 59 71 26
etwa 13 000 Flaschen

MARGAINE Bernard
3 avenue de Champagne
51380 Villers-Marmery
03 26 97 92 13 Fax 03 26 97 97 45
Club. 7 ha, etwa 60 000 Flaschen

MARGUÉRITE CHRISTEL:
de Cazanove

MARGUET-BONNERAVE Christian
14 rue de Bouzy
51150 Ambonnay
03 26 57 01 08 Fax 03 26 57 09 98
13 ha

MARIE-ANTOINETTE: Taittinger

MARIE BRIZARD: Das Wein- und Spirituosenhaus besitzt auch die Champagner Abel Lepitre, Philipponat und George Goulet (zusammengefaßt in Les Grands Champagnes de Reims).

MARIE STUART
8 pl. de la République
51100 Reims
03 26 40 58 79 Fax 03 26 40 58 79
Gehört Alain Thiénot (s.d.)
1,7 Millionen Flaschen im Jahr
Weitere Marken: CAPRON & FILS, DE LAMORLAYE, RAYNAL und STUART

MARIGNAN: Ivernel

MARLÉ Guy
10 rue Belval
51480 Cuchery
03 26 58 12 56 Fax 03 26 58 66 62
etwa 15 000 Flaschen

MARNE & CHAMPAGNE
22 rue Maurice Cervaux
51205 Epernay
03 26 78 50 50 Fax 03 26 54 55 77
Eine der größten Erfolgsgeschichten der Champagne. Der Ende 1995 verstorbene Gründer, Gaston Burtin, er gründete erst 1933, konnte nicht wie das einzige noch größere Unternehmen, Moët-Chandon, auf jahrhundertelangem Wachstum aufbauen. Bei seinem Tod war es das zweitgrößte Markenunternehmen der Champagne.
Burtins Rezept war, in Jahren überreicher Ernte an Trauben oder auch Grundwein aufzukaufen, was die großen Markenhäuser nicht mehr brauchen konnten. In Jahren schlechter Ernte, die in der Champagne oft genug vorkommen, verkaufte er seine Vorräte mit entsprechend höherem Gewinn. Das Unternehmen wuchs, Burtin kaufte Firmen auf, deren Namen als Handelsmarken weiterbestehen und die ihm notwendige Verarbeitungs- und Lagerkapazität brachten. Er selbst konnte mit wachsendem Erfolg immer mehr investieren – heute ist das Haus in jeder Weise so gut gerüstet, mit unterirdischen Lagern und modernsten Einrichtungen, daß es mit jeder Konkurrenz mithalten kann. Außer der noch größeren LVMH-Gruppe hat es gar keine Konkurrenten mehr.
Marne & Champagne hat seinen Weg mit Handelsmarken gemacht, die qualitativ und preislich genau auf die Wünsche der Abnehmer abgestimmt waren. Die Kundschaft bestand (besteht) überwiegend aus Handelsketten und Warenhäusern wie Aldi, Kaufhof, Metro, Auchan, Delhaize, Gateway, Leclerc, Tesco usw. Aber auch Restaurants, Hotels und Geschäfte großer Qualitätsstufe gehörten stets dazu. Zu den Abnehmern zählten das Ritz und die Luxus-Feinkostkette Hediard ebenso wie Maxim's und Mövenpick.
Die neunziger Jahre brachten Burtin den endgültigen Eintritt in den Klub der Qualitäts-Champagner: Er erwarb erst das Unternehmen Besserat de Bellefon (Jahresverkauf 1,2 Millionen), dann Lanson (über 7 Millionen). Damit kam die Gruppe auf ein Verkaufsvolumen von 19 Millionen Flaschen, das zwar Mitte der neunziger Jahre durch die allgemeine Absatzkrise etwas zurückging, aber mit der Erholung in den Jahren 1994/1995 wieder anzog, auf rund 20 Millionen.
Die stärkste Marke des Unternehmens bis zur Übernahme von Lanson war ALFRED ROTHSCHILD mit mehr als zwei Millionen Flaschen im Jahr. An Ketten und Geschäfte, die ihren eigenen Namen auf den Flaschen sehen wollen, liefert Marne & Champagne rund 200 verschiedene »B.O.B.«-(»Buyers Own Brand-«)Marken. Hier eine Auswahl solcher und allgemeinerer:
POL ALBERT, ALTHORP, BARON DE BROU, BEGUIN, BELCOUR, BENOIT, BÉYOT, BOLLAERT, BOUCHÉ, BOURGEOIS, DE BRACIEUX, BRUSSON Père & Fils, CHOISEL, Eugène CLIQUOT, COLLIGNY, COMTE DE CERNAY, JACQUES COURSON, DAUBIGNY, DELACOSTE, DELORME, DÉNIS, DESCOMBES, DREYER, DROUET, DURIEUX, Laurence DUVIVIER, EDWARD VII, FLO, FRESCOBALDI, FRÉVILLE, GAUTHIER, GEISMANN, POL GESSNER, GIESLER, GRUMBERT, GUÉRIN, HARRISON & WELLS, HÉDIARD, JOUBERT, LADY MARLENE, LAMBERT, PHILIPPE DE LANEZAC, LANGLOIS, LAROCHE-FOUQUEAU, LEPRINCE-ROYER, LIMON, LOUIS-PHILIPPE, MAISON GÉRARD, Georges MARTEL, Mary MARTIN, MIGNON, MONTARLOT, MORIN, MURAT, PASQUIER, PELLETIER, PERRIN-DELAROCHE, PERREAU, Roger PERROY, PÉTROT-BONNET, POPINOT, MARQUIS DE PREVEL, RIVIERE, RIVIERRE, ROBIN, ROCHERET, ROEMER, SIMON, SILVAIN, SPIRMAN, TELLIER, TESCO, VEUVE ÉMILE, VEUVE GUÉRIN, VEUVE PASQUIER, PAUL DE VILLEROY, WAITROSE.
Auch die Hausmarke des Londoner Feinkosthauses FORTNUM & MASON stammt von Marne & Champagne.
Alfred Rothschilds Prestige-Cuvée: GRAND TRIANON

MARNIQUET Jean Pierre
rue des Crayères
51480 Venteuil
03 26 58 48 99 Fax 03 26 58 45 21
7 ha, etwa 60 000 Flaschen

MARNIQUET-COUTELAS Thérèse
23 rue de Champagne
51480 Venteuil
03 26 58 48 02
etwa 20 000 Flaschen

MARNY S. & Co: de Cazanove

MARQUIS DE COUCY: de Cazanove

Marnebrücke vor Epernay

MARQUIS DE SADE: Michel Gonet

MARQUIS D'ESTRAND: Ellner

MARTEL Georges: Marne & Champagne

MARTEL G. H. & Cie
Christophe Rapenau
23 rue Jean Moulin
51318 Epernay/Magenta
03 26 51 06 33 Fax 03 26 54 41 52
Gruppe Rapenau: 50 ha, Zukauf. 5–6 Millionen Flaschen im Jahr. Martel: etwa 700 000. Andere Marke: E. RAPENAU. Hauptsächliches Geschäft: Handelsmarken, BOBs. Darunter COMTE FERNAND D'ERNÉE, DU MONTEIL, MORTAS

MARTIAL Christian: Union Champagne

MARTIN Jacques: Duval-Leroy

MARTIN Mary: Marne & Champagne

MARTIN Paul-Louis
3 rue d'Ambonnay
51150 Bouzy
03 26 57 01 27 Fax 03 26 57 91 98
6,5 ha

MARTIVEY: Chassenay d'Arce

MASSÉ: Lanson

MASSERAN Louis: Albert le Brun

MASSIN Rémy & Fils
Grande Rue
10110 Ville-sur-Arce (Bar-sur-Seine)
03 25 38 74 09 Fax 03 25 38 77 67

MASSONAT: Charbaut/Vranken

MASSONOT Jean Marie, Sohn von MASSONOT Michel
23 und 11 rue Haute
51390 Coulommes-la-Montagne
30000 Flaschen, getrenntes Etikett von Vater und Sohn

MATHELIN Lucien
28 rue de la Chapelle
51700 Cerseuil/Mareuil le Port
03 26 52 71 55
Gruppierung mehrerer Winzer

MATHIEU Serge
10340 Avirey-Lingey (Les Riceys)
03 25 29 32 58 Fax 03 25 29 11 57
10,5 ha, etwa 90–100 000 Flaschen

MATTHIEU Louis: Bruno Paillard

MAUNAY L. & Fils: Ed. Brun & Cie

MAURER F. & Co: de Cazanove

MAXIM'S: von de Castellane, vorher von Besserat de Bellefon. 300 000–400 000 Flaschen im Jahr

MAXIMY Alain
12 rue des Gobards
51190 Oger
03 26 57 56 71 Fax 03 26 57 67 80

DE MAZET Jean: Le Brun de Neuville

MÉA Claude
2 rue de la Noue-du-Puits
51150 Bouzy
03 26 51 80 24 Fax 03 26 51 71 42
3 ha, 10 000 Flaschen

MÉA Guy
1 rue de l'Eglise
51150 Louvois
03 26 57 03 42 Fax 03 26 57 66 44
8,5 ha, 40–50 000 Flaschen

MÉDOT & Cie
30 rue de Werlé
51100 Reims
03 26 47 46 15 Fax 03 26 49 24 93
Keller: 19 route de Dormans
51390 Pargny-les-Reims
03 26 49 20 09

Seit 1899. 4 ha, Zukauf, 80–100000 Flaschen im Jahr. Sonderlage »CLOS DES CHAULINS« aus nur einer, von Hecken abgeschirmten Parzelle. Weitere Marken: PHILIPPE D'EAUBONNE, JACKMANN & Co

MEITER: Vranken/Lafitte

MENU Gilles
1 rue Nicolas Jobert
51500 Chigny-les-Roses
03 26 03 43 35 Fax 03 26 03 45 97
7 ha

MÉRAND A.: de Castellane

MERCIER
68/70 Avenue de Champagne
51200 Epernay
03 26 51 22 00 Fax 03 26 51 22 01
SGM
Gehört zur Gruppe LVMH (s. d.)
1858 von Eugène Mercier gegründet, ursprünglich ein Verband kleiner Marken mit Sitz in Paris, den Mercier schließlich zu einer der erfolgreichsten Marken in Frankreich machte. Der jährliche Verkauf liegt bei 6 Millionen Flaschen. Die unterirdischen Anlagen in Epernay sind nach Moët & Chandon die größten, mit einer Kellerlänge von 18 Kilometern. Die Besucherzahl liegt über 200 000 im Jahr; Führung im elektrischen Zug.
Mercier war berühmt für seine Reklameeinfälle; zur Pariser Ausstellung von 1889 ließ er ein Riesenfaß bauen mit einem Leergewicht von mehr als zwanzig Tonnen und einem Fassungsvermögen von 200 000 Flaschen. 24 Ochsen zogen

Sorgsam organisierte Faßreise nach Paris.

Unplanmäßige Ballonfahrt ins Elsaß

es auf einem Gestell nach Paris, bei schwierigen Steigungen unterstützt durch achtzehn Pferde. Um es hinbringen zu können, mußten drei Brücken verstärkt und in einigen engen Kurven die Häuser abgerissen werden; Mercier hatte sie rechtzeitig gekauft. Das Faß ist noch heute in Epernay zu sehen. Zur Weltausstellung des Jahres 1900 installierte er einen Fesselballon auf dem Champ de Mars, in dessen Kanzel Champagner ausgeschenkt wurde. Eines Tages rissen bei zu stürmischem Wind die Halteseile, der Ballon wurde mit seinen Passagieren ins damals deutsche Elsaß abgetrieben.
Mercier mußte an den deutschen Zoll zwanzig Mark für »illegale Einfuhr von sechs Flaschen Champagner« zahlen. »Die billigste Reklame meines Lebens«, sagte er – die Zeitungen der ganzen Welt hatten darüber geschrieben.
Mercier konzentrierte sich auf den französischen Markt und strebte durch ein preiswertes Angebot von Anfang an ein breites Publikum an. Der hohe Anteil von ziemlich süßem Demi-Sec am Gesamtverkauf, fast 900 000 Flaschen, spiegelt wider, daß viele Franzosen noch heute Champagner als Dessertbegleitung wählen. 1988 begann der Versuch, auch auf Auslandsmärkten Fuß zu fassen. Seither ist Mercier Großkunde des Centre Vinicole de la Champagne (s. d.).

Der Mercier Brut ohne Jahrgang, die weitaus am meisten verkaufte Sorte, besteht zu 55% aus Pinot Noir, 30% Meunier und 15% Chardonnay.
Weitere Marke: URBAIN II.

DE MÉRIC
17 rue Gambetta
51160 Ay
03 26 55 20 72 Fax 03 26 54 84 12
Gehört wie Germain zur Gruppe Frey
15 ha, Zukauf, etwa 150 000 Flaschen.
Christian Besserat gründete diese Marke (genannt nach seiner Mutter), nachdem sein Vater und dessen Bruder den Champagner Besserat de Bellefon (s. d.) verkauft hatten. Prestige-Cuvée: Cathérine de Médicis. Weitere Marke: Martin BARON

MERLIN: Germain/Frey

LE MESNIL
Blanc de Blancs, also Champagner nur aus Chardonnay-Trauben, ausschließlich aus der Grand-Cru-Lage Le Mesnil sur-Oger. Nur dieser hat das Recht auf diesen Namen. Zu den Produzenten gehören François Billion (s. d.), Robert Moncuit (s. d.), Alain Robert, Bernard Robert, Michel Turgy, die Genossenschaft Union des Propriétaires Récoltants (s. d.), ferner das Haus Salon (s. d.), das seinen Champagner aber »Salon« nennt, und der Clos du Mesnil von Krug (s. d.), den Krug 1972 kaufte (vormals Clos Tarin).

MEUNIER & Co: COGEVI

MICHEL Claude
auch: M. Raymond
8 rue de la République
51530 Moussy
03 26 54 05 52 Fax 03 26 54 11 44

MICHEL Emile: Duval-Leroy

MICHEL Guy
54 rue Léon Bourgeois
51530 Pierry
03 26 54 03 17 Fax 03 26 58 15 84
20 ha

MICHEL Jean
15 rue Jean Jaurès
51530 Moussy
03 26 54 03 33 Fax 03 26 51 62 66
9 ha

MICHEL Joël
place Brigot
02400 Brasles
03 23 69 01 10
8 ha

MICHEL José & Fils
14 rue Prélot
51530 Moussy
03 26 54 04 69 Fax 03 26 55 37 12
Club. 20 ha, 125 000 Flaschen

MICHEL Paul
20 Grande Rue
51530 Cuis
03 26 59 79 77 Fax 03 26 59 72 12
18 ha, etwa 120 000 Flaschen

MICHELBERGER A.: de Cazanove

MIGNON Père & Fils
5 rue du Banc-de-Pierre
51480 Venteuil
03 26 58 48 90 Fax 03 26 58 42 43

MIGNON Charles
1 avenue de Champagne
51299 Epernay
Junges Handelsunternehmen, das Champagner kauft und dann unter eigenem Etikett anbietet

MIGNON Jules: Marne & Champagne

MIGNON Pierre
5 rue des Grappes d'Or
51210 Le Breuil
03 26 59 22 03 Fax 03 26 59 26 74
8 ha, Zukauf. Etwa 150 000 Flaschen

MIGNON Pierre
5 rue de Champagne
51530 Vinay
03 26 59 90 58 Fax 03 26 59 45 02
5 ha, etwa 35 000 Flaschen

MIGNON Yves
166 rue Dizy
51480 Cumières
03 26 55 29 13

MIGNON & PIERREL
24 rue Henri Dunant
51200 Epernay
03 26 51 93 39 Fax 03 26 51 69 40

MILAN Jean
6 route d'Avize
51190 Oger
03 26 57 50 09 Fax 03 26 57 78 47
Gegründet 1864. 4,5 ha, 35 000 Flaschen

MILLIAT Serge
24 rue de la Gare
51130 Bergères-les-Vertus
03 26 52 20 42 Fax 03 26 52 97 77

MILTAT Jean-Pierre
74 avenue du Maréchal Foch
51200 Epernay
03 26 54 09 74 Fax 03 26 55 50 51
Rund 20 000 Flaschen

Epernay; die Orangerie von Moët & Chandon

MOËT & CHANDON
20 avenue de Champagne
51333 Epernay
03 26 51 20 00 Fax 03 26 54 84 23
SGM
Gruppe LVMH (s. d.)
Der Gigant unter den Champagnerhäusern – 1995 wurden jede Minute in der Welt 43 Flaschen Moët & Chandon oder seiner Prestigemarke Dom Pérignon verkauft, mit (wieder) steigender Tendenz nach dem Rückgang der frühen neunziger Jahre. Als weitaus riesigstes Champagnerunternehmen der Gruppe, die insgesamt rund 50,5 Millionen Flaschen absetzte, und der Champagne überhaupt verkaufte es rund 23 Millionen Flaschen (Gesamtverkauf aller Produzenten und Häuser 1995: 246,6 Millionen Flaschen).
Weinbergbesitz von etwa 1510 ha in Produktion (Moët & Chandon's Anteil: 547 ha, davon 231 in Grand-Cru- und 133 in Premier-Cru-Lagen) verstärkt

und verdeutlicht die Marktmacht der Gruppe, deren einzelne Marken mehr und mehr zentral gesteuert werden, wobei das führende Unternehmen natürlich das Hauptgewicht hat.
Das Haus hat seine führende Rolle schon sehr lange inne. Die Gründung wird (weil aus diesem Jahr das erste Kontobuch erhalten ist) auf 1743 datiert. Jedoch dürfte der Gründer, Claude Moët aus Cumières bei Epernay, schon vorher tätig gewesen sein. 1750 begann das Exportgeschäft mit einer Lieferung nach London, 1755 wurde zum ersten Mal deutsche Kundschaft bedient, über einen Weinhändler in Frankfurt an der Oder. Der polnische Markt scheint (erstmals 1790) zunächst über einen deutschen Händler beliefert worden zu sein: Gottlieb Braunig (oder Bräunig) in Warschau. Ein paar Jahrzehnte später gehörten Europas Fürstenhöfe und herrschende Schichten zum festen Kundenstamm.

Hautvillers, die Abtei; Dom Pérignons Name bezeichnet heute die Prestige-Cuvée von Moët & Chandon

Seit 1832 führt das Unternehmen den Namen Moët & Chandon: Jean-Remy Moët hatte das Geschäft seinem Sohn Victor und dem Mann seiner Tochter Adelaide, Pierre Gabriel Chandon de Briailles, übergeben. Vierzig Jahre später verkaufte das Haus rund zwei Millionen Flaschen jährlich. Ein paar Jahre später war es größter Weinbergbesitzer der Champagne. Berühmtester deutscher Kunde jener Epoche war sicherlich Richard Wagner, der mit Paul Chandon de Briailles befreundet war. Dessen Champagner tröstete ihn, wie er selbst schrieb, über den totalen Mißerfolg des »Tannhäuser« in Paris hinweg. Victor Moët hinterließ keine männlichen Erben: Anfang dieses Jahrhunderts drohte der Name auszusterben. Darauf erlangte ein Zweig der Chandon de Briailles die Genehmigung des französischen Staatsrates, sich nunmehr Chandon-Moët zu nennen.
Als größtes Haus mit den größten Anlagen hat Moët & Chandon in mehreren Kriegen stark gelitten. Die Plünderung der Keller durch russische und preußische Truppen nach der Niederlage Napoleons hat es freilich, ebenso wie andere Champagnerproduzenten, auch als (ungeplantes) Mittel betrachtet, spätere Kunden heranzuziehen. »Die Plünderung läßt mich lächeln«, wurde Jean-Remy Moët zitiert. »Alle, die meinen Wein trinken, mache ich damit zu Handelsreisenden, die nach Rückkehr in ihre fernen Länder für mein Haus Reklame machen werden.« Diese Rechnung ist auch aufgegangen.

Die Weinberge haben Marksteine, die berühmter sind als Ortsnamen. Dieser Weinberg von Moët & Chandon, einer von vielen, liegt am Nordhang der Marne an einer ihrer schönsten Stellen – mit viel Sonne aus dem Süden.

MOËT
&
CHANDON

Während des Zweiten Weltkrieges wurde die Plünderung der Champagnerbestände durch die deutschen Truppen weniger gleichmütig hingenommen. Die Deutschen deportierten zwei Chefs des Hauses Moët & Chandon, Robert-Jean de Vogüé (Nachkomme von Victor Moët) und Paul Chandon-Moët. De Vogüé verurteilten die Nazis zum Tode, er wurde jedoch nicht hingerichtet und hat nach seiner Rückkehr die Firma noch bis 1976 geleitet. Paul Chandon-Moët hingegen kam aus den deutschen Lagern mit sehr geschwächter Gesundheit zurück und erholte sich nicht mehr. Er starb 1967 im Alter von 65 Jahren.

Außer an Mercier und Ruinart erwarb Moët & Chandon auch die Kapitalmehrheit an den »Parfums Christian Dior«. 1971 gründete Moët & Chandon zusammen mit dem bekannten Cognac-Haus die Holding Moët-Hennessy. Die Gruppe produziert außer Champagner und Cognac Wein und Schaumwein in Deutschland, Österreich, Spanien, Portugal, Australien, Nord- und Südamerika – das ergab 1995 mehr als 23 Millionen Flaschen.

Die große Wirtschaftskraft des Unternehmens hat ihm ganz automatisch in der Champagne eine führende Rolle in der oenologischen Forschung und Entwicklung zukommen lassen. In seinem Labor werden Untersuchungen durchgeführt und Methoden entwickelt (in Abstimmung mit dem CIVC, s. S. 238), von denen die gesamte Branche profitiert.

Moët & Chandon hat auch nach Meinung der Konkurrenten von Anfang an viel für das Renommee und die Verbreitung des Champagners getan. Das Haus führte auch als erstes Spezialflaschen ein, die von den normalen, für die Standard-Cuvées verwendeten in Form und Gestaltung abwichen. Dazu wurde es besonders angeregt durch seinen England-Agenten André Simon, der auch als Gastronom und gastronomischer Schriftsteller hervorgetreten ist. Er bestellte 1936 zur Hundertjahrfeier der Agentur für tausend Kunden Moët & Chandon in einer Flasche, die den ursprünglich von Dom Pérignon verwendeten gleichen sollte. Es kam Jahrgang 1921, fast 15 Jahre Flaschenlager … Der Erfolg dieser Aktion führte dazu, daß Moët & Chandon bald danach die Marke Dom Pérignon kaufte – von Mercier. Der Anteil der Gründerfamilie an der Firma war von mehr als 50 % beim Zusammenschluß mit Hennessy auf weniger als 30 % gesunken, als sich das Unternehmen 1987 mit der kurz vorher gebildeten Gruppe Vuitton-Veuve Clicquot zusammenschloß.

François Lhotte, Weinbergchef von Moët & Chandon

Moët & Chandon produziert (abgesehen von Mercier und Ruinart) auch einige Champagner unter anderen Namen, meist in sehr kleinen Mengen und hauptsächlich, um früher erworbene Marken mit ihrem Stammpublikum zu halten. Dazu gehört »Henri Moët«, ein Anfang unseres Jahrhunderts aufgetauchter, nicht verwandter Produzent in Reims. Auch der Champagne de Cazanove gehörte vorübergehend zum Konzern.

Zu den Besitztümern der Firma gehört seit langem auch die Abtei Hautvillers in einem der besonders pittoresken Hügeldörfer der Champagne, nahe Epernay, wo um die Wende des 17. zum 18. Jahrhundert Dom Pérignon lebte und wirkte.

In Epernay hat Moët & Chandon riesige unterirdische Lager, durch die täglich Führungen stattfinden (auch auf deutsch. Von April bis Oktober täglich 9.30–12.00 Uhr, 14.00–17.30 Uhr, Wochenende nur nachmittags. In den anderen Monaten nur werktags). Die Keller sind insgesamt 28 Kilometer lang (die von Mercier weitere 18, die von Ruinart in Reims acht).

Moët & Chandon bietet zur Zeit an: Demi-sec – Brut Impérial (Hauptprodukt), 50 % Pinot Noir, 40 % Meunier, 10 % Chardonnay, mit starkem Anteil von Reserveweinen von 1990 – Brut 1er Cru (je ein Drittel der drei Rebsorten) – Brut Impérial mit Jahrgang (50 % Pinot Noir, 40 % Chardonnay, 10 % Meunier) – Brut Impérial Rosé mit Jahrgang (32 % Pinot Noir, 31 % Chardonnay, 22 % Meunier, 15 % Rotwein aus Pinot Noir von Hautvillers, Ay und Bouzy) – Cuvée Dom Pérignon mit Jahrgang (1988 55 % Chardonnay, 45 % Pinot Noir) – Cuvée Dom Pérignon Rosé mit Jahrgang (1985 50 % Chardonnay, 50 % Pinot Noir, davon ein Teil als Rotwein). Von beiden sind auch neuere auf dem Markt. Dom Pérignon ist die am meisten verkaufte aller Prestige-Cuvées.

DE MONCEL: COGEVI

MONCUIT Pierre
MONCUIT Yves
11 rue Persault Maheu
51190 Le Mesnil-sur-Oger
03 26 57 52 65 Fax 26 57 97 89
20 ha, 120 000 Flaschen

MONCUIT Robert
2 place de la Gare
51190 Le Mesnil-sur-Oger
03 26 57 52 71 Fax 03 26 51 60 53
Stellt »Le Mesnil« her (Blanc de Blancs nur aus dieser Ortslage)

MONDET Daniel
28 Grande Rue
51480 Cormoyeux
03 26 58 64 15 Fax 03 26 58 44 00
Etwa 80 000 Flaschen

MONEL J.: de Cazanove

MONET Henri: Gimonnet

MONGAMIN: Boizel

MONTARLOT: Marne & Champagne

MONTAUBRET: Chassenay d'Arce

MONTAUDON
6 rue Ponsardin
51100 Reims
03 26 47 53 30 Fax 03 26 47 88 82
Gegründet 1891. 35 ha, Zukauf. Etwa 1,2 Millionen Flaschen im Jahr. Weitere Marken: LAMOTTE, VANDER GUCHT

MONTEBELLO
Château de Mareuil sur Ay
Gehört zu Ayala (s. d.), gemeinsamer Betrieb

DU MONTEIL Christian: G. H. Martel

DE MONTERAT: Besserat de Bellefon

DU MONT HAUBAN
5 route de Mancy
51530 Monthelon
03 26 59 70 27 Fax 03 26 59 77 26
Coopérative Vinicole de Monthelon
150 Mitglieder, 120 ha. Etwa 250 000 Flaschen unter der Genossenschaftsmarke

MONTHIBAUT Charles: Barancourt für Savour Club

MONMARTHE & Fils
38 rue Victor Hugo
51500 Ludes
03 26 61 10 99 Fax 03 26 61 12 67
15 ha, 100 000 Flaschen

MONTMARTRE: de Cazanove

MONTOY: Boizel

DE MONTSABLE Raoul: de Cazanove

MONTVILLERS: Bollinger

MOOTZ A.: Jamart

MOOTZ-LEFEVRE: Jamart

MOREAU Daniel
5 route de Verneuil
51700 Vandières
03 26 58 01 64 Fax 03 26 58 15 64
4,5 ha

MOREAU René
4 rue Aristide Briand
51150 Bouzy
03 26 57 01 70 Fax 03 26 57 83 32

MOREL Père & Fils
93 rue du Général de Gaulle
10340 Les Riceys (Haut)
03 25 29 10 88 Fax 03 25 29 66 72
6,5 ha, etwa 10 000 Flaschen

MORGAN Père & Fils: A. Le Brun

MORIN Guy: Marne & Champagne

MORIZE Père & Fils
122 rue du Général de Gaulle
10340 Les Riceys
03 25 29 30 02 Fax 03 25 38 20 22
11 ha

MORIZET Gilbert
255 rue du Moutier
51530 Cramant
03 26 57 50 92 Fax 03 26 57 79 78
10 ha

MORLANT: Besserat de Bellefon

MORLET A.: Paul Gobillard

MORLET Pierre
7 rue Paulin Paris
51160 Avenay-Val-d'Or
03 26 52 32 32 Fax 03 26 59 77 12

MORTAS: G. H. Martel

MOUSSIGNY Paul: Bricout

MOUTARD Père & Fils
16 route Nationale
10110 Buxeuil
03 25 38 50 73 Fax 03 25 38 57 72
Weitere Marke: DILIGENT Francois
20 ha, Zukauf. Zusammen etwa 440 000 Flaschen

MOUTARDIER Jean
route d'Orbais
51210 Le Breuil
03 26 59 21 09 Fax 03 26 59 21 25
16 ha Zukauf. Etwa 180 000 Flaschen

MOUZON Jean-Claude
4 rue des Perthois
51360 Verzenay
03 26 49 48 11 Fax 03 26 49 45 45
3,4 ha. Cuvée Spéciale: La Montgolfière

MOUZON JUILLET
(Mouzon-Leroux Philippe)
16 rue Basse-des-Carrières
51380 Verzy
03 25 97 96 68 Fax 03 26 97 97 67
5,5 ha, 35 000 Flaschen. Brut im Holzfaß gealtert

Sillery galt im vergangenen Jahrhundert als eine der besten Lagen. Aus dem Archiv von Mumm: Spezial-Etikett für den Österreichischen Lloyd.

MUMM
G. H. Mumm & Cie
29 rue du Champs de Mars
51100 Reims
03 26 49 59 69 Fax 03 26 40 46 13
SGM
Gehört zur Gruppe Seagram.

Die Herkunft ist deutsch, der Champagner französisch, die Gruppe kanadisch. Mumm ist innerhalb Seagrams selbst eine Gruppe, zu der auch die Champagnermarken Heidsieck Monopole (s. d.) und Perrier-Jouët (s. d.) gehören, mit Weinbergen von zusammen 534 ha. Mumm allein verfügt über 327 ha, davon 185 in Grand-Cru- (142) und Premier-Cru-Lagen.
Das Unternehmen verkauft etwa 9–10 Millionen Flaschen im Jahr.
Mumm stellt in den USA auch Schaumwein und Wein her. In der Bundesrepublik Deutschland ist das Unternehmen unter eigenem Namen im Wein- und Sektgeschäft tätig und besitzt mehrere Tochterfirmen. Außerdem produziert es in Argentinien.

Gegründet hat die Firma im Jahr 1827 Peter Arnold Mumm, aus rheinischer Weinbesitzer- und -handelsfamilie, zunächst in Partnerschaft mit mehreren Söhnen und mit dem Deutschen Friedrich Giesler, der sich aber bald danach mit eigenem Unternehmen selbständig machte. Den endgültigen Firmennamen etablierte 1853 der Enkel Georg Hermann: G. H. Mumm & Co. Das Haus arbeitete sich schnell in die Spitzengruppe vor; zusammen mit Moët & Chandon (s. d.), Clicquot (s. d.) und Pommery (s. d.) bildete es im vergangenen Jahrhundert das Quartett der erfolgreichsten, den Absatz ständig steigernden Exporteure. Zeitweise kam jede zweite Flasche Champagner, die in Amerika getrunken wurde (1877: 1,75 Millionen), von Mumm.
Der Cordon Rouge mit dem großen roten Diagonalstreifen auf dem Etikett ist seit 1883 auf dem Markt und nach wie vor der am meisten verkaufte Mumm. Das Unternehmen führte als erstes Champagnerhaus 1836 die Most-zu-Wein-Vergärung in Riesenfässern ein (à 12 000 l), die Mumm aus der Pfalz kommen ließ; sie ermöglichte, dem Wein (und späteren Champagner) einen beständigeren, einheitlicheren Charakter zu geben als mit der Gärung in kleinen Fässern. Die Konkurrenten zogen bald nach.
Der Erste Weltkrieg beendete abrupt die geschäftliche Rekordkarriere der

Mumms. Sie hatten sich nicht als Franzosen einbürgern lassen – ihr Unternehmen wurde als Feindbetrieb beschlagnahmt und 1920 an eine größere Aktionärsgruppe verkauft, zu der auch die Aperitiffirma Doubonnet gehörte.

Unter dem neuen Generaldirektor René Lalou blieb der Firmenname unverändert, mit dem Zusatz »Société Vinicole de Champagne Successeur«. Das Unternehmen konnte die geschäftlichen Erfolge fortsetzen und sich weiter ausdehnen; 1969 erwarb dann Seagram die Aktienmehrheit.
Auch Mumm beteiligt sich an allgemeinen Forschungs- und technischen Arbeiten für die Champagne.
An Champagnersorten bietet Mumm zur Zeit an: Cordon Vert (demi-sec), Extra Dry (für USA) – den meistverkauften Cordon Rouge Brut (45 % Pinot Noir, 25 % Meunier, 20 % Chardonnay, 10 % Reserveweine) – Cordon Rouge mit Jahrgang (60–70 % Pinot Noir, Rest Chardonnay) – Cordon Rosé (47 % Pinot Noir, 40 % Chardonnay, 13 % stiller Bouzy Rouge) – Grand Cordon mit Jahrgang (je zur Hälfte Pinot Noir und Chardonnay) – Grand Cordon Rosé (dito, aber im Pinot-Anteil auch Bouzy Rouge) – Spitzen-Cuvées René Lalou (wie Grand Cordon) und Mumm de Cramant (nur Chardonnay).

MUNOZ-BRUNEAU Jean
4 rue des Vignes
Le Mesnil le Hutier
51700 Festigny
03 26 58 32 63 Fax 03 26 58 93 87

MURAT: Marne & Champagne

DE MURET: Duval-Leroy

MUSCAT MAJOR: de Cazanove

NAMUR-SUCHAUT
16 rue Anatole France
51480 Damery
03 26 58 41 18

DE NANTHEUIL Philippe:
Centre Vinicole de la Champagne

NAPOLÉON
Ch. & A. Prieur
2 rue de Villers aux Bois
51130 Vertus
03 26 52 11 74 Fax 03 26 52 29 10
Gegründet 1825. Jährlich etwa 150 000 Flaschen. Die Marke »Napoléon« wurde erst Anfang des Jahrhunderts auf Betreiben des Vertreters in Rußland eingeführt. Nach dem Zweiten Weltkrieg mußte sie in mehreren Prozessen gegen Konkurrenten verteidigt werden; 1968 sicherte das Kassationsgericht Prieur endgültig die Exklusivität.
Handelsmarke: BONAPARTE

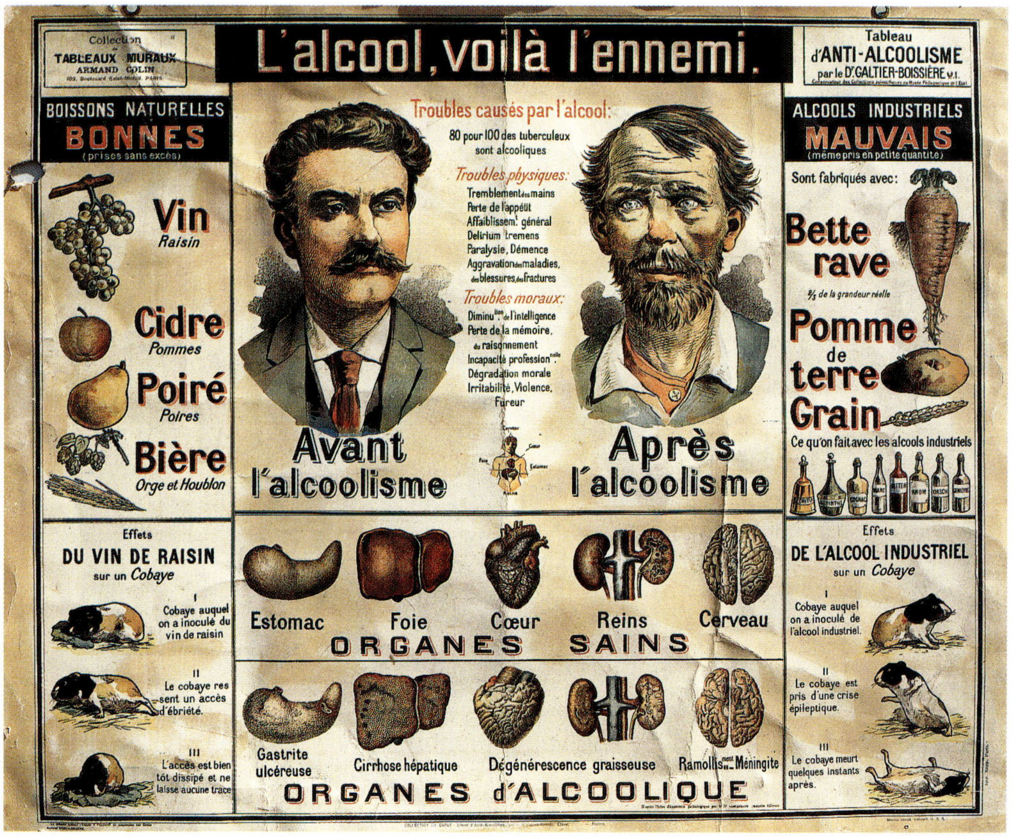

▽ Altes Plakat – die Warnung ist eindeutig.

NARELLY Pol: de Cazanove

Die NASEN: Goutte d'Or

DE NAUROY
Raymond Rudloff
5 rue du Chemin-Neuf
51140 Prouilly
03 26 48 58 98 Fax 03 26 48 28 28
5,5 ha, Zukauf. Etwa 150 000 Flaschen

DE NAVARRE Henri: de Venoge

NECTAR DES NOIRS: Saint-Réol

NECTAR DE ST. RÉMY: de l'Auche

NILENS Julien: Duval-Leroy

NIVELLE Pol: Albert Le Brun

NOIRON
auch de Noiron
Balahu de Noiron
17 rue des Créneaux
51100 Reims
03 26 51 06 33 Fax 03 26 54 41 52
12 ha

NOIROT Michel
Le Clos Saint-Roch
10340 Les Riceys
03 25 29 38 46 Fax 03 29 67 22

NOLLEVALLE Paul
51120 Allemant (Sézanne)
03 26 80 60 95
Winzer seit 1664. 7 ha, etwa 20 000 Flaschen im Jahr. Weitere Marke: GRANIER

NOMINÉ-RENARD André
32 rue Vigne Abesse
51270 Villevenard
03 26 52 82 60 Fax 03 25 52 84 05
Club. 20 ha, etwa 160 000 Flaschen im Jahr

NORBERT D.: de Cazanove

NOWACK Bernard
10 rue Bailly
51700 Vandières
03 26 58 02 69 Fax 03 26 58 39 62

OLIVIER Veuve & Fils
10 route de Dormans (1 km von Dormans)
02850 Trelou-sur-Marne
03 23 70 24 01 Fax 03 23 70 36 87
etwa 100 000 Flaschem

ORBAN Charles
44 route de Paris
51700 Troissy
03 26 50 70 05 Fax 03 26 52 74 66
Club. 6 ha, etwa 50 000 Flaschen

D'ORMONT Jacques: de l'Auche

OUDART Étienne
8 rue de la Cloterie
51530 Brugny Vaudancourt
03 26 59 98 01 Fax 03 26 59 92 27

OUDINOT Jeanmaire
Michel Trouillard
12 rue Godart Roger
51207 Epernay
03 26 59 50 10 Fax 03 26 54 78 52
Gegründet Ende des 19. Jahrhunderts. Übernahm »Jeanmaire« 1979, 1981 übernahm Trouillard die beiden. Weinbesitz gemeinsam mit Beaumet-Chaurey (s.d.) seines Bruders Jacques Trouillard 80 ha. Die Firmen sind unter gemeinsamer Leitung und stellen im allgemeinen die gleichen Cuvées her. Insgesamt etwa 1,5 Millionen Flaschen. Andere Marken: A. & S. PERROT, ROYAL ONZANE

PAILLARD Bruno
Avenue de Champagne
51100 Reims
03 26 36 20 22 Fax 03 26 36 57 72

Eines der jüngsten Champagnerhäuser, gegründet 1981, mit einem jungen Chef, Jahrgang 1953. Schnell erfolgreich im Export (jetzt etwa 85%) und zunehmend auch in der französischen großen Gastronomie. Die Familie ist seit der Jahrhundertwende im Champagnergeschäft angesehen – Bruno Paillard konnte familiäre Erfahrungen und Verbindungen aus seiner vorausgegangenen Tätigkeit als Courtier nutzen, ist auch weiterhin in Courtage aktiv. Im neuen, betont modern eingerichteten Komplex am Rand von Reims leitet Paillard nicht nur Produktion und Absatz der Hauptmarke seines Namens mit etwa 350000 Flaschen im Jahr und der Marke PIERRE FLEURET mit etwa einer halben Million Flaschen. Gemeinsam mit Philippe Baijot, vormaliger Verkaufsdirektor von Marne & Champagne, der die Marke Chanoine Frères einbrachte, kontrolliert er über die Gruppe PBI (Paillard Baijot Investissements) die Champagnerhäuser Boizel (s. d.) und Chanoine Frères (s. d.) und die »Champenoise des Grands Vins« (CGV), die als Courtiergesellschaft Supermärkte und Handelsketten beliefert und etwa 4 Millionen Flaschen umsetzt. Einige Marken: LES AMIS DU VIN DE CHAMPAGNE, BARON CHARLES DE VILLERS, DUBOIS-MARTIN, CHARLES HENRY, JULES HENRI, LOUIS MATHIEU.

Bruno Paillard hat für die Marke seines Namens überdurchschnittliche Qualitätsnormen gewählt; verwendet wird nur der Most aus der ersten Pressung. Seine Etiketten geben den Monat und das Jahr des Degorgierens an, also den Zeitpunkt, an dem der Champagner trink- und versandfähig gemacht wurde. Als Qualitäten werden drei verschiedene ohne Jahrgang angeboten: Première Cuvée, Première Cuvée Rosé; Chardonnay Réserve Privé, also ein Blanc de Blancs, mit geringerem Zucker- und Hefezusatz vor der zweiten Gärung als üblich, wie früher bei Crémant-Champagner, was zu geringerem Druck führt, etwa 3,5 atü anstatt 5 bis 6. Dazu kommen zwei Jahrgangs-Champagner, zur Zeit 1989 und 1985, deren Etiketten von jungen Künstlern illustriert sind.

Bruno Paillard

PAILLARD Pierre
2 rue du XXe Siècle
51150 Bouzy
03 26 57 08 04 Fax 03 26 57 83 03
10 ha, etwa 80 000 Flaschen

PALMER & Co
67 rue Jacquart
51100 Reims
03 26 07 35 07 Fax 03 26 07 45 24

Société Coopérative de Producteurs des Grands Terroirs de la Champagne
165 Mitglieder mit mehr als 300 ha in besten und guten Lagen. Verkauf unter der Marke Palmer rund 200 000 Flaschen im Jahr.
Spitzen-Cuvée »Amazone«, je zur Hälfte aus Pinot Noir und Chardonnay. Zu haben sind auch ältere Jahrgangs-Champagner – 1975, 71, 70 und weiter zurück, die auf der Hefe lagern und erst nach Bestellung versandfertig gemacht werden; das Degorgierdatum ist auf der Flasche angegeben. Reserveweine lagern in Holzfässern.

PANNIER
Covama, Coopérative de champagnisation des coteaux du Val de Marne
23 rue Roger Catillon
02400 Chateau-Thierry
03 23 69 13 10 Fax 03 23 69 18 18
215 Mitglieder mit etwa 400 ha, 1,6–1,8 Millionen Flaschen. Weitere Marken: POL DU BREUIL, BRENNER, DE BRIENNE

PACQUES & Fils
1 rue de Valmy
51500 Rilly-la-Montagne
03 26 03 42 53 Fax 03 26 03 40 29

PASQUIER Pol: Marne & Champagne

PASQUIER Veuve: Marne & Champagne

PATOUX Denis
1 rue Bailly
51700 Vandières
03 26 58 36 34 Fax 03 26 59 16 10
8 ha

LE PAVÉ: Vranken/Lafitte

PAYELLE Père & Fils
22 rue St.-Vincent
51150 Ambonnay
03 26 57 02 57 Fax 03 26 57 56 52

PBI Investissements
Holding von Bruno Paillard (s.d.) und Philippe Baijot. Neue Firmierung: Chanoine & Boizel

PELLETIER Vve & Fils: Marke des Metrokonzerns, hergestellt von verschiedenen großen, auf Supermärkte spezialisierte Firmen

PENOT Claude
rue Coulon
10110 Ville-sur-Arce
03 25 38 76 46 Fax 03 25 38 79 47

PÉRARD J. &. Fils
9 rue de Reims
51150 Ambonnay
03 26 57 00 96/ 03 26 57 82 56
Fax 03 26 57 05 31

PÉRARDEL: Testulat

PÉRARE Mathieu: Bricout

PERLYS: de Cazanove

PERNET Jean
6 rue de la Brèche d'Oger
51190 Le Mesnil-sur-Oger
03 26 57 54 24 Fax 03 26 57 96 98

PERNET-LEBRUN
3 rue de l'ancien Moulin
51530 Mancy
03 26 59 71 63
Etwa 50 000 Flaschen

PERREAU Roger: Marne & Champagne

PERRIER Joseph Fils & Cie
69 avenue de Paris
51000 Châlons-en-Champagne
03 26 68 29 51 Fax 03 26 70 57 16
SGM
50% Beteiligung von Laurent Perrier (s.d.)
Gegründet 1825. 20 ha, rund 600 000 Flaschen. Eines der wenigen Häuser, die die Flaschengärung auch in halben Flaschen und in den Übergrößen durchführen; meist wird in solche Größen aus Normalflaschen umgefüllt.

PERRIER-JOUËT
26 Avenue de Champagne
51201 Epernay
03 26 55 20 53 Fax 03 26 54 54 55 / 03 26 54 27 29
SGM
Gegründet 1811.
Gehört zu Mumm/Seagram.
Dies war das erste Haus, das im vergangenen Jahrhundert auf dem wichtigsten Champagnermarkt, dem britischen, trockenen Champagner einzuführen suchte, auf Betreiben des dortigen Importeurs, und damit scheiterte, bis neuerliche Versuche, auch anderer Häuser, dann dem »brut« doch noch zum Sieg verhalfen. Heute ist Perrier-Jouët hauptsächlich durch seine Prestige-Cuvée »Belle Epoque« (mit Jahrgang) bekannt, deren Flasche im Jugendstil dekoriert ist. »Belle Epoque« gibt es auch als Rosé.
Der Verkauf von Perrier-Jouët liegt bei 2,5 bis 3 Millionen Flaschen im Jahr.
Weinbergbesitz: 97 ha.
Weitere Marke: BOURON LE ROY

PERRIN A.: COGEVI

PERRIN Daniel
(Lucette Perrin)
10200 Urville
03 25 27 40 36 Fax 03 25 27 74 57
9 ha, etwa 50 000 Flaschen

Joseph Perrier in Châlons-en-Champagne

Glühendes Glas: Bei Saint Gobain entstehen die Spezialflaschen für Laurent-Perrier »Grand Siècle«.

PERRIN-DELAROCHE:
Marne & Champagne

PERROT A. & S.: Oudinot

PERROT Daniel: Charbaut

PERROT-BOULONNAIS Pascal
12 place du Mont Chenil
51130 Vertus
03 26 52 12 96 Fax 03 26 58 87 33

*PERROY R*oger: Marne & Champagne

PERTOIS-LEBRUN
399 rue de la Libération
51530 Cramant
03 26 57 54 25 Fax 03 26 57 52 60
7 ha, etwa 75 000 Flaschen im Jahr

PERTOIS-MORISET Dominique
13 avenue de la République
51190 Le Mesnil-sur-Oger
03 26 57 52 14 Fax 03 26 57 78 98
Club. 20 ha

PETERS Pierre
26 rue des Lombards
51190 Le Mesnil-sur-Oger
03 26 57 50 32 Fax 03 26 57 97 71
18 ha, etwa 130 000 Flaschen im Jahr

PETIAU & Fils
9 rue St. Martin
51380 Trépail
03 26 57 05 48 Fax 03 26 52 82 96
Etwa 25 000 Flaschen im Jahr

PETIT Charles: Mailly Grand Cru

PÉTROT-BONNET:
Marne & Champagne

Jugendstildekor ziert die Rosé-Flaschen von Perrier-Jouët

PHILIPPONNAT
13 rue du Pont
51160 Mareuil-sur-Ay
03 26 52 60 43 Fax 03 26 52 61 49
Gehört zur Gruppe Marie Brizard. 16 ha, Zukauf, etwa 500 000 Flaschen im Jahr. Sonder-Cuvée Clos des Goisses im Faß vergoren, 70 % Pinot Noir, 30 % Chardonnay, einer der berühmten Champagner aus nur einer einzigen Lage (5,5 ha), nach der er heißt.

PIDANSAT Germain
route des Arrelles, Lingey
10340 Avirey-Lingey
03 25 29 36 04 Fax 03 25 29 86 54

PIERLOT Jules
15 rue Henri Martin
51200 Epernay
03 26 54 45 52 Fax 03 26 55 55 18
Gegründet 1889. Etwa 120000 Flaschen. Weitere Marken: LIDO DE PARIS, VEUVE CHAUVET

PIERLOT Serge
10 rue St. Vincent
51150 Ambonnay
03 26 57 01 11 Fax 03 26 57 60 92

PIERRE H.: de Cazanove

PIERRON-LÉGLISE J.
8 rue du Fort
51190 Oger
03 26 57 51 76 Fax 03 26 59 49 52
3 ha, 15 000 Flaschen

PIERSON-CUVELIER
2–4 rue de Verzy
51150 Louvois
03 26 57 00 75
7 ha, 20 000 Flaschen

PINBOUEN-MANSARD
51 rue Tirvet
51700 Cerseuil
03 26 52 72 80 Fax 03 26 52 35 17

PIPER-HEIDSIECK
51 boulevard Henry Vasnier
51100 Reims
03 26 84 43 00 Fax 03 26 84 43 49
SGM
Gehört – ebenso wie Krug, Charles Heidsieck, de Venoge und F. Bonnet & Fils – zu Rémy Cointreau.
Von den drei Heidsieck-Marken ist dies die erfolgreichste; der Verkauf lag 1996 um 5 Millionen Flaschen.
Das Haus ist in Argentinien und den USA erfolgreicher Hersteller von Schaumwein und an entsprechenden Unternehmungen in Australien, Indien und Mexiko beteiligt. Es gehörte zu den ersten, die das traditionelle Handrütteln der Champagnerflaschen abschafften und sich auf maschinelle, computergesteuerte »giropalettes« umstellten. Milchsäuregärung wird vermieden, außer bei sehr säurereicher Ernte. Die unterirdischen Keller und Gänge in Reims erstrecken sich über 16 km, man besichtigt sie in kleinen Wagen.
Hier steht auch eine der modernsten Anlagen zur Füllung von Halb- und Viertelliterflaschen, die Piper-Heidsieck gemeinsam mit Taittinger gehört und auch für andere Champagnerfirmen arbeitet – die meisten Häuser lassen die Flaschengärung nicht in kleinereren Größen als der 0,75-Liter-Flasche stattfinden, sondern füllen um.*
Piper-Heidsieck geht auf den deutschen Gründer Florenz-Ludwig Heidsieck zurück (s. Übersicht S. 164), der 1785 die Tochter eines Wollhändlers in Reims geheiratet, im gleichen Jahr ein Textil- und Champagnerhaus gegründet und sich dann geschäftlich sehr bald auf Champagner konzentriert hatte. Bald nach

* s. Kapitel Gärung, Seite 54ff.

Hundertausende Flaschen liegen auf Rüttelpulten in den Kalksteinhöhlen von Reims und anderen Orten, hier bei Heidsieck. ▷

seinem Tod gründete sein Neffe Christian Heidsieck 1834 eine neue Firma Heidsieck & Co. Später heiratete Christian Heidsiecks Witwe seinen vormaligen Teilhaber Henri Piper (seinerseits Großneffe des Firmengründers). Die Firma hieß nun Piper, behielt aber die Marke Heidsieck bei, und da amerikanische Kunden ihren Champagner als »Piper's Heidsieck« verlangten, wurde das Unternehmen entsprechend umgetauft. 1870 erbte J. C. Kunkelmann die Firma, aus Mannheim stammend und jahrelang für Piper in den USA erfolgreich tätig, dann Teilhaber geworden. Seine Enkelin heiratete den Marquis Jean de Suarez d'Aulan, ihr Sohn leitete die Firma bis zur Übernahme durch Rémy Cointreau. Dieses Haus mehrfacher deutscher Herkunft hatte mit den Deutschen von Zeit zu Zeit besonderes Pech. 1870 wurden die Keller von preußischen Truppen heimgesucht, im Ersten Weltkrieg fielen einige Millionen Flaschen dem deutschen Artilleriefeuer zum Opfer (die Front verlief lange etwa sechs Kilometer von Reims), im Zweiten Weltkrieg ließ sich die deutsche Champagnerverwaltung bei Piper-Heidsieck nieder, wo ein Lager mit Waffen und Material für den Widerstand gefunden wurde. Jean de Suarez d'Aulan fiel als Jagdflieger der freien französischen Streitkräfte wenige Tage vor Kriegsende.

Zum Angebot Piper-Heidsiecks gehört der ultratrockene »Brut Sauvage« mit Jahrgang ohne jede Dosierung (70% Pinot Noir, 30% Chardonnay). Die Prestige-Cuvée »Rare« enthält überwiegend Chardonnay (65%), sonst Pinot Noir.
Piper-Heidsieck führt noch die Marke HEIDSIECK in kleinen Mengen weiter (»Heidsieck – Ancienne Maison fondée en 1785«), ferner die Marken BECKER und FOURNIER.

PITHOIS Michel
6 rue Veuve Pommery
51360 Verzenay
03 26 49 41 77 Fax 03 26 49 48 80
Club. 6,5 ha, etwa 50 000 Flaschen

PLATEAU Roger
40 rue Henri Martin
51480 Cumières
03 26 55 28 61 Fax 03 26 55 64 26

DE PLOUVY M.: de Cazanove

PLOYEZ-JACQUEMART
8 rue Astoin
51500 Ludes
03 26 61 11 87 Fax 03 26 61 12 20
1,8 ha, Zukauf. Etwa 60 000 Flaschen. Spitzen-Cuvée: LIESSE D'HARBONVILLE, nach der Gärung einige Monate im Holzfaß gealtert. Etwa 5000 Flaschen

POISSINET-ASCAS Jean-Pierre
8 rue du Pont
51480 Cuchery
03 26 58 12 93 Fax 03 26 52 03 55

POILVERT Jacques
20 Grande Rue
51270 Talus Saint Prix
03 26 52 80 72 Fax 03 26 52 84 02
Etwa 130 000 Flaschen

POIROT & Fils
rue Pernet
51130 Bergères-les-Vertus
03 26 52 02 26 Fax 03 26 52 03 24
3 ha, etwa 10 000 Flaschen

POL CARSON: Duval-Leroy

POL ROGER

1 rue Henri Lelarge
51200 Epernay
03 26 59 58 00 Fax 03 26 55 25 70

SGM

Im Revolutionsjahr 1848 geboren, hat dieses Haus nichts Revolutionäres, sondern eher einen seriös-fröhlichen Charakter. Seine Champagner, die weiniger sind als die meisten, haben ihm besonderes Ansehen verschafft. Der Verkauf liegt bei etwa 1,2 Millionen Flaschen. 85 ha Weinbesitz, den die Firma in Pacht bewirtschaften läßt, decken etwa 40% des Bedarfs; Zukauf.

Pol Roger gehört zu den wenigen, die für die zweite Gärung die Champagnerflaschen nicht mit den üblichen Metallkapseln verschließen, sondern mit Korken. Ein Teil der Keller ist ein Grad kälter (9,5 Grad C) als der Champagnerdurchschnitt, was offenbar die Gärung verlangsamt und für besonders feinen Schaum sorgt.

Bedeutendster Propagandist des Hauses war zweifellos Sir Winston Churchill, der kurz vor Kriegsende in Paris das Ehepaar Jacques und Odette Pol-Roger kennenlernte; Odette war die Tochter eines britischen Generals. Churchill ließ sich hinfort regelmäßig mit Pol Roger beliefern, vorzugsweise ältere Jahrgänge, nannte eines seiner Rennpferde Pol Roger (es gewann mehrere Rennen) und verkündete, die Anschrift Pol Rogers in Epernay sei »der Welt trinkbarste Adresse«. Wo immer er auf seinen Reisen Gast war, fühlten sich die Gastgeber verpflichtet, ihm Pol Roger zu kredenzen. Nach seinem Tod umgab die Firma das Etikett ihrer für England bestimmten Flaschen mit einem schwarzen Rahmen, und zwanzig Jahre später brachte sie eine »Cuvée Sir Winston Churchill« auf den Markt, im wesentlichen auf den britischen.

Firmengründer war 1848 der Sohn eines Notars aus der Champagnerstadt Ay. Er hatte schon ein paar Jahre für andere Firmen Champagner produziert, nun hielt er die politischen und militärischen Wirren der Epoche für keinen Grund, sich nicht selbständig zu machen und sein Glück zu versuchen. Er bemühte sich von Anfang an besonders um englische Kundschaft – mit großem Erfolg. Zwischen dem Ersten und dem Zweiten Weltkrieg lieferte Pol Roger mehr Champagner nach Großbritannien als jedes andere Haus.

Da war es schon in den Händen seiner beiden Söhne. Sie erwirkten vom Staat die Erlaubnis, seinen Vornamen hinfort als Teil des Familiennamens führen zu dürfen – die Familie heißt seither Pol-Roger mit Bindestrich, die Champagnermarke Pol Roger ohne.

Pol Roger besitzt in Epernay ausgedehnte unterirdische Kellerlager im kreidigen Untergrund. Besucher solcher Anlagen in Reims oder Epernay mögen sich manchmal fragen, ob denn die ziemlich weiche Kreide auch solide genug ist. Das Haus Pol Roger hat hierzu besondere Erfahrung: Im März des Jahres 1900 ließ es seine Keller vergrößern und die Abstützungen verstärken – aber offenbar etwas zu spät. Eines Nachts erwachte Maurice Pol-Roger von lautem Getöse, das er zunächst für einen Zugzusammenstoß hielt – in Wirklichkeit waren seine Galerien eingestürzt, manche zwanzig, dreißig Meter tief. Fünfhundert Weinfässer und 1,3 Millionen

Flaschen Champagner waren Bruch, ein Verlust von (damaligen) 4 Millionen Francs …
Die Brüder, die jedermann für ruiniert hielt, überwanden den Schicksalsschlag und bauten Anlagen und Bestände (solider) wieder auf. Ihre Beharrlichkeit und Zähigkeit brauchten sie bald danach von neuen. Kurz nach Ausbruch des Ersten Weltkrieges, im September 1914, besetzten deutsche Truppen eine Woche lang Epernay. Maurice Pol-Roger war Bürgermeister, alle anderen französischen Behörden einschließlich Polizei waren verschwunden, er sollte nun für Ordnung sorgen, mußte aber sich und die Stadt hauptsächlich gegen deutsche Forderungen und Drohungen verteidigen – Epernay sollte niedergebrannt, er selbst erschossen werden, weil die Deutschen, die hier mehrere Hauptquartiere errichtet hatten, das Ausbleiben von Strom und Gas für Sabotageakte hielten. Doch Epernay und Maurice Pol-Roger kamen schließlich davon. Als er 1935 sein Bürgermeisteramt endgültig niederlegte, machte ihn die Stadt zum Ehrenbürgermeister – auch in Frankreich nichts Häufiges.
Das Unternehmen ist in der Familie geblieben. Es wird heute von zwei Urenkeln des Gründers geleitet: Christian de Billy, Mitglied der Internationalen Weinakademie in Genf, und Christian Pol-Roger. Die Champagner des Hauses sind überdurchschnittlich kräftig, wenn auch leichter als früher, der Anteil an Chardonnay ist höher geworden.
Prestige-Cuvée Winston Churchill mit Jahrgang, je 50% Chardonnay und Pinot Noir, etwa 10 Jahre Kellerlagerung, und Pol Roger Réserve Spéciale (gleiche Zusammensetzung, mindestens 5 Kellerjahre)

POMMELET Michel
5 rue des Longs-Champs
51480 Fleury-la-Rivière
03 26 58 41 04 Fax 03 26 51 66 54

• Le premier nombre qui figure dans les télégrammes après le nom du lieu d'origine est un numéro d'ordre, le second indique le nombre de mots taxés, les autres désignent la date et l'heure du dépôt.
• Dans le service intérieur et dans les relations avec certains pays étrangers, l'heure de dépôt est indiquée au moyen des chiffres de 0 à 24.
VOIR AU VERSO la signification des principales indications qui peuvent éventuellement figurer en tête de l'adresse.

INDICATIONS DE SERVICE

LOI DU 29 NOV. 1850 - ART. 6
L'État n'est soumis à aucune responsabilité à raison du service de la correspondance privée par la voie télégraphique.

ORIGINE	NUMÉRO	NOMBRE DE MOTS	DATE	HEURE	MENTIONS DE SERVICE
LDN A					

11/27 LONDON 25/24 26 2316

= POLROGER WON SPLENDIDLY TODAY SO THERE IS A SMALL PROFIT FOR YOU ON BOTH RACES BEST LOVE = WINSTON +

T. L. G. 701
• Pour tout renseignement concernant ce télégramme, s'adresser au bureau distributeur.

»Pol-Roger siegte heute glänzend, also habt Ihr an beiden Rennen ein bißchen verdient«, telegrafierte Winston Churchill, Freund der Familie, nach der er sein Lieblings-Rennpferd benannt hatte. Das Haus hält sein Gedächtnis hoch.

Manche Kellergewölbe von Pommery sind mit Skulpturen geschmückt. Louise Pommery war eine der »Großen Damen« (und Witwen) der Champagne; nach ihr heißt auch die Prestige-Cuvée des Hauses.

Die Lagerkeller tragen Kunden- und Städtenamen halbverdeckt erkennt man »Hanovre« (Hannover).

POMMERY
5 place du Général Gouraud
51100 Reims
03 26 61 62 63 Fax 03 26 61 63 98
SGM
(Vormals POMMERY & GRENO)
Gehört zu LVMH (s. d.)

Eine der größten Champagnermarken mit einem Verkauf von etwa 7 Millionen Flaschen pro Jahr, überwiegend im Export. Deutschland ist Pommerys Hauptexportmarkt.

Weinbergbesitz von 300 ha deckt den Bedarf zu etwa 30%; erheblicher Zukauf.

Pommery gehört im wahren Sinne des Wortes zu den besonders bemerkenswerten Häusern der Champagne, oder besser gesagt, sie gehören Pommery: In Reims gibt es kaum Auffälligeres als die Riesenanlage der Firma, mit pittoresken Gebäuden auf einem Hügel, der die Stadt beherrscht, in der Nähe einer Hauptausfallstraße.

Auch die unterirdischen Anlagen gehören zu den Sehenswürdigkeiten: etwa 30 m unter der Erde 120 Kreidebrüche, teilweise domartig hochgewölbt, einige davon aus gallorömischer Zeit, verbunden durch Gänge von insgesamt 18 km Länge – ein beeindruckendes Flaschenlager.

Die Räume sind nach bedeutenden Champagnerabnehmern oder -Partnerstädten benannt. Metropolen der Welt gehören dazu, aber auch Hannover und Bingen. Auch die ultramodernen Einrichtungen in den eher altmodisch bizarren Gebäuden auf dem Hügel sind sehenswert; die Führungen (täglich werktags, auch in deutscher Sprache) mitzumachen lohnt.

Die Firma Pommery & Greno gehört zu jenen in der Champagne nicht seltenen, die ihren Aufschwung einer Frau verdanken. Zunächst entstand 1836 in Reims ein Geschäft Dubois & Greno; ein Jahr danach schied der Teilhaber Dubois aus, Narcisse Greno nahm einen neuen namens Wibert auf und nannte die Firma Greno & Cie; Wibert wurde 1856 durch Louis Alexandre Pommery ersetzt, einen Wollwarenhändler, der hauptsächlich Kapital beisteuerte. Pommery starb schon zwei Jahre später. Seine damals 39jährige Witwe übernahm die Leitung mit Hilfe von Mitarbeitern ihres Mannes und Grenos, der sich bald danach aufs Altenteil zurückzog, aber weiter als Berater wirkte.

Louise Pommery, geborene Jeanne Alexandrine Louise Mélin, entwickelte sofort große unternehmerische Weitsicht und Initiative. Sie erst machte die Firma, die bis dahin hauptsächlich Rotwein verkauft hatte, zu einem Champagnerhaus, und sie setzte frühzeitig auf den englischen Markt – die Briten sind in der Tat fast immer die Hauptkunden für Champagner gewesen, nur gelegentlich von den Amerikanern verdrängt und letzthin von den Deutschen. Louise Pommery errichtete schon 1861 eine Vertretung in London; ihren sehr er-

Hinter der ungewöhnlichen Fassade stehen supermoderne Gärtanks mit einem Fassungsvermögen von 65 000 Hektolitern.

folgreichen Repräsentanten hatte sie aus früheren Zeiten erinnert – er hatte ihr in einem Stoffgeschäft fünfmal mehr Band verkauft, als sie eigentlich haben wollte, und sie dadurch als erstklassiger Verkäufer beeindruckt. Die Rechnung ging auf, Pommery faßte in England Fuß.

Im Jahr 1870 verkaufte Pommery eine Million Flaschen. 1866 brachte die Witwe als eine der ersten einen weniger süßen Champagner auf den Markt, der

Christian Pol-Roger und Christian de Billy,
Chefs von Pol Roger

Prinz Alain de Polignac, Önologe,
verantwortlich für den Geschmack von Pommery.

gleich großen Anklang fand. Sie hatte, ebenfalls als eine der ersten, früh erkannt, daß der bis dahin vorherrschende süße Champagner, der überwiegend zum Dessert getrunken wurde, keine sehr großen Verkaufszahlen ermöglichen würde. Die Wende leitete 1875 »Pommery Nature« ein, sozusagen Champagner für alle Gelegenheiten als ein vergleichsweise so gut wie gar nicht dosierter Brut: Der Siegeszug des trockenen Champagners begann.
Der finanzielle Erfolg ermöglichte Louise Pommery, das Firmengelände in Reims stark zu vergrößern, sie kaufte auf dem Hügel Saint-Nicaise ein großes Gelände, unter dem sie die »crayères«, also die Kreidestollen, ausbauen und auf dem sie eine Reihe pittoresker Bauten errichten ließ. Diese waren als Geste gegenüber englischen Freunden und Kunden gedacht, wie dem Herzog von Argyll, dem Earl von Haddington und anderen, von deren Schlössern Einzelheiten, meist verkleinert, in seltsamer Stilmischung neue, für die Umgebung denkbar auffällige und ungewöhnliche Gebäude ergaben. Auch Parks legte sie an, in einem errichtete dann ihr Enkel Melchior de Polignac das Schlößchen

Les Crayères, das heute das berühmte Restaurant Boyer beherbergt (»mit Zimmern« – sehr luxuriösen).
Nach dem Tod der Witwe im Jahr 1890 übernahmen Sohn Louis und Tochter Louise, die inzwischen Guy de Polignac aus einer der ältesten französischen Adelsfamilien geheiratet hatte, gemeinsam mit Henri Vasnier die Firmenleitung (Vasnier war von Anfang an dabeigewesen). 1907 begann mit Louise Pommerys Enkel Melchior eine Jahrzehnte währende Geschäftsführung der Polignacs. Der Firmenname, der sich mehrfach geändert hatte, blieb nach dem Ersten Weltkrieg unverändert Pommery & Greno. Melchior de Polignac errichtete 1909 ein 22 ha großes Sportgelände für die Beschäftigten des Hauses, was damals alles andere als selbstverständlich war; 1912 wurde es für die gesamte Bevölkerung freigegeben.
Pommery & Greno wurde 1968 erstmalig an der Pariser Börse gehandelt. 1974 machte Moët & Chandon einen vergeblichen Versuch, die Firma zu übernehmen. 1979 waren die Gebrüder Gardinier, denen schon der Champagner Lanson gehörte, erfolgreicher.

Château Les Crayères in Reims, Sitz eines der besten französischen Restaurants: Boyer.

Mehrheitsaktionär und Präsident der Firma wurde Xavier Gardinier. Doch der verkaufte 1983 Pommery und Lanson an BSN, den größten französischen Lebensmittelkonzern, der sich inzwischen in Danone umbenannt hat. BSN/Danone verkaufte die beiden Champagnerhäuser 1990/91 an LVMH, das bald danach Lanson Marne & Champagne überließ, aber den Weinbergbesitz behielt, ebenso wie Pommery mit seinem – insgesamt ein Zugewinn von 500 ha.

Chef der Pommerykeller und der Champagnerzubereitung ist seit Jahrzehnten und durch diese Veränderungen hindurch Prince Alain de Polignac, Nachfahre der Witwe Pommery.

Das Pommery-Angebot: Brut Royal, die weitaus am meisten verkaufte Marke (je 30% Chardonnay und Pinot Meunier, 40% PinotNoir) – Brut mit Jahrgang (je zur Hälfte Pinot Noir und Chardonnay) – Brut Rosé (dito) – Louise Pommery (60% Chardonnay, 40% Pinot Noir) – Louise Pommery Rosé (57% Pinot Noir, 43% Chardonnay). »Flacons d'Exception« ohne Dosage.

DE POMPADOUR: Ellner

PONSON Père & Fils
1 rue de la Fontaine
51390 Coulommes-la-Montagne
03 26 49 20 17 Fax 03 26 49 76 48
11 ha, etwa 50–70 000 Flaschen.
Tel. Anmeldung erbeten

PONTON-ROUCHAUSSE
6 rue de la Brèche d'Oger
51190 Le Mesnil-sur-Oger
03 26 57 54 24 Fax 03 26 57 96 98
7,5 ha, etwa 20 000 Flaschen

POPINOT Père & Fils:
Marne & Champagne

PORTIER Virgile
21 rue Nationale
51400 Beaumont-sur-Vesle
03 26 03 90 15 Fax 03 26 03 99 31
8,4 ha, 40 000 Flaschen

POTIÉ Norbert & Noël
6 rue de Reims
51150 Condé-sur-Marne
03 26 67 99 08 Fax 03 26 64 13 27
etwa 50 000 Flaschen

POUGEOISE Charles
21 boulevard Paul Goerg
51130 Vertus
03 26 52 26 63 Fax 03 26 52 19 66
13 ha, etwa 100 000 Flaschen

POUILLART-VELY Michel
13 rue Dom Pérignon
51200 Chouilly
03 26 55 41 25

POUL Justine
Marcel Poul
6 rue Gambetta
51160 Avenay Val d'Or
03 26 52 32 58 Fax 03 26 52 65 92

POUMEAU Charles: Ed. Brun

DE PRÉAUT Guy
1 place de la Mairie
10250 Gye-sur-Seine
03 25 38 21 55 Fax 03 25 38 20 49

PREMIERS CRUS DE LA MARNE Association Coopérative de Viticulteurs de
1 und 5 rue de la Brèche
51160 Ay
03 26 55 44 05 Fax 03 26 54 87 92
75 Mitglieder, etwa 20 ha. Rund 100 000 Flaschen.Marken: DE LA BRÈCHE, GÉRARD Père & Fils, SÉLECTION, VATEL

PRESSOIR: de Cazanove

PRESTIGE DES SACRES: de l'Auche

PREVEL Marquis de:
Marne & Champagne

PRÉVOTEAU-PERRIER Patrice
13–15 rue André Maginot
51200 Damery
03 26 58 41 56 Fax 03 26 58 65 88
Etwa 100 000 Flaschen

PRIEUR Marcel
rue du Val Galic
10200 Bergères (Bar-sur-Aube)
03 25 27 42 77

PRIEUR s. Napoléon

PRIN Père & Fils
24 chemin de la Grange au Bois
51530 Chavot Courcourt
03 26 54 32 74 Fax 03 26 07 77 71

DES PRINCES: de Venoge

PRINCIPE ARNOULT François
Coopérative Vinicole
29 rue Bourg de Vesle
51480 Fleury-la-Rivière
03 26 58 42 53 Fax 03 26 52 75 81

PRIVILEGE DES CONNAISSEURS:
Moët & Chandon

PUISARD Louise: Sanger

QUATRESOLS-GAUTHIER
4 rue de Reims
51500 Ludes
03 26 61 10 13 Fax 03 26 61 12 71
etwa 25 000 Flaschen

QUATRESOLS-JAMEIN Jean
34 rue Victor Hugo
51500 Ludes
03 26 61 10 22
etwa 25 000 Flaschen

QUENARDEL Francis
1 place Carnot (place de la Mairie)
51360 Verzenay
03 26 49 40 63 Fax 03 26 49 45 21
Club. 50–60 000 Flaschen. Weitere Marke: LONGUEVILLLE

QUENARDEL J.H.
5 rue de Reims
51500 Ludes
03 26 61 10 52 Fax 03 26 61 14 28

QUENARDEL-ESQUERRE Georges
7 rue Werlé
51360 Verzenay
03 26 49 41 81

Lagerstollen im Osten der Champagne, nicht weniger eindrucksvoll (und ergiebig) als in den bekannteren Zentren

RAFFLIN Serge
10 rue Nationale
51500 Ludes
0326 61 12 84 Fax 03 26 61 14 07
10 ha

RAGOT-NOMINÉ Eric
Route de Coizard Joches
51270 Courjeonnet
03 26 59 31 57 / 03 26 59 35 71
Fax 03 26 59 35 33

RALLE Eugène
1 rue Gambetta
51360 Verzenay
03 26 49 40 12 Fax 03 26 49 44 40
Marke wird vom Enkel weitergeführt
s. ARNOULD Pierre

RAPENAU s. G.H. Martel

RASSELET Père & Fils
13 rue des Hussards, Montvoisin
51480 Oeuilly (Epernay)
03 26 58 30 26 Fax 03 26 57 10 65
7 ha, etwa 45 000 Flaschen
Weitere Marken: ARMAND DE LANGHE, CHARLES DE BRIENNES

RAT LAPIE André
10 rue du Clos des Moines
51500 Sermiers
03 26 97 61 95 Fax 03 26 97 61 63

RAT WINKLER Jean
9 rue des Buées, Nogent
51500 Sermiers
03 26 97 62 94 Fax 03 26 97 60 50
6 ha

RAYNAL: Marie Stuart

RÉAUTÉ A. de la: de Cazanove

RECAMIER: Drappier

REDON Prudent
22 rue de Vaudemanges
51380 Trépail
03 26 57 05 66

REDONT V. H. de Cazanove

REISDER Paul: Duval-Leroy

RÉMY Bernard
rue St. Loup
51120 Allemant
03 26 80 60 34 Fax 03 26 80 37 18
6 ha

RÉMY COINTREAU: der Cognac- und Likörkonzern ist auch eine der größten Champagnergruppen, mit den Marken Charles Heidsieck, Piper Heidsieck, Krug, de Venoge und F. Bonnet (s. die einzelnen).

RÉMY Ernest
3 rue Aristide Briand
51500 Mailly-Champagne
03 26 49 41 15
15 ha

RÉMY Georges: Thiénot

RÉMY Henri
5 rue Pasteur
51380 Villers Marmery
03 26 97 26 28

RÉMY Jean
6 rue Dom Pérignon
51380 Villers Marmery
03 26 97 94 32 Fax 03 26 97 93 21

RENAISSANCE Champ. de la
2 rue d'Avize
51190 Oger
03 26 57 53 90 Fax 03 26 52 75 51

RENARD-BARNIER
rue Vigne Abesse
51270 Villevenard
03 26 52 82 51 Fax 03 26 52 83 77

RENAUDIN R.
Domaine des Conardins
31 rue de la Liberté
51530 Moussy
03 26 54 03 41 Fax 03 26 54 31 12
24 ha, etwa 230 000 Flaschen. Lieferte jahrelang den Haus-Champagner des Pariser Drei-Sterne-Restaurants »Taillevent«.

RENNESSON G. & Fils: Charbaut

DE RENOIS Jean: de Cazanove

DE REYRE: Union Champagne

RICCIUTI-RÉVOLTE
18 rue Lieutenant de Vaisseau Paris
51160 Avenay-Val-d'Or
03 26 52 30 27 Fax 03 26 57 82 68
5 ha, 15 000 Flaschen (davon 8000 unter der eigenen Marke)
Albert Ricciuti war ein Amerikaner, der seine Frau, Pauline Révolte, während des amerikanischen Vormarsches 1944 als Soldat kennengelernt hatte und nach dem Krieg zurückkehrte. Nach ihrer Hochzeit gründeten sie 1963 die Firma, die nun vom Sohn John-Charles geleitet wird. Auch Cuvée JCR.

RICHARD Jean-Jacques
12 rue Docteur Louis
51160 Ay
03 26 54 77 46 Fax 03 26 57 83 01
3 ha, etwa 20 000 Flaschen

RICHARD Rudolf: Jamart

RICHARDOT Jean-Paul
rue René Guinton
10110 Loches-sur-Ource
03 25 29 71 20 Fax 03 25 29 13 76

DE RICHEBOURG Paul: Union Auboise

RICHEZ Roger
24 rue de la Libération
51500 Mailly-Champagne
03 26 49 41 10 Fax 03 26 49 42 27
Sein Champagner wird bei Mailly Grand Cru (s. d.) vinifiziert.

RIGOT J.M.
1 rue de Châtillon
51700 Binson Orquigny
03 26 58 33 38 Fax 03 26 51 60 86

RIVIERRE Jules: Marne & Champagne

RITZ: Jacquart

ROBERT Alain
25 avenue de la République
51190 Le Mesnil-sur-Oger
03 26 57 52 94 Fax 03 26 57 59 22
10 ha, etwa 80 000 Flaschen

Eine Champagnerfamilie seit dem 17. Jahrhundert, die mit traditionellen Methoden in Grand- und Premier-Cru-Lagen ausschließlich aus Chardonnay bemerkenswerte Blancs de Blancs erzeugt. Die Weine, nur aus erster Pressung, werden teilweise in Barriques vergoren, die Lagerzeiten sind überdurchschnittlich, bei den älteren Sorten wird noch mit der Hand degorgiert. Die ältesten noch angebotenen sind Mesnil Tradition 1978 Brut Rare (von 40 Jahre alten Rebstöcken) und Mesnil Réserve 1979 Tête de Cuvée (Rebstöcke 30 Jahre). Auch die dreizehn Jahre alte Mesnil Sélection stammt aus alten Rebstöcken, und von der gibt es noch eine Extraabfüllung »Vieux dosé« aus den Jahrgängen 1980 und 1982, vom Produzenten als »Kuriosität gegen den Strom« bezeichnet ... Die jüngeren Füllungen – Blanc de Blancs Sélection, rund 10 Jahre

alt, und Blanc de Blancs Brut, etwa acht Jahre – sind nicht in Holz vinifiziert, haben aber, wenn auch schwächer als die älteren, einen überdurchschnittlich reif-weinigen Geschmack, für Liebhaber.

ROBERT Bernard
Grande Rue
10200 Voigny (Bar-sur-Aube)
03 25 27 11 53 Fax 03 25 27 02 72

ROBERT Bertrand
15 rue de l'Orme
51190 Le Mesnil-sur-Oger 🍇🍇
03 26 57 59 41 Fax 03 26 57 54 90

ROBERT-ALLAIT
6 rue du Parc
51700 Villers-sous-Châtillon
03 26 58 37 23 Fax 03 26 58 39 26

ROBIN Paul & Fils:
Marne & Champagne

ROBINET Roland
80 Grande Rue
10110 Landreville (Bar-sur-Seine)
03 25 38 55 41 Fax 03 25 29 70 76

ROCHET-BOCART Jacques
13 rue d'Ambonnay
51380 Vaudemanges 🍇
03 26 67 99 15 Fax 03 26 66 13 51
15–20000 Flaschen

ROCHEFORT N.: Charbaut

ROCHERET: Marne & Champagne

RODEZ Eric
4 rue de Isse
51150 Ambonnay 🍇🍇
03 26 57 04 93 Fax 03 26 57 02 15
6 ha, etwa 30000 Flaschen
Führt auch die Marke seines Vaters Jean RODEZ fort.

LOUIS ROEDERER S.A.
21 boulevard Lundy
51100 Reims
03 26 40 42 11 Fax 03 26 47 66 51
SGM
Besitzt auch die Mehrheit am Champagnerhaus Deutz.
Roederer ist eine der großen Champagnermarken, was Qualität und Ruf anbelangt, aber bemerkenswert auch

△ Alain Robert

◁◁ Maison Robert

◁ Die Prestige-Cuvée »Cristal«, in durchsichtiger Flasche, geht auf den Champagnerdurst der Zaren zurück.

durch Verzicht auf steigende Mengen, die das Unternehmen mit seiner hervorragenden Versorgungslage leicht produzieren und verkaufen könnte.
Das Haus ist elsässischen Ursprungs. Nikolas Schreider, der das seit 1776 bestehende kleine Unternehmen Dubois Père & Fils übernommen hatte, vererbte es 1833 seinem Neffen Louis Roederer, der sechs Jahre bei ihm gearbeitet hatte. Der machte die Firma, die nunmehr seinen Namen trug, ausgehend von dem ererbten Sockel von etwa 100000 verkauften Flaschen im Jahr, ziemlich schnell zu einer der großen. 1878 verkaufte sie rund 2,5 Millionen Flaschen – heute sind es etwa ebenso viele. Der heutige Chef Jean-Claude Rouzaud sieht in dieser Menge ein vernünftiges Limit.
Wirkliche Versorgungsprobleme könnte Roederer nur bei totaler Mißernte erleben. Eigene Weinberge von insgesamt 180 Hektar decken etwa 75% des Bedarfs, ein für Champagnerhäuser ungewöhnlich günstiges Verhältnis.
Roederer hat sich überdurchschnittlicher Qualität verschrieben. Die Reserveweine lagern in klimatisierten Kellern in großen alten Eichenholzfässern zu 600 hl, von denen viele achtzig bis hundert Jahre alt sind. Junge Fässer würden nach Ansicht der Zuständigen dem Reservewein, der mit 10 bis 20% in der jährlich erneuerten Standard-Cuvée enthalten ist, zu viel Gerbsäure abgeben. 10% der jeweiligen Ernte werden jeweils wieder als Reserveweine zurückbehalten, wie in anderen Häusern auch. Die Lagermethode ist in der Champagne einzigartig – alle anderen, auch ebenso traditionsverhaftete Häuser, bewahren ihre Reserveweine in Edelstahltanks oder in Magnumflaschen auf.
Das Unternehmen verdankte seinen Aufschwung dem Rußlandgeschäft in der zweiten Hälfte des 19. Jahrhunderts: Roederer wurde zum Lieblings-Champagner des Zaren Alexander II. Auf dessen Drängen wurde eine spezielle Kristallflasche aus weißem Glas eingeführt, nur für den russischen Hof – Vorläuferin der heutigen Prestigeflasche Cristal Roederer. Die russische Revolution brachte Roederer den Verlust eines Marktes, der auf 80% seiner Umsätze angewachsen war, die Schulden des Za-

renhofes waren nicht mehr einzutreiben und der bereits für die Monarchenfamilie vorbereitete Champagnervorrat zu süß für den Geschmack anderer Kundschaft. Aber das Haus war solide genug, um den Rückschlag zu verkraften, und konnte sich bald einen anderen Kundenkreis erschließen (der Zarenchampagner wurde schließlich nach Lateinamerika verkauft).
Nach 1880 wurde das Haus fast hundert Jahre lang von den Nachkommen der Schwester des Gründers geleitet, bevor es 1975 auf dem Erbwege an die Familie Rouzaud überging.
Die letzte der Roederer, Camille Olry Roederer, die das Unternehmen von 1933 bis 1975 regierte, ist als eine der »großen Damen der Champagne« bekannt und geachtet worden. Sie war eine tüchtige Geschäftsfrau, wußte aber auch gesellschaftlich gut für die Marke zu werben und setzte nicht minder geschickt ihren erfolgreichen Traber-Rennstall ein, mit Vorliebe in Ländern, wo Roederer besondere Verkaufsförderung treiben wollte. Ihr Mann, Léon Olry Roederer, hatte die französische oberste Gesellschaft mit regelmäßigen Treibjagden beeindruckt ... und mit dem Getränk, das er dazu mitbringen ließ.

Aus dem Zweiten Weltkrieg wird berichtet, daß Madame Roederer verstand, die deutschen Behörden von allzu umfangreichen Champagner-Requisitionen abzuhalten, und daß sie den Besatzungsbehörden weit höhere Zuteilungen an »Dosage-Zucker« entlockte, als sie wirklich für diesen Zweck brauchte; sie verteilte ihn an die Mitarbeiter des Hauses. Sie vergrößerte durch Zukäufe die Weinflächen des Hauses auf den heutigen, vielbeneideten Stand – und sie führte 1945 die Cristal-Prestigecuvée allgemein ein, in heller, aber nicht mehr so teurer Flasche und viel weniger süß dosiert als seinerzeit für die Zaren. Der Lord Mayor von London servierte Cristal Roederer 1956 bei einem Bankett für Chruschtschow und Bulganin; man weiß nicht, ob sie die Anspielung verstanden haben.
Zur Firma gehören auch die Marke THÉOPHILE ROEDERER, Verkauf jährlich etwa 150000 Flaschen, und deren Untermarken JAMIN und GLADIATEUR – Erinnerungen an besonders erfolgreiche Pferde aus dem Stall der Madame Roederer (alle als demi-sec, Extra Dry, Brut, Brut mit Jahrgang, Crémant brut).
Die Firma legt Wert auf ziemlich kräftigen, nachhaltigen Champagner. Milchsäuregärung wird seit Mitte der achtziger Jahre möglichst vermieden. Der meist verkaufte »Brut Premier« ohne Jahrgang enthält 62% Pinot Noir, 34% Chardonnay und 4% Meunier. Der Brut mit Jahrgang Chardonnay und Pinot Noir im Verhältnis 2:1. Die Spitzencuvée Cristal mit Jahrgang besteht aus je 50% Chardonnay und Pinot Noir, als Rosé ist das Verhältnis 30:70. Cristal ist nach Dom Pérignon (von Moët & Chandon) die bestverkaufte Prestige-Cuvée überhaupt, etwa 50000 pro Jahr.
Roederer führt auch in geringen Mengen (etwa 35000 Flaschen), hauptsächlich für den Export, drei stärker dosierte Champagner: Extra Dry, Grand Vin Sec, Carte Blanche (demi-sec, 45 Gramm Dosage).
Roederer hat sich im Lauf der letzten Jahre in anderen Gebieten niedergelassen. Außer Schaumweinunternehmen in Amerika und Australien gehören ihm in Portugal der Portwein Ramos Pinto, im Bordelais die Estèphe-Schlösser de Pez

Roederer-Spezialität: Die Reserveweine lagern in Fässern.

und Haut-Beauséjour. Mit Deutz kamen die Firma Delas (Rhône) und Beteiligungen in Kalifornien und im Medoc hinzu.

ROEDERER Théophile: Roederer

ROEMER E.: Marne & Champagne

ROGUÉ Michel
15 rue du Général Leclerc
51130 Vertus
03 26 52 15 68 Fax 03 26 52 21 08
10 ha

ROGUET Lucien
7 rue Gambetta
51500 Mailly-Champagne
03 26 49 41 36 Fax 03 26 49 43 82
6,5 ha

ROI DAVID
koscherer Champagner: Taieb Thivolet

ROLLAND D'ORFEUIL:
Chicquet Père & Fils

ROTHSCHILD Alfred:
Marne & Champagne

ROTHSCHILD Philippe de: Henriot

DE ROUALLES: Royal Coteau

ROUET Marcel: de Cazanove

ROUSSEAU J.: de Cazanove

ROUSSEAU-PECOURT Jacques
5 rue de Puisieulx
51360 Verzenay
03 26 49 42 73 Fax 03 26 49 40 72

ROYAL: de Cazanove

Im Weinberg von Louis Roederer

LE ROYAL COTEAU
Coopérative Vinicole et Viticole
11 rue de la Coopérative
51190 Grauves
03 26 59 71 12 Fax 03 26 59 77 66
Mitglieder nur aus Grand- und Premier-Cru-Lagen, 83 ha, unter der Marke etwa 90 000 Flaschen. Weitere Marken: de ROUALLES, PHILIPPE FLAURENT

ROYAL ONZANE: Oudinot

ROYER Paul: Ed. Brun, Ay

ROYER Père & Fils
62 Grande Rue
10110 Landreville
03 25 38 52 16 Fax 03 25 29 92 26
20 ha, etwa 100 000 Flaschen im Jahr

RUELLE-PERTOIS
11 rue de Champagne
51530 Moussy
03 26 54 05 12 Fax 03 26 52 87 58
6 ha, etwa 35 000 Flaschen im Jahr

RUINART DE BRIMONT: Ruinart

RUINART
4 rue des Crayères
51100 Reims
03 26 77 51 51 Fax 03 26 82 88 43
SGM
Gehört zur Gruppe LVMH (s. d.)
Das Haus, gegründet 1729 vom Tuchhändler Nicolas Ruinart, gilt als das älteste Champagner-Unternehmen bzw. als das erste, das sich ausschließlich – seit 1764 – auf Champagner konzentriert hat. (Gosset, s. d., besteht noch länger, handelte aber zunächst überwiegend mit Wein.) Es verkauft etwa 1,7 Millionen Flaschen, davon einen erheblichen Teil als Firmengeschenke und an Restaurants von Unternehmensleitungen.
Der Sohn des Gründers, Claude Ruinart, verlegte das Unternehmen von Epernay nach Reims, wo es die vielleicht schönsten unterirdischen Gewölbe und Kelleranlagen aus gallisch-römischer Zeit besitzt; mit einer Gesamtfläche von 25 000 Quadratmetern erstrecken sie sich in drei Etagen bis 38 Meter Tiefe; sie stehen unter Denkmalschutz (Führung, auch in deutscher Sprache, nur nach Voranmeldung).
Im Ersten Weltkrieg wurden die oberirdischen Anlagen der Firma durch deutsches Artilleriefeuer zerstört, im Zweiten die Keller von den deutschen Besatzern weitgehend geleert. Bald nach dem Zweiten Weltkrieg ging Ruinart eine Zusammenarbeit mit Baron Philippe de Rothschild ein, durch die es seinen Umsatz sehr steigern konnte; 1963 verkaufte es der Neffe des letzten Ruinart an Moët & Chandon. Handelsmarken: Paul Ruinart und Ruinart de Brimont. Die Prestige-Cuvée: Dom Ruinart Blanc de Blancs mit Jahrgang (also 100 % Chardonnay). Dom Ruinart Rosé mit Jahrgang: 80 % Chardonnay, 20 % Pinot Noir.

SACOTTE: Vranken

DES SACRES: Mansard Baillet

DE SACY Louis
6 rue de Verzenay
51380 Verzy
03 26 97 91 13 Fax 03 26 97 94 25
28 ha, 240 000 Flaschen. Auch: GRAND SOIR

DE SADE: Michel Gonet. Die Marke gehört einem Nachkommen des aus der Geschichte bekannten Marquis (1740–1814). Etwa 10 000 Flaschen im Jahr.

SAINSBURY'S (britische Handelskette): Duval-Leroy

SAINT CHAMANT
Christian Coquillette
50 avenue Paul Chandon
51200 Epernay
03 26 54 38 09 Fax 03 26 54 96 55
13,5 ha

SAINT ÉLOI: Alain Vesselle

SAINT EVREMOND: Taittinger

SAINT EVRON: Charbaut/Vranken

De SAINT GALL: Union Champagne

ST. GIBRIEN
Coopérative Vinicole
59 place Puisard
51530 Cramant
03 26 57 50 72 Fax 03 26 52 30 80

SAINT HONORÉ: Duval-Leroy

SAINT MAURICE: Centre Vinicole de Champagne

ST. MICHAEL: Union Champagne

SAINT NICAISE: Bauchet

SAINT NICHOLAS: Centre Vinicole de Champagne

Bertrand de Fleurian, Direktor von Salon

SAINT RÉOL
coopérative Vinicole
2 bd. Bermonts
51150 Ambonnay
03 26 57 01 46 Fax 03 26 57 82 93
150 Mitglieder, 140 ha in der Grand-Cru-Lage, etwa 90 000 Flaschen unter dieser Marke. Weitere: ELÉGANCE, ENCHANTERESSE, NECTAR DE NOIRS

SAINT SIMON: Le Brun de Neuville

SALON
5 rue de la Brèche d'Or
51190 Le Mesnil-sur-Oger
03 26 57 51 65 Fax 03 26 57 79 29
SGM
Gehört zur Gruppe Laurent Perrier.
Das Haus ist berühmt wegen der Begrenzung, die es sich auferlegte, um gute Qualität garantieren zu können. Es produziert nicht jedes Jahr, sondern stellt nur Jahrgangs-Champagner her, wobei es weniger Jahre für würdig hält als andere Produzenten. Es verwendet nur Chardonnay aus Le Mesnil und bietet als einzige Abfüllung Blanc de Blancs Brut an.
Der Verkauf beträgt seit den Krisenjahren etwa 20 000 Flaschen. Salon verfügt über einen Hektar Chardonnay in Le Mesnil, hat aber durch Zukaufarrangements etwa 16 ha zur Verfügung. Wenn sich für Salon kein Jahrgangs-Champagner lohnt, wird die Ernte weitergegeben. Die Weine lagern mindestens sieben bis acht Jahre, die im Vergleich zum Verkauf hohen Vorräte betragen etwa 200000 Flaschen. Milchsäuregärung wird vermieden – der sich ohnehin langsam abbauende Säuregehalt verbessert die Alterschancen.
Gegründet hat das Haus Eugène-Aimé Salon, der im Pelzhandel ein Vermögen gemacht hatte. Sein Blanc de Blancs begeisterte Geschäftsfreunde, 1914 entstand die Firma, 1928 wurde Salon Haus-Champagner des berühmten Pariser Maxim's.
Salon hat und verlangt Geduld: 1996 war noch immer der 1982er im Handel, Jahrgang 1983 immerhin an der Reihe.

SA MAJESTÉ: COGEVI

S.A.M.E.: früherer Name (Sté Anonyme de Magenta-Epernay) des Unternehmens Champagne de Cazanove, s.d.

SAMPERS Claude
6 Grande Rue
10200 Voigny (Bar-sur-Aube)
03 25 27 11 57 Fax 03 25 27 33 69

SANDERS Daniel: Antoine de Sousa

SANGER et VAUBECOURT
Cooperative des Anciens de la Viticulture
Lycée Viticole de la Champagne
rue d'Oger
51190 Avize
03 26 57 79 79 Fax 03 26 57 78 58
Frühere Absolventen (98) des Lycée liefern zwei Drittel der Trauben, die Weinberge der Schule den Rest, die Champagnerbereitung ist Lehrstoff. Das Endprodukt wird unter den beiden Namen verkauft, rund 120 000 Flaschen. Weitere Marke: LOUISE PUISARD

SARCEY: Seit mehr als 100 Jahren Hausmarke des Londoner Weinhauses Justerini & Brooks
61 St. James's Street
London SW1A 1LZ
0171 493 8721 Fax 0171 499 4653
(Filiale auch in Edinburgh)
lange Zeit hergestellt von Boizel

SAVÈS Camille
4 rue de Condé
51150 Bouzy 🍇🍇
03 26 57 00 33 Fax 03 26 57 03 83
8 ha, etwa 17 000 Flaschen

DE SAVIGNY Nicole: Union Auboise

SCHERMANN R.: de Cazanove

SCHIRRU Eraldo
78 avenue Bammental
51130 Vertus 🍇
03 26 52 12 25
Produzent und Rebenveredelungsbetrieb

SCHLOESSER René: Tribout-Schloesser

SCHOUMACKER R.: de Cazanove

SCHRÖDER M. & Co: de Cazanove

SEAGRAM s. Mumm

SECONDÉ François
6 rue des Galipes
51500 Sillery 🍇🍇
03 26 49 16 67 Fax 03 26 49 11 55
4 ha, 16–20 000 Flaschen

SECONDÉ Jean Luc
3 rue Henri III
51150 Ambonnay 🍇🍇
03 26 57 82 85

SÉLECTION: Premiers Crus de la Marne

SELOSSE Jacques
Anselme Selosse
22 rue Ernest Vallé
51190 Avize 🍇🍇
03 26 57 53 56 Fax 03 26 57 78 22
6 ha, etwa 40 000 Flaschen.
Extra Brut Blanc de Blancs, nicht dosiert, 1. Gärung im Faß

SENEZ Christian
6 Grande Rue
10360 Fontette
03 25 29 60 62 Fax 03 25 29 64 63
32 ha, rund 200 000 Flaschen
Ungewöhnlich reich gefächertes Angebot: elf Cuvées und mehrere ältere Jahrgangs-Champagner

DE SERRONET Charles: Jestin

SÉVERIN DOUBLET René
10 rue des Falloises
51130 Vertus 🍇
03 26 52 10 57 Fax 03 26 52 29 28

SILVAIN Père & Fils:
Marne & Champagne

SIMART Marcel & Fils
4 rue du Château und 12 rue St. Chamand
51530 Chouilly 🍇🍇
03 26 54 50 65 / 03 26 55 40 71
Fax 03 26 55 64 37
5 ha

SIMON Gabriel: Mailly Grand Cru

SIMON George M.
14 route de Trépail
51150 Ambonnay 🍇🍇
03 26 57 00 59

SIMON Père & Fils:
Marne & Champagne

SIMON-SELOSSE Philippe
20 rue d'Oger
51190 Avize 🍇🍇
03 26 57 52 40 Fax 03 26 58 97 47
2,7 ha, etwa 15 000 Flaschen

SOLVAY H.: de Cazanove

SOREL Jacques: de Cazanove

SORLIN R.: de Cazanove

SOURDET-DIOT
la Chapelle Monthodon
02330 Chézy
03 23 82 46 18 Fax 03 23 82 18 82

DE SOUSA & Fils
12 pl. Léon Bourgeois
51190 Avize 🍇🍇
03 26 57 53 29 Fax 03 26 52 30 64
5,5 ha, etwa 40 000 Flaschen. Weitere Marke: DANIEL SANDERS. Beachtliche Zahl von Auszeichnungen.

SOUTIRAN Patrick
3 rue des Crayères
51150 Ambonnay 🍇🍇
03 26 57 08 18 Fax 03 26 57 81 87
3 ha

SOUTIRAN-PELLETIER Alain
12 rue St. Vincent
51150 Ambonnay 🍇🍇
03 26 57 07 87 Fax 03 26 57 81 74
7,5 ha, um die 70 000 Flaschen. Zweitmarke: VEUVE VICTORINE MONGARDIEN

SPIRMAN: Marne & Champagne

STROEBEL Marcel
6 rue de Rilly-la-Montagne
51500 Villers Allerand 🍇
03 26 97 60 40 Fax 03 26 97 63 63

STUART: Marie Stuart

SUGOT-FENEUIL
40 impasse de la Mairie
51530 Cramant 🍇🍇
03 26 57 53 54 Fax 03 26 57 92 91
Club. 7 ha, etwa 25 000 Flaschen

SUPER STAR: de Cazanove

SUSS Jean Paul
rue des Ponts
10110 Buxeuil
0033 25 38 56 22 Fax 03 25 38 58 58
Handelshaus. 80–100 000 Flaschen. Champagner wird hergestellt bei Moutard-Diligent (s. d.) Weitere Marke: DUC DE CHARLANNE

Claude Taittinger, Konzernchef und seit dem Tode seines Bruders auch direkt verantwortlich für das Champagner-Haus

TAIEB – Distillerie Thivolet Universal
5 rue Marceau
42300 Roanne
04 77 71 24 68 Fax 04 77 70 18 42
Vertreibt koscheren Champagner von Piper Heidsieck und die Marke Roi David

TAILLET S. A.
37 rue Valentine Regnier
51700 Baslieux-sous-Châtillon
03 26 58 11 42 Fax 03 26 59 32 72
8 ha, etwa 60 000 Flaschen

TAILLET Eric
19 rue de l'Eglise
51700 Baslieux-sous-Châtillon
03 26 58 15 92 Fax 03 26 58 14 74

TAILLEVENT: vormals Renaudin, dann Deutz

TAITTINGER
9 place Saint Nicaise
51100 Reims
03 26 85 45 35 Fax 03 26 85 84 05
SGM
Dieser Champagner heißt wie seine Besitzer, also wie die der Marke, was unter den Handelshäusern nicht mehr oft anzutreffen ist. Dafür ist es ja auch eine recht junge Champagnerfamilie, die sich 1932 in eine der nun wiederum ältesten Champagnerfirmen überhaupt einkaufte. Das war das auf 1734 zurückgehende Haus Forest-Fourneaux (deren Teilhaber Fourneaux Anfang des 19. Jahrhunderts ein paar Jahre lang der Witwe Clicquot bei der Herstellung ihres Champagners geholfen hatte). Doch bis zur Übernahme durch Taittinger blieb Forest-Fourneaux von geringer Bedeutung. Die Taittingers brachten es durch beharrlichen Zukauf von Weinbergen, anderen Investitionen und eine kluge Geschäftspolitik binnen zwei Generationen in die Spitzengruppe der Markenchampagner – nicht nur durch Qualität (die Firma wirbt damit, daß ihr Champagner stets bei den Empfängen des Präsidenten der Republik »dabei« sei), sondern auch was die Größe anbelangt.
Taittinger verkauft mehr als 4 Millionen Flaschen jährlich, davon 60 % im Export. Das Unternehmen besitzt fast 250 ha Weinberge, über alle Lagen der Champagne verteilt. Sie decken 40 % des Bedarfs.
Zu den Erwerbungen der Familie in den dreißiger Jahren gehörte auch das Schloß La Marquetterie in Pierry bei Epernay, was eine Andenkenpflege des Mönches Oudard erlaubt. Frère Jean Oudard lebte und wirkte zur Zeit Dom Pérignons und einige Jahre länger als Kellermeister der Abtei Châlons, zu der La Maquetterie gehörte. Er war allem Anschein nach ein nicht geringerer Champagnerexperte als Dom Pérignon, stellte »mousseux von Pierry« her und ist heute für Taittinger das, was der berühmter gebliebene Kellermeister der Abtei Hautvillers für Moët & Chandon bedeutet.
Taittinger verfügt in Reims (abgesehen vom früheren Sitz der Grafen von Champagne in der Stadt) über einige der schönsten Kelleranlagen, etwa vier Ki-

Das Depot an der unteren Flaschenwand
(Demonstration bei Taittinger)

lometer lang, unter dem Hügel St.-Nicaise, in denen der Prestigechampagner des Hauses (Comtes de Champagne) in traditioneller Weise hergestellt wird. Die anderen Qualitäten, neun Zehntel der Produktion, werden mit ultramodernen Methoden anderswo in der Stadt (rue de la Justice) verkaufsfertig gemacht. Taittinger gehörte zu den ersten, die mechanische, computergesteuerte »remuage« durch »giropalettes« einführten.
Der geschäftliche Erfolg führte zu weiterer Expansion, auch in andere Branchen. Bestandteil der Gruppe wurden das Champagnerhaus IRROY, das im vergangenen Jahrhundert sehr erfolgreich gewesen war, und zwei Schaumweinunternehmen an der Loire, Monmousseau und Bouvet-Ladubay. Hotelketten (Concorde, Campanile) kamen ebenso hinzu wie Unternehmen der Möbel-, Immobilien und Druckereibranche und Beteiligungen an Parfüms und Glaswaren. Die Holding der Gruppe ist die Société du Louvre. Taittinger produziert auch Schaumwein an der Loire (Laduby Brut) und in Kalifornien.

Das Unternehmen hat 1983 begonnen, manche Jahrgangs-Cuvées, jeweils in kleiner Auflage, von berühmten Künstlern dekorieren zu lassen, die Flaschen der »Taittinger Collection« sind Sammlerobjekte. Den Anfang machte Vasarely (Jahrgang 1978), gefolgt in Abständen von Arman, Masson, Viera da Silva, Lichtenstein, Hartung und Imai. Taittingers Haupt-Cuvée, der Brut Réserve, besteht zu 42% aus Pinot Noir, 38% Chardonnay und 20% Meunier. Die Prestige-Cuvées sind Comtes de Champagne Blanc de Blancs (also nur Chardonnay) und Comtes de Champagne Rosé (nur Pinot Noir). Ein Teil der Grundweine (10–15%) lagert nach der Vergärung 3–4 Monate im Holzfaß.
Weitere Marken: FOURNEAUX-FOREST, MARIE ANTOINETTE, SAINT EVREMOND

Talblick bei Ambonnay ▷

Taittingers unterirdische Flaschenlager in Reims gehören zu den schönen, die einen Besuch lohnen.

TARILLON Gilles
212 rue Neuve
51530 Dizy
03 26 51 68 49
4 ha. Kellerei bei
TARILLON Jean
807 avenue du Général Leclerc
03 26 55 26 92

TARLANT Jean-Mary
51480 Oeuilly
03 26 58 30 60 Fax 03 26 58 37 31
Winzerfamilie seit 1687, in Oeuilly seit 1780, erster Champagner 1929. 13 ha, etwa 80 000 Flaschen
Prestige-Cuvée Louis Brut wird teilweise in Eichenfässern vergoren.

TASSIGNY Léon de: Chiquet Père & Fils

TASSIN J. M. et Emmanuel
13 Grande Rue
10110 Celles-sur-Ource
03 25 38 52 41 Fax 03 25 29 94 59
Vater Jean Marie und Sohn Jean-Claude betreiben die Marke J. M., 11 ha, etwa 90000 Flaschen. Sohn Emmanuel, gleiche Firmenadresse, bearbeitet 3,5 ha für seine eigene Marke, etwa 10 000 Flaschen.

Vater George und Sohn Jean-Mary Tarlant

DE TELMONT
A. et S. Lhopital
1 avenue de Champagne
51480 Damery
03 26 58 40 33 Fax 03 26 58 63 93
30 ha, etwa 1 Million Flaschen im Jahr. Beträchtliches Volumen geht als Niedrigpreisware an Supermärkte, die »normalen« Champagner des Hauses können sich sehen lassen. Prestige-Cuvée »Grand Couronnement«.
Weitere Marke: DE BELLECROIX

TESCO (englische Handelskette):
Duval-Leroy

TESTULAT Gérard
23 rue Léger Bertin
51200 Epernay
03 26 54 10 54 Fax 03 26 54 61 18
20 ha, etwa 180–200 000 Flaschen. Produziert auch PÉRARDEL

THIBAUT Guy
7 rue des Perthois
51360 Verzenay
03 26 49 41 95 Fax 03 26 49 42 16
2 ha, 10 000 Flaschen

THIBAUT-CHARLOT Raymond
10 Grande Rue
51160 Mutigny
03 26 52 32 92 Fax 03 26 58 08 72
6 ha, etwa 27 000 Flaschen

THIÉNOT Alain
14 rue des Moissons
51100 Reims
03 26 77 50 10 Fax 03 26 77 50 19
Ein junges Haus, schon nicht mehr klein und mit großer Qualität. Alain Thienot, Besitzer mehrerer Bordeaux-Weingüter, aber aus alter Champagnerfamilie, war auch Courtier in Champagner. Mitte der siebziger Jahre faßte er den Plan, ein eigenes Unternehmen zu gründen. Von 1973 bis 1975 war dort Absatzflaute und Krise – Thienot kaufte knapp 6 ha in guter Lage von den berühmten Krug, noch einige anderswo (jetzt sind es 13 ha); wo er zusätzlich guten Grundwein bekommen konnte, wußte er aus seiner Courtiertätigkeit. 1980 startete die Firma. Sie wurde schnell bekannt; seit Anfang der neunziger Jahre hat sie auch ein unübersehbares Zeichen, eine moderne Tank- und Abfüllanlage am Rande von Reims, an der Autobahn von Châlons.
Ende 1994 hat Thiénot sich dann auch den Zugang zu Großabnehmern verschafft, indem er den Champagner MARIE STUART übernahm, der jährlich etwa 1,7 Millionen Flaschen in Supermärkten und Handelsketten absetzt. Thienots eigener Absatz, einige Handelsmarken wie BILLIARD und CASTILLE eingeschlossen, liegt bei etwa 600 000 Flaschen. Unter seinem Namen beliefert er hauptsächlich Hotels und Restaurants; etwa ein Drittel wird exportiert.

Thiénots Brut, die Hauptsorte im Verkauf, besteht aus 35% Pinot Noir, 25% Chardonnay, 20% Meunier und 20% Reserveweinen. Die Spitze, Grande Cuvée (nur aus großen Jahren): 60% Pinot Noir, 30% Chardonnay, 10% Meunier. Sie ist in barriques vergoren.
Weitere Marke: GEORGES RÉMY

Alain Thiénot mit seinem Kellerchef

THIERRY H.: de Cazanove

THIERCELIN Jean
2 pl. Léon Bourgeois
51530 Moussy
03 26 54 02 81
16 ha, etwa 140 000 Flaschen

TIXIER Guy
12 rue Jobert
51500 Chigny-les-Roses
03 26 03 42 51 Fax 03 26 03 43 00
5 ha, 30 000 Flaschen

TIXIER Michel
8 rue des Vignes
51500 Chigny-les-Roses
03 26 03 42 61 Fax 03 26 03 41 80
4 ha, 25 000 Flaschen

TORNAY Bernard
rue Haut Petit Chemin
51150 Bouzy
03 26 57 08 58 Fax 03 26 57 06 62
10,5 ha, etwa 120 000 Flaschen

TOURNEUR-PRIEUR Jean Claude
28 rue du 11 Novembre 1918
51530 Moussy
03 26 55 37 29
3,5 ha

ZUR TRAUBE
Bahnstr. 47
41515 Grevenbroich
0 21 81/6 87 67 Fax 6 11 22
Hervorragendes Restaurant mit einer Rekord-Champagnerkarte

TRIBAUT G.
88 rue d'Eguisheim
51160 Hautvillers
03 26 59 40 57 Fax 03 26 59 43 74
Etwa 70 000 Flaschen

TRIBAUT-SCHLOESSER
Jean Tribaut
21 rue St.Vincent
51480 Romery
03 26 58 64 21 Fax 03 26 58 44 08
15 ha, 110–115 000 Flaschen im Jahr
»Cuvée René Schloesser«

TRIOLET Marcel
22 rue des Pressoirs
51260 Bethon
03 26 80 48 24 Fax 03 26 81 16 42
9 ha 30 000 Flaschen
2. Marke: THIERRY TRIOLET

DU TRIOMPHE: Mansard Baillet

TRITANT Alfred
23 rue de Tours
51150 Bouzy
03 26 57 01 16 Fax 03 26 58 49 56
3,4 ha, 25–30 000 Flaschen

Les TROIS COTEAUX
Coopérative vinicole de Baye et de Talus-Saint-Prix
1 route Départementale (RD) 51
51270 Talus Saint Prix
03 26 52 80 70 Fax 03 26 52 61 06

TROUILLARD Bertrand
2 avenue Foch
511208 Epernay
03 26 55 37 55 Fax 03 26 54 46 33
15 ha, Zukauf, etwa 250–300 000 Flaschen
Weitere Marken: CHARLES BONNAIRE, CHAMCOMEX, CHAUDION FILS, VICTOR VAUTRAIN

TURGY Michel
17/18 rue de l'Orme
51190 Le Mesnil-sur-Oger
03 26 57 53 43 Fax 03 26 57 52 05

Mittagspause im Weinberg

UNION AUBOISE de Producteurs de Vin de Champagne
auch: UCAVIC
(Union des Coopératives Auboises de Vin de Champagne)
Domaine de Villeneuve
10110 Bar-sur-Seine
03 25 38 30 65 Fax 03 25 29 73 21
800 Mitglieder mit zusammen 1400 ha, größte Kooperative des Gebietes Aube. Etwa 2,3 Millionen Flaschen.

Hauptmarken: VEUVE A. DEVAUX, etwa 400 000 Flaschen, und LÉONCE D'ALBE, etwa 600 000 Flaschen. Weitere Marken: JULES CARPENTIER, ABEL JEANNIN, MAURICE LEROY, PAUL DE RICHEBOURG, NICOLE DE SAVIGNY, VEUVE POL BARON

UNION CHAMPAGNE
7 rue Pasteur
51190 Avize 🍇🍇
03 26 57 94 22 Fax 03 26 57 57 98
Etwa 1200 Winzer von 10 Genossenschaften mit 1000 ha in überwiegend sehr guten und guten Lagen. Die Union liefert aus einer Gesamtproduktion von (umgerechnet) etwa 10 Millionen Flaschen mehr als 6 Millionen an die Handelshäuser und etwa 2,5 Millionen an die Mitglieder.
Hauptmarke: DE SAINT GALL, etwa 1,2 Millionen Flaschen, Spitze Cuvée Orpale mit Jahrgang. Weitere Marken: CALBUR, RENÉ FLORANCY, LECHÈRE, CHRISTIAN MARTIAL, DE PEYRE, ST. MICHAEL, PIERRE VAUDON, VEUVE DE MEDTS

UNION DES PROPRIETAIRES RECOLTANTS DU MESNIL
19 rue Charpentier Laurain
51190 Le Mesnil-sur-Oger 🍇🍇
03 26 57 53 23 Fax 03 26 57 79 54
Rund 450 Winzer mit zusammen etwa 280 ha

Marke der Genossenschaft: LE MESNIL; sie gehört zu denen, die ihren ausschließlich aus der Ortslage hergestellten Champagner so nennen können (s. Le Mesnil). Weitere Marke: RICHARD D'ALBRY. Frühere: Richard d'Ayala, bis 1986

URBAIN II.: Mercier

VADIN-PLATEAU
12 rue de la Coopérative
51480 Cumières
03 26 55 23 36 Fax 03 26 51 87 56
6 ha, rund 40 000 Flaschen

VALLOIS Jean Claude
4 route des Caves
51530 Cuis
03 26 59 78 46 Fax 03 26 58 16 73
6 ha, etwa 20 000 Flaschen

VANDER GUCHT: Montaudon

VANDIER André
6 rue du Chardonnay
51260 Bethon
03 26 80 48 17

VANZELLA Michel
5 rue Joliot Curie
51500 Mailly Champagne
03 26 49 41 67

VARÈNE Pol: Bricout

VARENNE Paul: Bricout

VATEL A.: Premier Crus de la Marne

VATEL Jean
49 rue de la Tour
51700 Verneuil
03 26 52 92 83
7 ha, etwa 50 000 Flaschen

VAUBECOURT s. Sanger

DE VAUCELLE: Besserat de Bellefon

VAUDON Pierre: Union Champagne

DE VAUGENCY: Henry de Vaugency

VAUTRAIN Bernard
10 rue de Bel Air
51700 Festigny
03 26 58 32 84
3 ha, etwa 20 000 Flaschen

VAUTRAIN Marcel
157 route de Reims
51530 Dizy
03 26 55 22 71
6 ha

VAUTRAIN Victor: Trouillard

VAUVERSIN François
9 bis rue de Flavigny
51190 Oger
03 26 57 51 01
3 ha, 13 000 Flaschen

VAZART Lucien
15 rue des Ecoles
51530 Chouilly
03 26 54 51 03

VAZART-COMTE
26 rue des Partelaines
51530 Chouilly
03 26 55 40 91
18–20 000 Flaschen

VAZART-COQUART
6 rue des Partelaines
51530 Chouilly
03 26 54 50 58 Fax 03 26 55 15 94
9 ha, etwa 80 000 Flaschen

VELLING H.: de Cazanove

VELLINGER Louis: Duval-Leroy

DE VENOGE
30 avenue de Champagne
51200 Epernay
03 26 53 34 34 Fax 03 26 53 34 35
Gegründet 1837 von einem Schweizer (Henri-Marc de Venoge), nach mehrmaligem Besitzerwechsel nun in der Gruppe Rémy Cointreau. Etwa 1,7 Millionen Flaschen (einschließlich Handelsmar-

Älter als Champagner, aber täglich mehrmals frisch und immer zu ihm passend: die »baguette«.

ken); 20 ha Weinbesitz deckt etwa 10% des Bedarfs, Zukauf. Das Haus hat nach kritischer Entwicklung Ende der siebziger, Anfang der achtziger Jahre große finanzielle und qualitative Anstrengungen gemacht, in die Spitzenklasse der Champagnermarken zurückzukehren. Prestige-Cuvée Champagne des Princes Blanc de Blancs mit Jahrgang – in Karaffe, die wiederbenutzt werden kann; Glasstöpsel wird mitgeliefert.
Zweitmarke: HENRI DE NAVARRE

VERGNON Alain
1 Grande Rue
51190 Le Mesnil-sur-Oger
03 26 57 53 86 Fax 03 26 52 07 06
5 ha, 40 000 Flaschen

VERRIER Francis
rue des Rochelles
51270 Etoges
03 26 59 32 42
7 ha, 50 000 Flaschen

VERTAY Paul: Duval-Leroy

VESSELLE Alain
8 rue de Louvois
51150 Bouzy
03 26 57 00 88 Fax 03 26 57 09 77
18 ha, etwa 100 000 Flaschen
Weitere Marke: SAINT ELOI

VESSELLE Georges
Delphine Vesselle
16 rue des Postes
51150 Bouzy
03 26 57 00 15 Fax 03 26 57 09 20
17,5 ha, 150 000 Flaschen
U. a. Brut 100% ohne Dosage. Spitze: Cuvée Prestige

Die kegelförmigen Prestigekaraffen von de Venoge im Rüttelpult. In diesem Haus kann man auch einen romantischen Saal für große Veranstaltungen mieten.

VESSELLE Jean
4 rue Victor Hugo
51150 Bouzy
03 26 57 01 55 Fax 03 26 57 06 95
10 ha, 80 000 Flaschen. Mehrere Qualitäten ohne Dosage

VESSELLE Maurice
2 rue Yvonnet
51150 Bouzy
03 26 57 00 81 Fax 03 26 57 83 08
8 ha, 30 000 Flaschen

VEUVE ARNAUD: de Cazanove

VEUVE CLEMENCE:
Launois Père & Fils

VEUVE CLICQUOT PONSARDIN
12 rue du Temple
51100 Reims
03 26 89 54 40 Fax 03 26 40 60 17
Gehört zur Gruppe LVMH (s. d.)
Mit einem Verkauf von über 10 Millionen Flaschen im Jahr gehört die Marke zu den Großen der Champagne; Weinbergbesitz 286 ha.
Der Name verrät es nicht, doch auch dies ist eines der Champagnerunternehmen, an deren Wachsen und Gedeihen Deutsche maßgeblich beteiligt waren. Hauptaktionäre vor dem Verlust der Selbständigkeit waren Nachkommen eines Wetzlarers.

Gründer des Hauses war 1772 Philippe Clicquot Muiron, Bankier und Wollhändler. Die Frau, die es zu einem der größten und angesehensten Champagner-Unternehmen überhaupt machte, war die Frau seines Sohnes François, Nicole-Barbe, geborene Ponsardin. Als François 1805 jung starb, beschloß die 27jährige Witwe gegen den Wunsch ihres Schwiegervaters, das Geschäft weiterzuführen. Sie gründete binnen vier Monaten die Firma »Vve Clicquot Ponsardin, Fourneaux & Cie«. Fourneaux war zuständig für die Champagnerzubereitung; er verließ das Unternehmen 1810. Sein Nachfolger als langjähriger Kellermeister, Kessler, machte sich später in Deutschland mit der Sektfirma des Namens selbständig (in Esslingen).
Die junge Unternehmerin verdankte den Aufschwung ihres Geschäftes – hauptsächlich Export – ihrem Vertreter und späteren Partner, dem Deutschen Ludwig Bohne aus Mannheim. Er erschloß in den schwierigen Zeiten gegen Ende der napoleonischen Kriege für Clicquot Rußland, Ostdeutschland und Österreich als bedeutende Absatzmärkte; die ersten dreihundert Flaschen waren freilich noch vom Gründer 1773 nach Deutschland verkauft worden. Einer der frühesten noch heute in den damaligen Büchern auffindbaren deutschen Abnehmer war 1777 Ferdinand Mayer, »Aigle d'Or« (»Goldener Adler«) in Konstanz, er bezog hundert Flaschen.
Die Witwe Clicquot und ihr Repräsentant Bohne feierten ihren ersten großen Triumph, als sie noch vor dem Friedensschluß zwischen Frankreich und den gegen Napoleon angetretenen siegreichen Mächten im Jahr 1814 per Schiff und Bahn dreißigtausend Flaschen Champagner nach Ostpreußen und Rußland brachten. Lange Zeit war Rußland der Hauptmarkt und Clicquot dort die mit Abstand führende Marke. 1831 nahm die Veuve als ihren Partner Eduard Werle auf, der viele Jahre vorher, aus Wetzlar kommend, als Lehrling in die Firma eingetreten war und sich allmählich hochgearbeitet hatte. Beim Tod der Witwe erbte er die Firma, da die Unternehmerin dem Mann ihrer einzigen Tochter Clementine nicht zutraute, das Geschäft weiterführen zu können.
Werle war im gleichen Jahr französischer Staatsbürger geworden (als Edouard Werlé), wurde später in den Grafenstand erhoben und dann Bürgermeister von Reims. Er heiratete die Tochter des Herzogs von Montebello, der ebenfalls Champagner herstellte (s. d.). Die Firma trug dann seinen Namen (Marke blieb Veuve Clicquot Pon-

sardin), sodann die seiner Erben aus den Ehen seiner Töchter. Das »Werlé« steht noch heute in einem Kreis auf jedem Etikett zusammen mit dem Namen Clicquot.
Die Witwe Clicquot hatte, als sie sich zur Weiterführung des Unternehmens entschloß, allgemeines Kopfschütteln hervorgerufen. Aber mit ihrer Energie und ihren Erfolgen kam die Anerkennung, und schließlich war sie unbestritten die »Grande Dame« der Champagne. Sie entwickelte gemeinsam mit ihrem Mitarbeiter Antoine de Muller das lange vorherrschende Rüttelverfahren, das in den Flaschen das Depot allmählich am Korken konzentriert, damit es dann einfach entfernt werden kann. Heute werden bei Clicquot auch mechanisierte Rüttelpulte (System SICAM) verwendet. Die Firma hat allem Anschein nach auch als erste einen Rosé-Champagner produziert – das Geschäftsbuch von Philippe Clicquot zeigt, daß schon 1777 Flaschen davon verkauft wurden, und im 19. Jahrhundert produzierte Clicquot alle paar Jahre neue Rosé-Cuvées. Der nach Rußland gelieferte Champagner war sehr süß, aber später im 19. Jahrhundert brachte auch Clicquot trockenen Champagner auf den Markt.
Clicquot stellt relativ viel süßere Champagner her, um die 700000 Flaschen jährlich, Sec, Demi-Sec und Rich Reserve. Die mit Abstand verbreitetste Clicquot-Cuvée, der Brut ohne Jahrgang, besteht aus 52% Pinot Noir, 32% Chardonnay und 16% Meunier. Die Prestige-Cuvée La Grande Dame mit Jahrgang: 62% Pinot Noir, Rest Chardonnay.
Weitere Marken: BLANC DES CRAYÈRES, CLICQUOT

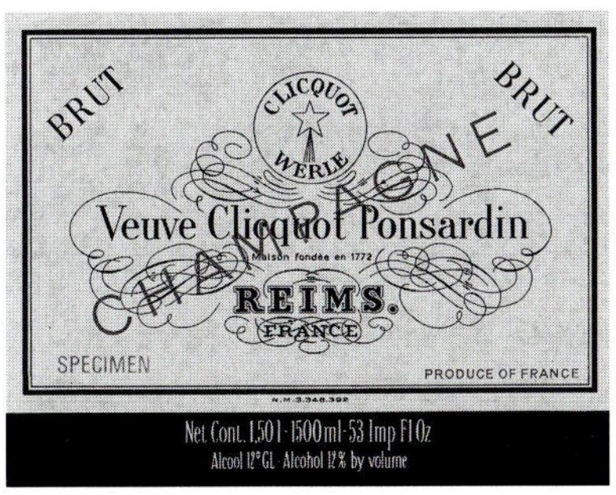

VEUVE A. DEVAUX: Union Auboise

VEUVE DELAROY: Boizel

VEUVE DUCLOS: COGEVI

VEUVE DURAND: Handelsmarke, unter der verschiedene französische Betriebe der Aldi-Handelskette Champagner für die unterste Preisklasse liefern.

VEUVE DUVERGER: Hamm

VEUVE ÉLÉONORE
B. Dziécick
11 rue Margot
51190 Oger
03 26 57 50 49 Fax 03 26 59 17 72

VEUVE ÉLISABETH: Mansard Baillet

VEUVE ÉMILE: Marne & Champagne

VEUVE EUGÉNIE BÉZARD: Baron

VVE FOURNY & Fils
5 rue du Mesnil
51130 Vertus
03 26 52 16 30 Fax 03 26 52 20 13
7 ha, etwa 50 000 Flaschen

VEUVE GUÉRIN: Marne & Champagne

VEUVE J. LANAUD: Lanaud

VEUVE LORINET:
Champagne et Gastronomie

VEUVE MAÎTRE GEOFFROY
Thierry Maitre
116 rue Poittevin
51480 Cumières
03 26 55 29 87 Fax 03 26 51 85 77
10 ha

VEUVE DE MEDTS: Union Champagne

VEUVE MONNIER: Vranken

VEUVE MONSIGNY: Handelsmarke, unter der verschiedene französische Betriebe der Aldi-Kette Champagner für die unterste Preisklasse liefern.

VEUVE MORLANT: Duval-Leroy

VEUVE M. PAGE: Ellner

VEUVE PASQUIER:
Marne & Champagne

VEUVE POL BARON: Union Auboise

VEUVE VICTORINE MONGARDIEN:
Soutiran Pelletier

VÉZIEN Marcel & Fils
68 Grande Rue
10110 Celles-sur-Ource
03 25 38 50 22 Fax 03 26 38 56 09
14 ha, etwa 100 000 Flaschen

VICOMTE DE LA BALME:
de Cazanove

VICTORIA: Deutz

VIEILLARD Raymond
12 und 15 rue Jean Jaurès
51700 Troissy
03 26 52 70 40 / 70 90
Fax 03 26 52 72 00

VIEILLE FRANCE: Le Brun

VIGNERONS (Champagne des):
COGEVI

DE VIGNEZAC: Cuperly

VIGNIER-LEBRUN
176 rue du Carouge
51530 Cramant
03 26 57 54 88 Fax 03 26 57 90 02
15 ha, 120 000 Flaschen

VILLEROY Paul de:
Marne & Champagne

DE VILLERS Baron Charles de:
PBI (Paillard)

VILMART & Cie
5 rue des Gravières
51500 Rilly-la-Montagne
03 26 03 40 01 Fax 03 26 03 46 57
Seit 1890. 11 ha, 80–90 000 Flaschen. 1. Gärung in barriques. Biologischer Anbau

VILMART Père & Fils
10 rue Marcel Chansou
51500 Rilly-la-Montagne
03 26 03 41 57 Fax 03 26 03 40 78
7 ha, 30 000 Flaschen

VINCENT André: d'Astrée

VOIRIN-DESMOULINS
41 rue Dom Pérignon
51530 Chouilly
03 26 54 50 30 Fax 03 26 52 87 87

VOLLEREAUX Guy
48 rue Léon Bourgeois
51530 Pierry
03 26 54 03 05 Fax 03 26 55 06 37
40 ha, etwa 35 000 Flaschen

VRANKEN
Le Pavé
51130 Vertus
03 26 59 50 50 Fax 03 26 52 19 65
Kellerei, Empfang 17 und 42 avenue de Champagne
(bei seinen Firmen Charbaut und Demoiselle, s. d.)
51200 Epernay
»Turbo der Champagne« nannte die »Revue Vinicole Internationale« den Mann mit der größten Champagner-Erfolgsgeschichte der letzten zwei Jahrzehnte. 1976 gründete der damals 29-jährige Belgier Paul-François Vranken, der bis dahin einen britischen Konzern in Belgien und dadurch den Champagner de Castellane vertreten hatte, sein neues Unternehmen. 20 Jahre später besaß er fünf bedeutende Häuser mit zusammen 160 ha Weinbergen und einem Champagnerverkauf von 8,5 Millionen Flaschen im Jahr, dazu eine Portweinmarke und in Penedes eine Cavafirma, dazu einen eigenen Vertriebsapparat. Seine Gruppe stand in der Champagne an fünfter Stelle nach LVMH, Marne & Champagne, Seagram/Mumm und Laurent-Perrier.
Vranken schaffte sich den Zugang zur für ihn neuen Branche und schließlich die Mittel zur Niederlassung in der Prestige-Avenue de Champagne in Epernay, wo mehrere Große einschließlich dem größten, Moët & Chandon, residieren, zunächst durch An-und Verkauf von Massenware an Supermärkte. Seine Devise: Champagner solle kein Luxusprodukt für eine Elite bleiben, sondern jedermann zugänglich sein. Dabei half ihm anfangs eine vorübergehende Absatzkrise, die seinen Einkauf billig machte. Dann gründete er eigene Marken mit höheren Qualitäten und übernahm weitere.
Die Marke VRANKEN verkauft etwa 2 Millionen Flaschen im Jahr. Dazu kommen die ebenfalls umsatzstarken Demoiselle (s. d.), Barancourt (s. d.), Charbaut (s. d.), Charles Lafitte (s. d.), zu den weiteren Marken gehören die Häuser Lallement und Sacotte. Für Handelsmarken produziert die Vranken-Firma »Histoires de France«. U. a. werden geliefert COMTE D'AULONE, PAUL DEMART (für die Kette Franprix) und CLUB DES VINS ET TERROIRES (»Système U«), DOYARD, VEUVE MONNIER u. a.
VRANKEN Spécial Brut (je ein Drittel Chardonnay und die beiden Pinots) hat das Degorgierdatum auf der Rückseite der Flasche.

▽ Paul-François Vranken

DE VRIGNY: de Cazanove

WAITROSE: Marne & Champagne

WANNER-BOUGE Jacques
177 rue du 8 Mai 1945
51530 Cramant
03 26 57 52 35 Fax 03 26 59 17 48

WARIS & CHENAYER
1 rue Pasteur
51190 Avize
03 26 57 50 88 Fax 03 26 57 91 50
Gegründet 1898. 27 ha, Zukauf. 6–700 000 Flaschen im Jahr

WARIS-LARMANDIER
608 Rempart du Nord
51190 Avize
03 26 57 79 05 Fax 03 26 57 91 50
3 ha, 6000 Flaschen

Grundlage der Champagnerblüte
Die Entwicklung der Rebfläche (in Produktion)

1832: 20 000 ha
1869: 16 500 ha
1877: 16 401 ha
1882: 16 500 ha
1886: 14 311 ha
1890: 14 299 ha
1895: 15 466 ha

1900: 14 209 ha (noch ausschließlich französische Rebstöcke)
1910: 13 400 ha (davon 2000 mit auf amerikanische Stöcke aufgepropften Rebstöcken, wegen der Reblauskrise)
1920: 5900 ha (davon 3800 mit neuen Stöcken)
1922: 5000 ha
1930: 8360 ha
(von hier an alles mit neuen Stöcken

1933: 8490 ha
1935: 8986 ha
1939: 7909 ha
1941: 8556 ha
1950: 10 450 ha
1960: 11 870 ha
1970: 18 050 ha
1980: 23 900 ha
1990: 27 519 ha
1995: 30 659 ha

Champagners Vettern

Viele Champagnerhersteller sind stolz auf ihren nicht schäumenden Wein. Für den war die Gegend ja auch schon jahrhundertelang berühmt gewesen, bevor sie ihren noch berühmter gewordenen Schaumwein entwickelte. Nicht »moussierenden« Wein gibt es hier noch heute, aus den Rebsorten, die auch für richtigen Champagner benötigt werden und ähnlich strengen Kontrollen unterliegen. Früher tranken wir ihn als »Champagne Nature«, aber heute ist nur noch die Bezeichnung »Coteaux Champenois« zugelassen, es gibt roten und weißen, sehr wenig Rosé.

Diese Weine haben den Nachteil, ähnlich den für Cognac verwendeten, daß sie für Champagner ziemlich schwach in Alkohol und Geschmack sein sollen. Wenn man sie nicht zu Champagner verarbeitet, nützt alle Kunst am Weinberg und im Keller nichts – es bleiben, wie ja gewollt, mittelmäßige Weine. Ihr Hauptunterschied zu anderen, ebenso mäßigen, ist, daß sie weit überteuert sind. Man könnte sie ja zum lukrativen Champagner verarbeiten – also ist ihr Preis gleich so, als hätte man es getan. Doch gibt es keinen Weißen darunter, der an Frische, Fruchtigkeit, Feinheit und Bukett mit ähnlich zu bezahlenden Burgundern und meist billigeren Elsässern konkurrieren könnte. Die Roten sind allenfalls auf der Qualitätsstufe der Loire (Chinon, Saumur etc.) und Côtes du Rhône (aber

beileibe nicht Hermitage). Das hat nicht verhindert, daß sie – dank rühriger Reklame einiger Interessierter und Aufnahmebereitschaft einiger Snobs – als scheinbar gleichberechtigt die Weinkarten mancher anspruchsvollen Lokale zieren. Es besagt mehr über die Mode als über Qualitätsempfinden. Natürlich gibt es, wie immer, ein paar Ausnahmen, doch sind sie hier noch seltener als anderswo. Bouzy Rouge, der berühmteste, zählt nur mit ganz, ganz wenigen Beispielen dazu, aber immerhin. Der beste Rote der Gegend war der Ambonnay Rouge unseres Wirtes und Freundes André Secondé. Auch in Cumières entsteht überdurchschnittlicher (für die Champagne) Rotwein. Größter Coteaux-Produzent (etwa 80 000 Flaschen im Jahr) ist das Markenhaus Laurent-Perrier. Aber Ausnahmen setzen die Regel nicht außer Kraft, und hierin bin ich durchaus einig mit den Chefs großer Champagnerhäuser – verständlicherweise solchen, die keine Coteaux vermarkten.

Die Menge der hergestellten Coteaux schwankt natürlich mit der Gesamternte. Sie lag in den vergangenen Jahren zwischen 300 000 und 400 000 Flaschen. Das meiste, rund 90%, trinken die Franzosen selbst.

Um gleich dabei zu bleiben, was die Leute in der Champagne sonst noch machen: Marc de Champagne, also Trester – und auch nur ausnahmsweise ein sehr guter Branntwein; Fine de Marne, ein Weinbrand, für den das ebenfalls gilt, und Ratafia, eine Seltsamkeit ähnlich dem Pineau des Charentes, die aber im Gegensatz zur Cognac-Gegend nicht mit dem Bedürfnis erklärt werden kann, unverkäufliche Weine loszuwerden. Für Ratafia wird dem Most neunzigprozentiger Weinbrand zugesetzt, was seine Gärung verhindert. Dann muß er 12–15 Monate im Faß lagern. Sein Alkoholgehalt muß im Inland 18% betragen, für den Export 23%. Er wird nur in winzigen Mengen produziert.

Für Liebhaber von Rosé (nicht Rosé-Champagner) ist Les Riceys im Anbaugebiet Aube eine gute Adresse. Dort stellen ein paar Dutzend Winzer zusammen je nach Ernte zwischen 25 000 (1993) und etwa 100 000 Flaschen (1990) her. Der Geschmack ist etwas seltsam. Ich habe nur selten gefunden, daß er anderen Rosé überlegen ist. Ich fand ihn leicht bitter (nicht unangenehm) und fühlte mich etwas an elsässischen Pinot noir erinnert.

Champagner-Regierung

Die Champagner-Branche Frankreichs, man kann einfach sagen: der Champagner, ist hervorragend organisiert.
Viele Jahre lang vertraten zwei Verbände den Handel, einschließlich der großen Markenhäuser: das ältere »Syndicat de Grandes Marques de Champagne« (seit 1844) und das »Syndicat des Négociants en Vin de Champagne« (seit 1912). Sie haben sich schließlich zur UMC (Union des Maisons de Champagne) zusammengeschlossen (1 rue Marie Stuart, 51100 Reims, T. 03 26 47 26 89 und 03 26 47 90 58, Fax 03 26 47 48 44).
Das »Syndicat de Grandes Marques« (gleiche Adresse) setzt sich weiterhin eigenständig für strengere Qualitätsvorschriften als die gültigen amtlichen zur Champagnerherstellung ein.
Auf der anderen Seite sind die Winzer organisiert im »Syndicat Général des Vignerons de la Champagne« (44 rue Jean Jaurès, 51200 Epernay, T. 03 26 59 55 00, Fax 03 26 54 97 27).
Die Präsidenten der Union und des Syndicat Général bilden gemeinsam mit einem Regierungskommissar, der ihre Beschlüsse gegenzeichnen muß, damit sie in Kraft treten, die Spitze einer mit weitreichenden Vollmachten ausgestatteten Organisation. Diese ist für das wirtschaftliche und soziale Leben der gesamten französischen Champagnerbranche zuständig, einschließlich der Organisation der Marktverhältnisse, u. a. Preis-, Anbau- und Mengenregelung, Marken- und Qualitätskontrolle, aber auch für die Wahrnehmung und Verteidigung der Champagner-Interessen nach außen. Das ist das »Comité Interprofessionel du Vin de Champagne«, abgekürzt CIVC, 5 rue Henri Martin (Maison de la Champagne), T. 03 26 51 19 30.
Dem Präsidenten steht eine Konsulativkommission zur Seite, in der Winzer und Handel paritätisch vertreten sind, praktisch das Parlament des CIVC. Rund ein Dutzend Fachkommissionen bereiten die Entscheidungen für die verschiedenen Sachgebiete vor. Das Budget des CIVC setzt sich aus Abgaben vom Erntewert und vom Verkauf zusammen.

Werber und Mäzene

»Gut genug zum Schiffe-Taufen« ist nicht gerade ein Kompliment für Champagner; andererseits würden die Firmen gern bei so beachtetem Anlaß ihre Marke glänzen lassen. Schlechter Champagner (zu dem sich niemand mehr bekennt) wäre richtig für die Schiffe des Feindes, sagt John Arlott.*

Eine Flüssigkeit, die sich zum beliebtesten Fest- und Toastgetränk der westlichen Welt entwickelt hat, ist natürlich überall dabei, wo es etwas zu feiern gibt, privat oder öffentlich. Nirgendwo kann ein Champagnerhaus eine nützlichere Werbewirkung entfalten. Sollte es nicht genügend Anlässe geben, gemessen an den Vorräten, dann ist es eine weise Geschäftspolitik, Gründe zum Anstoßen zu schaffen.

Nicht nur haben die Handelshäuser durch großzügiges Mäzenatentum erreicht, was keinem anderen alkoholischen Getränk möglich war: eine von niemandem beargwöhnte direkte Verbindung zwischen sportlichem Sieg, also Sport überhaupt, und Champagner zu schaffen – bei den vorhandenen Anlässen, aber noch mehr bei selbstgemachten, also von Champagnerfirmen finanzierten, die inzwischen fester Bestandteil des internationalen Sportkalenders geworden sind. Mit Vorliebe findet sich Champagner bei Sportarten ein, die als nobel angesehen werden und/oder durch ihre Stars dazu beitragen, neue Werbeträger zu schaffen: Autorennen, Segelregatta, Pferde-

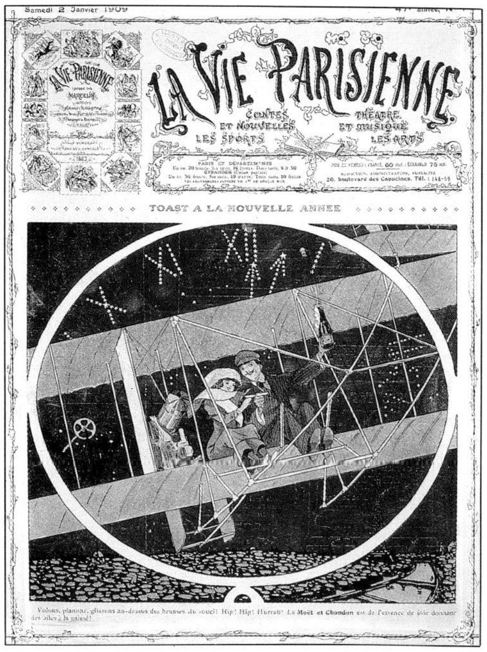

sport, Golf. Gerade da kann über das bloße Sich-Einfinden hinaus durch Finanzierung auch das Arrangement beeinflußt, vielleicht gar übernommen werden. Die jeweiligen Sieger haben dann auch nichts dagegen, wenn die Marke, mit der ein Sieg zu begießen ist, als einziges schon vorher feststeht.

Champagner beim Pferderennen – das entwickelte sich schon Anfang des vergangenen Jahrhunderts in England. »Turf gilt als unser nationaler Zeitvertreib«, sagte Vizetelly, und niemand wird die enge Verbindung zwischen Pferdesport und Champagner bestreiten. Eine extreme Form hat diese allerdings in Frankreich angenommen. Dort wettete 1725 der als brillanter Reiter bekannte Graf von Saillans, daß ein gutes Reitpferd die Strecke vom Schloß Versailles bis zum Hôtel des Invalides in einer Stunde schaffen könne. Das Pferd wurde vorher einige Tage lang mit Biskuits und Champagner ernährt. Der Bedienstete des Grafen, der dann den Ritt unternehmen mußte, brauchte zweieinhalb Minuten zuviel. Wegen der schlechten Wege, sagte der Graf, aber Vizetelly nimmt wohl mit größerem Recht an, es habe an der seltsamen Diät gelegen.

Im Jahr 1828 fanden in Doncaster erstmals die »Champagner Stakes« statt. Der Besitzer des Siegerpferdes war verpflichtet, dem Club sechs Kisten (also 72 Flaschen) Champagner zu stiften. Von 1860 an war kein Epsom-Derby denkbar ohne mächtigen Champagnerkonsum derer, die es sich leisten konnten. Heute können das mehr Leute als damals – noch ein Grund mehr für die Firmen, bei solchen und ähnlichen Veranstaltungen dabeizusein. Da kann man ein eindrucksvolles Register aufmachen.

In Frankreich selbst endete das Register freilich abrupt vor einigen Jahren durch ein Gesetz, das Alkoholwerbung und sichtbares »Sponsoren«tum stark einschränkte und bei Sportereignissen gänzlich unterband. Im Zeitalter des grenzüberschreitenden Fernsehens war das eher ein Schildbürgerstreich. Wo außerhalb Frankreichs bei wichtigen Sportveranstaltungen Werbung zu sehen ist, sehen sie auch französische Fernsehzuschauer.

* Krug, House of Champagne, London 1976

Mumm gehört zu den Mäzenen des America's Cup.

Die Produzenten alkoholischer Getränke verlegten die von ihnen »gesponserten« Wettbewerbe eben ins Ausland oder gründeten und finanzierten dort neue. Das bereicherte die Veranstaltungskalender der anderen Länder. Die deutsche weibliche Golfgemeinde zum Beispiel verdankt der »Loi Evin«, wie das Gesetz nach seinem Initiator heißt, den HENNESSY Golf Cup, der sich in wenigen Jahren zu einer Spitzenveranstaltung entwickelt hat.
Besonders die großen Champagnerfirmen bleiben trotz Evin im Sport sichtbar, wenn auch nun mehr außerhalb ihrer Heimat.
MOËT & CHANDON, die Größte, war und ist besonders präsent beim Autorennsport, bei den Grand Prix der Formel 1, bei der Marken- und Rallye-Weltmeisterschaft, auch bei Motorradrennen. Auch beim Segeln, als »offizieller« Champagner beim berühmten America's Cup. Bei Pferderennen: Subvention berühmter Rennreiter, damit sie Besitzer ihrer ebenso berühmten Pferde werden oder bleiben können. Golf: das »handicap 24« – jeder Amateur, der es erreicht, bekommt eine Magnumflasche Moët.
Auch MUMM ist beim Segeln dabei mit dem »Mumm Admirals Cup« und dem »Boc Challenge«.
BOLLINGER stiftete Preise für britische Springreiter (Bollinger Trophy).
CHARLES HEIDSIECK engagierte sich nach jahrelanger Aktivität im Segelsport auch bei Pferderennen in England, zusammen mit KRUG.
LAURENT PERRIER: Pferderennen und Polo.
TAITTINGER erklomm sozusagen den Everest mit der Expedition Pierre Mazeaud und tröstete den einsamen Segler Eric Tabarly während seiner berühmten Atlantiküberquerung.
PALMER sorgte für Champagner während Schachweltmeisterschaften.
Aber natürlich wollte die Champagnerwirtschaft nicht ausgerechnet in Frankreich verstummen, inmitten ihrer bei weitem größten Kundschaft. Also verlegten sich viele Firmen auf Kulturförderung. Einige von ihnen hatten sich schon immer mit Preis und Trank fast so energisch um Kultur gekümmert wie um den Sport – besonders um Showbusiness und Film, aber auch Theater, Konzert und Museum.
Madame POMMERY dürfte eine der ersten großen Spenderinnen gewesen sein. 1888 stiftete sie dem Louvre ein Bild von Millet, das sie für 300 000 Goldfrancs erstanden hatte. Freilich war ihr Hauptmotiv damals, Gerüchte über angebliche Zahlungsschwierigkeiten ihres Hauses zu widerlegen.
Ähnlich spektakulär war MUMMs Geschenk an die Stadt Reims. Der damalige Präsident der Firma, René Lalou, ließ den Maler Fujita eine Kapelle ausgestalten, die Mumm hatte bauen lassen, und vermachte diese dann der Stadt.
DE CASTELLANE bedachte die französische Nationalbibliothek mit einer Sammlung von rund dreitausend Champagneretiketten; am Sitz der Firma in Epernay, in dem Turm, der eines der Wahrzei-

chen von Epernay ist, werden Ausstellungen regionaler Volkskunst veranstaltet.
Besonders großzügig zeigte sich MOËT & CHANDON zum 250. Geburtstag des Unternehmens: Es ließ den Afrika- und den Krim-Saal im Versailler Schloß restaurieren, außerdem veranstaltete es dort eine große Ausstellung »Versailles und die königlichen Tafeln Europas vom 17. bis zum 19. Jahrhundert«. ROEDERER stiftete 50000 Dollar für die Restauration des Hermitage-Museums in Petersburg. CHARLES HEIDSIECK verschaffte dem Louvre einen byzantinischen Kelch aus dem 7. Jahrhundert.
Auch in anderen kulturellen Bereichen sind Champagnerhäuser aktiv. BOLLINGER schrieb einen Malerwettbewerb unter Schülern der Académie des Beaux Arts aus. MOËT & CHANDON fördert durch Stipendien Malerinnen und Maler pazifischer Länder, u.a. durch die firmeneigene »Australian Art Foundation«. Außerdem hat das Unternehmen einen »Prix de l'Histoire« gestiftet, der jedes Jahr dem Autor eines historischen Werkes verliehen wird. Um ein Asienstipendium können sich Schüler von Verwaltungsschulen bewerben; es soll die Wirtschaftsbeziehungen zwischen Frankreich und asiatischen Ländern fördern.
MUMM finanziert den Literaturpreis »Kleber-Haedens« und stiftete jährliche Preise für journalistische Leistungen. PERRIER-JOUËT prämiiert regelmäßig das beste Design eines jungen Künstlers für Magnums und größere Champagnerflaschen, aber auch junge Möbeldesigner, und TAITTINGER läßt die Flaschen seiner besonderen Prestige-Cuvée von berühmten Künstlern entwerfen.
PIPER HEIDSIECK hat in Zusammenarbeit mit dem British Film Institute 200 Filme, die zum Welterbe zählen, in ihrer Originalversion restaurieren lassen. Die Firma betreibt beim Filmfestival in Cannes ein TV-Studio für ausländische Stationen; sie hat mit eigenem Beitrag von 20000 Dollar eine Sammlung für das »New York City Joyce Theater« (ein Tanztheater) initiiert. PIPER belohnt mit einem »Bijoux Champagne« jährlich eine Künstlerin oder einen Künstler; die erste Vergabe wurde mit einer Soiree im Schloß von Versailles gefeiert.
LANSON ist in Cannes mit einem Salon für Cineasten vertreten. DE CAZANOVE subventioniert Konzert- und Theaterveranstaltungen in England und Neuseeland.
POMMERY finanziert in Amerika einen Kultur-TV-Kanal, in Australien Ballett, in Europa Gastspiele von Broadwayproduktionen und Ausstellungen (Beispiel: Andy Warhol). CLICQUOT ist »Sponsor« der Musikakademie in Brooklyn. KRUG unterstützt die Pianisten der Meisterklasse im neuen »Conservatoire National Supérieur de Musique de Paris«. HENRIOT finanziert eine Stiftung, die verschollene literarische Werke der Vergessenheit entreißen soll.
Auch Forschungsprojekte werden bedacht. Der »Prix MUMM-Norbert Gerbier« und LVMHs »Science pour l'art« prämiieren jährlich wissenschaftliche Arbeiten. Die »Honneurs LAURENT PERRIER de la Chasse« belohnen Verdienste um die Wildpflege; dieses Unternehmen hat auch einen Preis für die

Erfindungen von Geräten und Techniken ausgesetzt, die verhindern, daß Wild von landwirtschaftlichen Geräten getötet oder verstümmelt wird.
Einige Häuser beleben mit Initiativen und Preisen das Interesse der Gesellschaft an verdienstvollen Leistungen einzelner. CLICQUOT krönt in mehreren Ländern die »Unternehmerin des Jahres«, MOËT & CHANDON jedes Jahr gleich mehrere Frauen, die durch Talent und Leistung in verschiedenen Gebieten hervorgetreten sind (von Unternehmertum über Showbusiness und Mode bis zur Restaurantköchin oder TV-Person). LAURENT PERRIER hat den »Prix Grand Siècle« gestiftet (so heißt die Prestige-Cuvée des Hauses), der herausragende Persönlichkeiten verschiedener Bereiche belohnt. Einen ähnlichen Preis vergibt KRUG (»Trophée d'Excellence«).
Von MUMM gibt es einen Preis für »Lebensart in der Politik«. DE CASTELLANE nimmt jedes Jahr einige erfolgreiche Persönlichkeiten in seinen »Ordre des Commodores« auf, und CANARD-DUCHÊNE belohnt Männer und Frauen, die sich durch Zivilcourage und Bürgersinn ausgezeichnet haben, mit einem vergoldeten Säbel (das Symbol dieser Marke) und einer Geldsumme. Zu den Preisträgern gehören Fürsorger für behinderte Kinder, karitative Organisationen, durch ihren Einsatz während der Hungerkrise im Sahel hervorgetretene Künstler, ein durch besondere Tapferkeit während der Brandkatastrophe im Midi aufgefallener Feuerwehrmann usw.
Natürlich pflegen die Champagnerhäuser mit besonderem Nachdruck das Milieu der Restauration und der Hotellerie, auf dessen Wohlwollen sie schließlich am stärksten angewiesen sind. MUMM organisiert internationale Wettbewerbe von Hotelfachschulen und veranstaltet die Gala der vom »Michelin«-Restaurantführer neu Besternten, dazu den Gala-Abend für die Ehefrauen der Restaurateure und den Wettbewerb »Cordon Rouge« (das ist die Mumm-Standard-Cuvée) für die »Fins Cordons«. Auch ROEDERER lädt einmal im Jahr Restaurateure und Weinkellner aus Sterne-Restaurants zum Diner.
MOËT ist Pate der »jungen Restaurateure« und der »jungen Chefs der Relais & Châteaux«. Als diese Hotelgruppe 1994 ihren 40. Geburtstag feierte, stellten die Häuser MOËT, MUMM, PERRIER-JOUËT, POMMERY, ROEDERER UND TAITTINGER für die Feier 18 000 Flaschen Champagner zur Verfügung. Als die »Jeunes Restaurateurs« Anfang desselben Jahres zu ihrem 20. Geburtstag eine Asienreise machten, unternahmen es CLICQUOT und LAURENT-PERRIER, ihren in den Tropen besonders starken Durst zu löschen. Zur Tausendjahrfeier der Stadt Brüssel veranstaltete KRUG dort ein Bankett für mehr als 800 Personen, die von den elf führenden Brüsseler Restaurateuren bekocht wurden und rund 1500 Flaschen Krug austranken. Im Rahmen der »Relais & Châteaux« hat MOËT & CHANDON auch eine »Trophée de l'accueil« gestiftet, also des guten Empfanges, und HEIDSIECK MONOPOLE den Preis »Diamant Bleu« (so heißt seine Prestige-Cuvée) der Freunde von Relais & Châteaux.
JACQUART schreibt jährlich Trophäen für den besten Maître d'hôtel und den besten Chef de Rang aus. RUINART prämiiert den besten jungen »sommelier« (Weinkellner) Frankreichs, alle zwei Jahre den besten Sommelier Europas, der in Länderausscheidungen ermittelt wird, nebst den jeweils besten Deutschlands, Spaniens und der Schweiz. BOLLINGER und LAURENT PERRIER sind Förderer des Wettbewerbs um den besten Weinkellner der Welt. PERRIER-JOUËT errichtete einen Hilfsfonds für Mittellose, die das Hotelfach lernen wollen, und lädt, ebenso wie KRUG, regelmäßig Sommeliergruppen ein. TAITTINGER vergibt seit Jahrzehnten den »Prix Culinaire International«, ein Wettbewerb für Köchinnen und Köche, der hohes Ansehen genießt. Außerdem veranstaltet das Haus jeweils am letzten Tag der Weinernte in der Champagne ein Fest für mehr als zweihundert Sommeliers und Barmen/-women.
BOLLINGER hat 1988 in London eine »Madame Bollinger Foundation« errichtet, die Qualität, Fachkunde und Berufsmoral in der Weinwirtschaft fördern soll. Erster Zuschußempfänger war das britische »Institute of Masters of Wine«.* POL ROGER, getreu seiner ebenfalls langen Bindung an den britischen Markt, prämiiert in Großbritannien gemeinsam mit der Zeitschrift »Decanter« den »jungen Weinhändler des Jahres«.
In Frankreich finanziert POL ROGER den Preis, den die Wein-Fachjournalisten jährlich für die

* Den nur dort erhältlichen Titel verleiht das Institut unter strengen Kriterien und nach einem Examen, zu dem im allgemeinen nur Fachleute zugelassen werden. Abgekürzt: MW.

beste Weinkarte in einem Restaurant vergeben. CLICQUOT veranstaltet mit dem »Quatuor Veuve Clicquot« jährlich die Prämiierung einer »Hoffnung der Gastronomie« – der Mannschaft eines jungen, guten Lokals. Aber auch regelmäßig Preise für Restaurants, die von einzelnen Berufsgruppen wie Literaten, Couturiers, der Showbranche erkoren werden. CHARLES HEIDSIECK belohnt den »schäumendsten« Restaurateur des Jahres anläßlich der neuesten Veröffentlichung eines Pariser Reiseführers. PIPER HEIDSIECK unterstützt den Verband der Restaurantköchinnen. KRUG ehrt von Zeit zu Zeit einen Großen der französischen Küche. Das Haus BRICOUT, das sich mit dem Filmstar Alain Delon einen besonderen Werbetrumpf gesichert hat, verleiht an berühmte Leute der Gastronomie den »Goldenen Weinkühler Alain Delons«.
Man sieht – ohne die Champagnerfirmen wäre das öffentliche Leben, auch das kulturelle, wirklich etwas ärmer.

Bei Cramant in der besten Chardonnay-Gegend; im Hintergrund Château Saran (Moët & Chandon)

Besuch willkommen

Winzer, die gerne ihren Betrieb zeigen

Die eindrucksvollen Keller und Verarbeitungsanlagen der meisten großen Champagnerhäuser können besichtigt werden. Aber es ist auch interessant, die Einrichtungen und die Arbeitsweise kleinerer kennenzulernen: Der Kontakt ist unmittelbar, die Weinberge sind nahe, die Atmosphäre ist oft intimer, der Champagner ebenfalls gut. Dutzende von Winzern und einige Genossenschaften empfangen Sie gern. Nicht wenige können auf deutsch führen und erklären, noch mehr auf englisch. Hier eine Liste, nach Ortschaften gegliedert, die entlang der ausgeschilderten »Route touristique du Champagne« liegen, von Mitgliedern einer Gruppierung, die eine »Charte de Qualité d'Accueil« unterschrieben haben: sie sind bereit Besucher zu empfangen (nicht als einzige, Sie können überall fragen). Möglichst vorher anrufen! Winzer haben bekanntlich oft imWeinberg zu tun…

Die Adressen stehen im ABC.

AVIZE
Pierre Callot, Waris et Chenayer

BINSON ORQUIGNY
J. M. Rigot

BROUILLET
Ariston et Fils

DAMERY
Jeeper

EPERNAY
Alfred Gratien
Leclerc Briant
Mansard-Baillet

FLEURY-LA-RIVIERE
François Principe Arnoult

HAUTVILLERS
J. M. Gobillard & Fils

MARDEUIL
Beaumont des Crayères

LE MESNIL-SUR-OGER
Bernard Launois

MONTIGNY-SOUS-CHÂTILLON
Charlier & Fils

OGER
Jean Milan

PIERRY
Paul Gobillard

SERZY ET PRIN
Yves Delozanne

VERTUS
Paul Goerg

VILLERS-SOUS-CHÂTILLON
J. Charpentier

VINCELLES
H. Blin & Cie

Glossarium

Hier wollen wir weder ein Weinlexikon überflüssig machen noch ein französisch-deutsches Wörterbuch oder ein Verzeichnis der Ausdrücke, die bei der Weinverkostung und -beschreibung üblich sind. Unsere Stichworte sind auf den Champagner bezogen und hauptsächlich solche, die man bei den Herstellern und in den Markenhäusern hören kann. Dazu kommen einige allgemeine Fachausdrücke.

acidité: Säuregehalt (Säuregrad)
AOC: Abkürzung für Appellation d'Origine contrôlée: bedeutet Qualitätswein mit kontrollierter Ursprungsbezeichnung, welche Einstufung, die strengen Regeln und Kontrollen mit sich bringt, auch der Champagner genießt; s./siehe Abschnitt II (»Das Rezept«).
agrafe: Metallspange zur zusätzlichen Sicherung des Korkens, früher viel verwendet während der Flaschengärung, als noch anstelle der heute fast überall üblichen Kronenkapseln echte Korken verwendet wurden.
apfelig, Apfelgeruch: zeigt im allgemeinen an, daß der Wein zu jung ist, noch unreif.
appellation: siehe AOC.
Aroma: Geruchsstoffe, die von der Traube herrühren.

assemblage: das Verschneiden, also Zusammenmischen verschiedener Weine zu einer »cuvée«; s. II (»Das Rezept«).

barlon oder *bellon* oder *belon:* Holz- oder Zementbehälter unter der Weinpresse, in den der Most hineinläuft.
bitter: leichter Bitterton bei jungem Champagner, kann durchaus zum erfrischenden Geschmack beitragen, verschwindet mit der Reifung.
blanc de blancs: Champagner, ausschließlich aus weißen Trauben.
blanc de noirs: Champagner, der ausschließlich aus blauen Trauben gewonnen wird.
blumig: beim Champagner unbeliebt; zu ausgeprägtes Bukett (und Geschmack) wird vermieden.
BOB: »Buyer's Own Brand«, Handelsmarke, die entsprechend dem Wunsch des Abnehmers benannt wird, also den Namen des Lokals oder Geschäftes oder der Handelskette trägt und nicht den des Herstellers. Erkennbar an den Buchstaben MA vor der winzigen Kontrollnummer auf dem Etikett; s. auch Seite 70.
bobillon: kleines Faß.
bouchon d'expédition: der endgültige Korken auf der verkaufsfertigen Champagnerflasche.
bouchon de tirage: Verschluß der Flasche für die Phase der Flaschengärung, meist Kronkapseln, nur noch selten Korken.
bouillage: das erste heftige Stadium der Vergärung des Mostes zu Wein; in den Tanks oder Fässern brodelt es richtig.
brut: sehr »trockener« bzw. herber Champagner mit wenig Zuckerzusatz, Höchstgrenze 15 g pro Liter.
brut absolu, zéro, intégral, 100% u.ä.: Champagner, dem kein Zucker zugesetzt wurde.
Bukett: die Gesamtheit der Duftstoffe, die sowohl von der Traube als auch aus der Vinifizierung stammen, vom Faß und der Entwicklung in der Flasche.
Buyer's Own Brand: siehe BOB.

caque: altes Maß für Traubengewicht nach den früher verwendeten Körben = 80 kg.
cave: unterirdischer Keller.
caviste: Arbeiter im Weinkeller.
cellier: Lagerraum über der Erde.
cépage: Rebsorte.
chaptalisation: Zuckerzusatz zum Most, um bei der Vergärung einen höheren Alkoholgehalt des Weines zu erreichen.
Chardonnay: die Weißweintraube, aus der die großen Burgunder gewonnen werden, auch eine der drei für den Champagner bestimmten Rebsorten.

CIVC: siehe Kapitel »Champagner-Regierung«, Seite 234.
club de viticulteurs: Zusammenschluß von Winzern, die unter dem Club-Zeichen nur Champagner verkaufen, der von einer Prüfungskommission des Clubs gebilligt wurde.
CM: Abkürzung für »coopérative de manipulation«, also eine Champagner erzeugende Genossenschaft, vor der Kontrollnummer auf dem Etikett.
cochelet: Abschlußfeier (hauptsächlich mit Essen und Trinken verbunden) nach der Lese.
col: Hals, ist zum Begriff für die ganze Flasche geworden. Produzenten geben ihre Verkaufszahl oft in »cols« anstatt in »bouteilles« an.
collage: Klärung, »Schönung« des Weines.
Comité Interprofessionnel: siehe Kapitel »Champagner-Regierung«.
cossier: Dialekt für Winzer.
coteaux champenois: die nicht schäumenden Weine der Champagne, s. Abschnitt »Champagners Vettern«.
coupe: das ziemlich flache runde Glas, das für Champagner ganz ungeeignet, aber sprachlich zur Bestelleinheit für offenen geworden ist. »Une coupe«, verlangt man, wenn man ein Glas Champagner haben will, ohne Rücksicht auf die Form (das flache wird in guten Lokalen ohnehin nicht verwendet).
courtier: Makler.
Cramant: Spitzenlage in der Chardonnay-Gegend »Côte des Blancs«, nicht zu verwechseln mit »Crémant«.
Crémant: mit schwächerem Druck hergestellter Schaumwein. Bezeichnung für Champagner nicht mehr zugelassen.
Cru: Gewächs, bei Champagner gleichbedeutend mit Lage, nämlich mit den Ortschaften; s. Abschnitt »Die Hierarchie der Crus«.
cuve: Tank, Wanne, nur noch selten Faß.
cuvée: sowohl der Most der ersten Pressung (2050 Liter aus 4000 kg Trauben, s. »Das Rezept«) als auch das Endprodukt der Champagnerzubereitung: die fertige Mischung.

débourbage: Säubern des frisch gekelterten Mostes von Unreinheiten und Fremdstoffen; sobald sie sich unten abgesetzt haben (nach etwa 10 bis 12 Stunden), wird er abgepumpt. Es gibt seit einiger Zeit auch ein Zentrifugierverfahren.
débourrement: das Aufbrechen der Knospen.
degorgieren: Entfernung des Depots, »abschlämmen«, s. Abschnitt »Das Rezept«.
demi-muid: 600-Liter-Holzfaß.
demi sec: halbtrocken, Champagner mit Zuckerzusatz von 33 bis 50 g pro Liter.
dépot: Ablagerung in der Flasche, z.B. Weinstein, Hefereste.
deuxième taille: aus der Gesamtpressung von 4000 kg Trauben die letzten erlaubten 205 Liter Most, die bis 1991 noch zu Champagner verarbeitet werden durften.
dosage: Zugabe von »Likör«, der aus Zucker und Wein besteht, zum Champagner; s. »Das Rezept«.
doux: mehr als 50 g Zucker pro Liter Champagner.

échelle (des crus): die qualitative Einstufung der Champagnerlagen, siehe Abschnitt »Die Hierarchie der Crus«.
entraillage: das Lagern der gefüllten Flaschen auf Latten, vor der Flaschengärung.
épluchage: das Verlesen, also Aussortieren schlechter Trauben vor dem Keltern.
Essigton: bildet sich leicht bei offenem Wein; weggießen! Besser: Champagner nicht lange offen stehenlassen. Für einmal geöffneten gibt es praktische Spezialkorken, die ihm mindestens einen weiteren Tag im Eisschrank ohne Schaden ermöglichen.
extra brut: 0–6 g Zucker pro Liter Champagner.
extra dry, extra sec: 12–20 g Zucker pro Liter Champagner.

fermentation: Gärung.
fermentation malolactique: Milchsäuregärung, Vergärung der Apfelsäure zu Milchsäure, wobei der Gesamtsäuregehalt des Weines herabgesetzt wird.
Firne: Alterston, zunächst eher angenehm (»Edelfirne«), dann ins »Madeirisieren« übergehend und mehr und mehr an mißglückten Sherry erinnernd; der Champagner wird mit dem Alter auch dunkler. Die Beurteilung der Firne geht stark auseinander – in England wird »firniger« Champagner mehr geschätzt als in Frankreich. Welche chemischen Veränderungen das Altern dem Champagner bringt, ist noch kaum erforscht.
flach: ist Champagner, wenn er nicht (mehr) schäumt, und ganz allgemein, wenn er gar zu neutral wirkt.
Foule, en foule: frühere »unordentliche«, also nicht in Reih und Glied betriebene Anbaumethode der Champagnerrebstöcke. Sie bewirkte eine bessere Verteilung der Vegetation; die Trauben waren kleiner, aber von besserer Qualität. Doch der (scheinbare) »Wildwuchs« erschwerte die Arbeit im Weinberg: Pferde und später Maschinen kamen nicht durch. Schon vor dem Zweiten Weltkrieg ging man aus diesen praktischen Gründen zum Reihenanbau über.
Frische: wird von ausreichendem Säuregehalt bewirkt. Mehrere Produzenten verzichten auf den biologischen Säureabbau (s. fermentation malolactique), damit der säurereichere Champagner Jahre länger seine Frische behält.
fut: Faß.

galipe: Weinfeld oder Weinberg.
grand cru: siehe »Hierarchie der Crus«.
grün: nicht die Farbe ist gemeint (viele Champagner sind hellgelb mit grünlichem Ton), sondern zu junger, etwas unreifer, rauher Geschmack.

habillage: das Anbringen des Etiketts und der Halsumhüllung.
hordon: Trupp von Weinlesern.

liqueur d'expédition: siehe dosage.
Länge: der Geschmack soll noch eine Weile auf der Zunge bzw. am Gaumen haften, sonst ist der »Abgang« zu »kurz«.
liqueur de tirage: Beigabe von Zucker (in Wein gelöst) und Reinzuchthefen, um die Flaschengärung auszulösen.

MA: Marque d'Acheteur, Handelsmarke, s. BOB.
madeirisiert: Alterston d. Champagners.
malolaktische Gärung (»malolactique«): Milchsäuregärung, siehe fermentation.
mannequin: so hieß der Tragekorb für die Trauben bei der Lese, der heute durch Plastikkästen ersetzt ist.
marc: 1. die Inhaltseinheit der normalen Champagnerpresse, nämlich 4000 kg, aus denen 2500 Liter Most für die Champagnerbereitung gepreßt werden dürfen; 2. die ausgepreßte Masse von Traubenschalen, Kernen und Stielen nach der Kelterung; 3. Tresterschnaps.
masse: siehe mise en masse.
méthode champenoise: siehe Abschnitt »Das Rezept«.

méthode rurale: Füllung noch nicht ganz vergorener Weine in Flaschen; so werden auch sie nach wieder einsetzender Gärung zu (schwächeren) Schaumweinen.
millésime: Jahrgang.
millésimé: als Jahrgangs-Champagner ausgebaut.
mise en masse: Lagerung der Champagnerflaschen mit dem Hals nach unten, nach Beendigung der remuage vor dem Degorgieren; s. »Das Rezept«.
monocru: aus einer Lage. Die meisten Champagner der großen Häuser sind keine, sondern »assemblages« verschiedener Lagen. Winzerchampagner hingegen ist oft »monocru«.
mousse: der Schaum.
muselet: das Drahtgeflecht um den Champagnerkorken.

Nase: nicht nur, womit Sie Aroma und Bukett des Champagners beurteilen, sondern auch, wie er dann auf Ihre Nase wirkt.
négoce, négociant: der Handel, also die Handelsfirmen, der Händler.
NM: négociant manipulant, der Händler bzw. die Firma, die selbst Champagner herstellt; s. »Etikett, entschlüsselt«.
non vintage: ohne Jahrgang.

œil de perdrix: eigentlich zwar Rebhuhnauge, aber in Wirklichkeit Hühnerauge; beim Champagner bedeutet es einen leicht rötlich gefärbten, meist Rosé.
ouillage: Auffüllen von Fässern oder Tanks.
oxidiert: im leichten, harmlosen Fall wie madeirisiert (s. d.), im schweren deutlich aufdringlich-unangenehmer Geruch und Geschmack.

pétillant: leicht perlender Wein, weit geringerer Kohlensäuregehalt als Champagner.
Phylloxera vastatrix: Reblaus.
pièce: Faß von 205 Liter.
pinot meunier: für Champagner zugelassene blaue Rebsorte.
pinot noir: für Champagner zugelassene blaue Rebsorte.
pointe (sur): Lagerung der Flaschen: senkrecht, Korken unten (meist in mehreren Reihen übereinander, das Korkende jeweils in der Delle der nächst tieferen).
premier cru: siehe »Hierarchie der Crus«.
pressoir: die Weinpresse.
prise de mousse: die Bildung von Kohlensäuregas durch die zweite Gärung in der Flasche, das auch den Druck von 4,5 bis 6 bar bringt.

ratafia: siehe »Champagners Vettern«.
RD: récemment dégorgé: vor kurzem erst von seinem Depot befreiter Champagner.
rebêche: was nach der zugelassenen Mostmenge noch ausgepreßt werden könnte, bzw. wird, darf nicht für Champagner verwendet werden.
récoltant: Winzer.
remuage: das systematische Rütteln der Flaschen, um das Depot zu lockern und schließlich im Hals der umgedrehten Flasche auf der Kapsel oder dem Korken zu konzentrieren.
renarder: eigentlich erbrechen. Hier bedeutet es, der Champagner erreicht das ungenießbare Stadium zu weit fortgeschrittener Oxidation.
RM: Récoltant Manipulant, Winzer, der seinen eigenen Wein zu Champagner verarbeitet; s. »Etikett, entschlüsselt«.

sans année: ohne Jahrgang.
sec: 17–35 g Zucker pro Liter Champagner.
sommelier: Weinkellner.
sous-marque: Handelsmarke, nicht die eigene Hauptmarke eines Herstellers.
Spécial-Club: Die Abfüllungen der Mitglieder des Clubs (s. d.) mit dem zusätzlichen Club-Etikett.
soutirage: Abstich, Ab- bzw. Umpumpen des Weines.

taille: 1. der Rebschnitt, 2. Phase beim Keltern; siehe II (»Das Rezept«).
transvasage: Umfüllung von größeren in kleinere Flaschen oder umgekehrt (die zweite Gärung in der Flasche wird nicht in den ganz kleinen und den ganz großen Flaschen durchgeführt).

vendangeoir: die Kelterei-Anlage.
vendanges: die Weinlese.
vieilles vignes: Reben, die nicht auf amerikanische Rebstöcke aufgepfropft wurden (denen die Reblaus nichts anhaben kann); alte Rebstöcke gibt es nur noch ganz wenig (bei Bollinger). Warum sie nicht befallen werden, weiß man nicht.
vigneron: Winzer.
vignoble: Weinberg (oder -feld), wird auch für ganze Anbaugebiete benutzt.
vin de cuvée: aus dem Most der ersten Pressung enstandener Grundwein.
vintage: Jahrgang.
volée (à la): Das Entkorken zwecks Entfernen des Depots nicht maschinell, sondern mit der Hand.
zitronig: schmecken viele Champagner, wenn nicht zu stark, trägt es angenehm zur Frische bei.

250 Jahre auf und ab (Verkaufs-Statistik)

1746: Das Haus Moët verschickt allein 50 000 Flaschen, ein Rekord.
Ende des 18. Jahrhunderts: geschätzter Verkauf insgesamt höchstens 300 000 Flaschen pro Jahr.
1720 bis 1725: insgesamt 7604 hl, größtenteils Faßlieferungen. Welchen Anteil moussierende Champagner daran hatten, ist unbekannt.
1778: 18 613,5 hl, davon nur 212 498 Flaschen, das meiste in Fässern.
1788: 5919 hl, wachsender Flaschenverkauf (288 400). Bonal* erklärt den starken Rückgang damit, daß hauptsächlich schlechtere Weine durch die Konkurrenz anderer Gebiete verdrängt worden seien.
1814: rund 2 Millionen Flaschen
1830: 3 Millionen
1844: 6 Millionen. Von diesem Jahr an wird eine Jahresstatistik geführt. Damals wurden in der Champagne aber noch andere Schaumweine hergestellt, die ebenfalls in der Statistik enthalten waren und erst 1910 aus ihr herausgenommen wurden. Man schätzt ihren Anteil auf ein Viertel. In den folgenden Angaben ist also aus den Ziffern der Handelskammer in Reims bis einschließlich der Zahl für 1910 jeweils ein Viertel herausgerechnet, und das ergäbe
1845: 5 Millionen
1850: 6 Millionen
1860: 8,4 Millionen
1870: 13,1 Millionen
1880: 15,4 Millionen
1890: 15,3 Millionen
1900: 21,3 Millionen
1901/02: 21,15 Millionen
1902/03: 23,9 Millionen
1903/04: 23,17 Millionen
1904/05: 21 Millionen
1905/06: 26,7 Millionen
1906/07: 24,9 Millionen
1907/08: 25,3 Millionen
1908/09: 24,5 Millionen
1909/10: 39,3 Millionen
1910/11: 38,6 Millionen
1911/12: 29,3 Millionen
1912/13: 30,1 Millionen
1913/14: 26,5 Millionen

± Le Livre d'Or du Champagne

1914/15: 10,3 Millionen
1915/16: 11,4 Millionen
1916/17: 16 Millionen
1917/18: 17,6 Millionen
1918/19: 15,7 Millionen
1919/20: 23 Millionen
1920/21: 21,1 Millionen
1921/22: 12,3 Millionen
1922/23: 18,5 Millionen
1923/24: 31,9 Millionen
1924/25: 30,2 Millionen
1925/26: 36,1 Millionen
1926/27: 32,2 Millionen
1927/28: 21,2 Millionen
1928/29: 23,8 Millionen
1929/30: 27,4 Millionen
1930/31: 24,6 Millionen
1931/32: 22,8 Millionen
1932/33: 25,5 Millionen
(von hier an sind auch die bisher nicht erfaßten, noch ziemlich belanglosen Verkäufe der Einzelwinzer in die Statistik eingebracht.)
1933/34: 30,4 Millionen
1934/35: 27,7 Millionen
1935/36: 33,18 Millionen
1936/37: 40 Millionen
1937/38: 35,7 Millionen
1938/39: 31,8 Millionen
1939/40: 27,7 Millionen
1940/41: 23,3 Millionen (nur geschätzt; Unterlagen wegen des Krieges unvollständig.)
1941/42: 26 Millionen (einschließlich Ablieferungen an die deutsche Besatzungsmacht.)

ab hier Umstellung der Statistik.
1942: 22,9 Millionen (s. 41/42)
1943: 26,1 Millionen (s. 41/42)
1944: 18,4 Millionen (s. 41/42)

80 cl Flaschen
1945: 21 792 376
1946: 24 851 092
1947: 22 421 696
1948: 29 281 056
1949: 28 522 898
1950: 32 779 324
1951: 35 221 667
1952: 30 528 561
1953: 30 366 899
1954: 32 977 780
1955: 37 706 826
1956: 44 304 197
1957: 48 422 119
1958: 40 702 291
1959: 42 270 073
1960: 49 265 501
1961: 54 187 849
1962: 57 919 826
1963: 64 018 259
1964: 70 204 695

78 cl Flaschen
1965: 78 621 036
1966: 86 887 944
1967: 93 061 047
1968: 86 496 902
1969: 93 983 820
1970: 102 224 090
1971: 116 426 256
1972: 123 144 634
1973: 124 696 186

77 cl Flaschen
1974: 105 478 492

75 cl Flaschen
1975: 122 173 580
1976: 153 495 794
1977: 170 237 213
1978: 185 922 892
1979: 184 137 690
1980: 176 466 231
1981: 159 007 451
1982: 146 530 529
1983: 159 487 663
1984: 188 043 780
1985: 195 420 761
1986: 204 920 108
1987: 217 798 358
1988: 237 308 786
1989: 248 913 509

Beim heutigen Traubenpreis (3,25/Kilo... Verwenden Sie für Ihre Erntearbeiter den Maulkorb »PARAT« – 50 Prozent Ersparnis!

1990: 232 365 682
1991: 214 410 273
1992: 214 209 261
1993: 229 089 728
1994: 241 582 563
1995: 246 630 819

Heute zu teuer zum Essen

DIE ENTWICKLUNG DER TRAUBENPREISE IN DER CHAMPAGNE

Francs pro »caque« = 80 Kilogramm

1844:	30
1848:	20
1851:	20
1852:	50
1855:	100
1857:	80
1860:	15
1870:	30
1873:	150
1876:	30
1880:	220
1881:	80
1883:	115
1886:	60
1889:	115
1892:	200
1894:	40
1900:	50
1905:	50
1906:	80
1907:	75
1908:	75
1909:	85
1910:	80
1911:	195
1912:	150
1913:	180
1917:	111
1920:	270
1925:	240
Francs pro Kilogramm:	
1927:	10
1930:	4–6
1933:	2,50
1935:	1,30
1939:	3–4
1940:	8,50
ab hier Franc-Inflation	
1945:	37,50
1950:	113
1955:	141
1956:	144
1957:	210
1958:	300
1959:	260

ab hier neue Francs pro Kilogramm:

1960:	3,05
1961:	3,035
1962:	3,252
1963:	3,2495
1964:	3,25
1965:	3,35
1966:	4,–
1967:	4,30
1969:	4,59
1969:	4,99
1970:	4,88
1971:	5,42
1972:	6,65
1973:	8,37
1974:	8,45
1975:	6,10
1976:	7,18
1977:	7,98
1978:	9,41
1979:	11,56
1980:	13,50 + 10,– Zuschuß wegen Mißernte
1981:	17,– + 3,– Zuschuß
1982:	19,03
1983:	15,53
1984:	18,07
1985:	23,03
1986:	22,19
1987:	21,77
1988:	23,64
1989:	26,77
1990:	32,–
1991:	30,–
1992:	24,–
1993:	20,50
1994:	21,25
1995:	22,25

Index

Firmen- und Markennamen finden Sie außerdem auch im Importeur-Verzeichnis (Seite 257ff.), in der »Hierarchie der Crus« (Seite 40ff., dort in den jeweiligen Gruppen alphabetisch) und unter »Besuch willkommen« (Seite 244). Diese Einträge sind hier nicht wiederholt, ebensowenig die des Glossariums auf Seite 245–247.

Im Hof von Krug werden Fässer gewässert.

Die Fujita-Kapelle in Reims: ausgemalt mit Fresken des konvertierten japanischen Künstlers (Szenen aus dem alten und dem neuen Testament), gestiftet vom damaligen Mumm-Generaldirektor René Lalou; eröffnet 1966.

Importeure

Champagnerhäuser wechseln ihre Importeure in den verschiedenen Ländern ziemlich oft – und umgekehrt! Daher beansprucht die folgende Auswahl keinen Ewigkeitswert. Im Zweifelsfall wissen auch die Fachhändler Bescheid, und natürlich die Häuser in der Champagne selbst, die in unserem ABC aufgeführt und leicht zu erreichen sind.

Restaurateure und Fachgeschäfte haben gern einen »eigenen« Champagner und einen direkten Lieferanten – die glasweise ausgeschenkten in vielen Restaurants stammen aus solchem Direktbezug. Immer nach der Marke fragen! Diese Kleinimporte machen ein Riesenfeld noch unübersichtlicher – dennoch hoffen wir, es mit unseren Angaben etwas durchsichtiger gemacht zu haben.

ABELÉ Henri
Ardau Weinimport GmbH
Langbaurghstr. 6, 53842 Troisdorf
0 22 41-3 93 10, Fax 39 31 80
Österreich: Hammerschmid
Foltonstr. 14, A-1210 Wien
01-25 82 06

AGRAPART & Fils
Haus der guten Weine Georg Hack
Schützenstr. 1, 88709 Meersburg
0 75 32-90 97, Fax 90 99
Nagel & Hoffbaur
Weinimport Rutishauser
Theaterstr. 65, 52062 Aachen
02 41-47 01 60, Fax 4 70 16 40

AUBRY
Wolfgang Hahn
Champagner und Weinimport
Nelkenstr. 8, 86866 Mickhausen
0 82 04-15 55, Fax 15 69

AUTRÉAU DE CHAMPILLON
Ehmann Direkt Versand
Hauptstr. 29, 71570 Oppenweiler
0 71 91-6 93 39, Fax 8 86 14
Gerbig Wein- und Spirituosenfach-
handel GmbH
Heunerstr. 8, 44229 Dortmund
02 31-73 12 92, Fax 73 50 91
Gebr. Weber GmbH
Olewiger Str.133, 54295 Trier
06 51-3 30 58, Fax 30 02 82

AYALA & Co
Gerwig Import
Solitudeallee 123, 70806 Kornwestheim
0 71 54-60 87, Fax 2 68 47
Reidemeister & Ullrichs
Postfach 10 23 20, 28023 Bremen
04 21-3 99 40, Fax 3 99 42 83

BARA Paul
Jacques Biehl
Hauptstr. 40a, 50126 Bergheim
0 22 71-4 30 01, Fax 4 48 45

BARANCOURT
Bayerl oHG, Weinkellerei
Milchberg 15, 861509 Augsburg
08 21-34 65 50, Fax 3 46 55 55
Vranken Deutschland GmbH
Gewerbegebiet auf Scharlen,
66440 Blieskastel
0 68 42-5 20 57, Fax 5 20 58

BARON Albert
Landhaus Dill
Restaurant
Elbchaussee 94, 22763 Hamburg
0 40-3 90 50 77, Fax 3 90 09 75

BAUGET-JOUETTE Gaston
Champagne Bauget-Jouette
Sülzgürtel 28, 50937 Köln
02 21-44 75 46, Fax 44 82 85

BAUJEAN Michel
Weinkeller Richter GmbH
Melchersstr. 3, 48149 Münster
02 51-27 92 91, Fax 29 47 11

BEAUFORT Herbert
D. Grefkes & Partner
Hochstetter Str. 48 a, 79206 Breisach
0 76 67-13 01, Fax 13 01

BEAUMET
Nobles Vins de France
Hans-Jürgen Eigelsbach
Am Kümmerling 39, 55294 Bodenheim
0 61 35-46 30, Fax 30 90
Schweiz: Scherer & Bühler AG
Bahnhofstr. 14, CH-6045 Meggen
0 41-3 77 11 22, Fax 3 77 29 76

BEAUMONT DES CRAYÈRES
Alan Winkleman
Weinimport Direkt GmbH
Ehrenbergstr. 25, 22767 Hamburg
0 40-38 70 62, Fax 3 89 50 77

BESSERAT DE BELLEFON
Kurt Burgard GmbH
Spirituosen- und Weinhandels-
gesellschaft
Am Langfeld 32,
66130 Saarbrücken-Güdingen
06 81-8 80 01-0, Fax 8 80 01-24
Österreich: Vinothek bei der
Piaristenkirche
Piaristengasse 54, A-1080 Wien
01-4 28 47 82

BILLECART-SALMON
E. Calzolari
Iltisstr. 54, 81827 München
0 89-4 39 65 60
Champa Vins Français GmbH
Am Glasofen 9, 52222 Stolberg
0 24 02-2 00 64, Fax 8 41 49
Schweiz: Favre Tempia S.A. Genève
Rue Sablières 5, CH-1217 Meyrin/
Satigny
0 22-7 82 07 01, Fax 7 83 04 40

BINET
Corneillie Weinhandel
Am Waldrand, 53809 Ruppichteroth
0 22 95-10 88, Fax 66 61

BLIARD Jean
Türk & Hertz oHG
Gneisenaustr. 15, 10961 Berlin
0 30-6 93 46 61, Fax 6 91 52 55

BOIZEL
Victor Hafner
Weine und Champagner
Schulstr.49, 66740 Saarlouis-Roden
0 68 31-8 12 18, Fax 8 12 18

BOLLINGER
CWD Champagner & Wein
Distribution GmbH
Postfach 20 18 25, 20208 Hamburg
0 41 22-50 45 04, Fax 50 44 99
Österreich: E.M.Müller Weinkellerei
Gussendorf 5, A-8522 Groß St.Florian
0 34 64-22 34, Fax 21 16 25
Schweiz: Fischer & Rihs
Rue des Marchandises 17,
CH-2501 Biel
0 32-22 47 41, Fax 23 56 97

BONNAIRE
Baus & Provot
Dudweiler Str. 57, 66280 Sulzbach/Saar
0 68 97-42 66, Fax 5 33 73
M. Hartmaier
Vinothek & Weinhandlung
Kronestr. 13, 76275 Ettlingen
0 72 43-76 17 20, Fax 46 73
La nuit est belle
Subbelrather Str. 287, 50825 Köln
02 21-5 50 82 23, Fax 9 55 65 79

BONNET F. & Fils
Günter Osthoff
Wuppermannstr. 157, 58256 Ennepetal
0 23 33-7 31 95, Fax 8 07 21
DC Weinimporte
Niederhofheimer Str. 61,
65719 Hofheim
0 61 92-2 09 70, Fax 2 27 56

BONVILLE Edmond
Ehmann (s. Autréau de Champillon)

BONVILLE Franck
Michel Jeannelle
Am Mühlwald 68, 66386 St.Ingbert
0 68 94-38 31 40, Fax 38 41 25

BOUCHÉ Père & Fils
Heinz Hein
Wein- und Champagnerimport
Kleiberweg 3, 65207 Wiesbaden-Naurod
0 61 27-6 65 21, Fax 6 62 79

BOULONNAIS Jean-Paul
Cave Promille
Im Grörach 18, 72631 Aichtal
0 71 27-5 17 81

BRICOUT
A. Racke GmbH & Co
Stefan-George-Str. 20, 55411 Bingen
0 67 21-18 80, Fax 18 82 20
Österreich: Schäffer & Co.KG
Keplerstr. 114, A-8020 Graz
03 16-91 56 60
Schweiz: Balaillard & Cie AG
Hasenmoosstr. 33,
CH-6023 Rothenburg
0 41-2 89 61 61, Fax 2 89 61 00

DE BRIENNE
Karlheinz Haus GmbH
Weinimport
Am Langfeld 36, 66130 Saarbrücken
06 81-88 31 00, Fax 8 83 10 13

BRUN Roger
Nagel's Kranz, Restaurant
Neureuther Hauptstr.210,
76149 Karlsruhe
07 21-70 57 42

BUSIN Jacques
La Petite France
Weinhandel
Buschdorferstr. 1, 53117 Bonn
02 28-68 74 38, Fax 68 74 39

CANARD-DUCHÊNE
Veuve Clicquot Import GmbH
Taunusstr. 21, 65183 Wiesbaden
06 11-5 89 50, Fax 52 39 10

DE CASTELLANE
Schweiz: Laurent-Perrier Diffusion SA
Ch. de la Vuarpillière 35,
CH-1260 Nyon
0 22-3 62 65 60, Fax 3 62 65 66

CAZALS Claude
Grüne Gans
Weingroßhandel
Am Einlass 4, 80469 München
0 89-26 62 28, Fax 26 61 81

CHAMPION Roland
Extraprima
Champagner & Weine Import
R 7, 39, 68161 Mannheim
06 21-2 86 52, Fax 2 49 57

CHARBAUT A. & Fils
Vranken (s. Barancourt)

CHARTOGNE-TAILLET Philippe
Paulson Weinraritäten
Postfach 12 50, 94062 Waldkirchen
0 85 81-91 01 45, Fax 91 01 47
Österreich: Vinothek Wagner
Scharnsteiner Str. 1, A-4810 Gmunden
0 76 12-43 46 15, Fax 43 46 11

CHEMIN Jean-Luc
Grands Vins de France
Weinkontor GmbH
Wengenstr. 79, 72800 Eningen u.A.
0 71 21-8 21 96, Fax 88 01 86

DE CHEURLIN Arnaud
Linke Weinhandelsgesellschaft mbH
Cramer-Klett-Str. 24 a,
85579 Neubiberg
0 89-6 01 80 72, Fax 60 47 62

CHIQUET Gaston
Champagne Direktimport
Thomas Burkert
Schraderweg 12, 70469 Stuttgart
07 11-8 10 60 60, Fax 8 10 60 61
Friedel Keller Weinimport
Händelstr. 38, 69469 Weinheim
0 62 01-1 30 24, Fax 1 48 28

COLLERY
Schweiz: Bacchus Kellerei
Neugutstr. 16, CH-8304 Wallisellen
01-8 30 13 39, Fax 8 30 70 61

COLLET Raoul
Weindepot Geibel
Düngenheimerstr. 6,
56761 Eulgem/Eifel
0 26 53-63 86, Fax 72 51

COUTIER
Christiane Holtzweiler
Champagner-Import
Schreiberstr. 18, 79098 Freiburg
07 61-27 27 04, Fax 2 82 89 50

DE DAMPIERRE Comte Audouin
FUB (Fegers & Unterberg & Berts)
Heumarkt 55, 50667 Köln
02 21-2 58 15 30, Fax 2 58 24 18
Haufeld 2a, 53721 Siegburg
0 22 41-9 65 10, Fax 96 51 96

DELAMOTTE Père & Fils
IGM Importgesellschaft
Großer Markengetränke
Postfach 10 05, 56010 Koblenz
02 61-39 00 90, Fax 3 90 09 30
Österreich: Francomar GmbH
Schalmooser Hauptstr.93,
A-5020 Salzburg
06 62-64 00 66, Fax 64 37 25

DEMOISELLE S.A.
Vranken (s. Barancourt)

DEREGARD MASSING
Baus & Provot (s. Bonnaire)

DEROSE
DC Weinimporte (s. F. Bonnet & Fils)

DETHUNE Paul
Hahn (s. Aubry)

DEUTZ
A. Segnitz & Co.GmbH
Löwenhof, 28844 Weyhe-Dreye
0 42 03-8 13 00, Fax 81 30 99
Österreich: Mounier
Heilgenstädter Str. 43, A-1190 Wien
01-3 18 75 15, Fax 3 18 75 15 34
Schweiz: Riegger Weinkellerei
Mellingen AG
Langgasse, CH-5244 Birrhard
0 56-2 25 25 25, Fax 2 25 24 28

DIEBOLT-VALLOIS Jacques
Weine W. Wuttke
Kreisstr. 134, 66128 Saarbrücken
06 81-70 08 03, Fax 70 04 48
Haus der Guten Weine
(s. Agrapart & Fils)

DOM PÉRIGNON
Moët-Hennessy Deutschland
Max-Planck-Str. 8, 85609 Aschheim
0 89-99 42 10, Fax 99 42 11 90

DOQUET-JEANMAIRE
Holtzweiler (s. Coutier)

DRAPPIER André
Illius GmbH
Edisonstr. 25, 68623 Lampertheim
0 62 06-20 11, Fax 5 93 13
Jacobi & Co GmbH
Halbergstr. 49, 66121 Saarbrücken
06 81-6 13 53, Fax 6 21 92
Nagel & Hoffbauer (s. Agrapart & Fils)

DUPONT Jean Claude
Toscana-Weinimport GmbH
Rohrerstr. 172, 70771 Leinfelden-Echterdingen
07 11-7 54 56 42, Fax 7 54 58 76

DUVAL-LEROY
Richet Champagne
Wartburgstr. 41, 10823 Berlin
0 30-7 82 85 27, Fax 7 88 18 22
A. Viehhauser Weinhandel GmbH
Martinistr. 11, 20251 Hamburg
0 40-4 80 78 89, Fax 47 24 13
Österreich: Wein & Co
Maculangasse 6, A-1220 Wien
01-25 05 56 00, Fax 25 05 56 50
Schweiz: Jean et Pierre Testuz SA
CH-1096 Treytorrens-Cully
0 21-7 99 20 21, Fax 7 99 35 71

ELLNER & Fils
DFW – Kiefer Import GmbH
Blumenstr. 3, 66111 Saarbrücken
06 81-3 60 33, Fax 3 33 12
Macha – Weine & Feines
Rahmengasse 12, 69120 Heidelberg
0 62 21-41 28 83, Fax 40 25 26
Georg Schmidt Weinimport
Ahler Grenzweg 74, 32257 Bünde
0 52 23-6 15 21, Fax 6 29 46
Schweiz: Olivieri AG
Route du Tiere Fédéral,
CH-1762 Givisiez
0 37-80 87 87, Fax 80 87 88

FALLET-DART
FUB (s. Comte Audouin de Dampierre)

FLEURY Père & Fils
Philippe Carnoy
Alt Stralau 52-53, 10245 Berlin
0 30-29 37 34 04, Fax 29 37 34 81
Pelisande Weine
Nannenbach 8, 88299 Leutkirch
0 75 61-61 75, Fax 7 08 94
Peter Riegel
Weinimport - Ökoweine
Zielstr. 13, 78333 Stockach
0 77 71-6 10 61, Fax 59 36

GARDET & Cie
Schweiz: Michel Tresch GmbH
Weinhandlung Basel
Stegackerstr. 20, CH-4132 Muttenz
0 61-4 61 30 40, Fax 4 61 30 65

GERMAIN H. & Fils
Christoph von Nell / WMB Consult
Adolfsallee 16, 65185 Wiesbaden
06 11-37 45 76

GIMONNET Pierre & Fils
FUB (s. Comte Audouin de Dampierre)
Jacques' Weindepot
Postfach 26 01 52, 40095 Düsseldorf
02 11-39 00 20, Fax 3 90 02 68
Die französische Weinbotschaft
Finther Weg 16 a, 55270 Essenheim
0 61 31-99 96 33, Fax 0 61 36-8 81 43
Österreich: Festival
Döblinger Hauptstr. 6, A-1190 Wien
01-3 10 57 81, Fax 3 10 57 81 11

GOBILLARD Jean-Marie & Fils
Österreich: Schaumweinhandel
Nesselthalergasse 32, A-5020 Salzburg
06 64-3 00 16 61

GOBILLARD Paul
Extraprima (s. Roland Champion)

GOERG Paul
Marken Horst
GEV Großeinkaufsverband
Postfach 24 40, 49014 Osnabrück
05 41-3 31 27 29, Fax 3 31 27 41
Jacques Leclerc
Breslauer Str. 3, 95349 Thurnau
0 92 28-56 24, Fax 72 15
Schweiz: Joël Savary
Sommeristr. 39, CH-8580 Amriswil
0 71-4 11 45 67, Fax 4 11 74 14

GONET Philippe & Fils
Das Weindepot
Deichstr. 3, Wilhelmshaven
0 44 21-4 48 48, Fax 45 41 26

GOSSET
Gérard Dubois GmbH
Importhaus (ab März 1997)
Justus Liebig Str. 2-4,
55129 Mainz-Hechtsheim
0 61 31-50 45 18, Fax 5 98 29
Haus (s. de Brienne)
Carl Tesdorpf GmbH
Postfach 21 36, 23509 Lübeck
04 51-7 60 74, Fax 7 07 07 26
Vinarium Zink
Vogesenstr. 2a, 77815 Bühl-Vimbuch
0 72 23-9 86 20, Fax 3 03 82
Österreich: Zichtl & Körner
Lannerstr. 32, A-1190 Wien
01-2 12 58 57
Schweiz: Manoirial SA
Lentschacher 3, CH-4614 Hägendorf
0 62-2 16 14 50, Fax 2 16 49 35

GOUTORBE Henri u. René
Österreich: Wein & Co
(s. Duval-Leroy)

GRATIEN Alfred
Peter Benzinger
Buchholzer Weinlädchen
Klagenfurter Str. 15, 47249 Duisburg
02 03-31 48 38, Fax 31 48 38
Österreich: Casa del Vino
Panikengasse 3-5, A-1160 Wien
01-49 51 96 40

GREMILLET Jean Michel
Linke (s. Arnaud de Cheurlin)

GRUET Gilbert
Gedelfi Großeinkauf GmbH
Kirchweg 2, 50858 Köln
02 21-4 89 60

HEIDSIECK Charles
Rémy Deutschland GmbH
Postfach 48 68, 65201 Wiesbaden
06 11-2 50 01, Fax 25 03 40
Österreich: Getränke Handelshaus GmbH
Bäckermühlweg 44, A-4030 Linz
07 32-3 73 83 07, Fax 3 73 82 08
Rémy Österreich
Postfach 32, A-4034 Linz
07 32-37 61 07, Fax 37 61 07 20
Schweiz: Fabio Import AG
Tramweg 35, CH-6414 Oberarth
041-8 59 04 00, Fax 8 55 51 10

HEIDSIECK & Co Monopole
Culinaria Monopole
Gustav-Heinemann-Str. 10,
41564 Kaarst
0 21 31-9 68 00, Fax 66 64 43
Österreich: Jacques Roullet & Co
Pyrkergasse 31, A-1190 Wien
01-36 51 96, Fax 3 69 24 05
Schweiz: Culinaria
Delikatessen Service AG
Industriering 8, CH - 3427 Utzentorf
0 56-45 16 56, Fax 0 56-27 32 85
Seagram (Schweiz) AG
Eichwatt 3, CH-8105 Watt
01-8 40 52 00, Fax 8 40 08 45

HENRIOT
Frankhof-Kellerei GmbH
Postfach 12 60, 65234 Hochheim/Main
0 61 46-90 30, Fax 9 03 18
Schweiz: Moser Weinkellerei AG
Predigerplatz 46, CH-8001 Zürich
01-2 52 60 45, Fax 2 52 60 94
Schenk SA
Place de la Gare 7, CH-1180 Rolle
0 21-8 25 17 14, Fax 8 25 24 21

HOSTOMME M.
WEINSTRASSE Adolph GmbH
Sachsenring 38, 50677 Köln
02 21-31 24 13, Fax 31 24 15

IRROY
Weinart GmbH
Schloß Reinhartshausen
Hauptstr. 41, 65346 Eltville-Erbach
0 61 23-9 23 60, Fax 92 36 30
Schweiz: Howeg-Planteurs Réunis SA
Ch. des Lentillières, CH-1023 Crissier

JACQUART
Vernaux Weinhandel GmbH
Hunkelestr. 34, 81476 München
0 89-7 55 43 68, Fax 7 59 54 71
Österreich: Müller (s. Bollinger)

JACQUESSON & Fils
Brogsitter's Weingüter –
Privatsektkellerei
Exclusiv-Import GmbH
Max-Planck-Str. 1, 53501 Grafschaft-Gelsdorf
0 22 25-91 81 11, Fax 91 81 14
Österreich: Wein & Co (s. Duval-Leroy)
Schweiz: Lateltin Lanz Ingold AG
Haldenstr. 31, CH-8035 Zürich
01-4 56 35 35, Fax 4 56 35 36

JEANMAIRE
Alpina Burkard Bovensiepen
GmbH & Co
Alpenstr. 33-37, 86807 Buchloe
0 82 41-5 00 50, Fax 50 05 44

KRUG
Rémy (s. Brossault)
Österreich: Getränke Handelshaus
(s. Charles Heidsieck)
Schweiz: Fabio (s. Charles Heidsieck)

LABBÉ Michel
Nobles Vins de France (s. Beaumet)

LAFITTE Charles
Vranken (s. Barancourt)

LALLEMENT Pierre
Gerwig (s. Ayala & Co.)

LALLIER René-James
Geldermann Privatsektkellerei GmbH
Am Schloßberg 1, 79206 Breisach
0 76 67-83 40, Fax 8 05 55

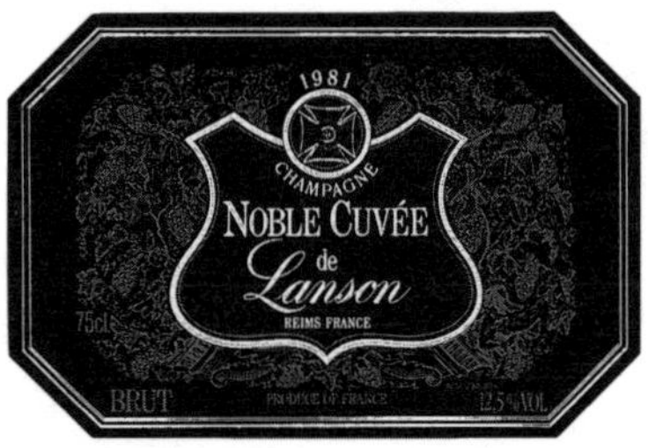

LANSON Père & Fils
Borco-Marken-Import
Matthiesen GmbH & Co.
Winsbergring 14-22, 22525 Hamburg
0 40-85 31 60, Fax 85 85 00
Österreich: Bacardi-Martini GmbH
Richard-Strauss-Str. 8, A-1232 Wien
01-61 03 10, Fax 61 03 12 60
Schweiz: Diwisa
Distillerie Willisau AG
Menznauerstr. 23, CH-6130 Willisau
0 41-9 72 72 72, Fax 9 72 73 73

LARMANDIER Guy
Illius (s. André Drappier)
Herbig Weinimport
Arcisstr. 55, 80799 München
0 89-2 71 80 58, Fax 2 71 12 82
Heinrich & Heinrich Weinhaus
Untere Sandstr. 14, 96049 Bamberg
09 51-5 80 67
Österreich: Kellner's
Herklotzgasse 6, A-1150 Wien
01-8 12 00 22, Fax 89 26 00 08

LAUNOIS Père & Fils
Richet (s. Duval-Leroy)

LAURENT Louis
Österreich: Grams & Co.
Singerstr. 26, A-1010 Wien
01-5 12 74 37

LAURENT PERRIER
Weltmarken Import
Spirituosen und Weine GmbH
Postfach 59 08, 65049 Wiesbaden
06 11-71 60, Fax 71 25 16
Österreich: Chorherren
Klosterneuburg
Am Renninger 2, A-3400 Kloster-
neuburg
0 22 43-63 75
Schweiz: Laurent-Perrier
(s. de Castellane)

LECHÈRE
Wine Island Brigitte Brüning
Fichtenstr. 75, 40233 Düsseldorf
02 11-7 30 83 91, Fax 7 30 84 43
Österreich: Alois Stangl
Untersbergstr. 14, A-5020 Salzburg
06 62-84 96 84, Fax 84 36 76

LECLERC BRIANT
Türk & Hertz (s. Jean Bliard)

LEGRAS R. & L.
Schwarzer Adler – Franz Keller
Gasthof & Weingut
Badbergstr. 23, 79235 Vogtsburg-
Oberbergen
0 76 62-7 15, Fax 7 19
Schweiz: Riegger (s. Deutz)

LEMAIRE R.C.
Wein-Societät
Leipziger Str. 42, 60487 Frankfurt
0 69-70 56 07, Fax 70 56 07

LEMOINE J.
Schweiz: Laurent Perrier
(s. de Castellane)

LENOBLE A.R.
J. J. Jacobsen
Wein & Spirituosen Import GmbH
Postfach 19 27, 24909 Flensburg
04 61-9 30 01/2, Fax 9 27 94

LEPITRE Abel
Eggers & Franke
Postfach 10 60 29, 28060 Bremen
04 21-3 05 30, Fax 3 05 31 10

LILBERT Fils
FUB (s. Comte Audouin de
Dampierre)

LORIOT Michel
Richet (s. Duval-Leroy)

MAILLY GRAND CRU
DFW (s. Ellner & Fils)
Feinkost Käfer GmbH & Co.KG
Heimstettener Str. 1, 85599 Parsdorf
0 89-4 16 83 48, Fax 4 16 86 71
Gerwig (s. Ayala & Co.)
Österreich: Bruno Gottardi
Postfach 590, A-6021 Innsbruck
05 12-58 71 32, Fax 5 87 13 29
Schweiz: Albert Reichmuth AG
Stauffacherstr. 145 a, CH-8026 Zürich
01-2 41 56 38, Fax 2 42 81 49

MANDOIS Henri
Biehl (s. Paul Bara)

MARGAINE Bernard
La nuit est belle (s. Bonnaire)

MARIE STUART
Rudolf Hans Prietze
Champagner – Weine – Spirituosen
Moltkestr. 48, 53173 Bonn-Bad Godesberg
02 28/36 10 38, Fax 35 10 67

MARTEL G.H. & Cie
Schweiz: Arnold Dettling AG
Olympstr. 10, CH-6440 Brunnen
0 41-8 20 24 24, Fax 8 20 26 18

MARTIAL Christian
Dubois (s. Gosset)

MATHIEU Serge
Burgard (s. Besserat de Bellefon)
F. Reimers GmbH
Clemens-Schultz-Str. 86,
20359 Hamburg
0 40-31 12 66, Fax 3 19 27 09

MAXIM'S
CWD (s. Bollinger)
Schweiz: C. August Egli & Co.AG
Leimbacherstr. 5, CH-8041 Zürich
01-4 82 26 66, Fax 4 81 89 33

MÉDOT & Cie
Gerwig (s. Ayala & Co.)
Hanseatische Weihandelsges. mbH
Am Neustadtbahnhof 3, 28199 Bremen
04 21-50 63 38, Fax 50 02 97

MERCIER
Moët-Hennessy (s. Dom Pérignon)
Schweiz: Moët & Chandon
Rue du Mont-Blanc 26,
CH-1211 Genève 1
0 22-7 32 65 54, Fax 7 38 78 17

DE MÉRIC
La Maison de France
Leutstettener Str. 12, 82319 Starnberg
0 81 51-63 80
Schweiz: Savary (s. Paul Goerg)

MEUNIER & Co
Meunier & Co. »Premier«
Postfach 11 30, 65233 Hochheim
0 61 46-20 04, Fax 96 01

MICHEL José & Fils
Champagne Direktimport
(s. Gaston Chiquet)

MIGNON & PIERREL
Klemann GmbH
Am Hauenstein 15, 67157 Wachenheim
0 63 22-9 51 20, Fax 95 12 15

MOËT & CHANDON
Moët-Hennessy (s. Dom Pérignon)
Österreich: Guggenthaler Getränke Handelsges.mbH
Bachstr. 75, A-5023 Salzburg
06 62-65 91 00, Fax 6 59 10 85
Schweiz: Moët & Chandon (s. Mercier)

MONCUIT Pierre
Vinarium Zink (s. Gosset)

MONTAUDON
J. K. Engelbrecht GmbH
Industriestr. 21, 90441 Nürnberg
09 11-4 18 08 35, Fax 42 85 01

MUMM
Seagram Deutschland GmbH
Geheimrat-Hummel-Platz 4,
65239 Hochheim/Main
0 61 46-5 00, Fax 5 03 77
Österreich: Seagram Spirituosen Ges.mbH
Gumpendorfer Str. 65, A-1060 Wien
01-56 76 17, Fax 5 87 59 56
Schweiz: Seagram (s. Heidsieck & Co Monopole)

NAPOLÉON
Rolf Herzberger GmbH & Co KG
Postfach 10 13 63, 66013 Saarbrücken
06 81-87 07 01, Fax 8 70 71 28

NOIROT Michel
Österreich: Vinothek D. G. Smöch
Heuberg 109, A-5020 Salzburg
06 62-64 46 48, Fax 64 46 57

NOMINÉ-RENARD André
Weinimport Handelsgesellschaft mbH
Tizianweg 8, 70192 Stuttgart
07 11-85 52 20, Fax 85 08 54

PAILLARD Bruno
Segnitz (s. Deutz)
Österreich: Vinothek St.Stephan
Stephansplatz 2, A-1010 Wien
01-5 12 68 58, Fax 45 37 05

PANNIER
Schweiz: Savary (s. Paul Goerg)

PAYELLE Père & Fils
Paulson (s. Philippe Chartogne-Taillet)

PERRIER Joseph Fils & Cie
Bernard-Massard GmbH
Langenbach & Co.GmbH
Postfach 12 43, 54202 Trier
06 51-7 19 60, Fax 71 96 29
Österreich: Alois Morandell & Sohn
Weingroßkellerei
Im- & Export GmbH
Wörgler Boden 13-15, A-6300 Wörgl
0 53 32-7 85 50, Fax 7 19 63
Schweiz: Hammel SA
CH-1180 Rolle
0 21-8 25 11 41, Fax 8 25 47 47

PERRIER-JOUËT
Deinhard AG
Postfach 509, 56005 Koblenz
02 61-10 40, Fax 10 45 95
Österreich: Roullet (s. Heidsieck & Co Monopole)
Schweiz: Seagram (s. Heidsieck & Co Monopole)

PERTOIS-LEBRUN
Burgard (s. Besserat de Bellefon)
Südweine GmbH
Wilhelmstr. 32, 80801 München
0 89-34 74 01, Fax 34 71 17

PERTOIS-MORISET Dominique
La Petite France (s. Jacques Busin)

PHILIPPONNAT
Eggers & Franke (s. Abel Lepitre)
Schweiz: Baur au Lac Weinhandlung
Spitalstr. 71, CH-8902 Urdorf
01-7 34 44 50, Fax 7 34 29 09

PIPER-HEIDSIECK
Haus (s. de Brienne)
Piper Heidsieck Deutschland
Import- und Vertriebsges.mbH
Taunusstr. 43, 65183 Wiesbaden
06 11-95 31 20, Fax 5 14 85
Schweiz: Fabio (s. Charles Heidsieck)

PITHOIS Michel
Thomas Dietz GmbH
Weinkommission - Importagentur
Alte Emserstr. 2 B, 56077 Koblenz
02 61-6 60 40, Fax 6 38 77
Südweine (s. Pertois-Lebrun)

POL ROGER
France Vinicole GmbH
Postfach 17 30, 77677 Kehl
0 78 51-7 40 10, Fax 74 01 11
Österreich: Louis Derksen & Co.
Laubeplatz 3-4, A-1101 Wien
01-6 04 33 39, Fax 60 02 39 57
Schweiz: Ed. Renevier SA
Rue du Valentin 35, CH-1004 Lausanne
0 21-3 23 66 07, Fax 3 20 03 55

POMMERY
Bacardi GmbH
Spitalerstr. 16, 20095 Hamburg
0 40-33 95 00, Fax 33 95 02 14
Österreich: Bacardi-Martini (s. Lanson)
Schweiz: Pommery Distribution SA
Avenue Général Guisan 58,
CH-1800 Vevey
0 21-9 21 02 51, Fax 9 22 82 96

POUL-JUSTINE
Wuttke (s. Jacques Diebolt-Vallois)

RENAUDIN R.
Otmar Federl und Frank Fleschenberg
Reichenkamer Str. 4, 82451 Münsing-Holzhausen
0 81 77-87 80, Fax 89 04

ROBERT Alain
Österreich: Vinothek St.Stephan (s. Bruno Paillard)

ROEDERER Louis S.A.
Schlumberger KG
Buschstr. 20, 53340 Meckenheim
0 22 25-92 50, Fax 92 51 51
Österreich: Schlumberger AG
Heiligenstädter Str. 43, A-1190 Wien
01-3 18 75 15, Fax 3 18 75 15 34
Schweiz: Haecky Import AG
Duggingerstr. 15, CH-4153 Reinach BL
0 61-7 16 81 81, Fax 7 16 81 00

ROEDERER Théophile
Phoenix Pharma-Einkauf GmbH
Im Gefierth 6, 63303 Dreieich
0 61 03-9 99 20, Fax 9 99 21

RUFFIN Yves
Richet (s. Duval-Leroy)

RUINART
Champagne Ruinart GmbH
Postfach 70 02 25, 60552 Frankfurt
0 69-9 62 17 60, Fx 96 21 76 20
Schweiz: Rodica (s. Delbeck)

SACOTTE
Jacques' Weindepot (s. Gimonnet Pierre & Fils)

SAINT EVREMOND
siehe *TAITTINGER*

SALON
IGM (s. Delamotte Père & Fils)
Österreich: Francomar (s. Delamotte Père & Fils)

SECONDÉ Jean Luc
Wein Stengelin
Schlößleweg 1, 78532 Tuttlingen
0 74 61-1 35 32, Fax 7 85 53

SELOSSE Jacques
Gerwig (s. Ayala & Co.)
Weinart (s. Irroy)
Wein-Societät (s. R. C. Lemaire)
Wuttke (s. Jacques Diebolt-Vallois)
Österreich: Stangl (s. Lechère)

SIMON Georges M.
Haro Import
Falkenstr. 16, 63263 Neu-Isenburg
0 61 02-5 11 19, Fax 5 95 10

SOUTIRAN-PELLETIER Alain
Weinkontor Baron von Stain GmbH
Gut Faistenberg, 82547 Eurasburg-Beuerberg
0 81 79-16 16, Fax 4 33

SUSS Jean Paul
Jean-Paul Suss
Sonnenwinkel 25, 38540 Leiferde
0 53 73-13 90, Fax 43 72

TAITTINGER
Wein Wolf Import GmbH & Co.
Verwaltungs KG
Königswinterer Str. 552, 53227 Bonn
02 28-4 49 62 30, Fax 4 49 62 39
Österreich: Asbach Austria GmbH
Stephansplatz 10, A-1010 Wien
01-53 36 30 00, Fax 5 35 97 50
Schweiz: Howeg-Planteurs (s. Irroy)

TARLANT Jean-Mary
Wein-Societät (s. R. C. Lemaire)
Österreich: Andrä Vergeiner
Am Markt 1, A-9900 Lienz
0 48 52-66 80, Fax 66 80 85

DE TELMONT J.
Richet (s. Duval-Leroy)

THIÉNOT Alain
FUB (s. Comte Audouin de Dampierre)

TRIBAUT G.
Toscana-Weinimport (s. Jean Claude Dupont)

TRIBAUT-SCHLOESSER
Sektkellerei Nymphenburg KG
Martin-Kollar-Str. 4, 81829 München
0 89-4 20 50, Fax 42 20 34

TROUILLARD Bertrand
Bordeaux Import Kontor
Postfach 20 17 31, 20207 Hamburg
01 30-83 22 55, Fax 83 59 83
Schweiz: Belmont Champagne
Gastrovin AG
Weinkellerei Dübelstein
Kriesbachstr. 4, CH-8600 Dübendorf
01-8 02 71 71, Fax 8 02 71 72

TURGY Michel
Paulson (s. Philippe Chartogne-Taillet)

VALLOIS Jean Claude
Champa Vins Français
(s. Billecart-Salmon)

DE VENOGE
Weinwelt Mack & Schüle
Neue Str. 45, 73277 Owen
0 70 21-5 70 10, Fax 8 32 43
Österreich: Chorherren (s. Laurent Perrier)

VERGNON J. L.
Weindepot Geibel (s. Raoul Collet)

VESSELLE Jean
La nuit est belle (s. Bonnaire)

VESSELLE Maurice
La nuit est belle (s. Bonnaire)

VEUVE A. DEVAUX
Schweiz: Marmot Kellerei AG
Korporationweg 15,
CH-8832 Wollerau
01-7 84 50 50, Fax 7 85 07 17

VEUVE CLICQUOT PONSARDIN
Veuve Clicquot Import
(s. Canard-Duchêne)
Österreich: Kattus & Rattke
Billrothstr. 51, A-1190 Wien
01-36 84 35 00, Fax 3 69 24 77
Schweiz: Golay (s. Canard-Duchêne)

VEUVE FOURNY & Fils
Cave Promille
(s. Jaen-Paul Boulonnais)

VIEILLE FRANCE
Haus (s. de Brienne)

VRANKEN
Vranken (s. Barancourt)
Jaques' Weindepot
(s. Pierre Gimonnet & Fils)

WANNER-BOUGE Jacques
La Française d'Exportation
Mathias-Brüggen-Str. 136, 50829 Köln
02 21-9 56 47 40, Fax 59 22 58
Gstöttl GmbH
Weinimport + Weingroßhandel
Feldkirchener Str. 4 a,
85599 Hergolding
0 89-9 03 17 11, Fax 9 04 35 32

Partnerschaften

»Jumelages« zwischen Orten der Champagner-Region und deutschen Gemeinden

Aachen – Reims
Adenau – Sillery
Bammental – Vertus
Besigheim – Ay
Darmstadt – Troyes*
Dorsten – Dormans
Essenheim – Boursault, Châtillon-sur-Marne, Festigny und Verneuil
Ettlingen – Epernay
Ettlingen (Oberweier) – Etoges
Flonheim – Villenauxe-la-Grande
Gernsheim (Rhein) – Bar-sur-Aube
Hüttigweiler (Ortsteil von Illingen/Saar) – Verzy
Kiedrich – Hautvillers
Kinheim – Ambonnay
Leimen – Tinqueux (Vorort von Reims)
Malsch – Sézanne
Morsbach (Baden) – Château Thierry
Neuss – Châlons-en-Champagne
Sulzfeld – Avize
Zornheim – Cerseuil, Mareuil-le-Port und Port à Binson

* Nicht mehr direkt im produzierenden Gebiet, aber historische Hauptstadt der Champagne und Verwaltungssitz des Départements Aube.

Hochschul-Partnerschaften

Pädagogische Hochschule Heidelberg – Ecole Normale Mixte de la Marne, Châlons-en-Champagne

Fachhochschule für Technik und Wirtschaft Reutlingen – Ecole Supérieure de Commerce,

Centre d'Etudes Supérieures Européennes de Management (CESEM), Reims

Bibliographie

Deutschsprachige Champagnerliteratur ist spärlich, englische und französische mußte bisher als Hauptquelle dienen. Ich habe für dieses Buch mit Nutzen konsultiert:

John Arlott: Krug, House of Champagne, London 1976
P. M. Blüher: Meisterwerk der Speisen und Getränke, Leipzig 1901
Boisriveaud, Dumay u. a.: Le Vin de Champagne, Paris (Montalba) 1977
François Bonal: Le Livre d'Or du Champagne, Lausanne 1984
Hervé Bozier: Le Champagne – Guide Pratique, Reims 1982
Michel Dovaz: L'encyclopédie des vins de Champagne, Paris 1983
Patrick Forbes: Champagne: the wine, the land and the people, London 1967
René Gandilhon: Naissance du Champagne – Dom Pierre Pérignon, Paris 1968
André Garcia: Grandes Marques & Maisons de Champagne, Reims 1982
André Garcia: Le Vin de Champagne, Paris 1986
Albert Gosset: Champagne au Cœur, Reims 1984
Joseph Henriot: Champagne Charlie (Historischer Roman auf der Grundlage von Dokumenten), Paris 1982
Henri et Rémy Krug: L'Art du Champagne, Paris 1979
Michel Mage: Le Champagne, Paris 1982
Nicolas de Rabaudy: Le Champagne et la Belle Epoque, Paris 1985
Cyril Ray: Bollinger – Tradition of a Champagne Family, London 1971
Georges Renoy: Les Mémoires du Champagne, Liège 1983
Guy Renvoise: Guide des Vins de Champagne, Paris 1983
Jean-Marc Robert (photos Claude Huyghens u. Françoise Danrigal): Les Routes du Champagne, Paris 1986
Edouard Robinet: Manuel Général des Vins – deuxième partie: Vins Mousseux, Champagnes, Paris 1927
Tom Stevenson: Champagne, London 1986
Pamela Vandyke Price / Thérèse During: Le guide familier des vins de Champagne, Paris 1980
H. Warner Allen: White Wines and Cognac, London 1952
Henry Vizetelly: A History of Champagne with Notes on the other sparkling wines of France, London 1882

Regelmäßige fachliche Informationen bieten die Zeitschriften »Le Vigneron Champenois« der »Association Viticole Champenoise« und das »Bulletin trimestriel d'Information« des CIVC, beide Epernay, und »Le Journal du Champagne«, Reims.

Weitere lieferbare Bücher von Gert v. Paczensky:

Cognac (mit Jürgen D. Schmidt und J.-P. Haeberlin), Hädecke

Leere Töpfe, volle Töpfe – die Kulturgeschichte des Essens und Trinkens, mit Anna Dünnebier (Knaus)

Weiße Herrschaft – Geschichte des Kolonialismus, TB, Auslieferung Hädecke (TB, Auslieferung Hädecke)

Teurer Segen – Christliche Mission und Kolonialismus (Knaus)

Nofretete will nach Hause; Europa – Schatzhaus der »Dritten Welt«, mit Herbert Ganslmayr (Bertelsmann)

Faustrecht am Jordan? (Geschichte des Nahost-Konflikte) Erdmann/Thienemanns

Das Ölkomplott (wie wir von Erdöl-Multis ausgenommen wurden) Fischer TB 4325

Fotobände von Jürgen D. Schmidt:

Wenn man es glaubt, ist es noch schöner (Text Ken Kaska), Coppenrath

Wer anderen eine Rede hält (Text Karl-Heinz Wocker), Coppenrath

Kohl & Pinkel (Text Hermann Gutmann)

Bücher für Geniesser

Cognac
von Gert v. Paczensky, Fotos von J. D. Schmidt, Aquarelle von J.-P. Haeberlin
Das anerkannte Standardwerk über Cognac:
Herkunft, Herstellung, Pflege und Klassifizierung mit über 1000 Marken.
Goldmedaille der Gastronomischen Akademie Deutschlands!
224 Seiten, ISBN 3-7750-0275-8

Espresso – Kultur & Küche
von Karl Petzke und Sara Slavin
Das Buch für Kaffeeliebhaber auf der ganzen Welt: eine Hommage an das köstlich-bittere Elixier mit Farb- und Schwarzweißaufnahmen, Rezepten und literarischen Zitaten.
96 Seiten, ISBN 3-7750-0273-1

Hotels zum Träumen 1
von Sybille Zehle
Traumhaft schöne Oasen der Gastlichkeit für Urlauber, die sich das Besondere gönnen. Eine exklusive Auswahl der schönsten Hotels aus aller Welt, nach der erfolgreichen Serie in »Schöner Wohnen«.
240 Seiten, ISBN 3-7750-0225-1

Hotels zum Träumen 2
von Sybille Zehle
Der zweite Band in der Serie internationaler Traumhotels. Hotels zum Träumen – das sind die kleinen, feinen Adressen der aufregendsten Plätze zwischen Sylt und San Diego, Positano und Phuket.
244 Seiten, ISBN 3-7750-0271-5

Lachs – Salm – Lax
von Hans Gerd Kübel
Der große Band über den König der Fische ist ein umfassendes Sachbuch zum Thema Lachs.
Ein Basiswerk mit Profirezepten, praktischen Einkaufstips und einem begleitenden Weinbrevier.
240 Seiten, ISBN 3-7750-0230-8

Weitere kulinarische Bildbände und Getränkebücher finden Sie in unserem Prospekt, den Sie kostenlos anfordern können bei:

Walter Hädecke Verlag
Postfach 1203
71256 Weil der Stadt
Telefon 07033-529830
Telefax 07033-529831

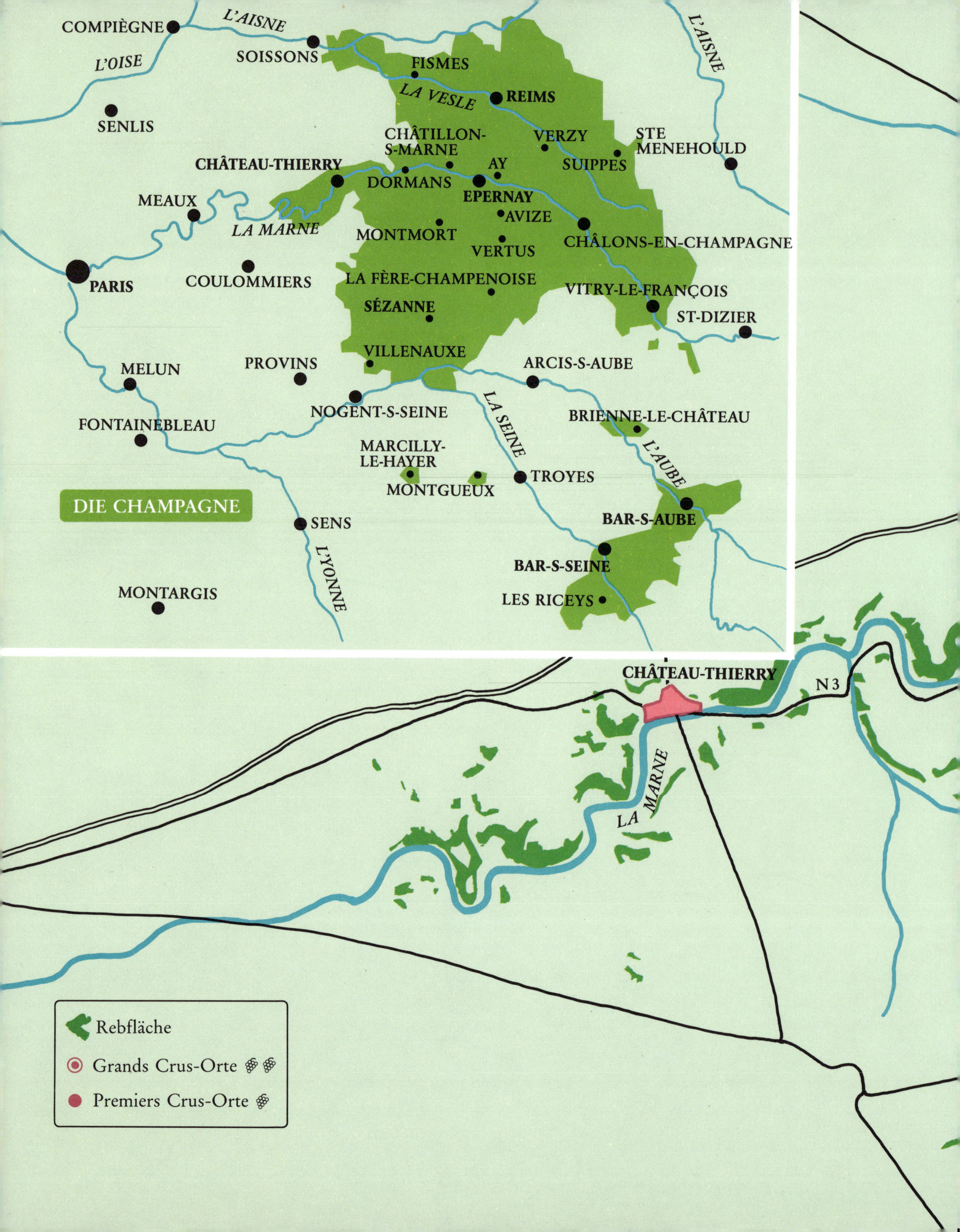

DIE CHAMPAGNE
COMPIÈGNE
L'AISNE
SOISSONS
L'OISE
SENLIS
FISMES
LA VESLE
REIMS
L'AISNE
CHÂTILLON-S-MARNE
VERZY
STE MENEHOULD
CHÂTEAU-THIERRY
AY
SUIPPES
DORMANS
EPERNAY
MEAUX
AVIZE
LA MARNE
MONTMORT
CHÂLONS-EN-CHAMPAGNE
VERTUS
PARIS
COULOMMIERS
LA FÈRE-CHAMPENOISE
VITRY-LE-FRANÇOIS
SÉZANNE
ST-DIZIER
VILLENAUXE
MELUN
PROVINS
ARCIS-S-AUBE
NOGENT-S-SEINE
FONTAINEBLEAU
LA SEINE
BRIENNE-LE-CHÂTEAU
MARCILLY-LE-HAYER
L'AUBE
TROYES
MONTGUEUX
BAR-S-AUBE
SENS
L'YONNE
BAR-S-SEINE
MONTARGIS
LES RICEYS
CHÂTEAU-THIERRY
N 3
LA MARNE
Rebfläche
Grands Crus-Orte
Premiers Crus-Orte